北大社 "十三五"普通高等教育本科规划教材

高等院校物流专业"互联网+"创新规划教材

采购管理与库存控制
（第2版）

张 浩 主编

北京大学出版社
PEKING UNIVERSITY PRESS

内 容 简 介

本书从供应链的角度全面系统地介绍了采购管理与库存控制的理论与实务。全书共 10 章，主要内容包括：采购管理与库存控制概论，采购管理基础，采购价格与成本管理，供应商管理，采购谈判，采购合同管理，库存控制基础，库存控制策略，企业内部库存控制，供应链库存管理。

本书在理论够用的基础上，相对侧重于实用性和操作性方面的指导，并提供了大量应用案例、小贴士、小思考、知识链接、习题和案例分析等供读者阅读、训练使用，以便其正确理解所学知识。

本书既可作为高等院校物流类、商务类（含电子商务）专业的教材，也可以作为企业的物流经理、采购经理、供应链经理以及其他各类管理人员的参考书。

图书在版编目(CIP)数据

采购管理与库存控制 / 张浩主编．—2 版．—北京：北京大学出版社，2018.8
（高等院校物流专业"互联网+"创新规划教材）
ISBN 978-7-301-29768-1

Ⅰ. ①采… Ⅱ. ①张… Ⅲ. ①采购管理—高等学校—教材②库存—仓库管理—高等学校—教材 Ⅳ. ① F253

中国版本图书馆 CIP 数据核字（2018）第 172732 号

书　　名	采购管理与库存控制(第 2 版)
	CAIGOU GUANLI YU KUCUN KONGZHI(DI-ER BAN)
著作责任者	张　浩　主编
策划编辑	刘　丽
责任编辑	李瑞芳
数字编辑	陈颖颖
标准书号	ISBN 978-7-301-29768-1
出版发行	北京大学出版社
地　　址	北京市海淀区成府路 205 号　100871
网　　址	http://www.pup.cn　新浪微博：@北京大学出版社
电子信箱	pup_6@163.com
电　　话	邮购部 010-62752015　发行部 010-62750672　编辑部 010-62750667
印刷者	河北滦县鑫华书刊印刷厂
经销者	新华书店
	787 毫米×1092 毫米　16 开本　18.5 印张　429 千字
	2010 年 2 月第 1 版
	2018 年 8 月第 2 版　2022 年 12 月第 5 次印刷
定　　价	43.00 元

未经许可，不得以任何方式复制或抄袭本书之部分或全部内容。
版权所有，侵权必究
举报电话：010-62752024　电子信箱：fd@pup.pku.edu.cn
图书如有印装质量问题，请与出版部联系，电话：010-62756370

第 2 版前言

编者曾为企业做过一些管理方面的讲座，企业常提出这样的问题：为什么"爱立信"现在成了"索尼-爱立信"？为什么有许多企业在合同中上当受骗？为什么许多企业销量增加但没赚到钱？或者因资金周转不灵而倒闭？原因是：企业采购管理和库存控制没做好！流程管理没做好！不明白供应链管理的本质！这一观点得到了企业管理同仁的认同。

现代企业的竞争已不是单纯的企业与企业之间的竞争，而是整条供应链的竞争。我国正处于供应链的形成与整合时期，特别是现在处于电子商务时代，如何降低成本、提高效率是各行各业共同关注的问题。采购管理与库存控制则是解决这一问题的有效途径，作为供应链管理的重要手段，它越来越受到人们的重视。

我国在采购管理与库存控制方面的人才非常欠缺，各高等院校也正在积极进行人才培养模式的转变及教学方法的改革。然而，目前很多相关教材的理论性偏强，很少从供应链整合及整体库存控制的角度来看待采购问题，并且对一些实际操作问题的阐述不够具体（如总体成本问题、谈判问题以及采购合同的风险管理等）。另外，除了企业培训资料外，很多教材没有从企业实际工作的角度来分析库存问题的真正成因，也没有从整条供应链和企业内部管理实务的层面上，以及从与库存控制有关的具体环节上讲解如何控制库存，致使读者学习有关理论后往往不知道在哪儿用、如何用。

本书从供应链整合的视角出发，以库存问题的成因和控制为主线，结合企业的实际情况，对采购和库存问题进行系统梳理；在第 1 版的基础上，通篇进行压缩、修订和补充，并对各章节进行必要的调整，使全书的系统性和逻辑性更强；同时，每章都采用二维码形式实现了"互联网+"教学。本书除了理论上的阐述外，还加强了应用上的指导，以期达到以下目的。

（1）指出常见的一些认识误区，帮助读者从供应链整合及库存控制的视角来正确看待采购问题，使读者能正确应对采购中的实际问题，如谈判、订单处理、风险防范等。

（2）让读者明白企业实际工作中库存的成因和控制方法，除了介绍有关策略和方法外，还指出企业运营活动中涉及库存控制的常见实际问题及处理方法，比如采购价格问题、供应商管理问题、出入库作业中的问题，以及销售和生产中的管理问题等。

（3）为希望进一步做深入研究的读者指明所涉及问题的研究方向和知识链接。

书中提供了大量生动的案例、形式多样的习题等供读者阅读、练习使用，以巩固所学的知识，提高综合应用能力。此外，本书的相当一部分内容是基于对企业培训讲座的再创作，因此可读性较强。具体来说，本书具有以下编写特点。

（1）在思路和结构上系统性较强。

很多同类教材要么单独讲采购，要么单独讲库存，这样虽然内容上比较丰富，但容易将有关知识孤立起来，形成库存是由采购造成的这种片面的理解。本书是以供应链为视角，并从供应链整合与库存控制的角度来分析和梳理，使读者理解起来比较系统。

（2）观点新颖且有学术支持。

本书的许多观点比较新颖，并且已得到有关专家、学者的认同。例如，本书认为零库存只是一种境界而非绝对的；合理库存的提出：降低库存要从各个环节入手；采购管理与库存控制实际上是流程问题等。

（3）在理论够用的基础上强调实用性。

虽然理论介绍是必要的，但本书不做冗长的推演，而侧重于在实践中如何使用理论。另外，本书对于最新的研究动向做引导性的介绍，并列出参考文献和知识链接，指导读者进行深入研究。

本书由张浩担任主编，负责全书的结构设计，组织编写工作及统稿定稿。全书编写分工如下：第1、3、9章由张浩编写；第2章由张玲编写；第4、10章由陈业玲编写；第5章由彭鸿广编写；第6章由孙伟编写；第7、8章由王婷睿编写。各章审稿修改分工如下：第1、2章由王婷睿审稿；第3、4、10章由彭鸿广审稿；第5、6章由张浩审稿；第7章由孙伟审稿；第8章由陈业玲审稿；第9章由张玲审稿。

由于本书可读性较强，所以建议教学时可参考知识链接或参考文献中的内容，进行适当的补充，综合运用知识讲解、案例分析、讨论、训练、习题等方式，以达到良好的教学效果。

本书在编写过程中参考了有关书籍和资料，在此向其作者表示衷心的感谢。本书在编写过程中得到了南京林业大学经济管理学院的支持，在这里一并表示感谢。

由于编者水平所限，书中难免存在疏漏之处，敬请广大读者批评指正。

编　者
2018年2月

【资源索引】

目 录

第1章 采购管理与库存控制概论 ………… 1
1.1 采购管理与库存控制的智慧 ………… 2
- 1.1.1 基本理念和思维方式 ………… 2
- 1.1.2 采购管理与库存控制的关系 ………… 4
- 1.1.3 管理实践中常见的认识误区 ………… 5

1.2 采购管理概述 ………… 9
- 1.2.1 采购管理的演变与发展 ………… 9
- 1.2.2 供应链管理对采购的要求 ………… 10

1.3 库存控制概述 ………… 11
- 1.3.1 库存控制的发展 ………… 12
- 1.3.2 供应链管理对库存控制的要求 ………… 12

本章小结 ………… 15
习题 ………… 16

第2章 采购管理基础 ………… 19
2.1 采购管理的概念与作用 ………… 21
- 2.1.1 采购与采购管理的概念 ………… 21
- 2.1.2 采购的地位与作用 ………… 23

2.2 采购流程 ………… 24
- 2.2.1 采购作业的一般流程 ………… 24
- 2.2.2 供应链环境下的采购流程 ………… 27

2.3 采购模式 ………… 30
- 2.3.1 询价采购 ………… 30
- 2.3.2 招标采购 ………… 32
- 2.3.3 政府采购 ………… 35
- 2.3.4 国际采购 ………… 36
- 2.3.5 电子采购 ………… 39

2.4 采购需求与计划 ………… 42
- 2.4.1 采购需求 ………… 42
- 2.4.2 采购计划 ………… 43

本章小结 ………… 47
习题 ………… 47

第3章 采购价格与成本管理 ………… 51
3.1 采购价格 ………… 53
- 3.1.1 采购价格影响因素 ………… 53
- 3.1.2 供应商产品成本构成 ………… 54
- 3.1.3 供应商定价方法 ………… 55
- 3.1.4 采购价格的确定 ………… 58

3.2 采购成本的分析 ………… 59
- 3.2.1 整体采购成本的理念 ………… 59
- 3.2.2 具体采购成本的分析 ………… 60

3.3 采购成本的控制 ………… 63
- 3.3.1 控制采购成本的战略思考 ………… 63
- 3.3.2 控制采购成本的常见策略 ………… 64
- 3.3.3 控制采购成本的策略选择 ………… 66

本章小结 ………… 67
习题 ………… 68

第4章 供应商管理 ………… 70
4.1 供应商管理概述 ………… 71
- 4.1.1 供应商 ………… 71
- 4.1.2 供应商分类 ………… 71
- 4.1.3 供应商管理 ………… 73

4.2 供应商的选择与开发 ………… 74
- 4.2.1 供应商选择与开发前需考虑的问题 ………… 74
- 4.2.2 供应商开发与选择的程序 ………… 76

4.3 供应商日常管理 ………… 81
- 4.3.1 供应商绩效考评 ………… 81
- 4.3.2 供应商激励 ………… 85
- 4.3.3 供应商整合 ………… 87
- 4.3.4 加强供应商管理的措施 ………… 88

本章小结 ………… 92
习题 ………… 93

第5章 采购谈判 ………… 98
5.1 采购谈判概述 ………… 99
5.2 采购谈判的程序 ………… 101
- 5.2.1 采购谈判的准备 ………… 101
- 5.2.2 开局阶段 ………… 104
- 5.2.3 谈判的正式磋商阶段 ………… 107
- 5.2.4 谈判的终局阶段 ………… 109

5.3 采购谈判的技巧 ………… 110

5.3.1	报价技巧	110
5.3.2	还价技巧	111
5.3.3	让步技巧	115
5.3.4	其他应对技巧	116

5.4 电子谈判 119
    5.4.1 电子谈判特点和分类 119
    5.4.2 电子谈判系统 120
本章小结 121
习题 122

第6章 采购合同管理 127

6.1 采购合同的内容和形式 128
    6.1.1 采购合同的含义 128
    6.1.2 采购合同的内容 130
    6.1.3 采购合同的形式 131
6.2 采购合同的实施管理 133
    6.2.1 采购合同的订立 133
    6.2.2 订单跟踪 135
    6.2.3 交货期管理 137
    6.2.4 质量管理和检验 140
6.3 采购合同的风险管理 145
    6.3.1 采购合同风险及承担 145
    6.3.2 采购合同风险的形成 147
    6.3.3 采购合同风险的防范 152
本章小结 155
习题 156

第7章 库存控制基础 159

7.1 库存基础知识 160
    7.1.1 如何看待库存 161
    7.1.2 库存的分类 161
7.2 库存产生的原因 162
    7.2.1 计划性或策略性库存 163
    7.2.2 管理失误产生的库存 163
    7.2.3 为提高服务水平而保有的库存 164
    7.2.4 为降低总成本而增加的库存 164
    7.2.5 不确定性因素的影响 164
    7.2.6 供应链中"牛鞭效应"的影响 165
7.3 库存管理思想和目标 168
    7.3.1 库存管理思想 168
    7.3.2 库存管理目标 169

7.4 库存控制方法 173
    7.4.1 库存结构控制 173
    7.4.2 流程管理 174
    7.4.3 库存量决策 178
7.5 现代生产管理思想与库存 179
    7.5.1 ERP与库存管理 180
    7.5.2 JIT与库存管理 183
本章小结 185
习题 186

第8章 库存控制策略 189

8.1 库存结构的控制策略 190
    8.1.1 ABC分析法 191
    8.1.2 CVA管理法 196
8.2 订货模式的选择策略 196
    8.2.1 定量订货法 197
    8.2.2 定期订货法 198
    8.2.3 双堆法 201
8.3 订货时间与批量的确定 202
    8.3.1 经济订货批量模型 202
    8.3.2 定量订货法的订货点 206
    8.3.3 定期订货模型的订货量 209
8.4 安全库存的设定 210
    8.4.1 订货提前期固定，需求量变化的情况 211
    8.4.2 需求量固定，订货提前期变化的情况 211
    8.4.3 需求量和订货提前期都随机变化的情况 211
本章小结 212
习题 214

第9章 企业内部库存控制 217

9.1 仓储管理中的库存控制 219
    9.1.1 入库作业中的库存控制 219
    9.1.2 保管作业中的库存控制 222
    9.1.3 出库作业中的库存控制 224
9.2 生产管理中的库存控制 227
    9.2.1 生产系统规划中的库存控制 227
    9.2.2 生产计划与运行中的库存控制 229
    9.2.3 质量管理中的库存控制 232
9.3 营销管理中的库存控制 233

9.3.1 市场调研中的库存控制 ……… 233
9.3.2 渠道与价格管理中的
库存控制 …………………… 234
9.3.3 售后服务中的库存控制 …… 235
9.4 其他环节中的库存控制 ………… 236
9.4.1 产品设计中的库存控制 …… 236
9.4.2 滞废料管理中的库存控制 … 240
9.4.3 备件管理中的库存控制 …… 243
本章小结 …………………………… 246
习题 ………………………………… 247

第10章 供应链库存管理 ……… 251

10.1 供应链库存管理概述 ………… 252
  10.1.1 供应链库存 ……………… 252
  10.1.2 供应链库存管理的特点 … 254
  10.1.3 供应链库存管理存在的
问题 ……………………… 254
  10.1.4 供应链库存管理的改进
方向 ……………………… 256
10.2 供应商管理库存 ……………… 257
  10.2.1 VMI 概述 ………………… 258

10.2.2 VMI 的实施 ……………… 260
10.2.3 实施 VMI 应注意的问题 … 263
10.3 联合库存管理 ………………… 264
  10.3.1 JMI 概述 ………………… 264
  10.3.2 JMI 的实施策略 ………… 266
  10.3.3 JMI 绩效评价 …………… 267
  10.3.4 JMI 的保障措施 ………… 269
10.4 多级库存优化管理 …………… 270
  10.4.1 多级库存管理概述 ……… 270
  10.4.2 多级库存管理策略 ……… 271
  10.4.3 供应链多级库存管理
应注意的问题 …………… 273
10.5 协同规划、预测和补给 ……… 274
  10.5.1 CPFR 概述 ……………… 274
  10.5.2 CPFR 的优势和不足 …… 276
  10.5.3 CPFR 的流程模型 ……… 277
本章小结 …………………………… 281
习题 ………………………………… 282

参考文献 ………………………………… 285

第1章 采购管理与库存控制概论

【本章知识架构】

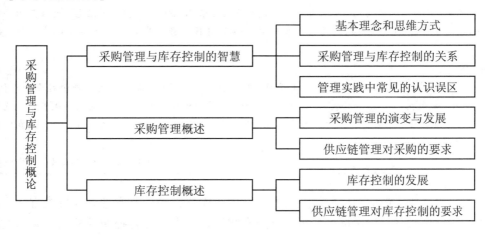

【本章教学目标与要求】

- 理解采购管理与库存控制的基本理念和思维方式。
- 正确认识并掌握采购管理与库存控制的含义、作用、发展以及相互关系。
- 明确供应链管理对采购和库存控制的要求。
- 了解采购管理与库存控制中常见的认识误区。

导入案例

中国服装业的再次思考

1. 2006 年的情况

本书第 1 版给出了一系列案例和数据，特别介绍了 2006 年中国服装业库存问题的严重性，南极人、俞兆林等保暖内衣行业的领导品牌到处抛售其前几年的库存，班尼路、佐丹奴等休闲服装以甩卖求生存，多家企业倒闭。这一系列现象引发了很多思考，电子商务是解决这一问题的"神话"吗？10 年后的情况又如何呢？

2. 电子商务之路

核心事实：服装电商曾经盛极一时，在 2012 年中国网购用户最常购买的商品中，"服装、鞋帽、箱包、户外用品类"商品占比最大，为 38.7%。根据艾瑞咨询统计数据，2012 年的服装网购规模为 3 188.8 亿元，同比增长 56%，占整体网购市场的 27%，占比居首。但现在由于高库存问题让曾经的服装巨头伤不起，仅 2015 年，左岸、维斯凯等多家企业倒闭，关店几乎成为 2015 年度各大品牌的"常规动作"。国内服装行业"一哥"海澜之家日前披露的年报显示，截至 2015 年 12 月 31 日，公司存货达 95.8 亿元，占总资产的比例超过了 40%。

3. 2016 年的情况——高库存已经成为中国服装行业的噩梦

"高库存"梦魇仍在服装行业蔓延。事实上，饱受库存困扰的并不是海澜之家一家，美邦服饰的存货金额也达到了 18.33 亿元，约占总资产的三成，两年关店约 2 000 家。森马服饰的存货较上一年的年初增长 98.9%，达 20.57 亿元。七匹狼的存货规模同比增长 10.59%，达 9.15 亿元。九牧王的存货规模为 6 亿元。如今依然没能摆脱这种局面，成为电"殇"灾区。进一步来看，上游的面料企业更是举步维艰。

4. 再次思考

为什么库存高会让企业倒闭？为什么电子商务难以解决这一问题？有什么办法能够控制和降低库存？原料供应商、服装生产企业、批发商、零售店的采购模式是否合理？这些现象与企业的生产系统及信息系统有关系吗？所有的这些现象与工作流程有关系吗？很多专家认为供应链管理很有效，为什么在实践中总出问题？是否存在有效而实用的办法？

（资料来源：作者根据相关资料整理。）

本章主要从供应链的角度整体介绍采购管理与库存控制的基本理念和思维方式，对管理实践中一些常见的认识误区进行分析，分别介绍采购管理与库存控制的相互关系、发展过程和基本要求，并将对全书的知识结构进行系统梳理。

1.1 采购管理与库存控制的智慧

1.1.1 基本理念和思维方式

本书的核心思想是如何更好地开展采购管理和库存控制工作，从而降低成本、提高效率。要做好这件事，最重要的是掌握基本理念和思维方式，然后才是相关理论、知识和技术的学习和应用。

1. 供应链管理的理念

供应链管理(Supply Chain Management，SCM)是本书的核心理念，相关理论和方法在管理实践中得到了广泛的认可和应用，即以最少的成本管理从采购开始到满足最终客户的所有过程，协调企业内外资源来共同满足消费者需求，实现四项目标：缩短现金周转时间、降低企业面临的风险、实现盈利增长、提供可预测收入。本书的书名也可以是《供应链管理实务》，这是因为库存控制是供应链的核心问题，而采购管理是解决这一问题的必要方法之一，从供应链管理思想的提出就不难看出这一点。

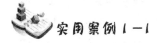

实用案例 1-1

快速反应系统

供应链管理思想的提出可追溯到 20 世纪 70 年代至 80 年代初期的美国。背景是以中国为主的大量廉价纺织品进口急剧增加，市场占有率不断上升，美国政府和企业非常不安，采取了很多措施但作用不大。零售业咨询公司 Kurt salmon 经过了大量充分的调查后指出，纺织品产业供应链的整体效率不高。

举个例子，通常情况下，一家服装店 1 个月进 1 次货，进货量为 20 万元。货物可分为 3 类：A 类，市场需求不强的，这通常会成为库存积压，因为有时降价也解决不了问题，至少利润贡献率是低的；B 类，市场需求较强的，通常是利润主要来源，但也面临两难问题：一方面，要摊销各种成本(房租、水电、员工工资等)，要弥补 A 类商品可能的亏损，而不得不卖出高价；另一方面，激烈的市场竞争使得高价很难实现；C 类，市场潜在需求较强的，这是他们进货时想不到的，或者是进货时想进但没有货源的。

这种情况下，这家服装店将必然面临以下问题：①市场预测不准，因为它是提前一个月进货的，1 个月内会发生很多事，A、B、C 三类是不易分清的；②资金投入大，每次要投入 20 万元，而资金是有成本的，形成商品后，必须依靠销售才能变现；③产生了库存成本，因为进货后商品必然要有地方进行存放；④进货价格高，尽管有的与上一级批发商有长期合同关系以降低价格，但是如果供应链的思想不清楚仍解决不了这一根本问题，电子商务也是如此，只不过是交易形式发生了变化，降了一点儿房租费等成本而已。

为什么进货价格高呢？不妨看一下批发商。其实批发商的成本也很高，并且面临零售商同样的问题：①他要满足零售商的进货而提前准备足够的库存，这样其资金成本和库存维持的成本高；②进货时间要更提前，假设提前 2 个月备货，这样的预测就不准，因为要有 2 个月的提前量；③万一货卖不掉，同样面临库存积压问题；④他进货的成本高，原因可再往上推到上一级批发商或生产商。进一步看，生产商可推到原料商(例如面料)，并且生产的提前期会更长(通常要提前 3 个月或半年)，各种成本同样很大。

因此，从整体供应链来看，大家的成本都高，反应都慢。Kurt salmon 公司则建议供应链的各个成员进行合作，共享信息资源，建立一个快速反应系统(Quick Response，QR)来实现销售额增长。具体来说，供应链成员企业之间建立战略合作伙伴关系，利用 EDI（电子数据交换）等信息技术进行信息交换与信息共享，要求快速反应，缩短预测和生产的提前期，用高频率、小批量配送方式补充商品，缩短交货周期。这样可大幅度减少库存、降低成本，并提高顾客服务水平和企业竞争力。

(资料来源：作者根据相关资料整理。)

供应链管理是很复杂的问题，国内外学者都进行了探索并取得了丰硕成果，但不离以下核心内容：以合理满足顾客需求为目的，以合作互利为理念，进行必要的分工，但要有软硬两方面约束，在此基础上，在系统理论与方法的指导下，综合运用现代信息技术、数据分析方法、现代物流技术等使整体供应链不断提升。

2. 合作与双赢的理念

供应链管理的核心理念是合作与双赢，即大家共同努力，互相信任，互相帮 【拓展知识】

助，有利益共同分享，有风险共同分担。其实这与中国传统文化(如佛、道、儒)的智慧是契合的，但传统文化中讲得更到位，即越是利益他人，越是大智慧，甚至是完全利他，所以供应链管理中的合作、双盈、互利相对得到了更多的认同。至少从反面来观察，如果一个人或企业太自私了，其结果通常是不利的。从企业管理来看，做人做事的方式如果与智慧相应一分就成功一分，相应两分就成功两分，背离一分则失败一分。进一步看，我们期待的幸福、快乐、健康等，也是同样的道理。

3．必要的分工和约束

合理分工与合作是成就事业的基础，而如何分工、如何合作则涉及扬长避短的基本原则。从供应链的角度看，合作通常要通过谈判等方式落实，但只有合作理念和分工约定是不行的，更要通过法律等手段进行必要的约束，比如以合同的形式加强管理。这就如同两个人结婚(有合作意向，也采取了行动)，但若没有婚姻法和相应的道德约束，可能结果是不乐观的。同样的道理，企业之间也需要各种相互制约的手段，除法律外，还可借助行业协会等其他力量共同制约。

4．流程视角下的系统观

系统观是普遍认同的基本观点，强调整体供应链系统处于最佳状态，或系统最优，而不是某个企业或某个环节最好。例如，有些做法虽然可在采购中享有批发价，但后续环节中的成本增加更大则可能不合理。因此，本书特别强调系统观，其中的内容很多，主要从两个最容易实现的角度讨论：①总成本最小(第6章)；②流程管理，即用最合理的方法做事，例如对先做什么、后做什么的合理安排，这通常对于排队时间长、浪费多等现实问题有立竿见影的效果。

5．相关的理论、方法和技术

以上内容如果在实践中加以应用，必要的理论方法和技术是要学习的。例如，采购和成本的基础知识(第2、3章)、供应商管理理论与方法(第4章)、谈判原理与技巧(第5章)、合同约束与风险防范(第6章)、库存控制的基本理论(第7章)、库存控制的策略(第8章)，以及库存在企业内部和企业之间的应用(第9、10章)。其中相关的数据分析、流程分析、物流技术、电子商务技术等内容，将融入各有关章节中。

1.1.2　采购管理与库存控制的关系

采购管理与库存控制都是供应链管理中降低成本、提高效率的有效途径，是供应链管理的重要手段，两者之间是紧密联系的，不能把两者孤立起来理解。

1．采购管理应以库存控制为工作准则

采购管理涉及的内容很多，但是其基本职能是满足需求、保障供应。在企业中，需求有两种表现形态：一是直接需求，二是间接需求。直接需求就是需求点的需求，此时采购的物资直接在需求点进行消耗，不设仓库库存；间接需求就是基于仓库的需求，此时设有仓库库存，采购的物资先存入仓库，再由仓库去满足各需求点的直接需求。无论是哪种需求，都应进行库存控制。

对于直接需求而言，要尽量做到库存最小，这是后续讨论的主要问题。采购的任务主要是维持"零库存"(后面会具体分析)运行，即采购的物资正好满足生产或销售的需要，没有多余的库存；对于间接需求而言，采购的物资应大于或等于需求点上的实时总消耗，但又不能使库存过高，这就必须进行库存控制。

因此，采购管理应把库存控制作为指导思想，即除了满足各种需求之外，还有降低库存的要求，应将库存控制作为自己的工作准则，而工作准则就是制定和实施某项工作的依据和评价标准，也就是说，库存控制是采购工作考核指标体系中的基本指标之一。

2. 采购管理是库存控制的重要手段

库存控制的方法和手段很多，绝不仅仅是确定订货策略，而是从供应链的大流程出发，从库存的成因入手，重视企业管理的各个环节，从流程上进行控制，但是采购管理是库存控制的重要手段。

（1）库存策略的选择和落实通常要通过采购来实现。对于直接需求，通常可以由企业资源计划（Enterprise Resources Planning，ERP）直接发出指令，采购部门执行；对于间接需求，订货点和订货量的确定是根据库存策略来的，不同的企业可能由不同的部门对此进行决策，但都需要采购来执行。

（2）采购管理是整体供应链库存控制的重要手段。从整体供应链的库存控制来看，应以整体库存或成本最小为出发点，供应链下游的库存控制往往与销售有关，而供应链上游的各级库存控制则必然与采购有关，特别是对于供应商的管理，这是采购的一个重要职能，也是必要手段之一。

（3）企业上、下游之间如果形成一个良好的供应链状态，则必然有相应的流程支撑，而这个流程中的核心抓手是库存，核心工作是采购。

3. 两者都应以供应链管理为基础

采购管理与库存控制是有区别的，但都应以供应链整合和优化为己任，以供应链整体的成本最低、效率最高为目标。未来的竞争不再是某个单个企业的竞争，而是整条供应链的竞争，特别是电子商务时代，因此不能追求局部最优，而应是系统最优。并且这两者应涉及企业的各个部门，绝不是某一个部门就能完成的，因此这里再次强调：采购管理与库存控制的本质更是一个流程管理的问题。

1.1.3 管理实践中常见的认识误区

在管理实践中，很多人对于采购管理和库存控制的认识存在许多明显的误区，因此在展开讲述前，先列举一些主要的认识误区，以便让大家正确理解这一问题。

1. 采购价格越低越好

有许多企业片面地追求绝对的低价格，不断压缩供应商的利润空间，这是一个误区。一方面，低价格可能带来质量下降，直接危害到用户和企业；另一方面，这种死拼成本的结果是，暂时获益的是终端客户，损害的却是该行业及相关行业的生存空间；最重要的是，眼中只有价格，忽略了更重要的管理智慧，如供应链管理。

采购不是孤立的资源保障活动，它应与企业的市场营销战略紧密结合，绝对的低价格并不代表企业高效益，大量事实证明它只能是压缩行业的利润空间，无异于自杀；如果采购以"相对的低价格"执行，也就是以行业内相对较低的价格执行则可避免这一问题，这是企业持续发展的保证，有助于整体供应链的健康发展。压价是必要的，但应以双赢为核心思想，以减少双方的成本为手段，并采取相应的配合措施，这在后面会提及，这叫智慧压价。

2. 拖欠货款有利

二十年前，国内出现了拖欠货款之风，通常少则3个月，多则半年，三角债的问题一度成为焦点。但直到现在很多人仍持这种观点，部分财务人员甚至美其名曰"控制财务成本"。这种本位主义下的控制成本法给企业造成的是更大的采购损失以及企业的外部形象损害，这是一种狭隘的财务观念在作怪，总觉得供应商赚了自己很多钱，觉得这样做就占便宜了，这直接损害的是供应商的利益，间接受损害的还是企业本身。要知道需求和供应链管理一定是一种双赢或多赢的概念，不理解这一点就谈不上供应链管理。

3. 采购只要保证"货比三家"就行

询价采购是最常见的采购形式（第2章），但很多企业的管理者认为采购只要保证"货比三家"就行了，要求负责采购的工作人员申报采购方案时要提供至少3家报价，管理者审批时就看有没有3家的比价，再选一个价格最低的，而进行所谓的"流程管理"。

其实，很多管理者都会发现"货比三家"的方法经常失灵：这3家是怎样选出来的？中间的代理商算不算数？同样类别的采购中，这次审批的3家和上次是不是相同？会不会有申报者通过操纵报价信息影响审批者决策的可能？

问题的根本原因是没有严格配套的供应商管理机制，对于采购过程的管理不严密。在这种情况下，采购的管理者最终签字选择供应商，表面上拥有绝对的决策权，但由于采购人员可以自由询价，从而拥有实际的决策权。这种管理模式不改变，无论怎样"货比三家"都是徒劳的。

4. 招标"一招就灵"

招标的采购方式给人以客观、公平、透明的印象，很多管理者认为采取招标方式可以引入竞争，降低成本，也就万事大吉了。但有时候招标也不是"一招就灵"的。为什么要招标？什么情况下应该招标？还有什么情况可以采用更合适的采购方式？这涉及采购方式选择的问题。目前，常用的采购方式有很多，主要有招标采购、竞争性谈判、询价采购、单一来源采购等。

合理运用多种采购方式，还可以实现对供应商队伍的动态管理和优化。例如，最初对采购内容的成本信息、技术信息不够了解，就可以通过招标来获得信息、扩大供应商备选范围。等到对成本、技术和分包商信息有了足够了解后，就转用询价采购。等到条件成熟，对这种采购商品就可以固定一两家企业长期合作生产了。反过来，如果对长期合作的厂家不满意，可以通过扩大询价范围或招标来调整、优化供应商或对合作厂家施加压力。

5. 货物卖出去，就万事大吉了

销售是企业的头等大事，但并非货物卖出去，就万事大吉。后续问题有：①货款回收，这方面的债务问题一直在不断上演；②售后服务，特别是质量问题；③消费者需求分析，这方面已是各大企业、咨询公司的关注热点，特别是目前的网络时代，大数据技术的应用已越来越普及；④由此产生的逆物流、环保等问题，短视的企业通常在这方面不多考虑，但从长远来看，成功的企业应对此更加重视。事实上，也有企业专注回收方面的经营并取得了很大的成功，例如日本的BOOK OFF公司。

【拓展案例】

6. 库存控制就是仓库管理

在谈到所谓"库存控制"或"库存管理"的时候，很多人将其理解为"仓储管理"，很自然地和库位摆放、先进先出、账物一致等词语联系起来，这实际上是个很大的曲解。

从狭义来讲，库存控制主要是针对仓库的物料进行盘点、数据处理、保管、发放等，通过执行防腐、温湿度控制等手段，达到使保管的实物库存保持最佳状态的目的。这只是库存控制的一种表现形式，或者可以定义为实物库存控制。

那么，如何从广义的角度去理解库存控制呢？库存控制应该是为了达到公司的财务运营目标，特别是现金流运作，通过优化整个需求与供应链管理流程，合理设置ERP控制策略，并辅之以相应的信息处理手段、工具，从而实现在保证及时交货的前提下，尽可能降低库存水平，减少库存积压与报废、贬值的风险。从这个意义上讲，实物库存控制仅仅是实现公司财务目标的一种手段，或者仅仅是整个库存控制的一个必要的环节。从组织功能的角度讲，实物库存控制主要是仓储管理部门的责任，而广义的库存控制应该是整个需求与供应链管理部门，乃至整个公司的责任。

【拓展视频】

7. 一味追求"零库存"

不少企业认识到了库存的重要性，将其视为洪水猛兽，管理中以降低库存为目标。将库存降到最低，提高物流周转的速度并提高资金利用率这一愿望本身没什么问题，然而真正能做到完全零库存的没有一家。"零库存"只是一种境界，一种追求。

（1）将某企业的库存降到最低后，该企业的库存和营运成本可能确实暂时降低了，但是供应链的上下游企业却可能增加了相应的成本，从而成为一种成本转移。

（2）要实现"零库存"，企业必须具备足够的实力和供应链管理能力，否则供应商不会牺牲自己的利益与其合作。即使暂时如此，时间长了还是会影响企业与供应商的合作关系，通常要用其他方式补偿，这样一来该企业在这方面节省的费用还是会花出去。

（3）适度的库存是必需的，特别是在应急情况时，如果没有库存就会很危险。库存可以连接供应链各方的关系和利益，供应链上的各个企业都会有各自的上下游企业，而这些上下游企业还会有各自的供应商和客户，一旦情况发生变化，供应链各方都要受到影响，因此合理库存起到了重要的连接和缓冲作用，如果没有实物库存，供应链的合作是没有实际意义的。

（4）库存是一个调节器，合理利用库存可能降低企业的采购成本，因此"合理的库存"更有意义，这也正是本书的一个核心观点，相关理论和方法将据此展开。

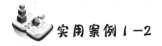
实用案例1-2

所谓的"零库存"

美国某知名咨询企业在国内追求绝对的"零库存"理念，曾受其指导的某集团公司在2000年年底严格控制库存，致使该企业在钢材价格仅为2 350元/吨时实行零库存管理，导致2001年年初该企业订单大增，而钢材价格直奔4 000元大关的情况下，不仅采购损失惨重，更重要的是生产节奏不保。

（资料来源：作者根据相关资料整理。）

8. 库存周转率的计算

许多企业在降低库存时通过财务指标来进行控制，而财务控制的一个重要指标就是库存周转率，有关内容详见第7章，库存周转率的计算公式为：

$$库存周转率 = 销售的物料成本/会计期间的平均存货 \times 100\% \qquad (1-1)$$

但在实际操作中，财务人员在计算平均存货时会采用这种简单的方式，即

$$平均存货金额 = (期初的库存金额 + 期末库存金额)/2 \qquad (1-2)$$

而实际上，几乎每家企业每天的库存都是变化不定的，因此这种算法是有问题的，正确的算法应是采用微积分的思想精确到每一天来计算。ERP可能解决这问题，但程序是人编

的，软件是人用的，因此重在实践，即应该从管理上落实。在这种算法的误导下，会导致许多不正常现象的发生，从而干扰企业的正常运营。这些现象有：到了会计考核期末，能不入库的尽量不入库，把物料压在货运那里；进了库房的物料不在 ERP 系统中反映，俗话称"不入账"；期末大出货，把能发的货先发走等，因为这些行为会有效降低期末库存的账面金额。

9. 库存控制就是订货策略

订货策略的选择和运用确实是库存控制的重要手段，但库存控制更应从库存的成因入手，从各个环节抓起，综合运用各种方法和手段，如流程管理（Process Management，PM）、精益生产（Lean Production，LP）、准时制生产（Just In Time，JIT）、供应商管理库存（Vendor Managed Inventory，VMI）等，使供应链的库存最合理，提高整体供应链的效率和竞争力。

10. ERP 一定能降低库存

ERP 是个好东西！其核心管理思想是供应链管理，正确使用 ERP 确实能提高工作效率、降低库存，但也有许多企业上了 ERP 后并没有把库存控制好，主要原因如下。

（1）ERP 的误导。某些软件公司将一些简单的进销存软件也称为 ERP，误导企业认为使用了所谓的 ERP 就可以降低库存，似乎库存控制靠小软件就可以搞定了。也有一些软件确实有这方面的功能，但每个企业不一样，使用起来不一定如软件商讲得那么神奇。这里有个基本原理：软件是为人和企业服务的，可引导企业向流程更合理的方向改进，而流程是否合理与企业自身以及环境有关，没有最好，只有更好。

（2）ERP 的选择。首先是谁来选择，其次才是如何选择。最常见的误区是多数企业会让 IT（信息部）经理来负责选择软件。主要原因是不知道这是供应链的事，不知道这是流程管理的事，因此更合适的人选是对企业各个业务领域和流程都比较熟悉的物料经理来负责，并由财务和 IT 部门共同参与。

（3）ERP 必须正确实施和使用。许多企业做不到这一点。例如，ERP 的实施应有物料编码、订货周期等基础数据的支撑，这些数据必须准确可靠，并及时维护，许多企业这方面的工作不能准确到位。更重要的是 ERP 的实施涉及业务流程的改变，因此要求企业从观念上转变并逐步把企业由职能型组织过渡为流程型组织，而这是一个艰辛的改革历程。

【拓展视频】

11. 电子商务是万能的

现在电子商务发展迅猛，采用新的商务模式和技术手段是必要的，但多数电子商务仍是换了一个交易手段，解决了信息交互和资金流动问题，现代一些技术手段如基于大数据的分析软件也能起很大的作用，但是实体物流问题仍很难解决。更重要的是，交易双方乃至整体产业链上的企业之间仍是买卖关系，不能形成合作，即还是形不成良好的供应链状态，这也是为什么本书"导入案例"中所述的各种现象的根本原因。

但是我们已经进入电子商务时代，相关的方法和技术还是要掌握的。比如对客户信息的分析，这些宝贵的资料可以用于数据分析并辅助决策。本书后面的相关技术也是基于数据分析的，目前许多 ERP 软件的技术有助于实现它。

12. 物流完全由第三方搞定

近年来第三方物流的理论和实践均有很大的进展，比如麦当劳（金拱门）是最早成功运用第三方物流的企业，夏晖公司是其多年的合作伙伴。但是很多生产商和零售商把物流完全交给第三方也不合理，比如淘宝平台刚开始时是坚决不

【拓展视频】

做物流的，现在"菜鸟"平台的规模已很大。当然，每个企业的情况各不相同，具体问题应根据实际情况进行分析，并采取合理的措施。从某种意义上看，第三方物流更是一种深度合作的供应商关系，有关内容参见第 4 章。

1.2 采购管理概述

1.2.1 采购管理的演变与发展

采购不同于简单的购买，采购更侧重于对商品的查找、比较、选择和研究。从不同的视角来看，采购可以作为一个职能部门、一个过程、供应链或价值链的一个环节、一种关系、一门学科或一个职业，但更多是将其看成一种作业活动，是为完成指定采购任务而进行的具体操作活动，而采购管理则被看成是与之有关的一系列管理活动。

自从人类有了市场交易后，购买行为就出现了，尽管采购的历史悠久，但高效采购的重要性在 20 世纪中叶后才得到广泛认同，人们开始重视采购管理，注重产品本身的状况。而把战略目标的重点放在采购过程、供需关系、供应绩效、系统效益上的现代采购管理是随后逐步形成和发展的，大体经历了以下阶段。

1. 以采购产品为中心的采购

这一阶段强调对具体产品的采购，注重采购产品的品质、价格等，是一个被动阶段，采购职能未以战略为指导，主要是对采购的需求做出初始反应。此时的特征是：大量时间用于解决日常事务工作；信息交互不畅，工作的透明度低；供应商的选择主要根据价格的高低和产品获取的方便程度而定。

2. 以运作过程为中心的采购

这一阶段开始关注采购的过程管理，采纳了新的采购技巧和方式，但其战略方向仍未与企业的整体竞争战略接轨，是一个相对独立的阶段。此时的特征是：以降低成本和提高效率来衡量绩效；加强采购的技术培训；高层领导开始认识到采购专业化的重要性并意识到采购中有许多创造利润的机会。

3. 以采购关系为中心的采购

这一阶段已充分认识到了供需关系的重要性并加强了对供应商的管理，采购战略开始对企业的整体战略起支撑作用。此时的特征是：采购计划开始与销售计划同步；供应商被看成是一种资源，强调其能力、经验、动力和态度；市场、产品和供应商的动向被时刻关注、分析。

4. 以采购绩效为中心的采购

这一阶段强调综合管理，并认为采购的绩效应是多目标的，采购的战略应与企业的整体战略一致。此时的特征是：对采购人员进行交叉功能的培训；各职能部门之间的信息交流通畅；采购的战略是竞争战略；采购的绩效是以对企业的贡献来衡量的。

5. 以供应链管理为中心的采购

这一阶段对于供应链管理有了足够的重视，采购的权力下放但能得到集中控制，能大幅降低采购成本和供应链管理成本。此时的特征是：多种新型采购模式得以应用；信息化程度和效率明显提高；采购呈现出杠杆效应；货源的组织全球化。

不同的企业对于采购管理的认识和管理水平各不相同，但上述5个阶段是共同的发展历程，并且以供应链管理为中心的采购将成为发展的必由之路。尽管现在电子商务发展迅猛，电子采购等形式更为常见，但从其管理理念看仍未离开这5个阶段。

1.2.2 供应链管理对采购的要求

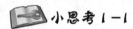

采购经理的烦恼

作为一名采购经理，老王的核心使命就是用最低的价格购买质量最好的物料，而对他的考核也主要体现在采购成本的下降和采购质量合格率等单独环节上。企业的老板每到月底看财务报表，就将他叫到办公室，要求再进一步降低采购成本。原因是市场竞争激烈了，销售额增加了但净利润却在下降，主要是产品价格下降并且制造成本增加，若不降低成本，企业将面临很大的生存压力。老板说的是事实，但这时老王只能实话实说，已经没办法再降了，再降就无法保证质量，这样的恶性循环几乎每个月都要发生，老王痛苦不堪，因为他要时刻面临被炒鱿鱼的风险。

其实企业老板和老王都没有认识到问题的本质，问题并不是出在直接采购成本环节，而是采购人员没有站在整体供应链的角度去考虑问题，造成库存过大，资金占有成本大，从而引起库存成本大。为了降低采购成本，采购人员采用了集中大量的采购方式，虽然加大采购批量能使折扣加大，但由此引起了一系列的库存、运输等方面的成本增加。

问题：
(1) 如果你是老板，该如何应对这一问题呢？
(2) 如果你是采购经理，该怎么办？

采购管理涉及的内容很多，包括制订采购计划、对采购人员的管理、采购资金的管理、对供应商的管理、谈判及合同管理、采购成本管理、采购评价等。如果企业的战略以供应链管理为中心，提高企业和整体供应链的竞争力，则对采购管理提出了新的要求，通常体现在以下几个方面。

1. 提高反应速度和准确性

供应链管理的方法有很多，但其核心还是资源的整合以及如何提高供应链的反应速度和准确性。比如前文的快速反应系统就在于对消费者的需求做出快速的反应，要求供应链上各环节的信息共享，缩短需求的预测周期，提高预测的准确性，提高库存周转率，从而降低库存。这对采购管理提出了新的要求，互联网的普及以及ERP的使用有助于反应速度和准确性的提高，并有助于采用准时制生产（JIT）。另外，各种预测方法和技术的应用可以提高需求预测的准确性，从而在制订采购计划时更加有效。

小贴士 1-1

实际的采购操作中有几点要特别注意：一是对采购人员的要求更高了，太窄的基础面是不行的；二是尽管本书也介绍了经济订货批量（Economic Order Quantity，EOQ）等有关方法，但方法本身的假设太多，实际应用时要加以修正；三是成功的采购一定是基于供应链互动，是理论和实践相结合的，不是单方面建个模型求解出结果就行，也不是简单地按规章制度办事就可以的。

2. 加强成本管理

有效客户响应（Efficient Consumer Response，ECR）是供应链管理的另一个重要理念或方法，该方法强调消除系统中不必要的成本和费用，给客户带来更大的利益，通过改善业务流程，采用连续补货等技术来提高效率。成本管理是供应链管理的重点问题，如何降低采购成本则是采购管理中的研究热点，也是管理实践的焦点内容，本书对此有专门的介绍（第3章），但在实际应用中一定要坚持系统的观点，即系统的总成本最低而不是某一环节上的成本最低。

3. 加强对供应商的管理

传统的所谓"供应链管理"中，供应链成员之间处于一种买卖关系，以对立竞争关系为主，供需双方进行零和博弈，即你多挣了我就少挣了。供应商的选择主要侧重于采购价格，在竞标条件下，最终中标的应是报价最低的一家。价格是需要关注的，但这容易造成只注重价格的短视行为，不利于企业的长期发展。因此现代供应链管理强调从战略的角度选择合适的供应商，并将其看成是一种资源，加强管理和培养，形成长期的合作伙伴关系，让供应商参与到需求预测、新产品开发、质量管理、物流管理等管理活动中，并且许多管理活动是相互渗透的。对于供应商的管理，是采购管理的一个主要内容，这有助于供应链的整合，本书第4章有专门的介绍。

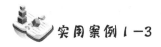
实用案例 1—3

本田与供应商的"金钱"关系

本田公司在全球的供应商超过上千家，仅在中国就有上百家，为了降低成本，本田尽可能采用当地的供应商。与其他大多数汽车制造商一样，本田也有类似于供应商奖励或激励的制度，但其差别是本田认为"将多少金钱和时间精力投入到建立和维护与供应商的关系上是这些计划成功与否的关键。"

改善与供应商的关系是一个不断完善和发展的过程，是需要投入金钱、时间和精力的，但在投入时，首先不要想到回报。例如，一个资信很好的供应商出现了意外的质量和交付问题，本田会派公司内部的专家去了解情况并帮助其解决问题。有一次，本田曾派自己的4名员工到供应商的公司生活工作了10个月，而这些服务不收取任何费用，本田认为这是一种自我服务。

（资料来源：钱智．物流管理经典案例剖析[M]．北京：中国经济出版社，2007．）

4. 加强采购的执行力和风险管理

许多企业已经认识到了供应链管理的重要性，并正在进行业务流程再造（Business Process Reengineering，BPR），而采购管理是业务主流程的源头。因此，在管理实践中需要更强的执行力作为支撑，需要加强流程管理，提高谈判技巧，加强合同管理，提高风险管理能力等。此外，从合同签订到执行的全过程中可能会出现许多问题，比如支付方式、交货期管理、质量问题及处理、风险的防范等，相关内容本书第6、7章将进行详细介绍。

1.3 库存控制概述

先来看一个例子：有两家规模和产品相同的企业，服务的顾客相似，年产值都大约10亿元人民币，不同的是甲企业平均每天的库存资金约3 000万元人民币，乙企业平均每天的库存资金约1亿元人民币，假设产品的毛利都是10%，那么哪家企业更赚钱呢？哪家企业的竞争力强呢？其实很简单，甲企业相当于每年用3 000万元赚取毛利1亿元，而乙企业则要用1亿元每年赚取毛利1亿元。

显然，在激烈的市场竞争中甲企业更适合生存，原因就是其库存控制做得好，而乙企业则占用1亿元的库存资金，不但成本高，而且在很大程度上限制了资金的周转，在资金链上的风险更大，因此库存控制成为现在企业关注的重点内容。

1.3.1 库存控制的发展

人类为了生存，很久以前就学会了将物品存储起来以备不时之需，就连许多动物也知道将粮食存储过冬。我国最早出现的用来储存产品的地方是"窖穴"，随着生产的发展，粮食成为主要保存的产品，人们把专门藏谷的场所叫"仓"，把专门藏米的地方叫"库"。后来"仓"和"库"逐渐合并成一个概念叫"仓库"，指储存和保管物资的地方，而这些物资则可以看成库存。

因此，人们对库存的认识首先是从物品的视角出发的，即认为库存是物品，认为库存是必需的，而且库存越大越好，也就是说仓库里的物品越多越好。随着工业革命以及社会化大生产的发展，人们需要获取足够的生产资料，库存使采购、生产、销售等各个环节独立的经济活动成为可能，并可调节各个环节之间供求的不一致，起到了连接和润滑的作用，但这些生产资料的来源不多并且不稳定，所以人们起初认为库存是越大越好。随着时代的发展，人们对库存的认识开始逐渐由物品的视角转向财务的视角，即认为库存是要花钱买来的，是成本的一部分，从而有了降低库存的意识。

由于有降低库存或降低成本的要求，人们开始逐步展开对库存的研究。1915年，美国的哈里斯提出关于经济订货批量的模型，开创了现代库存理论研究的先河。在此之前，意大利的帕雷托在研究世界财富分配问题时曾提出帕雷托定律，后来在库存管理方面也得到了运用，即为ABC分类法。

第二次世界大战以后，运筹学、数理统计学等学科被运用到这一领域，特别是20世纪50年代以来，人们开始运用系统工程理论来研究和解决库存问题，并形成了系统存储理论，随着管理工作的科学化，库存管理的理论有了很大的发展，形成许多库存模型，应用于企业管理中已取得显著的效果。

20世纪80年代以来，人们对库存控制的研究和实践又经历了如下过程：随着计算机科学以及管理科学的发展，物资需求计划（Material Requirement Planning，MRP）开始应用并普及，这对库存控制是一个质的飞跃；随着供应链的研究和发展，人们对降低库存的要求几乎到了极致，提出了"零库存"的管理思想；随着互联网的普及，ERP（企业资源计划）也得到了长足的发展和应用，这对加强供应链管理、提高企业竞争力有很大的帮助。

近年来，人们逐渐从追求"零库存"的狂热中清醒，根据实际情况认为，维持适当的库存对于保证生产经营活动平稳而有序地运行，并获得良好的经济效益和客户满意度，是十分必要的，并且提出了"合适的库存"这一理念。

迄今为止，人们对于库存控制的研究和探索仍在不断进行之中。

1.3.2 供应链管理对库存控制的要求

库存控制在管理实践中有很多方法和手段，起到了很好的作用，但在供应管理时代，对于库存管理提出了更新的要求。

1. 认识和观念上的转变

许多企业自认为对库存控制有足够的重视，但实践中仍然被巨大的库存拖住了后腿，其至面临倒闭或破产。其主要原因有两个：一是观念上的重视程度不够，库存控制主要依赖于财务部门的指标考核，实现上主要依靠采购的执行，而没有做到全员重视；二是对库存控制的认识不充分，没有从库存的真正成因入手，以有效降低库存和总成本为出发点进行管理。

单纯依靠采购来进行库存控制是不够的，应该依靠供应链流程的输入与输出，除仓储管理环节外，应包括预测与订单处理、生产计划与控制、质量控制、物料计划与采购控制、物料配送发货的策略等，要管好各个环节，本书最后两章对此有专门介绍。

2．合理的库存控制策略

库存控制的策略有好多种，通常应根据不同的情况对物料进行分类，分别采取合理的库存策略，主要是确定检查周期、确定订货点和订货量，有许多模型可以用于解决这一问题，本书第8章对此有详细介绍。但在供应链环境下，不是简单建个模型计算一下就可以的，更重要的是要从整条供应链的角度出发，以总成本最小或总效率最高为目标进行灵活运用。

实用案例1—4

上海通用的"循环取货"

上海通用汽车有限公司（简称上海通用）的各种车型零部件总量有几千种，在国内外拥有180多家供应商，拥有北美和巴西两大进口零部件基地。那么，上海通用是怎么提高供应链效率、降低物流和库存成本的呢？

有些用量很少的零部件，为了充分节约运输成本，上海通用使用"循环取货"的方式：每天早晨，上海通用的汽车从厂家出发，到第一个供应商那里装上准备好的原材料，然后到第二家、第三家，依此类推，直到装上所有的材料，然后再返回。这样做的好处是省去了所有供应商空车返回的浪费。

传统汽车厂的做法是成立自己的运输队，或者让运输公司把零件送到公司，都不是根据需要来供给，因此存在一些缺陷。有的零件根据体积或数量的不同，并不一定能装满卡车，但为了节省物流成本，经常装满卡车配送，容易造成库存高、占地面积大。而且，这样对不同供应商的送货缺乏统一的标准化管理，在信息交流、运输安全等方面，都会带来各种各样的问题。想要管好它，必须花费很多时间和很大的人力资源，所以上海通用改变了这种做法。

上海通用聘请一家第三方物流供应商，由他们来设计配送路线，先到不同的供应商处取货，再直接送到上海通用，利用"循环取货"的方式解决了这些难题。通过循环取货，上海通用的零部件运输成本下降了30%以上，库存下降了20%。

（资料来源：作者根据相关资料整理。）

3．加强企业内部的管理

既然库存控制是整个需求与供应链管理流程的输出，要实现库存控制的根本目的，就必须要有一个与此流程相适应的合理的组织结构。迄今很多企业只有一个采购部，采购部下面管仓库，这是远不能适应库存控制要求的。采购与仓储管理都是典型的执行部门，而库存的控制应该以预防为主，执行部门是很难去"预防库存"的。

4．重视业务流程管理

如何根据企业的实际情况，建立合理的需求与供应链管理流程，从而设置与之相适应的合理的组织结构，是一个值得很多企业探讨的问题，而供应链管理要求企业的组织结构由职能型组织向流程型组织过渡，必须由流程决定组织。而库存控制则是要管好流程中的各个环节，这样才能使企业的各个环节贯通流畅，提高效率、减少浪费。但其核心和本质仍是业务流程再造，即将职能型组织转变为流程型组织，这是一种改革。

1)职能型组织

职能型组织(图1.1)存在很多不同功能的部门,员工隶属于不同的部门,每个部门负责若干项专门任务,形成相连接的业务链,管理方法是与层级组织相适应的直线职能制,这类组织模型被广泛接受,很少有人怀疑其合理性。

图1.1 职能型组织

但是,这种组织有如下不足:中心错位,关注中心是"领导",而不是"顾客";对外多点接触,无人关注横向流程的衔接与控制,导致客户不满意;协调机制不健全,部门主义严重,互相扯皮推诿;组织机构官僚化,管理机构多、层次重叠,许多工作是为了协调内部关系,管理成本上升;缺少灵活性,制度僵死,无法适应环境变化;信息传递层次多,造成信息失真;权力过于集中,直接掌握信息的人通常不能进行决策。

2)流程型组织

用通俗的话来说,就是先不考虑岗位(职能),先考虑流程,即如何做事,然后再根据事情决定部门、岗位和相互关系。为客户创造价值的不是独立的部门或个人,而是企业流程,因此要根据流程的要求来配置,形成适应流程需要的新型组织结构。

流程型组织(图1.2)的特点是以客户为中心,打破职能边界,简化信息传递的过程,提高反应速度与运作效率;组织扁平化,减少组织的管理层级,更快、更灵活地响应市场和技术变化,组织结构向矩阵或网络型过渡;分散决策,通过合理授权和信息共享,鼓励一线员工在授权范围内自主决策;基于团队的管理,团队由跨部门、多专业人员组成,在团队中创造跨越部门边界的横向信息共享与合作机制;灵活性提高,多元化激励,提倡学习等。

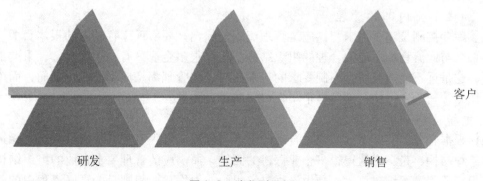

图1.2 流程型组织

实用案例 1-5

海尔的业务流程再造

海尔经历了业务流程再造的痛苦，但取得了有目共睹的成效。同大多数实行业务流程再造的企业一样，海尔也是分3个阶段完成的，即经历了职能型组织、矩阵型组织、流程型组织3个阶段。

目前，海尔的供应商从2 200多家优化到800多家，全球采购的比例已占71.3%（世界500强企业有50家）；接到客户的订单，在10天内即可完成从采购、制造到配送的全过程，而一般企业完成这个过程需要36天；近两万人的销售队伍（仅总部就有600多人），经过短期整合后，减少了30%，而销售业绩却大幅度攀升；库存资金大幅下降，各类库存平均下降了37%，但效率却在不断提高。

海尔进行流程再造以来，组织结构打破了40次，重建了40次；打破一次，阵痛一次；重建一次，新生一次。今后还要重建多少次，没有人会知道。可以预言的是，变化是绝对的。

（资料来源：作者根据相关资料整理。）

5. 供应链的整合

除了加强企业内部的管理以外，要做好库存控制还必须善于整合供应链上的各种资源，也就是说要从整条供应链入手，采用新型有效的库存管理方法，如联合库存管理、多级库存管理、供应商管理用户库存等，有关内容详见本书第10章。

本 章 小 结

采购管理与库存控制直接关系到企业的生存发展，要做好这项工作，首先应具备以下几点：①供应链管理的理念；②合作与双盈的理念；③要有必要的分工和约束；④要有流程视角下的系统观；⑤要学习相关的理论、方法和技术。

采购管理与库存控制是紧密联系的，虽然经历了不同的发展历程，也产生过很多认识上的误区，但发展到今天就都应从供应链的视角来进行管理，而其核心智慧是传统文化。同时，供应链管理也对采购管理和库存控制提出了新的要求，特别是在电子商务时代，相关理论和方法的学习很有必要。

关键术语

采购管理 Purchasing Management　　　发展历程 Development Process
库存控制 Inventory Control　　　　　　系统观 View of System
供应链管理 Supply Chain Management　认识误区 Misunderstanding

知识链接

阅读材料：

梭伦. 库存管理胜经[M]. 北京：中国纺织出版社，2001.

[英]肯尼斯·莱桑斯，布莱恩·法林顿. 采购与供应链管理[M]. 8版. 莫佳忆，等译. 北京：电子工业出版社，2014.

王槐林. 采购管理与库存控制[M]. 4版. 北京：中国物资出版社，2013.
刘宝红. 采购与供应链管理：一个实践者的角度[M]. 2版. 北京：机械工业出版社，2015.
高峻峻. 需求链中的库存管理[M]. 上海：上海大学出版社，2007.
计国君. 闭环供应链下的配送和库存理论及应用[M]. 北京：中国物资出版社，2007.

网站资料：

【宫迅伟【中国讲师网】http：//www.jiangshi99.com/home/gongxunweilaoshi/
采购网 http：//caigou.99114.com/
跨国采购网 http：//www.globalimporter.net/
中国物流联盟网 http：//www.chinawuliu.com.cn
浙江物流网 http：//www.zj56.com.cn
江苏物流网 http：//www.js56.com
中国物流频道 http：//www.chinaebo.com

习　题

一、选择题

1. 在采购管理的发展历程中，从哪个阶段开始密切关注供应商？（　　）
   A. 以采购产品为中心的采购　　　　B. 以运作过程为中心的采购
   C. 以采购关系为中心的采购　　　　D. 以采购绩效为中心的采购
2. 从什么时候开始运筹学被运用到库存控制领域中？（　　）
   A. 20世纪初　　　　　　　　　　　B. 20世纪40年代
   C. 20世纪50年代　　　　　　　　　D. 20世纪80年代
3. 以下哪一个不是流程型组织的特点？（　　）
   A. 以客户为中心　　　　　　　　　B. 组织扁平化
   C. 基于团队的管理　　　　　　　　D. 按部门分工

二、简答题

1. 供应链管理对采购管理提出了哪些新的要求？
2. 供应链管理对库存控制提出了哪些新的要求？
3. 如何理解采购管理与库存控制的关系？

三、思考题

1. 为什么说传统文化对企业管理很重要？
2. 如果你是一名采购经理，会如何开展自己的工作？
3. 如果你是一名物料经理，可能会和哪些部门打交道？

实际操作训练

课题：制订采购计划

实训项目：制订采购计划。

实训目的：为后续的课程做准备，学完后续课程后，再回来看一下现在的计划，因为目前的计划可能是不完善的。

实训内容：假设你是一名采购经理，你要制订下月的采购计划，请列出计划过程中需要考虑的因素，可能涉及的部门和人员以及计划的内容。建议两条主线任选其一：①某同学要过生日，要准备一次生日 Party，请准备相关物资；②假如您在某手机制造厂工作，是一个采购部门经理或工作人员，如何安排以后的采购计划？

实训要求：将参加实训的学生分成若干小组，各组成员之间互相讨论并给出各自的方案，待课程结束后再重新审视该方案。

案例分析 1-1

根据以下案例所提供的资料，试分析：
(1) 协同采购有何优点？
(2) 你认为实现协同采购的最大难点在哪里？

协同采购，为供应链加速

将制造业和集成电路(IC)行业的供应链稍比较就会发现，两者关注的重点完全不同：制造业非常关注采购，而 IC 行业关心的是产能，因为制造业诸如机器之类固定资产投入非常大，一台机器经常要花几千万的成本。从这个层面上说，两者是完全不同的，但是稍加注意也不难发现，现代供应链正向越来越复杂的方向发展。传统的供应链一般只包括供应商、制造商和客户 3 个主要部分。但现在，半成品的组装和测试可能已经外包，配销可能已转给第三方物流，财务由银行完成，每个公司只负责各自核心竞争力的部分。

传统供应链管理带来一系列问题：各个交易伙伴之间缺少协同合作的机制；信息无法共享、管理无法协同；供应链中的库存、成本增加；对市场反应能力降低等。在 IC 行业，晶圆代工大概需要 2～3 个月，测试、封装等工序也需要 3 个星期左右，这么长的生产周期如何应对市场的剧烈变化？这就转到协同采购的问题上来了。

协同采购是一个比较大的范畴，其形式有三种：第一种是点对点的协同；第二种是通过电子市集的协同，这种方式在欧美较流行；第三种叫协同采购平台，也是下面重点分析的方式。

在这种方式下，首先进行企业内部的资讯整合，即建立生产、销售、采购、财务等共享的 eHub，做到内部协同，再将供应商拉到这个平台上，建立内外协同。在这个企业与供应商共建的协同平台上，当销售情况发生变化时，能够快速地通知生产和采购，让其迅速地进行生产调整和备料，做到企业内部的快速协同；同时将企业最近的物料需求信息在第一时间发送给供应商，让供应商也能迅速进行送货、生产、备料的调整，避免因盲目生产导致库存积压、成本增加。

（资料来源：钱智. 物流管理经典案例剖析[M]. 北京：中国经济出版社，2007. ）

案例分析 1-2

根据以下案例所提供的资料，分析：
(1) 为什么先锋电子要建立有关预测模型？
(2) 为什么在方案实施前要做大量的准备工作？这与组织及其职能有何关系？
(3) 为什么要构筑新的生产销售流程？

先锋电子的库存控制

许多企业的总裁（CEO）在制定战术目标时都会将企业的库存作为一个非常重要的绩效考核指标，而库存居高不下也经常困扰上市公司的 CEO。先锋电子公司是一家总部位于日本东京的年销售收入 642 万亿日元的全球化电子消费品公司。公司在全世界设立了 150 多个分支机构。在激烈的市场竞争中，管理层逐渐地意识到控制公司的库存水平在电子消费品行业中的重要性。因此决定对其整个供应链进行整合，并且确定了明确的战术目标，即削减库存、库存风险的明细化、缩短生产销售计划的周期。

公司通过对需求变动原因的收集和分析，制订高精度的销售计划，同时通过缩短各环节的计划和周期，尤其是销售计划和生产的周期来达到削减库存的目的；通过建立基于客观指标的需求预测模型，建立需求预测和销售计划分离的机制来使库存风险明细化；同时通过系统改进，使预测、销售计划业务效率化，各业务单位的生产销售计划标准化、共享化。据此来制订未来的销售拓展计划，进而达到缩短生产销售计划周期的目的。

在完成了上述设计之后，更关键的是在组织和流程方面进行全面的重新整合。在组织方面，重新设计计划决策部门的职能，划分了需求预测和销售计划的职能；在业务流程设计方面，设计能实现每周生产计划的业务流程，建立了以统计预测手段为前提的需求预测流程、销售计划流程。由于有了组织和流程的保证，使整体的设计得以顺利实现。

有了以上的准备工作，就可以为先锋电子在系统中构筑新的生产销售流程。公司基于零售实际业绩的统计预测和基于产品竞争力、季节性、因果要素（需求变动要素）等的统计预测，设计了新的预测模型，在此基础上，进而在系统中构筑了新的生产销售流程。这一流程主要基于统计性预测的需求预测系统，实现了需求变动信息的累积功能，实现了月、周生产销售精细计划的功能，并可以对需求预测和销售计划之间的差异进行管理，还可以实现批量处理的需求预测，对销售计划、生产计划等方案进行优化，以上手段结合起来，确保新的生产销售流程的顺利推行。

销售计划的预测模型在先锋电子的整合推行中取得了很大的成效：在管理咨询公司的帮助下，先锋电子可以依靠系统制订出综合多方因素的销售计划，并且通过生产、销售计划编制精度的提高，使得原材料等物料的采购提前期缩短，降低了库存。

（资料来源：作者根据相关资料整理。）

第 2 章 采购管理基础

【本章知识架构】

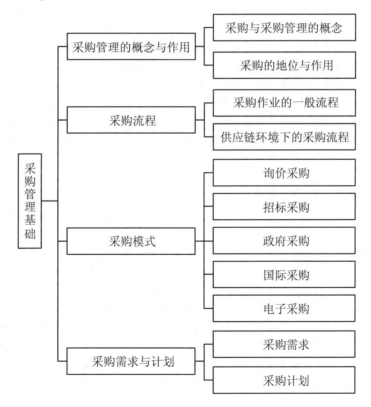

【本章教学目标与要求】

- 掌握采购和采购管理的基本概念，了解采购在企业经营中的地位和作用。
- 熟悉采购作业的一般流程以及供应链环境下采购流程的特点。
- 掌握常见的采购模式及其适用场合。
- 了解确定采购需求的方法及编制采购计划的步骤。

导入案例

诺基亚与爱立信的胜败抉择

2000年3月的一天，美国新墨西哥州大雨滂沱，电闪雷鸣。雷电引起电压陡然增高，电火花点燃了飞利浦公司第22号芯片厂的车间，火灾带来了巨大的损失：足够生产数千部手机的8排晶圆被烧得黏在电炉上，车间里烟雾弥漫，破坏了正在准备生产的数百万个芯片。芯片是移动电话的核心部件，大火使处理无线电信号的RPC芯片一下子失去了来源。面对如此重大的变故，飞利浦需要花几周时间才能使工厂恢复到正常生产水平。

这场持续了10分钟的火灾居然就像"蝴蝶效应"一样改写了世界手机市场的格局，影响到远在万里之外的欧洲两个世界上最大的移动电话生产商。因为这家工厂40%的芯片都由诺基亚和爱立信订购。面对这场危机，诺基亚和爱立信两家公司的反应形成了鲜明的对照，这场火灾居然改变了这两家知名移动电话生产公司的实力平衡。

1. 诺基亚："危机是改进的机遇"

在火灾发生后的几天内，诺基亚的官员在芬兰就发现订货数量上不去，似乎感到事情有点不对。在随后的一个星期里，诺基亚开始每天询问飞利浦公司工厂恢复的情况，而得到的答复都含糊其词。情况迅速反应到了诺基亚公司高层，诺基亚手机分部总裁在赫尔辛基会见飞利浦方面有关官员时，把原来的议题抛在一边，专门谈火灾问题。火灾发生两个星期以后，飞利浦公司正式通知诺基亚公司，可能需要更长的时间才能恢复生产。

诺基亚发现由飞利浦公司生产的5种芯片当中，有一种在世界各地都能找到供应商，但是其他4种芯片只有飞利浦公司和飞利浦的一家承包商能生产。诺基亚老总很快召集了中国、芬兰和美国诺基亚分公司负责采购的工程师、芯片设计师和高层经理共同商讨怎样处理这个棘手的问题，一起讨论解决方案。

首席管理人员还专门飞到飞利浦公司总部了解事态的发展状况。此外，诺基亚公司还专门设计了一个快速生产方案，准备一旦飞利浦工厂恢复正常就可快速生产，把火灾造成的损失补回来。

为了应急，诺基亚迅速地改变了芯片的设计，他们找到了日本和美国的供应商承担生产几百万个芯片的任务，而从接单到生产，只有5天准备时间。

2. 爱立信反应迟缓而错失良机

与诺基亚形成鲜明对比的是，爱立信反应要迟缓得多，显然对问题的严重性认识不足。当时对爱立信来说，火灾就是火灾，没有人想到会带来这么大的危害。当火灾发生的时候，很多高级经理刚刚坐上新的位置，还不熟悉火灾会造成多大的影响，也没有什么应急措施。

爱立信公司负责海外手机的部门直到4月初还没有发现问题的严重性。2000年7月，爱立信第一次公布火灾带来的损失时，股价在几小时内便跌了14%。此后，股价继续下跌不止。这时，爱立信公司才开始全面调整了零部件的采购方式，包括确保关键零部件由多家供应商提供。

火灾后遗症在2001年1月26日达到了高潮，飞利浦实在没有办法生产爱立信所急需的芯片。爱立信公司才突然发现，生产跟不上了，几个非常重要的零件一下子断了货源。而在20世纪90年代中期，爱立信公司为了节省成本简化了供应链，基本上排除了后备供应商。当时，爱立信只有飞利浦一家供应商提供这种无线电频率晶片，没有其他公司生产可替代的芯片。在市场需求最旺盛的时候，爱立信公司由于短缺数百万个芯片，一种非常重要的新型手机无法推出，眼睁睁地失去了市场。面对如此局面，爱立信公司只得宣布退出移动电话生产市场。

（资料来源：王为人. 采购案例精选[M]. 北京：电子工业出版社，2007.）

问题：

（1）两个企业在采购供应链管理上的差异体现在哪些方面？

（2）两个企业对待同样的采购危机，分别采取了哪些不同的措施？

2.1 采购管理的概念与作用

采购是企业重要的经济活动，人们的日常生活也离不开它。事实上无论对于企业或个人而言，生活或生产所需的各种物质已经不能自给自足，必须依靠采购来获得满足，采购变成一项不可或缺的经济活动。当今的成功企业更是把采购看作一种具有重大战略意义的经营活动。

2.1.1 采购与采购管理的概念

一般来讲，采购是指个人或者组织为生产、消费等目的购买商品或劳务的行为。根据人们取得商品方式与途径的不同，采购可以从狭义与广义两方面来理解。

狭义的采购指的就是买东西，扩展开来就是企业根据需求提出采购计划、审核计划、选好供应商、经过商务谈判确定价格、交货及相关条件，最终签订合同并按要求收货付款的过程。这种以货币换取物品的方式本质上是"购买"，但与简单的"购买"不同，采购则更侧重于对商品的查找、比较、选择和研究。在买卖双方的交易过程中，一定会发生"所有权"的转移及占有。无论是个人还是企业，为了满足消费或者生产的需求大多都是以"购买"的方式来进行。因此，在狭义的采购之下，买方一定要先具备支付能力，才能换取他人的物品来满足自己的需求。

广义的采购有两种视角：一是除了购买物品以外，加强对供应商的管理并建立长期的合作伙伴关系，从而适应供应链管理的需要；二是指除了以购买的方式获得物品之外，还可以通过其他的途径取得物品的使用权，来达到满足需求的目的，常见的有以下几种途径。

1. 租赁

租赁即一方以支付租金的方式取得他人物品的使用权，使用完毕或租期满后将物品归还给物主的一种非永久性的行为。常见的企业生产经营中所租赁的物品有厂房、车辆、生产设备、仪器、办公用品等。

2. 借贷

借贷即一方以无须支付任何代价的方式取得他人的物品的使用权，使用完毕，仅返还原物品。这种无偿借用他人物品的方式，通常是基于借贷双方的情谊与密切关系，特别是借方的信用。

3. 交换

交货即以物易物的方式取得物品的所有权及使用权，但是并没有直接支付物品的全部价款。换句话说，当双方交换价值相等时，不需要以金钱补偿对方；当交换价值不等时，仅由一方补偿差额给对方，如生产物料的交换、机器设备的交换等。

4. 外包

外包是企业将一些与企业核心业务关联性不强的业务外包给别的专业公司，以取得专业优势，从而降低成本的一种新型采购方式。这种方式的优势非常明显，能有效地减少资金的占用率，化解投入大量资金建设生产线所引起的高额投资风险；可以大大缩短产品获利周期；有利于提高企业的核心竞争力。

综上所述，采购可以用各种不同的途径，包括购买、租赁、借贷、交换、外包等方式，取得物品及劳务的使用权或所有权，以满足使用的需求，本书主要讲解以购买方式为主的采购活动。

企业的运营过程中采购的物品很多，有生产性物料的采购，此外通常还有其他项目的采购，表2-1为某电脑公司总务主办的采购项目表。

表2-1 某电脑公司总务主办采购项目表

1. 杂项用品
茶杯、壶、台灯、配锁、衣架、茶叶、咖啡、奶精、糖、纸巾、桌巾、刻印、冲洗照片、识别证制作
2. 影印及电信有关耗材
（1）影印机、传真机、电报机等所用耗材
（2）电话机、电话线路申请等
3. 文具用品（制式及非制式）
4. 办公设备购买及维修
5. 广告（议比价）发包
人事、法务广告、公司形象广告、产品广告、牌楼制作（国内）
6. 赠品采购
年终纪念品、展示会或业务推广赠品、公开赠品
7. 印刷品
依公布之印刷作业QVL规定办理
8. 交际礼品采购
交际送礼、员工婚丧喜幛、挽联订制
9. 会议筹备
会场洽租、布置、餐饮点心安排
10. 各种场厅租赁
办公室、仓库、厂房洽租等
11. 福利活动
全公司性福利活动：旅行、健行、休闲性、体育性、文艺性活动、日用品采购、交通车安排、代订返乡团体票等
12. 展览会场工程发包
13. 交通设备购买及维修
14. 货品托运
15. 厂房设备及工程发包维修

注：该公司另设有采购部，负责生产性物料的采购。

由于企业采购服务于生产经营活动，并且以盈利为目的，因此面临着投入产出比和采购风险等问题。为了保证企业采购目标的实现，必须对采购活动进行必要的计划、组织、协调与控制，这就是采购管理。采购管理是企业为达到战略目标而获取供应商的商品和资源的一系列管理活动。

采购和采购管理是两个不同的概念。采购是一项具体的业务活动，是作业活动，一般由采购员承担具体的采购任务。采购管理是企业管理系统的一个重要子系统，是企业战略管理的重要组成部分，一般由企业的中高层管理人员承担。企业采购管理的目的是保证供应，满足生产经营需要，既包括对采购活动的管理，也包括对采购人员和采购资金的管理等。一般情况下，有采购就必然有采购管理。但是，不同的采购活动，由于其采购环境、

采购的数量、品种、规格的不同,采购管理过程的复杂程度也不同。个人采购、家庭采购虽然也需要计划决策,但毕竟相对简单,一般属于家庭理财的范畴,本书重点研究的是面向组织的采购管理活动(企业、集团、政府等)。当然,在企业的采购中,工业制造和商贸流通企业的采购目标、方式等还存在差异,但因为有共同的规律,所以一般也就不再进行过细的划分。

2.1.2 采购的地位与作用

采购已经成为企业经营的一个核心环节,是获取利润的重要活动,它在企业的产品开发、质量保证、整体供应链的经营管理中起着极其重要的作用。正确认识采购在企业经营中的地位,有助于企业通过采购来建立自己的竞争优势,这更是现代企业谋求发展壮大的一个必然要求。一般来说,采购在企业经营中的地位与作用表现在以下几个方面。

1. 采购是企业产品质量的基本保证

质量是产品的生命,采购物料的质量好坏直接决定着企业产品质量的好坏。从价值上看,大多数产品中价值的60%以上是经采购由供应商提供的,能不能生产出合格的产品,很大程度上取决于采购所提供的物料以及设备工具的质量。

2. 采购是促进产品开发的重要因素

随着现代经济的发展,许多企业都将供应商看作自身企业产品开发与生产的延伸,与供应商建立合作关系,在自己不用直接进行投资的前提下,充分利用供应商的能力为自己开发并生产产品。采购对于一个企业来说不仅仅是买东西,而且是企业经营的核心环节,对企业的产品开发起着极为重要的作用。

3. 采购是降低企业成本的重要手段

采购成本是企业成本管理中的主体和核心部分。一般来说,制造业中产品成本中的30%~80%是由采购成本构成的,一些特殊行业甚至占到90%以上,因此控制采购成本是降低产品成本的主要途径。采购的成本太高,将会大大降低生产的经济效益,甚至导致亏损。加强采购的组织与管理,对于节约占用资金、压缩存储成本和加快营运资本周转起着重要的作用。而如何正确理解采购成本,后面将专门介绍。

4. 采购是企业科学管理的开端

物料采购直接和企业生产相联系,物料采购模式往往会在很大程度上影响生产模式。如果企业采用一种科学的采购模式,就必然会要求生产方式、物料搬运方式都做相应的变动,从而共同构成一种系统的、科学的管理模式。

实用案例 2-1

跨国公司的采购操作

许多跨国公司在操作采购活动中,都采用"业务外包"的做法,将采购部门从单纯的服务于生产的职能中解放出来。耐克(Nike)公司就是一个例子。这家世界运动鞋霸主没有直接的原材料供应商,甚至没有自己的工厂。在很多发展中国家的工厂里,耐克鞋被日夜不停地生产出来,而工厂的主人却不是耐克公司。这些工厂拥有自己的原料供应商——布匹、塑料、生产设备等。这些供应商们也同样拥有自己的供应商。

耐克无疑是成功的。1992—1998年,这家公司的股东获得了超过30%的股本收益。这种成功在很大程度上是建立在"大采购"战略成功的基础之上的。从生产到广告，从飞机票到午餐，从仓储到市场调研等，都是通过采购得以实现。

认识自己的核心能力对于采购也是很重要的。在美国微软公司全球的3万余名雇员中，有超过一半的雇员从事软件开发，约有1万人在做市场和销售工作，另有4 000人左右从事财务、人事、办公室管理和物流管理工作。其他业务和资源全部通过采购获得。

世界饮料工业的头号巨人可口可乐公司也采取了同微软类似的做法。它虽然保留了"可口可乐"工厂，保留了诸如财务、人事等管理职能，但始终把大部分精力投入市场和销售领域。即使在市场部门的工作中，工作的主要内容也是保证利用通过采购获得的包括消费者、零售、竞争对手等研究结果的准确性，并保证能够应用到公司的渠道策略、广告策略和新产品开发策略中去。这几年来，可口可乐公司也开始对生产进行采购，即进行"合作生产"，如"天与地""醒目"等系列产品。

微软注重技术研发，可口可乐注重市场，这些并非偶然。提到微软，人们首先想到的是好用的软件；提到可口可乐，人们首先想到的是充满活力的广告和地道的美国文化，大概除了供应商本身，没有人会去注意"office软件的包装是哪里生产的""可口可乐的水是哪条河里的"等问题。

可以说，对那些成熟的跨国公司而言，他们把资源和注意力更多地放在"核心能力"上面，而对于那些与核心能力无关的业务，则尽量通过采购获得，这是他们的普遍战略，是值得国内企业借鉴的成功之处。

（资料来源：http：//www.chinawuliu.com.cn/xsyj/201012/15/143683.shtml）

2.2 采购流程

采购流程通常是指有需求的采购方实施采购工作的具体过程，主要包括采购认证、选择供应商、签订合同、合同跟踪、付款操作等几个方面。为了提高采购作业的科学性、合理性和有效性，建立和完善采购系统，保证采购作业的顺利进行，有必要研究采购作业流程，并随着环境的变化，不断对现有流程进行相应的改革和完善。

2.2.1 采购作业的一般流程

【拓展视频】

采购作业流程会因采购物品的来源（国内采购、国外采购），采购的方式（议价、比价、招标），以及采购的对象（物料、工程发包等）不同而在作业细节上有若干差异，但对于基本的流程而言，每个企业都大同小异。现将美国采购学者威斯汀所主张的采购作业的一般流程介绍如下。

1. 确认需求

任何采购都来源于企业某个部门的确切需求，这些需求通常以采购申请的形式提出，经批准后执行。采购申请可以来自生产或使用部门，可以来自销售或广告部门，也可以来自实验室。也就是说在采购之前，应先确定买哪些物料、买多少、何时买、由谁决定买等。

2. 需求说明

如果采购部门不了解生产或使用部门到底需要些什么，就无法进行采购。出于这个目的，就必然要对需要采购的商品或服务有一个准确的描述。确认需求之后，对需求的细节（如品质、包装、售后服务、运输及检验方式等）均加以明确说明，以便使来源选择及价格谈判等作业能顺利进行。

3. 选择可能的供应来源

供应商选择是采购过程中一个重要的环节，它涉及高质量供应来源的确定。主要工作如

(5)建立企业内部管理信息系统。在企业的电子采购系统网站中,设置电子采购功能板块,使整个采购过程始终与管理层、相关部门、供应商及其他相关内外部人员保持动态的实时联系。

(6)应用之前测试所有功能模块。在电子采购系统正式应用之前,必须对所有的功能模块进行测试,因为任何一个功能模块在运行中存在问题,都会对整个系统的运行产生很大的影响。

(7)培训使用者。对电子采购系统的实际操作人员进行培训也是十分必要的,只有这样才能确保电子采购系统得以很好的实施。

(8)网站发布。利用电子商务网站和企业内部网收集企业内部各个单位的采购申请,并对这些申请进行统计整理,形成采购招标计划,并在网上进行发布。

实用案例2-7

惠普的电子采购

【拓展视频】

惠普公司历来都是商务史上的革新者。该公司有一种离经叛道的典型做法,就是成立许多完全独立的子公司,并放手让他们做他们想做的事情(只要能针对总公司的主导产品设计出其他产品并卖出去达到赚钱目的)。这种做法使惠普公司迅速地发展,几十年来一直在所处的领域内独领风骚,将其他竞争对手远远地抛在后面。

不过近几年来,惠普的发展速度有所减缓。惠普公司"分而治之"的经营战略出现一些问题,其中较明显的一点就是由于各部门分头采购,所采购的办公设备、文具用品以及各项服务都惊人的昂贵,因此公司每年在这些项目上的开销都是一个天文数字。到1999年年底,惠普花在这些项目上的总金额就高达20亿美元。

惠普对此早有察觉,并于1998年进行调查。调查发现,公司的集团购买行为过于分散、随便,缺乏统一的规划与控制。"许多雇员自己跑到附近的一家电脑与办公用品商店去随意采购东西拿回来报销,而不是到与公司有供应协议的供货商那里去采购,这样做的结果当然是要多花很多冤枉钱。"公司前采购主任说。

因此惠普公司立即着手探讨建立一个基于网络的采购系统,促使惠普总数为84 000多人的员工队伍全都从指定的供应商那里取得诸如铅笔、台历和电脑这样的办公用品,全面实现采购的决策与实施过程无纸化。作为这个过程的一个副产品,惠普必须对庞大的供应商数据库中的近十万个供货点进行筛选,只留下最可靠、最高效的并能够进行网上交易的少数大型供应商。

在各种各样的软件选择方案中,公司的电子采购组最终选定了Ariba采购系统,并于1999年9月正式启动。在四个多月的试运行时间里,这套系统先后接待了100多个用户。运行的结果使惠普官员们确信:Ariba网上采购方案将能够让公司每年在"维护、维修与运行"项目上的支出减少6 000万到1亿美元。事实上,效果比原先估计的更好。

在惠普实行采购电子化的过程中,发生了一件很有意思的事情。尽管公司对试运行的结果十分满意,但他们实际上并不想亲自驾驭这只庞然大物。进入新千年的第一个2月份,电子采购组便从总公司剥离出来,成立了一个完全独立的营利性的商业服务公司。商业服务领域正好是目前方兴未艾的一个全新的电子商务概念,而专业化的电子采购又是这个领域中填补空白的一种服务项目。电子商务的业内分析家对此都极为关注,认为它将在未来几年内得到无比迅速的发展。

最早关于电子采购的想法是由买主来管理其采购网站,吸引供应商到自己的站点上来。但真正实行起来却往往很难,因为许多供应商没有自己的网上产品目录,或者根本就不想参加买主的站点。因此,一个独立的公开对外服务的专业采购网站就更有可能把卖主与买主拉到一起。

现在惠普的员工需要买什么东西都上Alliente的网站去订购,而不是在公司自己的内部网寻找自己的采购部。网站对所有的交易都有详细的记录，以方便日后的维修与保养。总资产达470亿美元的惠普公司从此能够与其100个供应商进行更加快捷的交易与联系。

过去需要两个星期的采购过程，现在只需要不到两天就可以完成了。对于供应商来说，过去所有的开票、调货和信用卡问题需要占用70%的工作时间，而现在这些时间仅仅占30%左右。将来有一天，惠普的员工都不必为购买纸张或打印墨盒而操心，因为系统能够自动计算出某台打印机需要换墨盒的时间，并及时提醒他们。

（资料来源：作者根据相关资料整理。）

2.4 采购需求与计划

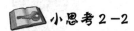

小思考 2-2

小胡开了家饺子馆，周围许多小区住户来光顾小店，生意还算火爆。可每天最让小胡头疼的就是应该怎么进货，大部分的利润被物流吃掉了。卖出一笼10个蒸饺，定价为5元钱，直接成本为饺子馅、饺子皮、佐料和燃料，每个饺子大约2角钱。虽然存在价差空间，可是小胡的小店赚不了多少钱，原因在于每天都有大量剩余原料，这些采购的原料不能隔天使用，算上人工、水电、房租等经营成本，饺子的成本已接近4角钱。小胡很烦恼，利润的高低关键在于控制数量，准确供货。其实做饺子的数量挺难掌握：做少了，有的时候人家来买没有，也等不及现做，眼看着要到手的钱飞走了；做多了，就要剩下。麻雀虽小，五脏俱全，一个饺子馆的采购计划同样不容出错。

试问你有什么好的建议给小胡呢？

2.4.1 采购需求

1. 采购需求的来源

采购需求是指对采购标的物的特征描述。用户将采购需求通过采购物品规格的方式向可能的供应商进行传递。采购需求通常源于顾客需求和公司各部门需求，比如小思考2-2中，顾客的数量、所吃饺子的品种和数量、消费的时间特征等都是采购需求的一部分，而如果小胡开了一家食品加工厂，则除了顾客需求以外，还有各个部门的需求，比如各种原料、劳保用品、办公用品等。采购工作应对这些需求进行详细分析和科学管理。

2. 采购需求的种类

根据采购需求对象在需求上的相关性，可将采购需求分为独立需求和相关需求两种情况，第7章有进一步的介绍。

独立需求指企业对最终产品的采购需求，即企业的供应商所承接的市场订单的需求。因为它的需求量是由市场决定的，企业本身只能根据以往的采购经验进行预测，而无法加以控制或决定，因此称为独立需求。由于独立需求面向的是最终产品，因而，在对其进行预测的过程中，仅需考虑该种商品需求的水平及其影响因素的变化即可。独立需求一般零星、分散地发生，被假设为连续性变化。对某种独立需求产品的需要量进行预测，只能按平均需要量加以估算。此外，独立性需求不必要也不可能100%地保证供应，一般按规定的服务水平（小于100%）来满足，在进行独立需求预测时应考虑到这种规律。

当对一项物料的需求与对其他物料项目或最终产品的需求有关时，称为非独立需求，即相关需求，例如顾客需要一辆自行车，但生产中则要准备两个轮子，需要两只外胎。这些需求是计算出来的而不是预测的,对于具体的物料项目,有时可能既有独立需求又有非独立需求。对物料的相关需求进行预测,应该以产品的生产、市场需求预测为基础,因此,必须充分考虑可能对产品的生产、市场需求带来影响的各种相关因素。在由多个零部件组合而成的产品中,对某个零部件的需求预测,不仅要考虑产品的需求影响,还要考虑零部件之间的投入比例和技术组合要求,及时更新物料清单,以保证预测的准确性。

3. 采购需求预测

采购需求预测是指在采购市场调查所取得的各种信息的基础上,经过分析和研究,运用科学的方法和手段,对未来一定时期内采购需求的变化趋势和影响因素所做的估计和推断。采购需求预测是企业采购管理工作的开始,由于它是以采购市场调查工作为基础的,因而所取得的资料能够为企业采购决策的制定、采购计划的编制,以及竞争能力和经营管理水平的提高提供所需的信息、资料和建议,是采购管理工作有效开展的关键环节。

采购需求预测方法很多,按照分析的供应市场现象特征不同,可分为定性分析预测法和定量分析预测法。

(1) 定性预测方法是指预测者通过对影响市场变化的各种因素的分析、判断,根据经验来预测市场未来变化的需求预测的方法。其特点是简便易行、经验色彩浓厚,但易受预测者心理和情绪的影响,预测精度难以控制。常用的定性预测方法有需求调查法、采购人员经验判断法和专家意见法。

(2) 定量预测法,又称数学分析法,是在充分占有分析资料的基础上,根据预测的目标和要求,选择合适的数学模型进行预测,然后根据企业内部和外部的情况变化加以分析,以取得所需的需求预测值的方法。定量预测的常用方法有时间序列法(如简单移动平均法、加权移动平均法、指数平滑法等)和统计需求分析法等。

2.4.2 采购计划

1. 采购计划的种类

经过科学的销售预测、生产预测和采购预测之后,企业可以开始制订相应的工作计划。采购计划是指为满足企业生产和经营的需求,在某一时期内,企业管理人员在了解了材料市场供求状况的基础上,对物资采购的内容、时间、数量及采购作业进行的预见性的安排活动。一般来说,采购计划的制订包含了认证计划制订和订单计划制订两方面的工作。

(1) 认证计划是指为确保采购订单的下达和实现,满足企业有效采购的需求,对未来一段时间内合格的、有能力的供应环境进行分析、评估、计算、认定的相关工作,其主要内容是要确定认证物料的数量和开始进行认证的时间。

(2) 订单计划则是针对已通过认证的供应环境,对企业未来一段时期内企业各种实际需求的物资下达采购订单的数量、时间等做出安排和部署。其主要内容是确定和下达采购订单物资需求的数量和时间。

认证计划和订单计划二者必须要做到综合平衡,以便保证采购物料能及时供应,同时降低库存及成本、减少应急单、降低采购风险。

2. 采购计划的影响因素

影响采购计划的因素主要包括以下几个方面。

(1) 年度销售计划。市场需求的规模是企业制订销售计划的重要依据,合理地制订年度销售计划可以帮助企业预先掌握市场需求的变化趋势,并采取应对策略和措施。如果市场需求稳定，供求差异不大，企业制订年度计划多从销售计划开始，销售计划的编制受市场需求预测的影响。销售计划是企业编制生产计划和采购计划的依据，对产品销售规模预计准确与否直接影响生产规模和产品库存水平，进而影响材料采购的规模和库存水平。

（2）年度生产计划。年度生产计划是对企业未来一年所生产的产品品种、数量、生产计划和能力分配的安排，其制订以销售计划为主要依据。年度生产计划编制的主要内容是确定企业在未来一年内预计生产产品的数量及时间分布。预计生产量的确定可依据以下公式：

$$预计生产量 = 预计销售量 + 预计年末库存量 - 预计年初存货量 \qquad (2-1)$$

生产计划是采购计划编制的直接依据，其中的产品生产量是各种物料需求量估算的基础数据，采购计划的编制是对生产计划顺利推行的保证。生产计划编制是否合理、可靠和稳定将直接影响到物料供应的效果。

（3）物料清单。物料清单（Bill of Materials，BOM）是依据产品结构列出的所需采购的物料的品种和数量的明细，是生产采购计划数量和项目的主要依据。目前，企业为参与市场竞争，更好地满足顾客需求，新研发的产品层出不穷。因此，能否及时更新物料清单，将会对采购物资的品种、规格、数量产生重要影响。为确保采购计划的准确性，物料清单必须及时更新，务必做到最新、最准确。

（4）物资消耗定额。物资消耗定额是生产单位产品或完成单位工作量所必须消耗的物资的数量标准。它是正确编制物料采购计划的依据，也是降低消耗、增加生产、提高效益的重要手段。对物资消耗定额的分类是否准确、选择的计算方法是否合理、计算物资消耗定额的人员本身的知识和经验是否可靠都会影响物资消耗定额计算的准确性，进而影响采购计划中物料需求数量估算的准确性。因此，合理划分物资消耗定额类别，准确计算数据标准是非常必要的。

（5）存量管制卡。如前所述，企业生产的数量不一定等于销售的数量，这是受存货影响造成的。因此，如果生产所用的物料有库存，则采购数量不一定等于用料清单所计算的材料需求量。物料的存量管制卡是对某种物料库存状况的管理数据，依据物料需求量和存货量，结合物料的平均消耗和安全库存标准即可算出其在采购订单上的数量。存量管制卡记载的库存量准确与否直接影响采购订单中物料的采购数量。因此，必须保证存量管制卡上数量的及时更新和准确性。

（6）劳动生产率。劳动生产率是指单位产品的物料消耗量，其高低将会影响预计消耗量和实际消耗量的差异，可能会引发物料的积压或短缺。因此，劳动生产率会影响采购计划中物料采购数量的准确性。

（7）价格预期。正常情况下，物料需求量与物料价格之间存在反向变化的关系。在编制采购计划时，通常会对物料的市场价格走势进行估计，分析其对物料供应数量的影响，可将其作为采购计划编制中调整预测的因素。

3. 采购计划的编制

企业进行采购计划编制主要包括准备认证计划、评估认证需求、计算认证容量、制订认证计划、准备订单计划、评估订单需求、计算订单容量以及制订订单计划8个环节。

1）准备认证计划

准备认证计划是准备编制采购计划的第一步，主要包含以下3项工作。

(1) 确定能够保证企业生产经营活动正常进行的库存水平下限,由此推出采购需求。

(2) 通过引进新供应商或扩大与原有供应商的合作,消除企业当前物料需求与供应环境的差距。

(3) 编制认证计划说明书。认证计划说明书须包括物料项目名称、需求数量和认证周期等,以及开发需求计划、余量需求计划、认证环境资料等材料,还需附上各部门需求汇总和认证环境资料等。

2) 评估认证需求

评估认证需求是要分析采购需求和因市场或供应环境变化而产生的余量需求,以此来评估采购需求的合理性,并确定认证需求。

3) 计算认证容量

采购管理组织应通过分析供应商认证资料计算总体认证容量和已承接认证量,最终确定认证容量余量。物料认证容量计算公式如下:

$$物料认证容量 = 物料供应商群体总体认证容量 - 已承接认证容量 \qquad (2-2)$$

认证容量不仅是采购计划中的重要指标,同时也是企业持续发展的关键。

4) 制订认证计划

制订认证计划,首先需要对比认证总需求与供应商对应的认证容量,如果需求小于容量,则直接按照认证需求制订认证计划;如果需求远远超出容量,则需要从全局出发,综合考虑生产、认证容量、物料生命周期等要素,判断认证需求的可行性,对采购需求或计划进行调整。

采购计划人员对于采购环境不能满足的剩余认证需求,应提交采购认证人员分析并提出对策,共同商讨和确认采购环境之外的供应商认证计划。

认证物料数量和时间的确定参照以下公式:

$$认证物料数量 = 开发样件需求数量 + 检验测试需求数量 + 样品数量 + 机动调整数量$$
$$(2-3)$$

$$开始认证时间 = 要求认证结束时间 - 认证周期 - 缓冲时间 \qquad (2-4)$$

5) 准备订单计划

准备订单计划首先需要确定企业年度销售计划和生产计划以及订货物料的供应商信息,明确订单分配比例和订单周期等信息后,编制订单计划说明书,其中包括物料名称、需求数量、订货和到货日期等信息。

6) 评估订单需求

评估定案需求是通过评估市场需求和生产需求两个重要方面,以及市场销售订单计划的可信度确定。采购管理组织需要研究市场订单的变化趋势,并与历史订单数据进行对比,保证市场订单计划的严谨性;同时,根据市场订单计划分析生产需求,最终根据二者的分析结果确定采购订单需求。

7) 计算订单容量

订单容量计算包括三项内容,具体包括以下内容。

(1) 计算总体订单容量。一般包括可供给的物料数量和可供给物料的交货时间两方面内容。

(2) 计算承接订单量。这里主要是指某供应商在限定时间内已签订的订单量。

(3) 计算剩余订单容量。是指某种物料所有供应商群体的剩余订单容量的总和。计算公式如下：

物料剩余订单容量 = 物料供应商群体总体订单容量 - 已承接订单量　　（2-5）

8）制订订单计划

采购管理组织通过对比总需求与订单容量，确定是否产生剩余物料需求。对于产生剩余物料需求的采购计划，应根据市场情况、生产情况以及订单容量等要素，进行订单计划调整，使订单容量尽可能满足剩余订单需求，并最终制订订单计划。

订单计划包括采购订单下单时间和下单数量两项内容，计算公式如下：

下单数量 = 生产需求量 - 计划入库量 - 现有库存量 + 安全库存量　　（2-6）

下单时间 = 要求到货时间 - 认证周期 - 订单周期 - 缓冲时间　　（2-7）

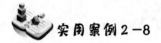

实用案例2-8

某手机制造厂编制认证计划

某手机制造厂根据去年的销售量统计，其生产的某款手机销售量达到了20万部，根据市场分析，今年的销售量会比上一年增长30%。为生产20万部手机，公司需要采购某种零件60万件才能保证生产。由于该种新型手机销售量扩大，原有零部件供应商难以达到要求的供应量。供应比例：A供应商70%，B供应商30%。A供应商年生产能力为80万件，已经有40万件的订单；B供应商年生产能力为50万件，已经有24万件的订单。设测试的数量为此批样件的0.1%，样品数量和机动数量分别为0.05%。要求在4月1日前（3月31日）完成认证，认证周期为15天，缓冲时间为15天。

根据此情况，公司做采购前分析——编制认证计划。

第一步，分析认证需求。

根据市场调研，公式某款手机市场需求量将比去年增长30%，即需生产20(1+30%)=26(万件)，才能满足销售需求。这时，该种零部件的需求量为：26×(60÷20)=78(万件)，比去年增长78-60=18(万件)。

第二步，计算认证容量。

根据需求，A供应商需要供应78×70%=54.6(万件)，B供应商需要供应78×30%=23.4(万件)才能满足需求。但是A供应商的年生产能力是80万件，已经有40万件的订单；B供应商的年生产能力是50万件，也已经有24万件的订单。所以A供应商+B供应商的供应量可以达到(80-40)+(50-24)=66(万件)。

第三步，制订认证计划。

经过比较，78-66=12(万件)，公司还需要再采购12万件才能满足需求。由于此种零件是根据公司要求进行定做的，所以公司需对其他能否满足公司要求的新供应商产品进行认证。

认证物料数量 = 开发样件需求数量 + 检验测试需求数量 + 样品数量 + 机动调整数量 = 12 + 12×0.1% + 12×0.05% + 12×0.05% = 12.024(万件)

开始认证时间 = 要求认证结束时间 - 认证周期 - 缓冲时间 = 31 - 15 - 15 = 1(天)

即要求从3月1日开始认证，认证的物料数量为120 240件。

（资料来源：金燕波，陈宁. 采购管理[M]. 北京：清华大学出版社，2016.）

本章小结

企业在生产经营过程中需要大量的物料,绝大多数是通过外部采购获得的,需要对采购过程做好计划、组织和控制。采购活动是一个比较复杂的过程,为了提高采购作业的科学性、合理性和有效性,有必要保证采购业务流程的顺利进行,并对现有流程进行改革和完善。在物料采购过程中,各种物料的供应条件存在不少差异,因此物料的采购方式、采购渠道也应根据具体条件进行选择。在采购决策的基础上,为了保证采购目标的实现,必须对整个采购过程和主要环节制订出周密的计划,而计划的编制是基于相关信息,结合企业的战略对供给和需求做出的分析。

关键术语

采购 Purchase	电子采购 E-Procurement
采购管理 Purchasing Management	招标采购 Bidding and Purchasing
采购流程 Purchasing Process	询价采购 Shopping
政府采购 Government Procurement	采购计划 Purchase Plan
国际采购 International Procurement	

知识链接

阅读材料:

徐杰,鞠颂东. 采购管理[M]. 3版. 北京:机械工业出版社,2014.

马佳. 采购管理实务[M]. 北京:清华大学出版社,2015.

刘丽文. 企业供应链管理的基本策略之一——物料采购管理策略[J]. 中国管理科学,2001,9.

崔捷. 供应链管理环境下的采购管理的研究[D]. 上海:上海交通大学,2007.

网站资料:

中国物流与采购网 http://www.chinawuliu.com.cn

中国采购与招标网 http://www.chinabidding.com.cn

习 题

一、选择题

1. 下面关于采购流程描述正确的是(　　)。
   A. 价格是评价供应商的唯一标准
   B. 对验收不合格退货的物料,无须办理结案手续
   C. 凡经结案批示后的采购案件,无须保留相关档案
   D. 采购流程中必须有采购入库单和采购发票

2. 按采购范围分类，采购可分为（   ）。
   A. 国内采购和国外采购 B. 政府采购和国外采购
   C. 个人采购、地方采购和国外采购 D. 个人采购、地方采购和政府采购
3. 政府某部门正在建设大型中心，需采购计算机5 000台，以下（   ）方式最有可能使该部门获得合理的采购价格。
   A. 公开市场价格 B. 招标采购
   C. 询价采购 D. 比价采购
4. 在《国际贸易术语解释通则》中，卖方支付主要运费的一组术语为（   ）。
   A. E组 B. F组 C. C组 D. D组
5. 在FOB条件下，卖方是在（   ）交付货物。
   A. 目的港船上 B. 装运港船上 C. 内陆仓库 D. 目的地内陆

二、简答题

1. 为什么说采购在企业中具有重要的地位和作用？
2. 什么是政府采购？政府采购的范围有哪些？
3. 什么是招标、投标？招标的主要作业阶段是什么？
4. 实施电子采购需要哪些技术方面的支持？
5. 编制采购业务计划的目的是什么？依据有哪些？

三、思考题

1. 试分别预测一下未来我国网上工业产品的采购与网上消费品的采购的发展趋势，包括发展速度、发展潜力、面临的主要问题等。
2. 国际市场采购流程与国内市场采购流程有哪些区别？

实际操作训练

课题2-1：道路清障车采购

业务背景：根据省级预算安排，某省交警总队向省财政厅政府采购办公室提出申请，要求通过政府采购，购置118辆道路清障车。

实训任务：试根据交警总队的采购要求，合理安排采购方式和采购程序。

课题2-2：荔枝采购调查

业务背景：近年来，由于我国的苹果、橙子等加工品不断遭到贸易壁垒的限制，有必要拓宽那些在国外没有竞争对手的出口品种。我国是世界荔枝的主产地，占全球种植面积的90%、产量的70%。而我国荔枝的最大产区在广东，广东所产荔枝为全国总产量的75%。由于目前荔枝保鲜技术还不能保证长距离运输没有风险，运输成本也居高不下。荔枝的栽培尚不能突破季节限制，所以，荔枝仍然是季节性极强的水果。过了销售季节，再想吃荔枝，就只能吃罐头了。在荔枝的成熟期，广东很多地方荔枝的收购价格大约为2元/kg，甚至可能还会更低，已经接近罐头原材料的价格，这样的价格使果农和经销商都很难赚到钱。由于荔枝罐头大多销往国外，相对于主要市场在国内的其他荔枝加工品如荔枝干、荔枝汁等来说，更有市场前景。

实训任务：根据以上背景，试做出关于制作罐头的原材料荔枝的一个采购调查，包括鲜荔枝在成熟期的市场供应价格情况、在国内的主要供应源和现有的供应商调查分析。

课题2-3：购买语音室主控设备

业务背景：某校语音室主控台出了问题，已经不能继续修复使用了，于是提出新建语音室的需求。为此校方实地走访考察了临近大城市相关院校的语音实验室，了解设备的配备情况。最后校方决定建立数字语言学习系统，并要求语音室主任钱羽完成多媒体语音教学系统申购书，采用招标的方式进行采购。

实训任务：试帮助钱羽主任完成多媒体语音教学系统申购书。内容应包括：①关于语音学习系统的基本描述；②关于服务项目的要求；③关于产品报价的考察；④关于语音学习系统的硬件、软件的分析；⑤部分厂家的资料；⑥项目实施的地点及时间表；⑦附件。

案例分析

根据以下案例所提供的资料，试分析：

(1) 胜利油田采购模式存在哪些问题，问题的根源是什么？

(2) 与胜利油田相比，海尔集团采取了哪些先进的采购模式？海尔集团是如何消除采购过程中的"暗箱"的？

(3) 通用汽车的采购经验对我国企业采购方面的改革有哪些借鉴意义？

(4) 通过案例对比三个企业的采购模式，分析其利弊。

<h3 style="text-align:center">三种"采购现象"背后的观念对碰</h3>

1. 胜利油田现象

在采购体系改革方面，许多国有企业和胜利石油境遇相似，虽然集团购买、市场招标的意识慢慢培养起来，但企业内部组织结构却给革新带来极大阻碍。

胜利油田每年的物资采购总量约85亿人民币，涉及钢材、木材、水泥、机电设备、仪器仪表等56个大类，12万项物资。行业特性的客观条件给企业采购的管理造成了一定的难度。胜利油田目前有9 000多人在从事物资供应管理工作，庞大的体系给采购管理造成了许多困难。胜利每年采购资金的85个亿中，有45个亿的产品由与胜利油田有各种隶属和姻亲关系的工厂生产，很难将其产品的质量和市场同类产品比较，而且价格一般要比市场价高。以供电器为例，价格比市场贵20%，但由于这是一家由胜利油田长期养活的残疾人福利工厂，只能是本着人道主义精神接受他们的供货，强烈的社会责任感让企业背上了沉重的包袱。同样，胜利油田使用的大多数涂料也是由下属工厂生产，一般只能使用3年左右，而市面上一般的同类型涂料可以用10年。还有上级单位指定的产品，只要符合油田使用标准、价格差不多，就必须购买指定产品。

在这样的压力下，胜利油田目前能做到的就是逐步过渡，拿出一部分采购商品来实行市场招标，一步到位是不可能的。胜利油田的现象说明，封闭的体制是中国国有企业更新采购理念的严重阻碍。中国的大多数企业，尤其是国有企业采购管理薄弱，计划经济、短缺经济下粗放的采购管理模式依然具有强大的惯性。采购环节漏洞带来的阻力难以消除。

2. 海尔现象

与大型国有企业相比，一些已经克服了体制问题，全面融入国际市场竞争的企业，较容易接受全新的采购理念，海尔走在最前沿。

海尔采取的采购策略是利用全球化网络集中购买。以规模优势降低采购成本，同时精简供应商队伍。据统计，海尔的全球供应商数量由原先的2 336家降至840家，其中国际化供应商的比例达到了71%，目前世界前500强中有44家是海尔的供应商。

海尔采用郊外商业中心(Suburban Business District，SBD)模式管理供应商：共同发展供应业务。海尔有很多产品的设计方案直接交给厂商来做，很多零部件是由供应商提供今后两个月市场的产品预测并将待开发产品的形成图纸，这样一来，供应商就真正成为海尔的设计部和工厂，加快开发速度。许多供应商的厂房和海尔的仓库之间甚至不需要汽车运输，工厂的叉车直接开到海尔的仓库，大大节约运输成本。海尔本身则侧重于核心的买卖和结算业务。这与传统的企业与供应商关系的不同在于，它从供需双方简单的买卖关系，成功转型为战略合作伙伴关系，是一种共同发展的双赢策略。

网上采购平台的应用是海尔优化供应链环节的主要手段之一。

(1) 网上订单管理平台：100%采购订单由网上下达，实现采购计划和订单的同步管理，使采购周期由原来的10天减少到3天。同时，供应商可以在网上查询库存，根据订单和库存的情况及时补货。

(2) 网上支付平台：支付准确率和及时率达到100%，为供应商节省近1 000万元的差旅费，有效降低了供应链管理成本，目前网上支付已达到总支付额的80%。

(3) 网上招标竞价平台：通过网上招标，不仅是竞价、价格信息管理准确化，且防止暗箱操作，降低了供应商管理成本。

(4) 在网上可与供应商进行信息互动交流，实现信息共享，强化合作伙伴关系。

与胜利油田相似，由于企业内部尤其是大集团企业内部采购权的集中，使海尔在进行采购环节的革新时，也遇到了"人"的观念转变和既得利益调整的问题。然而与胜利油田不同的是，海尔在管理中已经建立起适应现代采购和物流需求的扁平化模式，海尔已经有足够的能力去解决有关"人"的两个基本问题：一是企业首席执行官对现代采购观念的接受和推行力度；二是示范模式的层层贯彻与执行，彻底清除采购过程中的"暗箱"。

3. 通用现象

与从计划模式艰难蜕变出来的大型国有企业相比，美国通用公司的采购体系并未面临经历体制、机构改革后的阵痛，自公司诞生之日起，全球集团采购策略和市场竞标体系就自然而然地融入了通用汽车的全球采购联盟系统中。

作为世界上最大的汽车集团，通用拥有强大的全球化采购系统。据统计，在美国的采购量每年为580亿美元，全球采购金额总计1 400亿～1 500亿美元。1993年，通用汽车提出了全球化采购的思想，并逐步将各分部的采购权集中到总部统一管理。目前，通用下设四个地区的采购部门：北美采购委员会、亚太采购委员会、非洲采购委员会、欧洲采购委员会，四个区域的采购部门定时召开电视会议，把采购信息放到全球化的平台上来共享，在采购行为中充分利用联合采购组织的优势，协同杀价，并及时通报各地供应商的情况，把某些供应商的不良行为在全球采购系统中备案。

在合理配置的资源基础上，通用开发了一整套供应商关系管理程序，对供应商进行评估。对好的供应商，采取持续发展的合作策略，并针对采购中出现的技术问题与供应商一起协商，寻找解决问题的最佳方案；在业务体系中剔除评估中糟糕的供应商。同时，通过整合全球物流路线，通用将各个公司原来自行拟定的繁杂的海运线路集成为简单的洲际物流线路。采购和海运路线经过整合后，不仅使总体采购成本大大降低，而且使各个公司与供应商的谈判能力得到了质的提升。

(资料来源：http：//www.chinawuliu.com.cn/xsyj/201009/08/143239.shtml)

第3章 采购价格与成本管理

【本章知识架构】

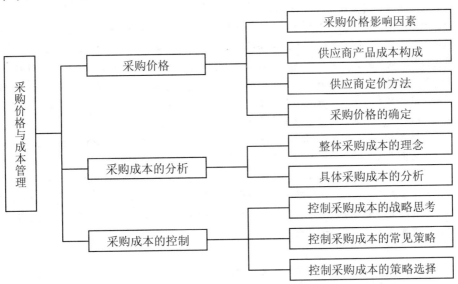

【本章教学目标与要求】

- 理解整体采购成本理念。
- 了解成本的组成,理解成本与采购价格之间的关系。
- 了解供应商定价方法。
- 掌握采购价格的确定方法。
- 了解成本控制的战略。
- 掌握成本控制的主要方法。

一味压低采购价格之后

天成公司将一位采购员提升为供应链业务经理。没过多久,就听到这位经理到处宣扬,他将一些零件从一家供应商转移到另一家,价格降低了多少,每年能大量降低采购成本,他还准备调整整个供应商群,将节省多少采购成本。下面来看一下这家公司自从采取新的采购政策以后出现的新问题。

首先,供应商按时交货率下降。新经理为了实现降低采购成本的目标,挑选用量最大的零件,重新进行询价,这样的方法当然会得到好的价钱。但是他忽略了公司还在使用原供应商的很多其他零件,这些零件用量很少但价钱还维持在高用量时的水平,毫无疑问供应商在亏本,只能依靠那些大用量的零件来弥补。采购政策调整的直接结果是供应商的整体赢利大幅下降,该公司成为他们不盈利或少盈利的客户,其经营重心转移到其他更赢利的客户,导致供应商对该公司的按时交货率、质量和服务水平大幅降低。例如,新经理上任之前,所有供应商的季度按时交货率都在96%以上,而上任后没几个月,有好几家供应商的按时交货率均已跌破90%。

其次,失去了供应商的信任与协作。企业需要不断开发新的产品,新的产品需要新的零部件,企业在开发新产品的过程中,往往需要借助供应商的力量。前任经理采取的政策是,新零件在开发阶段经过一轮竞价后,进入量产阶段不再进行第二轮竞价。这样,供应商就不用担心辛辛苦苦帮助开发的成果转入竞争对手手中,因此在开发阶段都非常乐意提供工程技术支持,对新产品的按时交货率也很高。有的供应商还专门安排技术人员,随时为该公司提供技术支持。新的供应链业务经理进行第二轮竞价,打破了这一政策的连续性,直接破坏了买卖双方的信任基础。

最后,因为采购价格过低,个别供应商以次充好,出现严重的质量事故,导致企业蒙受重大损失。一个典型的例子是,有一家供应商的部件没法转移给其他供应商来做,因为这组零件对最终产品的性能影响很大,更换供应商的风险大,需要重新进行供应商资格认证,而产品设计部门不愿花费时间和承担风险。那该怎么办?这位新上任的供应链经理采用了强势态度对待现有供应商:不管怎么样,降价15%,至于怎么降,那是供应商自己的事。供应商如果没办法在人工成本上省,那就只能在材料上想办法。但由于主要原材料镍的价格在一年内翻了两倍,该供应商之前已经多次提出涨价要求;材料利用率上也没潜力可挖,于是,找便宜材料成了供应商生存的唯一出路。最后该供应商为达到15%的降价目标,采用法国产的同类镍合金代替原来使用的德国产的镍合金。等零件装配到最终产品上,客户反映性能不达标。这直接影响到自己客户的生产线,耽误工时,造成巨大损失。产品部门兴师问罪,几百个产品已经发到全球各地,若更换零件,光零件的成本就是几十万,还有巨大的物流成本,同时客户的信任危机和未来生意损失等都是无法估量的。而这位供应链业务经理却认为通过降低采购价格帮助公司省了那么多钱,应该得到晋升才对。至于这么大的质量事故,他觉得这是质量部门的事,跟自己无关。

问题:

(1)你认为新上任的供应链业务经理有没有错,为什么?

(2)什么是采购价格,采购价格受什么因素影响,采购商如何来确定采购价格?

(3)采购价格是否等于采购成本,如何才能有效控制采购成本?

(资料来源:作者根据相关资料整理。)

3.1 采购价格

采购价格是采购成本的重要组成部分,降低采购价格是控制采购成本最有效、最直接的手段,但是盲目、一味地压低采购价格,往往又会像导入案例的企业那样给生产经营带来很多问题。因此,在确保企业良好运转的前提下,力争最低的采购价格是采购人员最重要的工作,对采购价格的分析可为后续的成本控制、供应商管理以及谈判等工作打下良好基础。

3.1.1 采购价格影响因素

商品的采购价格受到多方面因素影响,一般由供需关系、生产成本、品质要求、采购数量、交货条件等因素共同决定。

1. 采购商品的供需关系

当所采购的商品供过于求时,则采购方处于主动地位,通常可以获得最优惠的价格;当需要采购的商品为紧俏商品时,则供应方处于主动地位,价格可能会被趁机抬高。

2. 供应市场竞争情况

供应商在定价时毫无疑问地要考虑其他供应商的定价,所以竞争对手的数量、供应商在竞争对手中的竞争实力、供应商与采购商的长期合作关系都会影响商品价格。

3. 采购商品的品质和规格

采购商品的品质要求与采购价格往往成正比关系。采购企业对采购品的规格要求越复杂,采购价格就越高。当采购品的品质要求不高、甚至低下时,供应商会主动降低价格,以求脱手,所以采购人员应在保证物品规格和品质的情况下追求价格最低。

4. 采购商品的数量

商品采购单价与采购数量成反比。供应商为了谋求大批量销售的利益,常采用价格折扣的促销策略。所谓价格折扣,是指当采购方采购数量达到一定值时,供应商适当降低商品单价。因此大批量、集中采购是一种降低采购价格的有效方法。另外,采购量大或占其业务比例大的采购商是供应商不会轻易得罪的重要客户,价格自然不会高。

5. 交货条件

交货条件包括承运方的选择、运输方式、交货期的缓急等,交货条件越是苛刻,交货期越短,一般采购价格就会相应提高。如果商品由采购方承运,则供应商会降低价格;反之,价格将提高;第三方物流也是一个不错的选择。

6. 采购时机

采购方如果在自己生产的旺季采购原材料和零部件,则在交货期上的要求就会比较高,一般需承受比较高的价格。同样,如果在供应商的产品需求旺季采购,也会承担较高的价格,因为这可能会出现"供不应求"的现象。相反,如果通过科学合理的采购计划,将采购时间安排在供应商的淡季,则会获得比较优惠的价格。

7. 付款方式

在付款方式上,供应商往往希望采购商能提前或尽快支付货款,所以很多供应商会采取现金折扣、期限折扣策略,以促进采购商尽快付款。

8. 供应商成本的高低

供应商所供应商品的成本是影响采购价格的最根本、最直接的因素。由于供应商要获得利润，因此商品的采购价格一般在供应商的成本之上，两者之差即为供应商的利润，供应商的成本是采购价格的底线。

9. 其他因素

采购价格还会受到采购双方的价格谈判能力高低、采购员的责任心等因素的影响。采购员如果有较强的责任心，对市场行情、价格趋势和供应商成本构成有一个清晰的把握，又有一定的谈判技巧，往往能获得比较满意的价格。

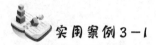
实用案例3-1

沃尔玛的采购策略

被奉为零售业巨头的沃尔玛，多年来一直采用供应商成本分析的采购策略，这一策略使沃尔玛的商品采购价格在同类企业中始终保持最低。

沃尔玛的采购人员选择供应商时，会与供应商会晤，了解供应商的成本构成，清楚供方的业务流程后，再与供应商进行谈判。在价格谈判方面，沃尔玛被供应商认为是极为苛刻的"价格杀手"，其采购人员通过先进的信息系统，对供应商的成本了如指掌，因此总能把价格压得很低。如在袜子的采购中，沃尔玛的采购人员会根据袜子需要多少纱线及纱线的成本来推算生产商的成本。

（资料来源：作者根据相关资料整理。）

从以上分析可以看出影响商品采购价格的最主要因素是供应商的成本，采购价格必须要在供应商的成本之上，导入案例中的新供应链经理最大的错误就是罔顾供应商的成本进行定价，最终反受其害。所以了解供应商产品的成本构成和定价策略，对于采购的价格谈判是非常重要的。

3.1.2　供应商产品成本构成

像沃尔玛这样知道袜子需要多少纱线及纱线的成本，不是每个企业的采购员都能做到的，事实上采购员要想知道供应商的实际成本并不容易。通常情况下，供应商不太愿意与采购方分享内部成本数据，这时采购方应借助于供应企业公开的财务资料，如对于公开交易的企业，可以利用其网站上的财务报告获得相关信息，主要包括资产负债表、损益表、现金流量表及年度报告。而对于未公开交易的企业如一些私有企业，则很难获取或估计成本数据，这时可借助于社会同类企业的一些成本数据作为参考。

例如，某供应商属于私有企业，给采购商的报价是30元/单位，从社会同类企业的财务报告信息中可估计这类产品的毛利是15%，因此30元的价格中估计利润是4.5元，扣除供应商应得的合理利润后，剩余的25.5元包括直接原材料成本、直接人工成本、生产或营业的间接费用。对于物料成本，可以通过这些物料的当前价格信息以及所需物料的数量估计出来，如通过调查和估算，得出物料成本为4元；直接人工成本可以通过社会同类企业的合理成本得出，假设为3元；25.5元的成本中扣除直接物料成本和直接人工成本后，得出营业费用间接成本为18.5元。这时零售商应分析供应商在每单位价格为30元时，支付18.5元作为营业费用间接成本是否合理。通常营业费用可以用人工成本的一个百分比表示，对劳动密集型行业，这一比例可能低到150%，对资金密集型行业，则高达600%。本例中营业费用对人工成本的比例则达到了617%，很显然，营业费用比例偏高。清楚了问题所在以后，采购方在与供应商进行价格谈判时，就可以占据主导地位。

在后续的谈判中，采购商可以从以下几方面与供应商展开讨论。

1）设备使用情况

由于生产设备的利用率直接影响供应商的成本结构，因此应考察在当前情况下，供应商是否是满负荷生产，是否可以通过提高设备的利用率来改善成本结构。

2）供应商的劳动力情况

供应商的劳动力成本直接影响成本结构。此外，劳动力的素质如职工的质量意识和责任心等因素对成本结构也有一定的影响。

3）管理能力

每一种成本都是采取某种管理行为的结果。管理的效率与能力会对企业的成本结构产生有形或无形的影响。管理可以通过很多方式来影响成本，如以最有效的方式分配劳动力，实现物料生产能力的长期改进，规定企业的质量要求和管理技术等。

4）采购效率

供应商采购工作的好坏直接影响其物料成本，因此在评估供应商时，应考察他们在采购物料时所用的工具和技术。采购商通过分析供应商的报价、供应商的成本，会了解供应商的报价是否合理，是否可以通过改善供方企业内部管理来降低商品成本。

对于能获得财务损益表的供应商，采购员可以通过如下公式获得成本信息：

$$产品销售收入 - 产品销售成本 = 产品销售毛利 \qquad (3-1)$$

$$产品销售毛利 - (销售费用 + 管理费用 + 财务费用) = 产品销售利润 \qquad (3-2)$$

$$产品销售利润 - 所得税 = 净利润 \qquad (3-3)$$

其中，产品销售成本包括原材料费用和工人（或直接劳动力）成本，销售费用包括市场营销、广告及销售部门的固定资产折旧等费用；管理费用包括企业内所有管理人员的工资、部门费、固定资产折旧、能耗等；财务费用包括利息、汇兑收支等。

3.1.3 供应商定价方法

供应商通常会对自己的产品制定一个合适的价格，采购商应充分了解供应商给产品定价的方法，从而做到"知己知彼，百战不殆"，这些方法主要包括成本导向定价法、竞争导向定价法和需求导向定价法。

1. 成本导向定价法

以产品单位成本为基本依据，再加上预期利润来确定价格的定价方法即为成本导向定价法。因为成本导向定价操作简单，又能保证一定的利润，所以是供应企业最常用、最基本的定价方法。成本导向定价法又衍生出了总成本加成定价法、目标收益定价法、边际成本定价法、盈亏平衡定价法等几种具体的定价方法。

1）总成本加成定价法

这种定价方法把所有为生产某种产品而发生的耗费均计入成本的范围，计算单位产品的变动成本，合理分摊相应的固定成本，再按一定的目标利润率来决定价格。计算公式为：

$$单位产品价格 = 单位产品总成本 \times (1 + 目标利润率) \qquad (3-4)$$

成本加成定价法的优点在于：首先，这种方法简化了定价工作，便于企业开展经济核算；其次，若某个行业的所有企业都使用这种定价方法，产品价格就会趋于相似，在一定程度上减少价格竞争；最后，在成本加成的基础上制定出来的价格对买卖双方来说都比较公平，卖方能得到正常利润，买方也不会觉得受到了额外剥削。

2）目标收益定价法

目标收益定价法又称为投资收益率定价法，是指根据企业的投资总额、预期销量和投资回收期等因素来确定价格。采用目标收益定价法确定价格的基本步骤如下。

（1）确定目标收益率

$$目标收益率 = 1/投资回收期 \times 100\% \tag{3-5}$$

（2）确定单位产品目标利润额

$$单位产品目标利润额 = 总投资额 \times 目标收益率/预期销量 \tag{3-6}$$

（3）计算单位产品价格

$$单位产品价格 = 企业固定成本/预期销量 + 单位变动成本 + 单位产品目标利润额 \tag{3-7}$$

与成本加成定价法相类似，目标收益定价法很少考虑到市场竞争和需求的实际情况，只是从保证生产者的利益出发制定价格。另外，先确定产品销量，再计算产品价格的做法完全颠倒了价格与销量的因果关系，把销量看成是价格的决定因素，在实际中很难行得通。但是，对于需求比较稳定的大型制造业，供不应求且价格弹性小的商品，以及市场占有率高、具有垄断性的商品，供应商经常会采用目标收益定价法。

3）边际成本定价法

边际成本是指每增加或减少单位产品所引起的总成本变化量。由于边际成本与变动成本比较接近，而变动成本的计算更容易一些，所以在定价实务中多用变动成本替代边际成本，而将边际成本定价法称为变动成本定价法。

采用边际成本定价法时是以单位产品变动成本作为定价依据，确定可以接受价格的最低界限。在价格高于变动成本的情况下，企业出售产品的收入除完全补偿变动成本外，尚可用来补偿一部分固定成本，甚至可能提供利润。边际成本定价法改变了售价低于总成本便拒绝交易的传统做法，在竞争激烈的市场条件下具有极大的定价灵活性，对有效地应对竞争、开拓新市场、调节需求的季节差异、形成最优产品组合这几方面，可以发挥巨大的作用。

例如，许多宾馆在淡季时以极低的房价吸引顾客，如果用"目标收益定价法"计算，则是亏本的，但因为有了客源，则能应付水电、日用品费用、员工工资等日常开支。

4）盈亏平衡定价法

在销量既定的条件下，企业产品的价格必须达到一定的水平才能做到盈亏平衡、收支相抵。既定的销量称为盈亏平衡点，这种制定价格的方法称为盈亏平衡定价法。

如图3.1所示，这种方法确定的价格 $P = F/Q_0 + C_V$。原理是在盈亏平衡点 E，保本收入 S_0 等于总成本，即 $P \times Q_0 = F + C_V \times Q_0$，$C_V$ 是单位可变成本。

以盈亏平衡点确定价格只能使企业的生产耗费得以补偿，而不能得到收益。因此，在实际中均将盈亏平衡点价格作为价格的最低限度，通常再加上单位产品目标利润后才作为最终

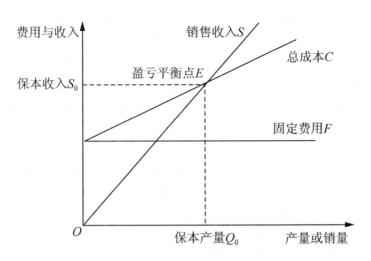

图 3.1　产品的成本与盈亏平衡

市场价格。有时，为了开展价格竞争或应付供过于求的市场格局，企业通常采用这种定价方式以取得市场竞争的主动权。

2. 竞争导向定价法

在竞争十分激烈的市场上，企业通过研究竞争对手的生产条件、服务状况、价格水平等因素，依据自身的竞争实力，参考成本和供求状况来确定商品价格，这种定价方法就是通常所说的竞争导向定价法。竞争导向定价主要包括以下几种方法。

1）随行就市定价法

一般情况下，任何一家企业都无法凭借自己的实力在市场上取得绝对的优势，为了避免竞争特别是价格竞争带来的损失，大多数企业都采用随行就市定价法，即将本企业某产品价格保持在市场平均价格水平上，利用这样的价格来获得平均报酬。此外，采用随行就市定价法，企业就不必去全面了解消费者对不同价差的反应，也不会引起太大的价格波动。

2）竞争定价法

这种方法常用于寡头垄断市场。寡头垄断市场一般存在于具有明显规模经济性的行业，如较成熟的市场经济国家的钢铁、铝、石油化工以及汽车等行业，其中少数占有很大市场份额的企业是市场价格的主导，而其余的小企业只能随行就市。寡头垄断企业之间存在很强的相互依存性及竞争，垄断企业的价格如果定得太高则不利于竞争，而且会给其他小企业发展机会；但如果定得太低则失去了垄断利润。所以，任何企业进行产品定价时，都必须要考虑到竞争对手的反应，这是一种体现博弈思想的定价方法。

3）投标定价法

市场上许多大宗商品、原材料、成套设备和建筑工程项目的买卖和承包，以及出售小型企业等，往往采用发包人招标、承包人投标的方式来选择承包者，确定最终承包价格。一般来说，招标方只有一个，处于相对垄断地位；而投标方有多个，处于相互竞争地位。标的物的价格由参与投标的各个企业在相互独立的条件下来确定。在买方招标的所有投标者中，通常中标者是报价最低的供应商。

在招投标定价过程中，供应商往往陷入两难的境地：价格定得过高，似乎有利可图，但是拿不到订单；价格定得过低，拿到了订单，但是没有利润，有时候甚至还要亏本。这就迫使供应商正视企业的生产成本和盈利能力，定出合理的价格，所以投标定价法是对采购商比较有利的一种定价方法。

【拓展知识】
此外，还有许多以竞争为导向的定价方法，如撇脂定价法就是在新产品刚投放市场时定出比较高的价格，等到高额利润回收时（撇走牛奶中最值钱的奶油），其他竞争者的模仿产品问世时，迅速降低价格，打击竞争者，这种做法在电子产品市场中最为常见。

3. 需求导向定价法

根据市场需求状况的差异来确定价格的方法叫作顾客导向定价法，又称为"市场导向定价法""顾客导向定价法"。需求导向定价法主要包括理解价值定价法、需求差异定价法和逆向定价法，在零售领域常见于对奢侈品（如玉器、古玩等）的定价，可根据消费者对该物品价格的理解进行定价。在企业的供应和采购关系中，当标的物是具有一定技术独到性和创新性的大型机器设备及其备件时，供应商就会根据采购商的理解价值进行定价。

此外，还有一些根据需求定价的方法，如歧视定价法，又称为差别定价法，这是根据不同人群、不同地点、不同时间有差别地进行定价的方法，生活中的飞机票、电费等的价格就是对不同的时间和人群差别定价的典型应用。

3.1.4 采购价格的确定

尽管价格是采购的一个非常重要的因素，应予以重视，但是也不能唯价格论从而忽视其他因素。影响采购总成本的因素远不止价格一个，其他如分析供应市场状况，考察供应商，采购价格调查本身所耗费的人力、物力和财力也是采购成本的重要组成部分，所以采购部门在进行价格认证的过程中要综合考虑各种因素。

1. 采购价格调查

【拓展知识】
采购部门在解读供应商的报价前，必须对所采购商品的市场竞争情况、供应商成本构成、供应商定价方法等有一个基本的了解。但一个企业所需要的原材料，少的有几十种，多的达万种以上，而且同种原材料可能存在不同规格，价格就可能相差非常悬殊，采购部门要了解所有原材料的价格，是一项非常庞大而艰巨的工作。目前网络信息发达，采用网络的手段进行调查是很有效的手段。

为了解决这一问题，在实践中一般提倡用 ABC 分类法对采购品进行分类，在价格调查过程中区别对待，这种方法具有一定普适性，在采购中也可以采用。具体来说，将数量上仅占 20%，而价值上却占总体的 70%～80% 的原材料定为 A 类，在价格调查过程中需要特别关注，投入主要精力；而将数量上占 60%～80%，而价值上仅占 10% 左右的原材料定为 C 类，C 类产品基本上不需要在采购价格的确定上花费精力。根据一些企业的实际操作经验，考虑到物料和重要程度，可以把下列 6 大项目列为主要的采购价格调查范围。

（1）主要原材料，其价值占全部总值的 70%～80% 的。
（2）常用材料、器材，属于大量采购项目的。
（3）性能比较特殊的材料、器材（包括主要零配件），一旦供应脱节，可能导致生产中断的。
（4）突发事件紧急采购的。
（5）价格波动性强的物资、器材采购。
（6）计划外资本支出、设备器材的采购，数量巨大，影响经济效益的。

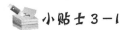
小贴士 3-1

分类是最常用管理方法，这里是对采购物品分类，后面将涉及对供应商分类，或直接对销售的商品分类等。分类的方法有多种，具体操作时要选择简单、适用的，分类后应对不同类别的对象采用不同策略管理，此处的 ABC 分类法在后续课程中也会补充。

2. 采购价格确定方式

（1）询价采购方式。所谓询价采购，即采购方根据需要采购的物品向供应商发出询价或征购函，请其正式报价的一种采购方法。通常供应商寄发报价单，内容包括交易条件及报价有效期等，询价经采购方完全同意接受，买卖契约才算成立。询价采购时通常向多个供应商询价，在收到报价后选择最有利的供应商。

（2）招标确定价格。招标的方式是采购企业确定价格的重要方式，其优点在于公平合理。大批量的采购一般采用招标的方式。采用招标方式的基本条件包括，所采购商品的规格要求必须能表述清楚、明确、易于理解，必须有两个以上的供应商参加投标。

（3）谈判确定价格。谈判是确定价格的常用方式，也是最复杂、成本最高的方式。谈判适合各种类型的采购。

3.2 采购成本的分析

【拓展视频】

3.2.1 整体采购成本的理念

这里涉及一个重要的基本观点或理念，即总成本分析。其基本思想是系统最优而不是局部最优，如同一场马拉松比赛，暂时的领先不等于最终的胜利。总成本分析很多理论和方法，特别是系统论，从容易理解、方便操作的角度分析，可将现有的主要思想分为以下几类。

1. 以采购为中心的总成本观

很多人把采购价格等同于采购成本，其实采购价格只是采购成本的一小部分。采购的单价，即采购的取得成本。把这部分成本定义为采购成本的第一度空间。举一个例子：某人在书店买了一本书，单价是 10 元钱。也就是说，他给书店老板 10 元钱才能把书拿走。但他付出的成本并不只是 10 元钱。那仅仅是单价，而不是全部成本，如图 3.2 所示。

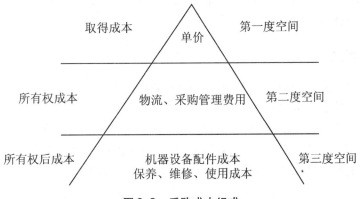

图 3.2 采购成本组成

如果他是开公司的车去买的,车子的使用是有成本的;如果他是走路去买的,所花费的时间也是有成本的;选定书之前他先要看看书的内容简介、序和其他内容,选定以后可能还需要多跑几个书店,进行比价,这都需要花费时间;如果要报销,填报销单及审批还需要成本。这些采购管理费用和物流成本,相当于我们拥有它的所有权所要付出的成本,是采购所有权成本,可以把这部分成本定义为采购成本的第二度空间。

人们往往对采购取得成本与采购所有权成本比较敏感,但容易忽略对库存、安装、配件、维修、保养和使用成本等取得所有权以后的成本。这相当于人们拥有它的所有权之后要付出的成本,是采购所有权后成本,把这部分成本定义为采购成本的第三度空间。

上述按照商品获得的时间顺序,将采购成本分成取得成本、所有权成本、所有权后成本的三维度空间。从采购成本发生的具体环节来看,采购成本主要包括:①支付给供应商的货款;②材料在运输、保管等过程中的合理损耗;③从事采购的工作人员的工资、奖金及各种补贴等;④采购过程中的各种物质损耗,如包装材料、电力的消耗、固定资产的磨损等;⑤再分配项目支出,如支付银行贷款的利息等;⑥因为采购的原材料或零部件质量不合格而导致的成本增加,如退货成本、返工成本、停机成本、维修服务成本、延误成本等;⑦采购管理过程中发生的其他费用,如办公费、差旅费等。

2. 以库存为中心的总成本观

这与上述观点在操作上有一些区别,主要是两者的视角和统计口径有所不同,但本质是一样的,即力求降低库存总成本而不是单纯降低成本的某一部分,力求构成总成本的各部分之和最小。库存成本一般包括:库存维持成本、订货成本、采购成本(加工费)和缺货成本(详见第7章)。

3. 以供应链管理为中心的总成本观

这里主要是从整体供应链的角度分析总成本,提高总效率,不能以某单个企业或某环节为重点,相关理论和方法在第10章有详细讲解。这种理念的目的是让顾客满意、让员工满意、让上下游的企业满意。这说起来简单,做起来很难,从历史上成功企业的经验看,还是一个基本理念问题(即第1章的利他理念)。

4. 以社会为中心的总成本观

这是一种让社会、地球和谐发展的理念,其实这是每人都能做,谁做谁受益的基本道理。这更是一种社会责任,即除了供应链成员外,更重视顾客,更重视社会效应,更重视人类与其他生命的关系,更重视人类与自然的关系。这样做社会总成本较低。补充阅读材料介绍日本的生活垃圾分类处理体系,从中可以看出这种做法使社会整体成本最低。

【拓展案例】

3.2.2 具体采购成本的分析

为了方便分析问题,下面讨论以采购为中心的总成本观,与其他观点分析原理相似,主要是系统的边界和统计口径不同。具体来说,统计口径与成本的划分视角有关,一般来讲可按功能划分,也可按流程划分(见补充阅读材料)。

如果从功能上划分,不妨将采购总成本的各项分成4部分:材料成本、采购管理成本、存储成本和质量成本,其计算公式如下:

【拓展知识】

$$采购成本 = 材料成本 + 存储成本 + 采购管理成本 + 质量成本 \qquad (3-8)$$

1. 材料成本

材料成本相当于一度空间的取得成本和二度空间的物流成本，以及与材料购入相关的手续费、税金等。

$$材料成本 = 单价 \times 采购数量 + 物流费(运输费、流通加工等) + 相关手续费、税金 \qquad (3-9)$$

在材料的价格成本中，最重要也是所占比重最大的是材料的采购价格。表3-1是某单位电视机玻壳的采购成本分析，由表中数据可知，采购单价为37.20美元，实际采购单位成本为68.50美元，采购价格单项占到总采购成本的54.31%，材料成本合计占到总采购成本的67.16%。

表3-1 某单位玻壳采购成本分析

项 目	单价或单位费用/美元	该项目占总采购成本的比例/%
玻壳采购价（发票价格）	37.2	54.31
运输费	5.97	8.72
保险费	1.96	2.86
运输代理	0.03	0.04
进口关税	2.05	2.99
流通过程费用	0.41	0.60
库存利息	0.97	1.42
仓储费用	0.92	1.34
退货包装等摊销	0.09	0.13
不合格品内部处理费用	0.43	0.63
不合格品退货费用	0.14	0.20
付款利息损失	0.53	0.77
玻壳开发成本摊销	6.20	9.05
提供给供应商的专用模具摊销	5.60	8.18
包装投资摊销	6.00	8.76
其他费用	0.00	0
总计	68.5	100

（资料来源：鞠颂东，徐杰. 采购管理[M]. 北京：机械工业出版社，2005.）

不同时期材料成本会发生变化，并同时影响供应链上、下游企业。

实用案例3-2

部分家电原材料成本不断上涨

中商情报网讯：随着居民生活水平的不断提高，对家电产品的要求也更高。家电的发展方向已由单纯的满足功能性需求，向满足便利性、舒适性和节能环保等多样化需求转变，智能家电电控产品由于融合了功率变换、逻辑控制以及变频控制技术，成为家用电器实现智能化的核心部件。家电行业逐渐向智能化方向发展，因此部分家电原材料成本将不断上涨，家电原材料企业有提价的可能性和必要性，这种趋势促进了家电原材料行业的进一步发展。

据中商产业研究院大数据库最新数据统计显示，2017年前三季度家电材料行业A股上市公司共有4家。从这4家零售A股上市公司总体情况来看：2017年前三季度总营收达42.92亿元，净利润为17 644.03万元，前三季度4家家电材料企业均实现盈利。但由于原材料价格的上涨，使得家电行业的竞争也日益激烈，同期的整体盈利水平不容乐观。

（资料来源：https://www.sohu.com/a/211792396_350221）

2. 采购管理成本

组织采购过程中发生的费用称为采购管理成本。采购管理成本主要由采购人员的工资、采购部门的固定资产投入、采购过程的办公物资损耗和采购调研的差旅费、通信费等组成，可以把采购管理成本归结为如下4项：

$$采购管理成本 = 人力成本 + 办公费用 + 差旅费用 + 信息传递费用 \quad (3-10)$$

支付采购部门人员的工资、辅助性工资、奖金、补贴等算作采购中的人力成本，广义上讲，对于采购人员的招聘、培训、轮调等费用均计入人力成本，只是这方面的支出以固定成本的形式分摊计入采购成本。办公费包括采购部门固定资产摊销、日常办公费、具体活动办公费等。对于复杂技术设备的采购或建立新的供应商关系，通常要求采购员实地考察，因此差旅费也是采购管理成本的一个重要组成部分。信息的搜集和传递费用更是采购管理中必不可少的，如通信、网络费用。

3. 存储成本

存储成本是物资在库存过程中发生的费用，一般与库存数量成正比关系。存储成本的构成如下：

$$存储成本 = 贷款利息 + 仓库保管费用 + 存货损坏费用 + 其他费用 \quad (3-11)$$

仓库保管费用是指仓库的人员工资、租金、固定资产折旧、保险费、税金等。存货损坏费用是指存货的陈旧贬值及过时削价损失等。其他费用包括劳动保护费、材料损失费、罚金、搬运费、运输费等，这里的搬运和运输主要指企业的内部行为，如移库等作业发生的费用。

存储成本可分为变动性存储成本和固定性存储成本两部分。固定性存储成本指不因存量高低和存储时间长短变动而变动的成本，如仓库建筑物及机械设备的租金、固定资产折旧、长期工作人员的工资等。变动性存储成本指随存量高低和存储时间长短变动而变动的成本，如仓储费、搬运费、保险费、贷款利息等。

在存货决策时，一般只考虑变动性存储成本，不考虑固定性存储成本。确定存货最优水平的关键在于：如何做到既能满足生产销售需要，又能满足库存控制的要求，使总成本最低。第8章将给出定量订货、定期订货等具体的方法。

4. 质量成本

质量成本是相对比较新的概念，主要指因为价格因素、采购认证不足、过程控制不严等原因，使得所采购商品质量不符合要求时所额外滋生的成本，是采购人员在审核供应商成本结构、降低采购成本时应该考虑的重要因素。质量成本主要包括以下项目。

(1) 退货成本。在整体供应链(包括采购、生产、仓储、运输各销售过程)中任何环节出现的不合格退货所发生的成本。

(2) 返工成本。在采购、生产仓储、运输和销售过程中由于产品或工作不符合要求而需要进行返工维修或检验所带来的成本增加，包括人工、材料、运输等费用。

(3) 停机成本。因返工、退货、原料供应不及时等原因而导致的设备停机、生产停线所造成的损失，包括机器折旧的损失、工人工资的损失等。此外，还应包括因此而造成不能按期交货的损失，以及由此引发的失去市场份额的损失等。

(4) 维修服务成本。当使用了不符合质量要求的原材料和零部件生产的产品卖出以后，由于产品质量、服务质量问题导致的在维修期内所发生的所有费用，如处理顾客投诉、维修产品、更换零部件等成本。

从表3-1中可以看到，该厂电视机玻壳采购价格单项占到总采购成本的54.31%，虽然采购价格的控制有利于降低采购的总成本，但是如果采购人员只关注采购价格本身，而忽略交货、运输、包装、服务、付款、质量等其他相关因素，是难以实现总成本控制的。这有两方面原因：第一，直接表现的其他部分成本的总和也很大，占总成本的45.69%；第二，间接表现的隐性成本会增加，这是因为成本之间具有很强的相关性，一种成本发生，另外一种成本也会随之发生，比如发生质量问题，会增加不合格品的退货费用和内部处理费用(如维修)。所以，采购员在进行采购认证和询价时，要有整体采购成本的理念，而不是仅执著于采购价格的降低。

3.3 采购成本的控制

3.3.1 控制采购成本的战略思考

控制采购成本的策略很重要，也有很多具体的方法和技术，但更应该从战略角度思考。战略和战术是紧密相关的，如果战略方向不对，战术层面的策略作用不大。通常战略管理、系统理论与方法是有效的，从易于理解和操作的角度分析，以下方法有助于降低总采购成本。

1. 运用战略管理理论和方法

确定战略方向是最重要的，通常有以下步骤：首先，确定企业自身的定位(或整体供应链的定位)，即确定该企业是做什么的，承担什么样的社会角色；其次，个体企业的战略应和整体供应链的战略尽量一致；再次，企业具体部门(特别是采购部门)的战略应和企业的发展战略一致；最后，具体的岗位也应有一个战略思考，并与该部门一致。

战略管理的理论和方法很多，比如SWOT分析、波特五力竞争模型等，可参考的文献资料也很多。SWOT分析法，是在比较分析内外部优势、劣势、机遇和挑战的基础上，明确企业将来的发展方向。战略方向一般包括：多元化发展、转型、拓展、防御。

2. 运用价值链分析方法

价值链分析体现系统的思想，将采购视为互为联系的若干活动的集合体，通过分析各项活动的成本，使成本控制与其相关活动紧密联系在一起。主要观点是看每个环节的行为对整体价值的增加有无贡献，主要包括以下两点。

(1) 内部价值链分析。内部价值链分析不仅要注意生产过程，而且要关注生产之前和之后的作业,以找出它们之间的内在联系,最终达到降低产品成本的目的。比如有些质量检验、清点数量、多余的搬运作业等活动基本不增加产品的价值,应尽量减少。具体来说,我们在为某一商品进行油漆、包装、贴标签,但这些行为未必能增加产品价值。以包装为例,现在很多包装已不再追求豪华以降低成本,同时更加注重包装的效果和环保。

(2)外部价值链分析。主要分析与供应商和顾客之间的关系,供应商不仅提供连接内部价值链所需要的各种产品或服务,而且在其他方面也影响着采购成本,如供应商发货频繁可以降低采购的库存需求。此外,顾客也会影响成本,如那些订货量少、事先不确定的顾客成本比那些订货量大、事先确定的顾客成本要高。

3. 重视无形成本动因

由于这个问题与成本密切相关,而无形成本动因理论已受到战略成本管理理论界和实务界的广泛重视,其原理是从增加成本的原因着手分析,然后针对主要原因采取相应对策对症下药。成本动因是指导致成本发生的因素,通常包括有形成本动因和无形成本动因两部分。

【拓展知识】

有形成本动因是指容易看见的因素,如采购价格、运费等,相当于成本冰山中浮出水面的部分。而无形成本动因则指不易发现或需要展开分析的因素,如管理中出现的各种问题,相当于成本冰山中沉入水下的部分,而这部分占的比例相当大。重视无形成本动因的分析能降低采购成本、增强竞争力。

4. 通过资源共享来降低采购成本

供应链管理是本书的主线,其重要的理念就是资源共享,做得好能大幅降低总成本,资源共享的前提是合作。资源可以分为共享和非共享资源两大类,但更应重视可能共享而没共享的资源。对于共享资源,产品的成本与数量有关,分享这类资源的产品数量越多,分摊到单位产品中的成本就越低。例如,采购固定资产就是典型的共享资源,除了固定资产以外,还有:①产品的研究开发费用;②资源的采购费用;③信息使用费用;④信息传播费用;⑤建立和使用销售渠道的费用;⑥交易费用;⑦市场开发费用;⑧经验的共享等。增加使用这些共享资源的规模和频率,可以降低产品成本。

3.3.2 控制采购成本的常见策略

1. 价值分析法

价值分析法(Value Analysis, VA)又称为价值工程(Value Engineering, VE),是降低成本、提高经济效益的有效方法。所谓价值分析,是指分别从功能和成本的角度对产品或服务展开分析,以最低的成本有效地实现产品或服务的必要功能,从而提高产品或服务的价值。价值分析特别适用于新产品开发,针对产品或服务的功能加以研究,通过剔除、简化、变更、替代等方法,来达到降低成本的目的。具体方法在第9章产品设计部分有详细介绍。

2. 谈判

谈判(Negotiation)是买卖双方为了各自目标,达成彼此认同的协议的过程,后面有章节专门介绍。采用普通的谈判方式,通常只能将采购价格下调3%~5%。如果希望达成更大的降幅,则需综合运用价格分析、成本分析、价值分析与价值工程(VA、VE)等方法。

3. 早期供应商参与

早期供应商参与(Early Supplier Involvement, ESI)是指在产品设计初期,选择伙伴关系的供应商参与新产品开发。通过供应商早期参与的方式,使新产品开发团队依据供应商提出的性能、规格等要求,尽早调整战略,借助供应商的专业知识来达到降低成本的目的。

美国密执根州立大学一项针对全球范围内的采购与供应链研究的结果表明，在所有降低采购成本的方式当中，供应商参与产品开发最具潜力，成本降低可达42%，利用供应商的技术与工艺则可降低成本40%，利用供应商的配合来开展即时生产可降低成本20%，通过供应商改进质量可降低成本14%，而通过改进采购过程以及价格谈判等仅可降低采购成本的11%。欧洲某专业机构的另一项调查也得出类似结果：在采购过程中通过价格谈判降低成本的幅度一般为3%～5%，通过采购市场调研比较优化供应商平均可降低成本3%～10%，通过发展伙伴型供应商并对供应商进行综合改进可降低成本10%～25%，而供应商早期参与产品开发成本降低则可达到10%～50%。

4. 杠杆采购

杠杆采购（Leveraging Purchases）是一种通过集中扩大采购量而增加议价空间的方式，可以避免部门之间各自采购，造成组织内不同单位向同一个供应商采购相同零件却价格不同，但彼此并不知道的情形，无端丧失节省采购成本的机会。

5. 联合采购

联合采购（Consortium Purchasing）主要指发生在非营利机构的采购，如医院、学校等，通过统计不同采购组织的需求量，以获得较好的折扣价格。这也被应用于一般商业活动之中，如第三方采购（Third-party Purchasing），专门替那些需求量不大的企业服务。

6. 为便利采购而设计

在产品设计阶段就考虑原材料取得的便利性（Design for Purchase，DFP），充分利用供应商的标准与技术，以及使用工业标准零件，可以大大减少设计所需的技术支援成本，减少原材料获取的成本，同时也可能降低生产成本。

7. 价格与成本分析

价格与成本分析（Cost and Price Analysis）是专业采购的基本方法和工具，了解成本结构的基本要素对采购者是非常重要的。如果采购方不了解所买物品的成本结构，就无从知晓所买物品的价格是否公平合理，同时也会失去许多降低采购成本的机会。

8. 标准化采购

实施规格的标准化，为不同的产品或零件使用共同的设计和规格，以降低订制项目的数目，取得规模经济效应，达到降低制造成本的目的。但标准化采购（Standardization）只是标准化工作的其中一环，标准化还有许多其他内容，如包装、运输及操作过程的标准化等，应扩大标准化的范围，以获得更高的效益。

9. 目标成本法

管理学大师彼得·德鲁克（Peter F. Drucker）在企业的五大致命过失（Five Deadly Business Sins）一文中提到，企业的第三个致命过失是定价受成本的驱动（Cost-driven Pricing）。大多数美国公司以及几乎所有的欧洲公司，都是以成本加上利润率来制定产品价格的。然而，他们刚把产品推向市场，便不得不降低价格，重新设计那些花费更大的产品，并承担损失。由于受到旧思考模式的影响，美国民生电子业不复存在，德国的豪华型轿车被丰田和日产挤出了美国市场。目标成本法（Target Costing）对这种旧思考模式提出了批评，它要求在产品研发投入市场前，首先考虑市场乐意支付的价格和在这种价格下满足企业赢利要求的成本目标值。例如，一辆美国车的价格是40万元，但日本公司则首先调查：同样性能的车，用户的心理承受价格是多少，假如是25万元，则以后的工作就是用20万元保质保量地把车生产出来。

目标成本规划的核心工作就是制定目标成本，并且通过各种方法不断地改进产品与工序设计，使得产品的设计成本小于或等于其目标成本。这个工作需要包括营销、开发与设计、采购、工程、财务与会计，甚至供应商与顾客在内的设计小组或工作团队来共同完成。

10. 充分利用信息技术

在信息时代，降低采购成本的思路和方法应该建立在以计算机为中心的信息管理系统的基础上。因此，采购首先要建立起以电子计算机和国际互联网为中心的高效信息管理系统。在此基础上可以采用的方法主要有：①利用电子数据交换系统进行市场交易，降低交易成本，缩短交易时间；②利用国际互联网收集和发布信息，达到降低采购成本的目的；③利用计算机集成制造系统（Computer Integrated Manufacturing System，CIMS），将采购全部生产经营活动所需的信息（市场需求信息、资源信息、管理信息等），以及整个生产经营过程（从产品设计、物料采购、生产计划、制造，到销售和服务）进行系统的管理和控制；④利用自动订货系统提高效率；⑤可采用新数据处理模式以加强决策力、洞察力和流程优化能力等。

3.3.3 控制采购成本的策略选择

上文介绍了一些控制采购成本的战略和方法，每个企业的情况不同，每次采购的情况也不同，如何选择正确的方法是一个策略选择问题。

1. 影响控制采购成本策略选择的因素

在制定采购策略的时候，应在服从战略方向的大前提下，同时考虑下列几项与采购相关的因素：①所采购产品或服务的形态；②产品所处的生命周期阶段；③年需求量与年采购总金额；④与供应商之间的关系。

（1）考虑所采购产品或服务的形态，这主要是确定该采购是一次性的还是持续性的。这应是采购最基本的认知，如果采购的形态有所转变，策略也必须随之调整，持续性采购对成本分析的要求远高于一次性采购，但如果一次性采购的金额相当庞大，也不能忽视节省成本的效能。

（2）考虑年需求量与年采购总金额各为多少，这关系到在与供应商议价时，能否取得议价优势。但采购量又与产品所处的生命周期有直接关系，产品由导入期、成长期到成熟期的过程中，采购量会逐渐放大，直到衰退期出现，采购量才会逐渐缩小。

（3）考虑与供应商之间的关系，从卖方、传统的供应商、认可的供应商，到与供应商维持伙伴关系，进而结为战略联盟，对各种资料的获取程度以及各种资源的分享方式是不同的。如果与供应商的关系普通，一般不容易获得详细的成本结构资料，只有与供应商维持较密切的关系，彼此互信合作时，才有可能做到。

应该同时考虑上述几个因素，综合分析，权衡利弊，以采购总成本最小为原则制定具体的采购策略。在实际操作中，控制采购成本考虑产品的生命周期和供应商的关系更加常见，下面做专门介绍。

2. 基于产品生命周期的策略选择

产品的生命周期可以分为以下4个时期，每个时期都有适用的控制采购成本的方法。

（1）导入期。导入期是新技术的制样，或产品开发阶段。在导入期，供应商早期参与、价值分析、目标成本法以及为便利采购而设计都是可以利用的方法。

（2）成长期。新技术正式产品化并量产上市，且产品被市场广泛接受。采购可以利用需求量大幅成长的优势，进行杠杆采购获得成效。

（3）成熟期。生产或技术达到稳定的阶段，产品已稳定地供应到市场上。价值工程、标准化的管理可以进一步厘清不必要的成本，并达到节省成本的目的。

（4）衰退期。产品或技术即将过时或即将衰退，并有替代产品出现。因为需求量已在缩减之中，此时考虑降低采购数量并分析因此而造成的影响显得更为重要。

3. 基于供应商关系的策略选择

采购的特性以及与供应商的关系是经常需要考虑的因素，从简单实用角度出发，可将采购策略分为以下几种情况。

（1）对企业影响较小的采购。有些原料或产品的采购对企业影响较小，采购人员不必在价格分析上花费太多的时间和精力，宜采用快速、低成本的价格分析（Price Analysis）方法：①比较分析各供应商报价；②比较目录或市场价格；③比较过去的采购价格记录；④比较类似产品采购的价格。

（2）杠杆采购。对于有些供应商，未必保持密切合作关系，可随时寻找价格更低的供应商。原因主要有：对价格的波动特别敏感、新上市的产品、产品生命周期非常短等。这种情况下，可能出现同一组织内不同部门，向同一个供应商采购相同产品，但价格不同的现象。如果该产品比较重要，采购人员需要花费较多时间来进行成本价格分析，以便集中采购。常见方法有：①价值分析；②分析供应商提供的成本结构；③进行成本估算；④计算整体拥有成本。

（3）重要计划的采购。重要计划的采购包括一次性，或非经常性的采购，通常采购金额都相当大，如主要机器设备、资讯系统，或厂房设施等。重要计划的采购宜采用成本分析为主要方法，例如：①计算整体拥有成本；②分析整个供应链的成本结构。

如果重要计划的采购一旦变成重复性的例行采购，则必须考虑使用策略性采购中所提的其他方法。

（4）策略性采购。策略性采购通常用于非常重要的持续性采购，采购人员较希望与供应商建立长期或者是联盟性质的关系。公司应该花较多时间在成本与价格分析上，宜采用的方法主要有：①分析伙伴供应商的详细成本资料，并找出可能改善的部分；②计算整体拥有成本；③分析整个供应链的成本结构；④使用目标成本法；⑤让供应商早期参与新产品开发。

上文根据产品生命周期和采购商与供应商的关系来讨论了不同情况下的成本控制策略，但在实际采购中，情况往往并非如上文所示的那么简单明确，采购人员通常需要综合运用几种方法来达到降低成本的目的。

本 章 小 结

价格是采购成本的重要组成部分，采购价格的降低与成本控制关系密切。企业采购之前应该对供应商的产品成本结构和定价心理进行了解，并通过比价、招标和谈判等方法获得对企业真正有利的采购价格。

成本分析与控制是企业采购管理工作的重点之一，通常应先明确公司的战略，并确定采购的战略。企业采购成本分析应从整体采购成本的角度出发，分析采购成本的组成，并结合产品的生命周期和企业与供应商之间的关系，合理选择成本控制的策略。

关键术语

战略分析 Strategic Analysis
策略选择 Strategy Selection
采购价格 The Purchase Price
定价方法 Pricing Method
成本分析 Cost Analysis

杠杆采购 Leverage Procurement
联合采购 Joint Purchase
产品生命周期 Product Life Cycle
整体采购成本 The Overall Procurement Costs
早期供应商参与 Early Supplier Involvement

阅读材料：

鞠颂东，徐杰．采购管理[M]．北京：机械工业出版社，2005．
朱水兴．工业企业采购与采购管理[M]．北京：中国经济出版社，2001．
郝渊晓．现代物流采购管理[M]．广州：中山大学出版社，2003．
傅莉萍．采购管理[M]．北京：北京大学出版社，2015．

网站资料：

中国物流联盟网 http：//www.chinawuliu.com.cn
中国政府采购网 http：//www.ccgp.gov.cn
豆丁网 http：//www.docin.com
中国制造业信息门户 http：//articles.e-works.net.cn

习 题

一、选择题

1. 对于资金密集型企业，供应商产品成本中哪种成本比例最高？（　　）
   A. 直接材料成本　　B. 直接人工成本　　C. 物流成本　　D. 间接管理成本
2. 以下哪种供应商定价方法适用于充分考虑需求的情况？（　　）
   A. 随行就市法　　B. 成本加成法　　C. 撇脂定价法　　D. 歧视定价法
3. 以下哪种采购定价方法的成本最高？（　　）
   A. 询价采购　　B. 招标采购　　C. 谈判采购　　D. 委托采购
4. 以下哪种成本属于采购成本的第三度空间？（　　）
   A. 退货成本　　B. 仓储成本　　C. 税金　　D. 运费
5. 以下哪种方法最不适用于产品导入期的采购？（　　）
   A. 供应商早期参与　　　　　　　　B. 价值分析
   C. 标准化采购　　　　　　　　　　D. 为便利采购而设计

二、简答题

1. 什么是采购价格？采购价格通常会受哪些因素的影响？

2. 有哪些定价方式？
3. 什么是整体采购成本？通常有哪些分析视角？
4. 确定采购战略的步骤是什么？
5. 降低采购成本的方法有哪些？应如何选择？

 实际操作训练

课题：计算机的模拟采购

实训项目：计算机的模拟采购

实训目的：学习网上采购并确定采购品种和价格

实训内容：假设你是某单位的办公室主任，要给12位同事配备笔记本计算机，请通过网络查找信息，确定采购的品种和价格。

实训要求：将参加实训的学生分成若干小组，可以互相讨论，分别给定不同的预算和计算机配置要求，要求查找有关信息并分析，确定最合理的采购品种和价格，要求说明理由。

 案例分析

Acreage Foods 是美国一家跨国食品加工企业，该企业每年都需要从菲律宾进口番石榴浓缩汁。番石榴浓缩汁产于菲律宾一个偏远的地区，目前 FOB 价为 0.29 美元/磅，用银箔进行内包装，每包产品 50 磅，配以皱纹纸箱外包装。每个托板堆 40 个纸箱，每个集装箱可装 20 个托板，通过海运运出。海运费为每集装箱 2 300 美元，集装箱到达美国港口，再以每箱 250 美元的运费运至本地仓库存储。美国海关收取货物本身价格（不含运费）15% 的关税。该公司每月需要 1 集装箱番石榴浓缩汁。

集装箱在本地存储到需要提货加工时为止，月库存费用为每托板 5.5 美元，此外仓库收取每托板 6 美元的进出费作为管理成本，Acreage Foods 公司的资本成本为 18%。当需要提货时，由本地运输公司将番石榴浓缩汁从仓库运至 Acreage Foods 公司的加工地，运费为每集装箱 150 美元，每托板质量控制成本为 2 美元。

购买和存储的过程中，番石榴浓缩汁会以 3% 的比例损耗，供应商不对损耗进行补偿。有时，一些事前未发现的腐坏变质的番石榴浓缩汁要撤掉并回收，每次产品回收会发生的现付成本是 20 000 美元，供应商不承担该笔费用。公司记录表明，这种事件平均每 8 个月发生一次。此外，公司会计政策要求划出全部采购总额的 15% 作为管理成本。

(1) 计算每磅番石榴浓缩汁从菲律宾运输到美国的成本。
(2) 计算每磅番石榴浓缩汁从码头运输到仓库的成本。
(3) 计算每磅番石榴浓缩汁从仓库进入生产的成本。
(4) 计算该公司购买每磅番石榴浓缩汁的总成本。
(5) 如果该公司的目标是降低采购该原料的总成本，请分析该公司在采购原料成本控制上的最优策略。

第4章 供应商管理

【本章知识架构】

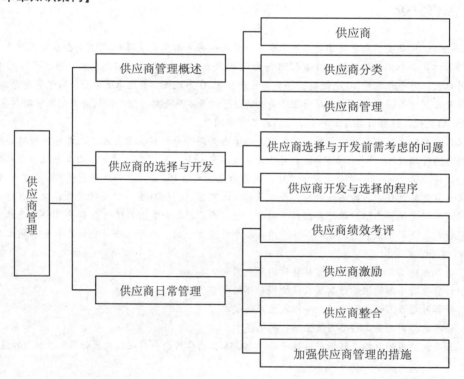

【本章教学目标与要求】

- 了解供应商管理的基本概念，了解供应商管理在企业经营中的地位和作用。
- 了解供应商的分类并掌握分类的方法。
- 熟悉供应商绩效考评和供应商激励。
- 掌握供应商选择与开发的过程。
- 掌握供应商管理的策略。

第4章 供应商管理

导入案例

"猎人"与"牧人"

在以往的采购活动中,美国传统的思维是"猎人"方式。市场是"狩猎场",采购方是"猎人",招投标找到最好的"猎物",通过谈判获取最大的优惠,然后慢慢享用"猎物"。至于"猎物"由谁养大,那不关自己的事,市场自然会培养供应商,物竞天择,优胜劣汰,任由它们自生自灭。当美国企业在国际市场上处于绝对优势时,这种思维看不出什么问题,因为竞争对手都是美国企业。但到20世纪七八十年代,日本制造业异军突起,大举进军美国市场时,美国企业就被打得满地找牙。家电、汽车、电子等产品一蹶不振,其他高科技产品也是节节败退。痛定思痛,聪明的美国企业家发现他们被一帮"牧人"给打倒在地。原来日本企业采取"牧人"的管理方式,领头企业如丰田、松下、东芝充当"牧人"角色,积极帮助供应商提高生产、制造、管理能力,从而提高整条供应链的竞争能力。集团作战的日本企业打败单兵作战的美国企业,也就不足为奇了。农牧社会比渔猎社会先进,这是规律,放在企业的供应链管理上,也是同样的道理。从此,供应商管理成为美国供应链管理研究的主要内容。

(资料来源:作者根据相关资料整理。)

本书是从供应链管理的角度探讨采购和库存控制问题的,而供应商管理直接关系到供应链的整合与优化,因此本章单独讨论这个问题。

4.1 供应商管理概述

供应商管理是采购管理的重要一环,传统的供应商管理主要停留在供应商选择上。随着社会发展和技术进步,市场发生了深刻的变化:产品开发周期越来越短、市场国际化的趋势加深、顾客消费不断趋于理性化。传统的供应商管理不能满足新环境的需要,企业为了获取竞争优势,必须改变传统的供应商管理理念,扩大供应商管理的范畴,在供应链环境下对供应商进行科学管理,以提高整条供应链的竞争力。

4.1.1 供应商

供应商(Supplier)是指在一定时期内能够向企业的生产和经营提供各种生产要素(原材料、机器设备、零部件、工具、技术和劳务服务等)的法人、组织或者自然人。供应商所提供的生产要素的质量、价格等直接影响到制造企业产品质量的优劣、成本的高低。

随着现代化大生产的发展,企业之间的分工和合作日益走向细致和紧密,供应商是物流的始发点,是资金流的开端,同时又是信息流的终端。任何一个顾客的需求信息都要最终分解成采购信息,而需求的满足程度则要最终追溯到供应商对订单的实现程度。可见,供应商已成为企业提高竞争优势的关键,成为企业不可忽视的合作力量。

4.1.2 供应商分类

对供应商进行分类是管理的基础,依据不同的标准,供应商可以有不同的分类。

1. 按照采供双方的合作关系

按照采供双方的合作关系由浅到深的次序,将供应商分为短期目标型、长期目标型、渗透型、联盟型和纵向集成型5类。

(1) 短期目标型。短期目标型是指采购商和供应商之间是交易关系,即一般的买卖关系。双方的交易仅停留在短期的交易合同上。

(2) 长期目标型。长期目标型是指采购方与供应商保持长期的关系,双方可能为了共同的利益来改进各自的工作,并以此为基础建立起超越买卖关系的合作。长期目标型的特点是建立了一种合作伙伴关系,合作的范围遍及各公司内部的多个部门。

(3) 渗透型。渗透型是在长期目标型基础上发展起来的,其指导思想是把对方公司看成自己公司的一部分,与对方的关系较上面两种都大大提高了,常见的方式有相互投资、参股等,以及双方派员参与到对方的有关业务中。

(4) 联盟型。联盟型是从供应链的角度提出的,它的特点是从更长的纵向链条上管理成员之间的关系,难度提高了,要求也更高。由于成员增加,往往需要一个处于供应链上核心地位的企业出面协调成员之间的关系,该企业称为供应链上的核心企业。

(5) 纵向集成型。纵向集成型是最复杂的关系类型,即把供应链上的成员企业整合起来,像一个企业一样,但各成员企业仍然是完全独立的企业,决策权属于自己。在这种关系下,每个企业都要充分了解供应链的目标、要求,在充分掌握信息的条件下,自觉地做出有利于供应链整体利益的决策。

2. 依据供应商与本企业的相互重要性程度

依据供应商与本企业的相互重要性程度将供应商分为商业型、重点商业型、优先型和伙伴型供应商四种类型,如图4.1所示。

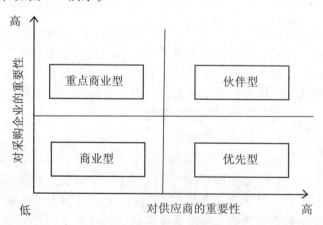

图4.1 供应商分类模块

(1) 重点商业型供应商。供应商认为采购方的采购业务对自己无关紧要,但该业务对本企业却十分重要,这样的供应商就是需要注意改进并提高的"重点商业型供应商"。

(2) 商业型供应商。某些采购业务对于供应商和采购方都不是很重要,相应的也可以很自由地选择其他交易对象,这种供应商就是普通的"商业型供应商"。

(3) 伙伴型供应商。供应商认为采购业务对自己非常重要,供应商自身又有很强的产品研发能力,同时该项采购业务对采购企业也很重要,与此相对应的供应商就是"伙伴型供应商"。

(4)优先型供应商。供应商认为采购方的采购业务对自己非常重要,但该项业务对于本企业来说却并不是十分重要,这样的供应商为"优先型供应商"。

4.1.3 供应商管理

1. 供应商管理的目标

供应商管理(Supplier/Vendor Management)是指对供应商的了解、选择、开发、使用和控制等综合性管理工作的总称。按照发展的需要,企业进行供应商管理的目标可以包括以下几方面。

(1)获得符合企业质量和数量要求的产品或服务。
(2)以最低的成本获得产品或服务。
(3)确保供应商提供最优的服务和及时送货。
(4)发展和维持良好的供应商关系。
(5)开发潜在的供应商。
(6)整体供应链的优化与整合。

2. 供应商管理的意义

依据供应链管理的思想,跨越企业内部资源管理系统,在科学评价与选择的基础上,对供应商进行科学的管理,有利于提升企业的核心能力,赢得竞争优势。

(1)提高企业对客户需求反应的敏捷性。零库存管理、准时制生产、精益物流等逐渐占据生产、流通与管理领域,在此背景下,提高对客户需求反应的速度尤为重要,而供应商的交货时间、订货提前期、生产柔性将直接影响企业的反应速度。只有加强供应商管理,才能以最快的速度将产品投入市场,提高供应商对客户需求反应的敏捷性,抓住商机。

(2)保证采购质量、降低采购成本。供应商产品的质量是企业生产质量和研发质量的组成部分,供应商的质量管理体系同时也是企业的质量管理体系的组成部分。所以,加强供应商的管理,选择合适的供应商,使供应商在竞争的市场环境中保持提高产品质量、合理降低成本的态势,对保证采购质量、降低采购成本有积极的意义。

(3)提高客户需求的满意度。上述两方面内容的改善将直接提高客户满意度。

3. 供应链管理环境下的供应商管理

供应链管理环境下企业与供应商的关系与传统关系不一样,不再是一种简单的买卖交易关系,而是着眼于建立长期的、稳定的合作伙伴关系,强调通过共同的努力来实现总成本的降低。供应链管理环境下的供应商管理具有以下特点。

【拓展知识】

(1)供应链管理环境下的企业与供应商之间的关系是一种战略型的供应链合作伙伴关系,是在一定时期内共享信息、共担风险的协议关系,是一种相互依存的共生关系。

(2)供应商管理的着眼点是建立长期稳定的伙伴关系,强调的是通过共同的努力实现共同的计划和解决共同的问题,强调相互之间的信任与合作。

(3)供应商的伙伴关系意味着新产品和新技术的共同开发,数据和信息的交流和共享,市场机会与风险的共担。

(4)供应链管理环境下供应商的选择不再只单纯考虑价格,而是更加注重选择在优质服务、技术革新、产品设计等方面能进行良好合作的供应商。

4. 供应商管理的主要内容

通常可以按物资对供应商进行分类,即确定哪些是要重点管理的,哪些是次要的,该确定何种供应商关系。在此基础上,对供应商进行选择与开发,包含必要的考察、谈判以及合同签订等。正常供货后还要不断开展绩效考评和过程激励等工作，在特定的情况下，也可终止与该供应商的合作关系。

4.2 供应商的选择与开发

俗话说："男怕入错行，女怕嫁错郎"，做采购的最怕选错供应商。供应商的选择与开发是采购工作中一项非常重要的工作。

企业对供应商的选择与开发一般可采用两种渠道：使用现有的供应商和开发潜在的供应商。而供应商开发是一个复杂而全面的过程，包含以下两个方面的含义：新的潜在供应商的开发，即由潜在供应商转变为正式供应商的过程；另一层含义是指对现有供应商关系的开发，供需双方都希望合作开始后，彼此关系越来越密切，但良好的合作关系不会自发形成，需要双方尽心培育，因此企业应该对现有供应商采取一些举措，比如关系维系、相互促进、深度合作等都可以看作供应商的关系开发。

4.2.1 供应商选择与开发前需考虑的问题

1. 供应商的数量

"选择一个还是多个供应商作为供应源？"是企业经常面临的问题。单源是指某种物品集中向一家供应商订购，多源是指某种物品的供应商数量比较多，这两种决策各有利弊，分析见表4-1。

表4-1 单源与多源的比较

比较项目	多源	单源
风险性	小	大
供货的可靠性	高	低
议价余地	较大	较小
供应商的责任心	弱	强
物资技术规范的选择余地	大	小
制造商与供应商的关系	松散	紧密

1）适合单源的情况

（1）供应商是某一关键部件的唯一提供者。

（2）某一供应商能提供有价值且非常出色的产品，无须再考虑其他供应商。

（3）采购量越多总成本越低，即规模效应。

（4）企业对供应商有决定作用(控制力极强)。

（5）需要更可靠、更短的提前期。

（6）采用 JIT 生产方式，要求有单一供应源。

2）适合多源的情况

（1）确保供应，降低风险，降低依存度。

（2）保持竞争水平，确保后备供应源，以求更好的价格与服务。

(3) 避免过分依赖某个供应商。
(4) 获得更大程度的数量柔性。
(5) 政策要求使用多供应源、小供应源。
(6) 降低单源采购时供应市场变动带来的风险。

企业进行供应商数量决策时,可以利用"80-20"原则,这样既能得到单源采购的优点,又能获得多源采购的优势,而且对供应商也是一种很有效的激励。

2. 供应商的规模

需求的规模和性质会影响供应商规模,通常需求越大,供应商规模就应该越大。一般情况下,较小的供应商总是用来满足本地那些较小的需求;较大的供应商更适合大量需求;中型供应商介于二者之间。当然也存在例外情况,小型供应商亦可以去填补大型供应商不能或不愿填补的小空白。企业应该选择大型、中型还是小型供应商,需要根据需求来确定。

3. 供应商的地理位置

多数企业愿意选择本地的供应商,原因有以下两个方面。

(1) 本地供应商能够提供更可靠的服务、沟通方便、交货及时、运输成本更低,出现问题或紧急需要某种商品时,双方更容易取得联系。

(2) 可以支持本地的区域经济发展。

由于种种原因,企业有时不得不选择外地供应商供货,这将带来许多不便,但如果外地供应商在企业附近选址建厂的话,也会给双方都带来利益,因此外地供应商在其客户的工厂附近建立附属工厂或者仓库已经成为一种普遍做法。

实用案例4-1

本田的供应商选择与管理

位于俄亥俄州的本田美国公司,力图与供应商建立长期战略合作伙伴关系。本田公司总成本的80%都是用在向供应商的采购上,这在全球范围内都是最高的。与供应商建立更紧密的合作关系,可以更好地保证JIT(准时制)供货。制造厂库存的平均周转周期不到3小时。

1982年,有27个美国供应商为本田美国公司提供价值1 400万美元的零部件,而到了1990年,有175个美国供应商向其提供超过22亿美元的零部件。大多数供应商与本田的总装厂距离不超过150英里。在俄亥俄州生产的汽车零部件本地率达到90%(1997年),只有少数零部件来自日本。强有力的本地化供应商的支持是本田成功的原因之一。

如果供应商达到本田的业绩标准就可以成为其终身供应商。本田也在以下几个方面对供应商提供帮助,使其成为一流的供应商。

(1) 2名员工协助供应商改善员工管理。
(2) 40名工程师在采购部门协助供应商提高生产效率和质量。
(3) 质量控制部门配备120名工程师,专门解决进厂产品和供应商的质量问题。
(4) 在塑造技术、焊接、铸模等领域为供应商提供技术支持。
(5) 成立特殊小组帮助供应商解决特定的难题。
(6) 直接与供应商进行上层沟通,确保供应商的供货质量。
(7) 定期检查供应商的运作情况,包括财务和商业计划等。
(8) 外派高层领导人到供应商所在地工作,以加深本田公司与供应商之间的相互了解及沟通。

本田美国公司从1986年开始选择Donnelly为它生产全部的车内玻璃,当时Donnelly的核心能力就是生产车内玻璃，随着合作的加深，相互的关系越来越密切，本田公司开始建议 Donnelly 生产车外玻璃。在本田公司的帮助下，Donnelly 建立了一个新厂生产本田的车外玻璃。双方交易额在第一年为 500 万美元，到 1997 年达到了 6 000 万美元。目前，Donnelly 公司与本田公司同为世界 500 强企业。

在俄亥俄州生产的汽车是本田在美国销量最好、品牌忠诚度最高的汽车。事实上，它在美国生产的汽车已经部分返销日本。本田与供应商之间的合作关系无疑是它成功的关键因素之一。

由上述企业之间的合作关系可以看出：通过伙伴型供应商关系的建立和维护可以达到双赢。

（资料来源：作者根据相关资料整理。）

4. 使用现有的供应商还是开发潜在的供应商

使用现有的还是开发潜在的供应商也是企业需要重点考虑的问题。现有供应商和潜在供应商跟企业的关系类似于企业的老员工和新员工一样，各有利弊，需要酌情对待。企业可以在供应商调查和资源市场调查的基础上，发掘更好的供应商，但是不一定能马上得到一个完全符合企业要求的供应商，还需要在现有基础上进一步加以开发，才能得到一个基本满足企业需要的供应商。

5. 直接购买还是间接购买

有时企业会面临直接向制造商购买还是通过间接的专业渠道（如批发商、分销商或零售商处）购买的问题，直接购买可能会获得较低的价格，但有时间接购买更加合适。

分销商通常是指聚集商品、储存商品并将种类繁多的商品销售给用户的中间商。在一些销售渠道中，分销商对大量产品的销售起着较为重要的作用，因为对于终端用户和原始制造商而言，分销商对许多问题提出了解决方案，如运输成本的增加使许多制造商重新检查了自己的物资配送系统，认为利用分销商是有利的。在许多情况下，分销商提供额外服务（如成品的加工），更有吸引力。另外，对于大多数分销商而言，"响应"是关键的竞争因素，分销商的快速响应使得从分销商处购买的产品即时可得，因此无须备有大量库存。

4.2.2 供应商开发与选择的程序

供应商选择的流程如图 4.2 所示。

1. 需求与供应环境分析

环境分析是供应商选择与开发的重要步骤，环境分析不仅包括供应环境的分析，更重要的是需求分析。

1）需求分析

市场需求是企业一切活动的驱动源。企业必须首先分析市场竞争环境，了解现在的市场需求是什么，需求的类型和特征是什么，以确认用户的需求，然后根据用户需求选择供应商。

企业一般在两种情况下需要开发新的供应商，一是扩张的需要，企业生产经营规模的扩大，需要生产或销售新的产品，从而需要组成新的供应链；二是企业与原有的供应商终止合作关系，从而需要开发新的供应商以满足生产或销售的需求。

2）供应环境分析

供应商选择必须在对供应市场进行调研的基础上进行，搜集供应商的信息是选择的前提，主要应该从供应商的市场分布、采购物品的质量、价格、供应商的生产规模等方面收集。

2. 明确供应商选择的目标与原则

1）目标

企业在选择供应商之前必须设定明确的目标，此目标必须与企业发展的长期目标、规划

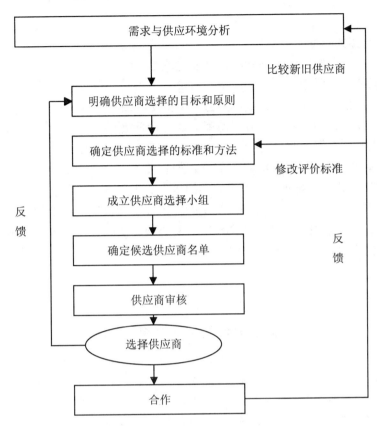

图 4.2 供应商选择与开发的流程

及战略相契合,要为提高企业核心能力和市场竞争力服务。不同的行业和企业对战略供应商的要求和选择不同,所以,企业应该根据自身情况选择供应商。

2)原则

选择供应商必须遵循一定的原则,常见的原则如下。

(1)全面性原则。建立和使用一个全面的供应商综合评价指标体系,对供应商做出全面、具体、客观的评价。

(2)简明科学性原则。供应商选择的步骤、选择过程透明化、制度化和科学化。

【拓展知识】

(3)稳定客观性原则。供应商选择体系应该稳定运作,标准统一,减少主观因素。

(4)灵活可操作性原则。不同行业、企业、产品需求、不同环境下的供应商评价应是不一样的,保持一定的灵活性。

(5)门当户对原则。如果供应商的规模和层次与供应商相当的话,相互之间的沟通和交流通常会更好。

(6)数量控制原则。一方面,采购数量控制——遵循半数比例,购买数量不超过供应商产能的50%,反对全额供货的供应商;另一方面,供应商数量控制,同类物料的供应商数量2~3家,并且划分出主次供应商。

(7)供应链战略原则。和整体供应链战略一致,与重要供应商发展供应链合作伙伴关系。

(8)学习更新原则。评估的指标、标杆、对比的对象以及评估的工具与技术都需要不断更新。

3. 确定供应商选择的标准与方法

1）供应商选择的标准

选择供应商有短期标准和长期标准，企业应统筹兼顾。

（1）短期标准。主要考察：商品质量，质量合适即可，既不能过高，也不能过低；总成本最低，主要依据第3章的原则；交付能力，包括交货及时，且货物运输过程中质量有保证；整体服务水平，即配合购买者的能力与态度，如处理问题的速度，提供技术咨询与服务、代办运输和送货服务，方便订购者的措施、为订购者节约费用的措施等。

（2）长期标准。主要考察：供应商信誉，如企业在行业中的地位、履行合同的能力等；财务状况，一般通过财务报表等间接方式来观察；内部组织与管理，主要看组织机构设置和运行是否合理；员工的稳定性以及供应商所处的环境等。

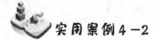
【拓展案例】

具体来说，企业在选择供应商的时候，要综合考虑各种因素，必要时可以使用供应商评分表，这是一种简单适用的选择方法，详见二维码阅读资料。

实用案例 4-2

英国电信对供应商的资格管理

目前，国外的众多通信企业，包括沃达丰、法国电信、爱立信等公司在采购管理中均采用了供应商准入管理以及资质审核制度，并通过该制度提高采购工作效率，谋求与供应商长远的战略合作。

作为世界级老牌电信运营商，BT对战略合作伙伴设定了极高的门槛，并对其进行严格的认定。BT选择合作伙伴的指导思想以合作共赢为主，追求整个生命周期内的价值创造和整体成本最优。合作方式是BT制定系统规范的要求，并引导市场发展方向，所有制造商与BT多方合作研发。选择方式上采取长期认证，侧重考察供应商的长期发展能力，致力于发展长期的合作关系。

在挑选设备供应商时，BT将其分成四类：供应商、重要供应商、战略供应商以及战略合作伙伴。BT有相关数据或指标来衡量每一层次的供应商。对于供应商的激励，BT分别从投资规模、稳定的长期供货合同、参与企业运营的程度等方面来进行，从而实现双赢效果。BT的认证指标有七类：T（技术）、Q（质量）、R（响应）、D（交货）、C（成本）、E（环境）、S（社会），每大类下再设立不同的指标。层层筛选之后，BT选择了一批优秀的适合自己企业的供应商，如接入方面的供应商为富士通，城域方面选择阿尔卡特、思科和西门子，传输方面选择Ciena和华为，核心网方面选择思科和朗讯，i-node方面选择爱立信。

（资料来源：作者根据相关资料整理。）

2）供应商选择的方法

选择供应商有以下几种常用方法。

（1）定性方法。定性方法主要根据以往的经验，凭借已有的信息来选择供应商，主要包括：

① 直观判断法。主要是倾听和采纳有经验的采购人员的意见，或者直接由采购人员凭经验做出判断，常用于选择企业非主要原材料的供应商。这种方法简单易行但主观性较强，容易受到采购人员人为因素的影响，可靠性差。

② 招标法。在前面章节已介绍过。招标法竞争性强，企业能在更广泛的范围内选择适当的供应商，以获得供应条件有利的、便宜而适用的物资，但手续较繁杂，时间长，适用于资金量大且非紧急性的采购。

③ 协商选择法。由企业先选出供应条件较为有利的几个供应商，跟他们分别进行协商，再确定合适的供应商。当采购时间紧迫、投标单位少、竞争程度小、订购物资规格和技术条

件复杂时，协商选择方法比招标法更为合适。如果供货方较多、企业难以抉择的话，也可以根据实际情况采用协商选择的方法。

(2) 定量方法。

① 线性权重法。这是目前定量选择供应商最常用的方法。基本原理是给每个指标分配一个权重，每个供应商的定量评价结果是该供应商对各项准则的得分与相应权重的乘积的总和。

② 采购成本法。采购成本法是通过计算和分析各个不同的供应商的采购成本，选择采购成本较低的供应商的一种办法。对质量和交货期都能够满足要求的供应商，则需要通过计算采购成本来进行比较分析。采购成本一般包括售价、采购费用、运输费用等各项支出的总和。应针对各个不同供应商的采购成本进行计算分析，选择采购成本较低的供应商。

③ ABC 成本法（Activity-Based Costing），即作业成本法，ABC 成本法的指导思想是："成本对象消耗作业，作业消耗资源"。也就是说以作业（Activity）为核心，确认和计量耗用企业资源的所有作业，将耗用的资源成本准确地计入作业，然后选择成本动因，将所有作业成本分配给成本计算对象（产品或服务）的一种成本计算方法。

作业成本分析法是由鲁德霍夫和科林斯在 1996 年提出，通过计算供应商的总成本来选择供应商，他们提出的总成本模型为：

$$S_i = (p_i - p_{\min}) \times q + \sum_j C_j D_{ij} \tag{4-1}$$

S_i——第 i 个供应商的成本值；

p_i——第 i 个供应商的单位销售价格；

$p_{\min}$——所有供应商中单位销售价格的最小值；

q——购买量；

C_j——因企业采购相关活动导致的成本因子 j 的单位成本；

D_{ij}——因供应商 i 导致的在采购企业内部的成本因子 j 的单位成本。

这个成本模型用于分析企业因采购活动而产生的直接和间接的成本大小。企业将选择 S_i 值最小的供应商。ABC 成本法把直接成本和间接成本（包括期间费用）作为产品（或服务）消耗作业的成本同等地对待，拓宽了成本的计算范围，使计算出来的产品（或服务）成本更准确真实。

(3) 定性与定量相结合方法。

定性和定量相结合的选择方法主要包括层次分析法（Analytic Hierarchy Process，AHP）、神经网络算法（Neural Network Algorithm，NNA）和数据包络分析法（Data Envelopment Analysis，DEA）等。

小贴士 4-1

这里简要介绍了一些评价或选择供应商的方法，更详细的方法请参考有关资料，比如张智光主编的《决策科学与艺术》，有关文章也很多，主要涉及"评价理论与方法"。事实上，这是一类方法，最常见的做法是建立一个评价指标体系，然后根据要求进行打分并评价，后面讲的对供应商的审核、绩效考核、动态管理等内容也可归为这一类方法。

4. 成立供应商选择小组，确定候选供应商名单

企业必须建立一个专家小组来进行供应商的选择，组员以来自采购、质量、生产、工程等与供应链合作关系密切的部门为主，专家小组必须同时得到本企业和供应商领导层的支持，而且必须有团队合作精神。

供应商选择小组成立后需要确定候选供应商名单,名单的确定可以通过以下途径实现。

(1)通过大型行业展览会充分地了解供应商情况,这是一种最普遍的做法。

(2)通过网络寻找供应商。

(3)重视供应商的主动接触。有些供应商主动向厂家传递信息,这些信息有一定的参考价值。

(4)征询现有的供应商,考察他们能否提供产品。

(5)招聘熟悉业务、有实战经验的采购人员,由他们与供应商面对面地进行沟通及协调。

5. 供应商审核

供应商审核是在完成针对供应商的市场调研、对供应商已进行初步筛选的基础上对可能发展的供应商进行分析,目的是确认、筛选出最好的供应商,优化供应商结构,提高竞争优势。

1)供应商审核的层次

供应商审核层次可以分为:产品审核层次、工艺过程审核层次、质量保证体系审核层次、公司审核层次。

(1)产品审核层次。主要是确认供应商产品的质量水平、与要求有无差距(若存在差距,这种差距能否经过改进而符合要求)、在正式供应后能否保持这种品质等。因为供应商的供货顺序可以被分为样品和正式产品,因此样品阶段审核必须严格,同时,审核必须是动态的,要延伸到正式投产以后。

(2)工艺过程审核层次。主要包括对工艺过程的评审,也包括供应过程中因质量不稳定而进行的供应商现场工艺确认与调整。

(3)质量保证体系审核层次。供应商质量体系审核是供应商审核的一个重要方面,对供应商的整个质量体系的审核参照 ISO 9000 标准或其他质量体系标准而进行。

(4)公司审核层次。这一层次的审核是最高层次的审核,该层次不仅要审核供应商的质量体系,还要审核供应商的经营管理水平、财务与成本控制、计划制造系统、设计工程能力等主要管理过程。

2)供应商审核的方法

供应商的审核方法主要分为两类:一类是主观法,根据个人的印象和经验对供应商进行评判,评判的依据十分笼统。这种方法往往适合采购工作人员在收集市场信息时使用;另一类是客观法,依据事先制定的标准或准则对供应商情况进行量化考核、审定,包括调查表法、现场打分评比法、供应商表现考评法、供应商综合审核法以及总体成本法等。

供应商审核的具体方法包括以下几种。

(1)调查法,是指事先准备一些标准格式的调查表格发给不同的供应商填写,收回后进行比较的方法,这种方法常用于招标、询价及对供应情况的初步了解。

(2)现场打分评比法,是预先准备一些问题并格式化,然后组织不同部门的专业人员到供应商的现场进行检查确认的方法。

(3)供应商绩效考评法,指对已经供货的现有供应商的供货、质量、价格等进行跟踪、考核和评比。

(4)供应商综合审核法,是针对供应商组织的包括质量、工程、企划、采购等专业人员参与的全面审核,通常将问卷调查和现场审核结合起来进行。

(5)总体成本法,是一种为了降低供应商的总体成本,从而降低采购价格为目的一种方法。由企业组织强有力的综合专家团队对供应商的财务及成本进行全面、细致的分析，找出可以降低成本的方法，并要求供应商付诸实施与改进，改进后获取的利益由双方共享。

3）供应商审核的内容

在对供应商进行审核时，主要审核以下内容。

（1）供应商基本情况。主要包括供应商经营的历史、负责人资历、注册资本金额、员工人数、完工记录及绩效、主要客户、财务状况，其中财务状况是供应商能力的最基本表现。

（2）供应商的生产能力。主要包括：供应商的生产设备是否先进；生产流程是否顺畅合理；生产工艺过程是否科学；生产能力是否已充分利用；生产作业的人力是否充足；产出效率如何；物料控制信息化程度；生产计划是否经常改变；采购作业是否为成本控制提供良好的基础等。

（3）供应商的管理状况。主要包括：供应商的组织机构设置是否完善以及运转情况如何；供应商的经营战略及目标如何；供应商和顾客的战略关系；产品与技术战略性企业的竞争力，这主要包括：供应商对市场信息的反应速度、产品改进、技术革新、缩短生产周期、提高生产率、降低成本等方面。

（4）供应商的技术能力。主要包括：供应商的技术是自行开发还是从外引进；有无与国际知名技术开发机构的合作；现有产品或试制品的技术评估；产品的开发周期；技术人员的数量及受教育程度等。

（5）供应商的质量体系。主要包括：质量管理方针、政策，质量管理制度的执行及落实情况；有无质量管理制度手册；有无质量保证的作业方案；有无年度质量检验的目标；有无政府机构的评鉴等级；是否通过 ISO 9000 认证；企业员工是否对质量体系有较强的认知；谁来监督质量体系的贯彻；是否建立质量跟踪机制和奖惩措施等。

6. 选择供应商

依据选择标准，利用审核资料，采用一定的工具和技术手段，对备选企业进行排序，从中选择最合适的供应商。如果选择成功，则可开始实施供应链合作关系管理；如果没有合适供应商可选，则返回步骤 2 重新开始评价选择。

每家企业都希望找到能提供品质好，服务态度好，供货及时的供应商，但往往事与愿违，要么供应商的原材料质量不错，但是不一定忠诚；忠诚的供应商不一定能提供质量可靠的材料。企业为此会不断开发新的供应商，更换供应商。为了防患于未然，企业更应该培养优秀的供应商。首先，应平等、诚信地与供应商沟通，尽可能地维护供应商的利益；其次，要认识到合适的供应商就是最好的供应商。企业在选择供应商的时候，应该从自身实际出发，衡量本企业的规模、知名度、采购量等，选择和培养最有利于自身发展的供应商。

4.3 供应商日常管理

4.3.1 供应商绩效考评

选择供应商以后还要对其进行绩效考评，这是对已选供应商的日常表现进行定期监控和考评，是一种事中或事后考核，而前面的供应商审核多用于事前或事中考核。

1. 供应商绩效考评的目的

（1）获得企业总体质量和数量要求的商品和服务。每一个企业都会有一整套的战略规划和方针，必须充分考虑已选供应商所提供的商品和服务能否满足本企业及整体供应链的质量及数量要求。

（2）淘汰不合格的供应商，开发有潜质的供应商。企业与供应商之间并非是从一而终的既定关系，双方都会不断地审视和衡量自身利益，从而做出新的选择。对好的供应商，采取持续发展的合作策略，并针对采购中出现的问题与供应商一起协商，寻找解决问题的最佳方案；淘汰在评估中表现糟糕的供应商。

（3）帮助供应商改善绩效。绩效考评也能了解供应商的不足之处，并督促供应商加以改进，为以后更好地完成供应任务做准备。

2. 供应商绩效考评的原则

（1）整体性原则。要从供应商和企业自身的整体运作来进行评估，从而确定考评目标。

（2）持续性原则。供应商绩效考评必须持续进行，要定期检查目标的完成情况。当供应商知道自己被定期评估时，就会致力于改善自身绩效，从而提高供应质量。

（3）综合考虑外部因素。供应商的绩效总会受到外来因素的影响，因此对供应商绩效考评要考虑外在因素带来的影响，不能仅仅衡量绩效。

3. 供应商绩效考评的准备

供应商绩效考评是一项十分烦琐而又必须公正对待的工作，如果考评不公正就会引发供应商的不满，影响以后的合作，因此在实施供应商考评之前必须进行认真准备。准备工作可分以下步骤进行。

（1）确定考评准则，考评准则应体现跨功能的原则。

（2）设定考评指标，考评指标要明确、合理，与公司的战略目标保持一致。

（3）确定考评的具体步骤并文件化。

（4）选择要进行考评的供应商，将考评做法、标准及要求与供应商进行充分沟通。

（5）成立考评小组，考评人员可以包括：采购部门主管；工程、质量或生产管理部门；业界的专家或管理顾问等。

【拓展视频】

4. 供应商绩效考评的指标

1）质量指标

质量指标包括现有的质量和未来的质量，未来质量的主要体现在供应商新产品开发的能力。

（1）现有质量。质量是选择供应商的首要条件，如果供应商的产品达不到一定的质量水平就会被淘汰，供应商的其他方面也就不用评价了。产品的质量可以通过最终产品的合格率以及返修退货率两个定量指标来进行衡量。

产品的合格率可以用一定时期内供应商提供合格产品占其提供产品总量的比例来表示，该指标能够体现供应商生产的质量，能够反映出其全面质量管理的水平。

返修退货率是指供应商产品交付企业使用后，在承诺的保质期，出现质量问题而返修退货的产品总数占供应商提供物料产品总量的比例。一般通过产品的耐用程度体现产品的质量。

（2）开发能力。供应商在新产品上的开发能力是供应链创新的原动力，是其经营发展的核心能力，决定了供应商的生存发展状况、在未来市场中的竞争力，是企业经营发展能力的重要体现，主要可以从以下四个方面来衡量：研究开发费用比率、新产品开发成功率、新产品开发的提前期、技术支持响应。

企业在科研资金方面的投入是体现其研发能力的首要指标,通常可以采用研究开发费用比率即一定时期内科研经费占销售收入的百分比来表示,可以用来衡量供应商对研发的重视程度。

新产品开发成功率即一定时期内供应商成功开发的新产品数占开发总数的百分比,该指标反映了供应商新产品开发的效率。

新产品开发提前期是指从出现市场机遇到生产出新产品上市、取得销售收入的时间,反映供应商的新产品开发能力。

技术支持响应度是指企业对供应商提出的技术支持要求的响应时间,为实际响应时间和标准响应时间之比。

2) 供应指标

(1) 交货。交货主要就是考察供应商能否及时、准确地交货,以保证制造企业能够按计划顺利进行生产制造,通过准时交货率、订货满足率两个指标能较为全面地进行衡量。

准时交货率可以用一定时期内供应商准时交货的数量与交货的全部数量之比来表示,反映供应商交货的及时性。准时交货率高说明供应商的生产能力达到要求,能够满足供应链的运行需要。

订货满足率是指供应商交货的总量与制造企业对其需求产品总数量的比率,反映供应商的生产能力满足制造企业物料产品需求的能力。

(2) 柔性。柔性指的是一个企业对市场和客户需求变化的反应能力。供应商的柔性既能表现在灵活的定制生产方面,也可以表现在满足顾客在短期内需求快速变化等方面。通过批量柔性、品种柔性、时间柔性三个指标可以对供应商应对需求变化的能力做出全面衡量。

批量柔性指供应商改变产出水平的能力,即应对顾客需求量波动的能力,是供应商在生产系统能够有效运行的前提下,所能够提供的各类产品总产量的变动范围。批量柔性可以用供应总量中可变动数量与需求总量的变动数量之比来衡量,反映了供应商生产能力的弹性。

品种柔性是供应商开发新产品和改进现有产品的能力。可用一定时期内新产品引进种类总数占产品种类总数的比例作为评价指标,也可通过引进新产品所需要的时间和费用来衡量柔性的大小。品种柔性反映了供应商应对下游需求的创新能力。

时间柔性也可称为交货柔性,是供应商改变计划或交货日期的能力。时间柔性可用交货期缩短时间占合同交货期长度的百分比来衡量,也可用缩短单位交货时间所需要增加的成本来衡量,反映了供应商响应顾客需求的速度。

3) 经济指标

供应商考评的经济指标主要包括价格和成本,以及公司的财务状况。

(1) 成本(或价格)。这里应体现总成本的观念,简便的方法是通过供应商提供产品的价格以及供应成本两个方面来考察。其中产品的价格是指供应商实际提供的价格包括数量及提前期价格折扣。供应成本则是供应商向制造企业供货发生的全部成本费用,包括通信、交通运输成本等。

(2) 财务状况。与财务状况不佳的供应商合作是有风险的。财务指标本身很容易量化,因而在各类评估中最为重要,对于企业选择供应商具有重要参考价值。财务状况可根据总资产周转率、总资产收益率、资产负债率三个指标来表示。

总资产周转率:是反映企业运营能力的指标,存货和应收账款都是总资产的一部分,反映资产周转率的指标有库存周转率,应收账款周转率和总资产周转率。

$$总资产周转率 = 年销售收入/平均资产总额 \qquad (4-2)$$

总资产收益率：反映了企业全部资产的获利能力。集中体现其经营能力和盈利能力，比销售利润率等指标更具实际意义。

$$总资产收益率 = (利润率 + 利息支出)/平均资产总额 \qquad (4-3)$$

资产负债率：指企业偿还债务的能力。反映了供应商的经营安全程度和可持续发展能力。对供应商而言，本指标越小，安全性越大，从而供货的保证越高。

$$总资产负债率 = 负债总额/资产总额 \qquad (4-4)$$

4）支持指标

（1）沟通能力。沟通能力可用沟通程度和信息共享水平来描述。沟通程度：指在合作过程中企业与供应商进行沟通和交流的频繁程度和所采取的沟通方式。信息化程度指企业管理和运作中的信息化程度。

（2）管理水平。管理水平是供应商经营管理能力的集中体现。企业的管理水平高，经营绩效就好。管理水平通过人员素质和管理能力两个主要指标衡量。

（3）合作态度。供应商是否将本公司看成其重要的客户，供应商高层领导或关键人物是否重视企业的要求，是否能理解并满足企业的要求。

（4）服务水平。服务水平也是供应商经营管理能力的重要体现。供应商是否能主动征询企业的意见，是否主动解决或预防问题的发生，是否及时安排技术人员解决问题。

（5）供应商的经营环境。这一点是最容易被忽略的，经营环境对企业的可持续发展大有裨益，可以避免投入成本的损失。例如，当地的政治经济、技术、自然等各方面的环境，还有当地的社会文化，这些都是很容易被人们忽略的问题，但都会直接影响供应商的绩效考评状况。

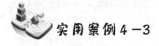

实用案例 4-3

TCL 公司科学考评供应商

TCL 王牌电子（深圳）有限公司于 1992 年介入彩电业。刚开始的供应商考评工作是由其供应方惠州长城公司负责。1996 年，TCL 具备了生产条件后，才开始自行开展供应商的考评工作。

目前 TCL 已经建立了一整套供应商考评体系，考评原则已逐步成为企业文化的一个重要有机组成部分。供应商考评工作在企业实施稳定的供应链合作关系、保证产品质量、降低生产成本、提高经济效益等方面发挥了巨大的作用。

建立供应商考评体系，通常要确定考评的项目、标准及具体的量化指标目标。这些问题明确后，还要建立相应的考评小组。

TCL 的供应商主要包括零部件、生产设备、检测设备、动力设备等各种不同种类的供应商。针对每一类供应商，TCL 都制定了相应的管理办法。

TCL 主要考评的供应商有两类：①现有供应商；②新的潜在的供应商。

对于现有的供应商，TCL 每月都要做一次调查，着重就价格、交货期、进货合格率、质量事故等各个方面进行量化考评，并有一年两次的现场考评。

对新的潜在供应商，供应绩效考评的过程要复杂一些，具体包括以下操作过程。

（1）在 TCL 公司新产品开发时，就提出对新材料的需求，要求潜在的目标供应商提供基本情况，内容包括：公司简介、生产规模或能力、曾给哪些企业供过货、是否通过了 ISO 9002 的认证和生产安全的认证，还要求提供样品，最低报价等。

（2）在实施供应链合作关系的过程中，市场的需求和供应都在变化，TCL 在保持供应商相对稳定的前提下，会根据实际情况及时地修改供应商的考评标准。

目前，TCL的供应商基本上能做到100%的产品合格率，因此，价格就成了考评的主要因素。TCL会要求新的潜在供应商提出一个成本分析表，分析表主要包括：①生产某一元器件由哪些原材料组成（MRP材料结构图）；②生产成本的构成。

通过成本分析表来分析其中存在的价格空间，如果有不合理的价格因素，TCL就会及时要求供应商进行供应价格的合理调整。

TCL有一个基本的思路：合格的供应商队伍不应总是静态的，而应是动态的，这样才能引进竞争机制。

TCL坚持的理念：不管处于什么样的环境，都希望能与供应商共同发展壮大。

（资料来源：作者根据相关资料整理。）

4.3.2 供应商激励

对供应商实施有效激励，有利于增强供应商之间的适度竞争，提高供应商的服务水平，降低采购风险。

1. 供应商激励需要考虑的因素

供应商激励要有标准可依，激励标准是对供应商实施激励的依据，激励标准需要考虑以下因素。

（1）本企业采购物资的种类、数量、采购频率、采购政策、货款的结算政策等。

（2）供应商的供货能力，可以提供的物资种类、数量。

（3）供应商所属行业的进入壁垒。

（4）供应商的需求，重点是现阶段供应商最迫切的需求。

（5）竞争对手的采购政策、采购规模。

（6）是否有替代品。

考虑上述因素的主要目的是为不同的供应商提供量身定做的激励方案，以达到良好的激励效果。

2. 供应商激励的方式

从激励理论的角度来理解，供应商激励的方式主要有正激励和负激励两类。正激励和负激励是一种广义范围内的划分。正激励是指一般意义上的正向强化、正向激励，指根据供应商的业绩评价结果，为供应商提供的奖励性激励，目的是使供应商受到这样的激励后，能够不断进步；而负激励则是指一般意义上的负强化，是一种约束、一种惩罚，是对业绩评价较差的供应商采取的惩罚性激励，目的是使其不断改进，或者将该供应商清除出去。

1）正激励的形式

（1）延长合作期限，适用于合作期限较短的供应商。

（2）增加合作份额，适用于具备更大数量的物资供应能力、急于扩大营业额的供应商。

（3）增加物资类别，适用于能够提供更多物资种类，且物资质量符合公司标准、增加物资类别有助于降低其成本的供应商。

（4）供应商级别提升，适用于尚未达到战略合作伙伴级别的供应商（供应商级别的提升要逐步进行，最好不要越级提升）。

（5）书面表扬，可以是对供应商个人的表扬，也可以是对供应商单位的表扬，可以直接将书面表扬发送给供应商单位，也可发布到媒体上，面向社会公开表扬。

（6）颁发证书或锦旗，适用于较为看重荣誉的供应商，可每年进行一次，最好由企业专程送达。

(7) 现金或实物奖励，适用于对企业做出重大贡献或特殊贡献的供应商，一般由企业副总经理以上的领导提出。

2) 负激励的形式

(1) 缩短合作期限，即单方面强行缩短合作期限。

(2) 减少合作份额。

(3) 减少物资种类。

(4) 业务扣款。

(5) 降低供应商级别。

(6) 依照法定程序对供应商提起诉讼，通过法律手段解决争议或提出赔偿要求。

(7) 淘汰，即终止与供应商的合作。

由于负激励是一种惩罚性激励手段，一般用于业绩不佳的供应商。

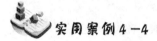
实用案例 4-4

某企业新产品开发供应商的激励方式

1. 正激励方式

(1) 奖金激励：对与能在约定时间内，保质保量完成新产品开发的供应商，每提前一天，我公司给予200元的现金奖励。

(2) 订单激励：对与能在约定时间内，保质保量完成新产品开发的供应商，我公司可以适当增加订单量。

(3) 商誉激励：对与能在约定时间内，保质保量完成新产品开发的供应商，我公司可颁发优秀供应商证书，并通过不同渠道予以表扬。

(4) 信息激励：对与能在约定时间内，保质保量完成新产品开发的供应商，可与我公司共享新产品开发、新技术交流以及双方的运行状况等信息。

(5) 战略合作：对与能在约定时间内，保质保量完成新产品开发的供应商，可以与我公司进行长期供应合作，建立战略同盟，享有以上(1)~(5)条的所有奖励。

2. 负激励方式

(1) 现金处罚：对未在约定时间内完成新产品开发的供应商，每延误一天，我公司给予150元的现金处罚；对完成开发但质量不达标的，也按照上述标准处罚；由于交期延误而造成的损失，也由该供应商负责赔偿。

(2) 商誉处罚：对未在约定时间内保质保量完成新产品开发的供应商，我公司将向全体供应商进行通报。

(3) 订单减少：对未在约定时间内保质保量完成新产品开发的供应商，我公司将对该供应商每月生产配额进行相应的减少；如果达到3次或3次以上，我公司将取消与该供应商的合作。

(4) 付款延迟：对未在约定时间内保质保量完成新产品开发的供应商，我公司将酌情对其延期付款。

(资料来源：作者根据相关资料整理。)

3. 供应商激励时机的确定

对供应商的激励一般在对供应商业绩进行一次或多次考评之后，以考评结论为实施依据。激励时机一般有以下几种。

(1) 市场上同类供应商的竞争较为激烈，而现有供应商的业绩不见提升时。

(2) 供应商之间缺乏竞争，物资供应相对稳定时。

(3) 供应商缺乏危机感时。

(4) 供应商对公司利益缺乏高度重视时。

（5）供应商业绩有明显提高，对公司效益增长贡献显著时。
（6）供应商的行为对公司利益有损害时。
（7）按照合同规定，公司利益将受到影响时。
（8）出现经济纠纷时。
（9）需要提升供应商级别时。

特别需要注意的是，在对供应商实施负激励之前，要查看该供应商是否有款项尚未结清，是否存在法律风险，是否会对公司的生产经营造成重大影响，是否会对其他大部分供应商产生负面影响，以避免因负激励而给公司带来麻烦。

4. 供应商激励的确定与实施

激励由公司的供应商管理部门根据业绩评价结果提出，由部门经理审核，报分管副总经理批准后实施。

实施对供应商的激励之后，要高度关注供应商的行为，尤其是受到负激励的供应商，观察供应商受到激励前后的变化，作为评价和改进供应商激励方案的依据，防止出现各种对企业不利的问题。

4.3.3 供应商整合

供应商整合是指充分利用供应资源，促进供应商在质量、成本、服务和创新等方面持续改进，协调发展供应商的管理措施。整合供应商是供应链管理的重要内容，通过整合供应商，有利于企业降低采购和物流成本，促进企业技术进步，提升核心竞争力。

1. 供应商数量整合

供应商数量整合即减少供应商数量，减少供应商数量包括以下措施。

（1）推进产品标准化。推进产品标准化可以整合需求，减少物料品种数，有利于降低采购成本，有效控制库存，也有利于集中采购，减少供应商数量。

（2）实行集中统一采购。通过实行集中统一采购或招标采购方式，可以使分散采购集中化，有利于提升采购议价能力，防范采购舞弊行为。

（3）采用模块化采购方式。这种方式是由核心供应商将相关复杂零部件组装成更大的单元供货。这种供货方式可以降低供应商的物流成本，也有利于采购方缩短生产周期。

（4）采购外包。采购外包就是对品种多、采购批量小的零星物料集中打包委托第三方代理采购，或指定产品品牌、采购渠道，委托供应商代理采购的采购方式。通过化零为整的采购方式，有利于减少供应商数量，降低采购成本和采购风险。随着服务业的不断发展，企业采购外包将成为一种趋势。

2. 供应商资源整合

供应商资源整合指采购方充分利用供应商技术、成本和条件等优势，降低采购或物流成本，提升核心竞争力的采购策略。主要包括以下内容。

（1）供应商早期介入产品开发，缩短产品开发周期。

（2）利用供应商的技术优势解决质量、成本、服务问题。

（3）使供方从单纯确保交货质量向产品质量与服务保障转化。

（4）供应商从单纯供货向提供全方位的物流服务转化。供应商的不同供货方式直接影响到采购方的物流成本和库存水平，采购方应通过加强供应商管理，促使其提高物流服务水平。

4.3.4 加强供应商管理的措施

1. 供应商分类管理

每个企业都有许多供应商,对供应商进行管理不能平均用力,在资源有限的情况下,注意力应该放在那些起关键作用的因素上,加强管理的针对性,提高管理效率。所以,可按供应商的重要性进行分类,找出少数关键供应商,进行重点管理,集中精力重点改进并发展最重要的供应商。前面章节介绍的 ABC 分类法也可用于对供应商进行分类管理。

A 类供应商占总供应商数量的 10% 左右,但其供应的物资价值占企业采购物资价值的 60%~70%。

B 类供应商占总供应商数量的 20% 左右,其供应的物资价值占企业采购物资价值的 20% 左右。

C 类供应商占总供应商数量的 60%~70%,但其供应的物资价值仅占企业采购物资价值的 10%~20%。

在保证供应方面,对这三类供应商的要求是一致的。但 A 类供应商为公司提供了重要的物资供应且数量少,对其加强管理是降低采购成本的潜力所在,所以要投入主要精力,进行重点管理;对于 B、C 类供应商,因其所提供的物资比重小、数量多,不是降低采购成本的重点,可以进行一般管理。

但需要强调的是:ABC 分类管理无法真正反映供应商提供的物资的重要性和物资市场的复杂程度,假如某些 C 类供应商能够提供市场上的短缺物资,就要对其进行重点管理;假如某些 A 类供应商提供价值高但为买方市场的物资,可简略管理,节省成本。

【拓展知识】

2. 供应商合作关系管理

供应商关系管理的核心思想是合作伙伴关系的建立和维护。

1)供应商合作伙伴关系

供应商合作伙伴关系是企业与供应商之间达成的最高层次的合作关系,是指在相互信任的基础上,供需双方为了实现共同的目标而采取的共担风险、共享利益的长期合作关系。

企业与供应商的关系不再是单纯的买卖交易、对手关系,而是一种更为紧密的合作关系。企业间保持长期直接的合作关系,取得共识、建立相互间的信任,确定共同目标和行动计划,强调资源共享,共同决策,共同面对市场、研发新产品、持续地改进产品质量;共同努力解决问题。供应链合作伙伴关系与传统供应商的关系比较如表 4-2 所示。

表 4-2 传统供应商关系与合作伙伴关系的比较

因 素	传统供应商关系	供应商合作伙伴关系
稳定性	不稳定,变换频繁	稳定合作
合作关系	短期	长期
产品交货	不稳定	基于 JIT 的小批量
供应商的选择基准	基于价格的竞价	长期的历史绩效
交易处理	秘密博弈	基于共赢的合作
问题处理	供应商自行解决	共担风险,共同处理
质量控制	每次交易都进行	供应商负责产品质量
信息交流	少	信息共享

续表

因　　素	传统供应商关系	供应商合作伙伴关系
供货保障	风险大	风险小，有保障
研发	供应商按规定生产	供应商介入共同参与研发
供应商的范围	当地或国内	全球范围内

2）建立供应商合作伙伴关系的意义

（1）可以缩短供应商的供应周期，提高供应灵活性。
（2）可以降低企业的原材料、零部件的库存水平，降低管理费用、加快资金周转。
（3）可以提高原材料、零部件的质量。
（4）可以加强与供应商沟通，改善订单的处理过程，提高材料需求的准确度。
（5）可以共享供应商的技术与革新成果，加快产品开发速度，缩短产品开发周期。
（6）可以与供应商共享管理经验，推动企业整体管理水平的提高。

实用案例 4—5

海尔的 SBD 模式

海尔的 SBD(Suburban Business District)模式：共同发展供应业务。海尔有很多产品的设计方案直接交给厂商来做，很多零部件是由供应商提供，供应商向海尔提供今后两个月市场的产品预测，并将待开发产品的形成图纸。这样一来，供应商成长了，同时真正成为海尔的设计部和工厂，加快了开发速度。

（资料来源：作者根据相关资料整理。）

3）供应商合作伙伴关系管理的程序

（1）界定物资。建立供应商合作伙伴关系是供应链管理发展的客观要求，即使建立了合作伙伴关系，企业与供应商的密切程度也不一样，企业的采购部门要在对供应市场调研的基础上，对有关部门的采购物品进行分析、分类，确定具体合作伙伴关系的类型。

通常可以按采购物资对企业的重要程度和采购规模等进行分类（图4.3），根据每种物资的特点来确定适合的供应商关系。需要说明的是，本章第 1 节也有对供应商的分类，侧重对企业的评价和战略思考，二者可结合使用，然后再实施以下步骤。

【拓展视频】

对生产的重要程度	重要	瓶颈物资（例如专用件） Ⅱ 类物资	消耗量大的关键性材料 Ⅰ 类物资
	不重要	办公用品，某些标准件 Ⅲ 类物资	一般性的原材料 Ⅳ 类物资
		小	大

采购规模

图4.3　物资分类图

（2）识别供应商。按照供应商的选择标准，筛选出有可能建立伙伴关系的供应商名单。

（3）伙伴关系设计。分析本企业采购规模对各供应商的影响和建立伙伴关系的可能性，制订明确具体的关系定位、合作目标及合作绩效衡量指标，制订建立伙伴关系的实施计划和达到合作目标的行动计划。

（4）伙伴关系建立。与拟议中的伙伴供应商针对合作伙伴关系建立的可能性、计划实施、组织安排、关系维护、绩效考核等进行协商，签订战略合作伙伴关系文件，确认伙伴关系的正式建立。

（5）伙伴关系维护。一方面，要建立企业内部各部门之间对伙伴关系的维护沟通协调机制，通过供应商会议、供应商访问等形式对计划实施进行组织和进度跟进，内容包括对质量、交货、降低成本、新产品、新技术开发等方面的改进进行跟踪考核，定期检查进度，及时调整行动；另一方面，要组成跨组织的工作任务小组，有效识别与解决合作过程中的问题，进行过程协调，评估不断改进给双方带来的收益。在公司内部还要通过供应商月度考评、体系审核等机制跟踪供应商的综合表现，及时反馈并提出改进要求。

（6）友好结束供应商关系。当现有供应商出现问题或者由于外部原因导致现有供应商不适合企业发展需要的时候，要果断地结束与供应商的关系。结束关系的时候应尽可能地将成本降为最低，可采用以下措施：积极的态度、平和的语调和合理的理由。

3. 供应商动态管理

1）供应商动态管理的含义

事物都是在不断变化和发展的，供应商也不可能一成不变。同时，企业所处的环境也在不断变化，所以企业必须要以动态和发展的眼光来看待供应商，对供应商进行动态管理。

供应商动态管理贯穿于企业整个供应商管理过程中，是通过对供应商的优胜劣汰、优化组合并协同发展，使原供应商队伍满足企业不断发展的需要。供应商的动态管理包括两层含义。

（1）供应商的主动引入和主动退出。企业根据自身发展战略、采购策略、采购商品的特点、供应商现状等制订供应商开发计划，并根据开发计划进行供应商开发工作，定期储备和引入一定数量的供应商，营造供应环境中的竞争氛围，以提高供应水平。对于已合作的供应商开展日常考评和定期考评工作，并根据考评中发现的问题有针对性地与供应商进行合作，督促供应商加以改进，对于无法满足战略合作要求的供应商将其降级为普通供应商，对于不符合企业标准的供应商，在不影响供货的前提下果断让其退出，实现供应商发展同企业发展的动态匹配。

（2）供应商管理办法的动态调整。企业的供应商管理办法也需要进行检核和动态调整，以适应企业不断发展和内外部环境变化的需要，例如供应商准入评价标准、供应商日常考评标准、供应商定期考评标准、供应商退出标准、核心供应商评定标准等。

2）供应商动态管理的实施

进行供应商动态管理应做好以下工作。

（1）密切追踪供应商的发展变化。只有了解供应商的变化和发展趋势，才能真正对其进行有效的管理。企业必须密切追踪供应商的发展变化，通过定期的高层会面，定期对供应商进行问卷式调查，与其进行频繁沟通和信息交流，尤其是对合作双方的现状和未来发展方向进行专门性交流。同时要及时更新供应商档案，记录供应商的发展变化。

（2）密切注意供应链环境的发展变化。要求采购人员对市场有高度的警觉度和敏感性，通过一些有公信度的市场指标来分析、追踪市场的发展趋势；同时，也要关注某些突发事件的发生对供求关系的影响（如禽流感等）；要建立一个有效的信息渠道，与其保持畅通信息交流；要有效利用互联网。

（3）及时调整管理策略。无论是供应商的改变，还是市场环境的变化，发展到一定程度都会使管理策略随之改变。如某个战略供应商的主营方向发生了偏离，从原来的食品业转到了某工业产业，使其合作竞争力和内部竞争力发生了根本性的变化，已经失去了与之合作的前提和条件，此时，原来的战略合作伙伴可能就变成了杠杆类供应商，对应的管理策略也随之由战略管理策略调整为竞标式的管理策略。由此可以看到，供应商自身的改变，可以导致其类型的改变，从而导致管理策略的相应变化。

同样，市场环境的变化也会导致管理策略的改变，所不同的是市场变化更加变幻莫测，更需要企业保持高度的警觉性和灵敏度。如禽流感的突然来袭，使鸡肉的安全性备受关注，采购到安全鸡肉的需求就骤然提升，能够提供安全鸡肉的供应商就有可能升级成战略型供应商。此时，管理策略也必须有相应的调整，从原来的单纯的市场竞价的合作方式，改变为战略联盟的合作方式。

4. 防止被供应商控制

如果采购被供应商控制，将对企业产生不利的影响。当企业的核心技术或资源被供应商控制时，通常会出现这种情况。另外，采用单源采购或采购源很少时，也可能发生这种情况。

1）被供应商控制的风险

被供应商控制的风险主要有以下几类。

（1）机会风险。容易失去对本企业更有利的供应商。因为只向一家供应商采购商品，没有和其他供应商的情况进行比较，容易失去对本企业更有利的供应商。

（2）断货风险。容易影响生产经营的正常进行。当该供应商由于内外部原因发生供货故障时，容易出现供不应求的现象，影响企业的生产经营。

（3）价格风险。许多企业对某些重要原材料过于依赖同一家供应商，导致供应商能左右采购价格，对采购方施加极大的影响或压力，这样采购方就陷入供应商垄断供货的被动局面。尤其是当供应商在市场上处于垄断地位的时候，或受到强有力的专利保护时，以及任何其他商家都不能生产同类产品时，被控制的风险会更大，企业的议价能力相对于供应商来说处于劣势地位。

2）防止被供应商控制的方法

企业可根据自己情况选择恰当的方法防止被供应商控制。

（1）资金允许的情况下适当加大库存，以更快满足客户需求。

（2）寻找几家供应商。努力寻求后备供应商。市场在变动，供求关系可能改变，供应商无论如何强大，总有竞争对手。如果企业关注现有供应商的竞争对手，同时向几家供应商采购，会对现有供应商起到战略上的制约作用。

（3）让最终客户参与。如果能与最终用户达成合作，也可以摆脱供应商垄断。例如，客户对于现有产品可能只认可一种零部件，这种零部件的采购正被供应商垄断控制。如果向最终客户解释采购现有单货源的难处，客户可能允许企业使用其他相似或可替代的零部件，这有利于摆脱供应商的垄断控制。

（4）充分利用信息。要充分了解供应商对本企业的依赖程度。例如，一家企业所需的元件只有一家货源，但发现本企业在供应商仅有的三家客户中是采购量最大的，这说明供应商对本企业的依赖程度就比较大,该供应商在企业要求降价时,可能会做出相当大的让步。

(5)协商长期合同。长期需要某种产品时,可以考虑订立长期合同,一定要将保证持续供应和价格写入条款。

(6)注意业务经营的总成本。供应商如果知道采购方没有其他货源,可能会咬定一个价,但采购方可以说服供应商在其他非价格条件上做出让步。总成本中的每个要素都可能使采购方节约成本。一些潜在的节约成本点有:①送货:洽谈适合采购方的送货数量和次数,可以降低仓储和货运成本;② 延长保修期:保修期不要从发货日期开始计算,而从首次使用产品的时间算起;③付款条件:只要放宽正常的付款条件,都会节约成本。立即付款则给予折扣也是一种可行的方式。

(7)联合采购。与其他具有同样产品需求的公司联合采购。由一方代表所有用户采购可以惠及各方。

(8)增强相互依赖性。多给供应商一点其他业务,这样就提高了供应商对企业的依赖性。但企业首先要考虑采购量是否合适,而不是供应商的营业总额。

(9)心理战术。利用供应商的垄断形象。一些供应商对自己所处的垄断地位可能感到不安,毕竟世界各国都或多或少地进行反垄断。典型的例子就是微软公司,虽然它在业界占据着垄断地位,但也对此感到不安。因此这样的公司在受到指责利用垄断地位时,即使是一丁点儿不利的宣传和暗示也会使其坐卧不安。

总之,对供应商管理应采用科学的方法,要根据物料采购金额的大小,对供应商进行 ABC 分类管理;要与供应商进行有效沟通,确保供应商准确无误地理解采购内容;要实施供应商激励机制,必须对供应商的业绩进行评价,使供应商不断改进;同时通过让供应商参与早期的研发工作等方式,帮助供应商不断成长。

本 章 小 结

供应商管理直接关系到供应链的整合与优化,是采购管理的重要内容,本章介绍了供应商管理的基本知识。企业在选择与开发供应商以前应全面系统考虑企业的战略目标,开发供应商的过程中要注意方法,应根据情况灵活运用,开发成功之后还应对供应商进行绩效考评、供应商激励以及供应商整合。关于供应商管理,企业可对供应商分类管理、关系管理、动态管理,同时防止被供应商控制,当与供应商关系出现问题时可以友好结束供应商关系。另外需要注意在供应链环境下加强对供应商的管理,增强供应链的竞争力。

关键术语

供应商管理 Supplier Management　　　　动态管理 Dynamic Management
供应商选择 Supplier Selection　　　　　　绩效考评 Performance Appraisal
供应商分类 Supplier Classification　　　　供应商激励 Supplier Incentive
供应商关系管理 Supplier Relationship Management

 知识链接

阅读材料：

梭伦. 库存管理胜经[M]. 北京：中国纺织出版社，2001.

张智光. 决策科学与艺术[M]. 北京：科学出版社，2006.

[英]肯尼斯·莱桑斯，布莱恩·法林顿. 采购与供应链管理[M]. 8版. 莫佳忆，等译. 北京：电子工业出版社，2014.

甘华鸣. 采购[M]. 2版. 北京：中国国际广播出版社，2003.

王槐林. 采购管理与库存控制[M]. 4版. 北京：中国物资出版社，2013.

张旭凤. 供应商管理[M]. 北京：中国财富出版社，2014.

网站资料：

中国物流联盟网 http//www.chinawuliu.com.cn

浙江物流网 http//www.zj56.com.cn

江苏物流网 http//www.js56.com

中国物流频道 http//www.chinaebo.com

习 题

一、选择题

1. 如果某物资的消耗量大并且很重要，通常可以划分为（　　）。
   A. Ⅰ类物资　　　B. Ⅱ类物资　　　C. Ⅲ类物资　　　D. Ⅳ类物资

2. 供应商认为采购方的采购业务对他们来说无关紧要，但该业务对本单位却十分重要，这样的供应商就是（　　）。
   A. 重点商业型供应商　　　　　B. 商业型供应商
   C. 伙伴型供应商　　　　　　　D. 优先型供应商

3. 审核供应商时，供应商对市场信息的反应速度属于（　　）。
   A. 供应商的生产能力　　　　　B. 供应商的管理状况
   C. 供应商的技术能力　　　　　D. 供应商的质量体系

4. 对供应商进行绩效考评时，新产品开发提前期属于以下（　　）。
   A. 质量指标　　　B. 供应指标　　　C. 经济指标　　　D. 支持指标

5. A供应商在正常供货，但是采购部发现了B企业的产品价格低、质量好、供货有保证、管理能力也强，这时最好采取什么行动？（　　）
   A. 尽快结束与A的供应商关系，让B取代
   B. 减少A的购买量，同时引入B作为供应商，引发其竞争
   C. 研究B的成功之处，和A一起共同努力，争取让A做得比B还好
   D. 具体情况具体分析

二、简答题

1. 供应商管理的主要内容有哪些？

2. 供应商选择与开发的标准有哪些?
3. 如何理解供应商审核与供应商绩效考评?
4. 如何理解供应商动态管理?

三、思考题

1. 假如你是一名连锁零售企业的采购经理,会如何管理众多的供应商?
2. 假如你是一采购部门的经理,会如何对供应商进行绩效考评?
3. 制造企业应如何进行供应商激励?以某一企业为例说明。

案例分析 4-1

结合案例回答以下问题:
(1) 柯达公司在控制系统中是怎样选择供应商的?
(2) 从柯达公司成功案例中,我们应当在供应链管理中如何选择供应商?

柯达的供应商选择

1993 年,柯达公司成立了一支由采购人员和工程人员组成的小组,负责世界各地的所有柯达生产厂对控制系统的使用和采购情况。控制系统控制整个生产的工艺流程,尤其是那些高度自动化的工厂。在选择供应商的过程中,小组偏重于考察控制系统的寿命周期成本而不是单位成本。寿命周期成本包括隐性成本和显性成本,隐性成本包括培训、工程、零部件、维修、可靠性等方面的成本,柯达公司估计隐性成本是单位成本的 2.5 倍。小组在全球范围内选择供应商。小组首先对现有的控制系统供应商进行评价,主要调查产品、服务、潜在的成本降低能力、全球竞争能力、战略导向等因素。然后据此对潜在的供应商进行评价,将供应商分为 3 类:世界一流供应商、首选的供应商和淘汰的供应商。根据合作目标选择尽可能少的供应商进行合作。这种选择供应商的方法,已经帮助柯达公司降低了花费在控制系统上大约 25% 的成本,尤其是对于柯达公司的小型生产厂,获得了控制系统安装周期的缩短、供应商允诺持续更新、地方分销商愿意持有闲置部件、供应商在设计早期就参与其中等好处。

(资料来源:作者根据相关资料整理。)

案例分析 4-2

根据以下案例所提供的资料,请分析:
(1) 量化考核的指标有哪些?
(2) 你认为对供应商进行动态量化考核的最大困难在哪里?

中原油田深化供应商动态量化考核

作为年平均采购物资品种 4 万余项、采购金额达 40 多亿元,并与千余家供应商保持业务往来的油田企业,对供应商进行精细化管理,全面推行供应商动态量化考核,成为中原油田积极探索的重要课题。通过不断完善供应商管理绩效考核体系,中原油田在优化供应商结构,增强供需合作关系,控制物资供应风险,提升物资保供能力等方面取得明显效果。

1. 怎样让考核更公平

油田以往的供应商考核以业务科室为单元,按考核结果对供应商进行综合排序,由于业务科室所管的物资存在较大差异,如配件科同时负责石油专用工具、汽车配件、工矿配件等 8 个大类的物资,设备科同时负责石油专用设备、管道配件、阀门等 12 个大类的物资,采取一个标准对不同物资的供应商进行考核,极易出现考核不合理、结果运用困难等问题。例如钢材供应商的交易金额动辄就是上亿元，而最优秀的劳保供应商一年的总交易金额也不过是 200 万元，将二者一律纳入生产商范围进行考核排序，就很不公平。

为保证供应商考核的公平合理，中原油田将考核单元由业务科室细分到物资大类或品种，对汽车配件、电器元件、五金工具等 44 个大类一般性消耗物资的供应商按大类考核，对石油专用设备及配件、采油钻井助剂、电力电缆等 42 个生产重要物资的供应商按物资品种考核。细分单元考核，不仅提高同类物资供应商考核结果的可比性，而且解决了因共同排序而造成的不合理、不公平问题。

2. 怎样让考核更科学

为使动态量化考核标准更科学、可操作性更强，中原油田按照"项目合理、标准量化、反映真实"的原则，组织油田技术、设计、质量、采购、生产等相关单位（部门）对考核项目进行研讨，将中国石化确定的供应商整体实力、采购合同、供货业绩、产品质量、供应商表现这 5 项考核内容细化为 37 个考核项目，制作《供应商考核标准模板》。

油田组织业务科室等部门根据考核单元和标准模板，将考核项目全部列出，根据不同物资的供应商制定不同标准并量化分值，各业务科室将根据实际生产需要给供应商打分。确定供应商量化考核标准描述和项目分值，使考核项目设置更加合理，考核标准量化更加准确，满足企业对供应商考核的基本要求。

据介绍，中原油田 2007 年共完成煤炭、通用仪器仪表、管道配件等 41 个大类以及抽油机、抽油泵、电力电缆、石油专用化学药剂等 39 个重要物资品种的量化考核标准。

3. 怎样让考核更有效

公平合理的考核分类及科学实用的考核标准，为中原油田对供应商进行甄别、精细管理打下良好基础。

主力供应商按不同比例从考核排名靠前的供应商中优选，油田与之建立业绩引导订货机制，重要的生产物资对主力供应商进行倾斜。在同等条件下，优先向主力供应商采购，并不断鼓励其开发新产品、扩大销售量，保证主力供应商的市场份额，增强油田对重要生产物资的获取能力。

同时，油田也根据考核结果对供应商进行升降级调整。量化考核分值 95 分以上，一年内产品没有出现质量问题且综合实力较强的备案供应商，上报总部核准升级为合格供应商，绩效考核排名靠后或无供货业绩的供应商上报总部予以降级。2007 年年底，依据考核结果，中原油田供应商总量由年初的 1 346 家下降到 1 034 家，下降了 23%，供应商整体实力得到提高，供应商结构得到进一步优化。

中原油田将供应商管理精细化和深化供应商动态量化考核相结合，进行大量有益的探索和尝试，使二者在油田的物资供应中相得益彰。主要物资的供货渠道得到稳定，油田主力供应商数量由 2006 年的 24 家增加到 2007 年的 82 家，涉及的物资品种从 15 个大类扩大到 38 个大类，市场份额在 2006 年的基础上提高 15 个百分点，供货量稳定增长，油田物资供应保障能力明显提高。

（资料来源：作者根据相关资料整理。）

案例分析 4—3

根据以下案例所提供的资料，请分析：

（1）兖州煤业股份有限公司对供应商评价的指标有哪些？

（2）如何有效地管理供应商？

兖州煤业股份有限公司的供应商管理

兖州煤业股份有限公司是国有特大型企业集团兖矿集团有限公司的控股上市公司，主要从事煤炭生产、洗选和加工、煤炭销售以及铁路运输业务，年煤炭生产能力在 4 000 万吨左右，销售收入达 180 亿元左右。在生产经营活动中，每年消耗的材料、设备和备品备件达 15 亿元，常年使用的物资品种达 4 万多个，有上千家供应商为公司供应物资。因此，如何管理好供应商，对企业成本和效益、安全与发展有着重要的影响。

1. 对供应商的评价和认证

对供应商的评价和认证是采购流程中最具战略意义的采购活动之一，对提高采购绩效意义重大。兖州煤业历来重视供应商管理工作,一直实行动态管理,过程优化,优胜劣汰的管理方法,每年进行一次供应商的认证和评价工作,将符合条件的供应商列为合格供方,否则进行淘汰,取消供应资格。对符合条件要求加入的新供应商实行准入制度,根据需要按程序审批。

兖州煤业在对供应商的评价过程中,主要参考 6 项指标:供应商资质、产品质量、交付能力、服务水平、管理水平和成本。

(1) 供应商资质是一个基本和前提,包括营业执照、税务登记、机构代码、银行资质等情况,这是供应商开展经营活动的必备条件。

(2) 产品质量是评价供应商产品满足企业功能性需要的能力。一直是对供应商管理的一个关键问题。评价产品质量主要用具体指标来考核,如供应商产品满足公司规格要求的程度、合格率、各种证件资料、退货率、废品率及质量认证体系等。

兖州煤业作为煤炭企业,对产品的安全性能要求较高,凡井下生产所需的产品必须具备"三证一标志",(《防爆合格证》《生产许可证》《产品合格证》和 MA 标志)才能作为合格产品,凡存在安全隐患的产品禁止进入矿区。

(3) 交付能力是指供应商满足采购企业需要的能力。供应商交付的及时性和准确性是评价其能力的一个比较权威的标准,它主要包括准时制供货、缩短提前期、提供长期供应保证等,同时还考虑订货批量要求、地理位置、产品生命周期、物流能力、库存能力、生产能力等。

(4) 煤炭生产使用的设备配件等机电产品都具有较高的技术含量,需要供应商较高的服务。因此,获得什么样的潜在服务是采购活动重点要考虑的问题,也是反映供应商服务水平的重要指标。供应商的服务水平主要体现在响应速度、技术支持与培训、维护和维修水平等方面,主要看供应商 24 小时电话服务、问题的反馈速度、是否提供产品的使用方法培训、售后技术支持和维修人员的到位时间及维修成本等因素。

(5) 同时,还要考虑供应商的管理能力,因为管理决定了经营活动并影响供应商未来的竞争力,应重点考察企业规模、信誉、经营策略、管理团队、企业文化、信息化水平及员工素质等。

(6) 还有一个关键的因素是成本。评价供应商成本主要看交付价格和所有权总成本。交付价格是指产品在质量有保障、满足其他条件的情况下价格最有优势。所有权总成本包括所有的与采购活动相关成本,包括采购价格、订单跟踪、催货、运输、检测、返工、存储、废物处置、保修、服务、停工损失、产品退回等造成的费用。对于煤炭企业使用的成套设备等,有后续成本的采购项目比较适合所有权总成本评估。

2. 与供应商的合作技巧

按照供应商评价的 6 项指标,兖州煤业股份有限公司在每年进行一次评估的基础上,合理优化,明确分类,便于在采购活动中,因人制宜,区别对待,实现效率和效益的最大化。目前,兖州煤业股份有限公司将所有供应商分为战略性供应商、竞争性供应商(普通供应商)、技术性供应商、待选供应商及淘汰供应商 5 大类。

战略性供应商有很大一部分是资源型、紧缺型和市场变化较大的企业,其产品质量可靠、信誉好,甚至供不应求,其产品对公司生产经营的影响很大,采购方没有主动权。因此,和他们建立长期合作伙伴关系是企业生产发展的保障。竞争性和普通供应商数量较大,他们经常是交叉的,其产品多数是社会长线物资,属于买方市场,竞争比较激烈,采购方有比较大的主动权。技术性供应商是指其产品技术含量较高、通用性较差、市场竞争不很充分的供应商。待选供应商是根据生产形势对物料需求的变化,或者新产品、新技术的推广,或者产业政策变化推出的替代或更新产品,或者在现有供应商无法满足供应的情况下,为了保证生产需要,按照一定程序增加的那些符合条件的供应商。淘汰供应商主要包括因为其产品质量、服务或其他原因未能满足公司要求,有的甚至给企业造成损失或带来不良影响的供应商。

2003 年,煤业公司供应体制改革,实行"三集中、五统一"的物流一体化管理体系,结合 ERP 系统上线,对供应商进行了首次评估认证和系统优化,大力淘汰经营性供应商,一次性淘汰 70%,使原有的 3 276 家供应商数量优化为 972 家。这样便于企业合理确定供应商类别及地位,使供应商结构得到优化,为开展供应商动态管理奠定良好基础。

在市场采购活动中,兖州煤业股份有限公司结合不同供应商的特点,坚持因人制宜,区别对待,采取不同的工作措施，开展比价采购"阳光工程"，规范采购行为，对采购计划、渠道、价格、合同、考核等全过程规范程序，落实责任，互相监督，努力降低采购成本，提高经济效益。

（1）与战略性供应商建立战略联盟，形成供应链关系，实行供应互保，达成保证供应和享受优惠价格的共识，并定期交流沟通，经常走访客户，了解信息，把握市场动态，对需求物资及时做出反应。这样不但做到了货到源头，直达供货，减少了中间环节，而且保证了物料质量。2007 年，公司采购额为 23.3 亿元，其中战略性供应商采购 8 亿多元，占总额的 34%。这类供应商主要集中在钢材、木材、水泥、胶带等大宗材料和主要设备上，如济钢石横钢厂采购 7 940 万元，全年 78% 的物资实现了从生产厂家直接采购。

（2）对竞争性供应商采取招标议标，比价采购。对于小批量、多频率使用的物资，利用批量和买方市场的优势，集中批量进行比价和招议标。并严格规范比价和议标程序，按照公开、公平、公正的原则，组织尽可能多的供应商参与竞标，避免"暗箱操作"，使发布公告、投标、开标、评标和授标的工作程序规范、完整。与此同时，改变了设备、配件分别招标的办法，实行关联搭配，捆绑议标，让相关业务科室合作采购，从而减少招标次数，提高单次订货金额，获得更大的价格空间。近年来，每年通过比价采购节约资金都在 3 000 万元左右。

（3）对普通供应商实行超市采购，二次比价。兖州煤业股份有限公司借鉴商业超市经营模式，在矿井生产一线建设了"物资井口超市"，将阀门、开关、工具等零星使用、多频率使用的小型物资及二三类物资、工矿配件等物资置于其中，让使用单位在超市内自主选择，形成第二次比价。为保证超市规范运作，制定了科学合理的运作流程，细致规定了供应商选择、进货验收、补货、退货等环节的操作规范。目前兖州煤业股份有限公司已开办了 6 处井口物资超市，品种多达 22 529 个，年经营额达 20 505 万元。

（4）对技术性供应商实行供需见面，公开竞标。因国家专控、技术专利、单一来源等原因不具备比价条件的，在确保产品质量的前提下，实行一批一议、专家评定、现场报价、面对面谈判、当场确定供货商的全过程公开议标方式，增加议标透明度。

（资料来源：作者根据相关资料整理。）

第 5 章　采购谈判

【本章知识架构】

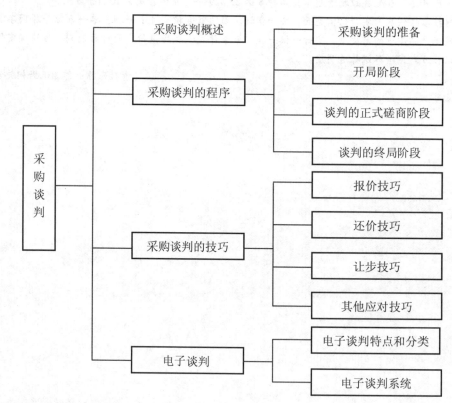

【本章教学目标与要求】

- 理解采购谈判的概念、特点与原则。
- 熟悉采购谈判的各阶段。
- 掌握采购谈判的内容和程序。
- 理解、掌握并能灵活应用各种谈判策略和技巧。
- 了解电子采购谈判的特点与类别。

第5章 采购谈判

铁矿石谈判博弈——是谁误判了形势？

6月30日是传统的国际铁矿石价格谈判截止日，但在2009年，代表中国钢铁业与澳大利亚力拓、必和必拓和巴西淡水河谷谈判的中国钢铁工业协会与力拓均表示铁矿石谈判仍在进行，并将进入"加时赛"。双方都没有透露谈判进展情况。

中外双方在铁矿石长期协议价格上的博弈每年都要进行一次，而每次都变得更加艰难。今年世界经济走势的不确定性为这场博弈增加了更多变数，最终结果也备受关注。实际上，决定铁矿石价格的根本因素是市场需求，而市场需求又将由全球经济走势所决定。那么，中外双方到底是谁误判了形势？

5月26日，力拓与日本新日铁公司率先达成2009年度铁矿石价格协议。根据该协议，粉矿在2008年度基础上下降32.95%，块矿在2008年度基础上下降44.47%。但中钢协拒绝接受这个价格，认为"这个降价幅度没有客观真实地反映今年国际市场铁矿石供需情况的变化形势"，并将造成中国钢铁生产企业全面亏损。铁矿石基准价此前已经连涨6年。在2009年的铁矿石价格谈判中，中方一直坚持铁矿石价格必须回到2007年的水平，即在2008年度基础上下降40%以上。

目前铁矿石谈判已成为一种心理战，相关方都在为维护自己的核心利益进行最后博弈。如果铁矿石谈判最终破裂，中国和三大矿石供应商有可能转向现货市场。无论哪一方，判断失误都将导致巨大损失。由于未能预见到全球经济的衰退，中国钢铁行业去年在铁矿石价格上吃了大亏。2008年的铁矿石长期协议价格比2007年上涨了近80%，但下半年的需求锐减使矿石价格暴跌，导致中国钢铁全行业陷入巨亏。2008年铁矿石供应商对日韩、中国和欧洲各个击破的谈判战略彻底改变了实行了多年的游戏规则，今年又抢先与日本钢铁企业签署供货合同。作为世界最大的铁矿石进口国，中国显然不愿意让定价权落入他人之手。

由于谈判双方都拒绝向媒体透露细节，所以除了双方都拒绝让步这个事实外，整个谈判一直被迷雾所笼罩。业内专家分析认为，铁矿石供应商的筹码是预期中国房地产业回暖以及国家基础设施投资会推动钢铁需求，从而带动铁矿石价格上涨；而中方认为在经济尚未复苏，全球钢铁减产的情况下，铁矿石的价格还将继续下降。至少目前为止，中方谈判代表的立场极其坚决，手中的筹码也很有分量：世界经济完全复苏显然不是一两年内就可以实现的；中国可以寻求三大铁矿石供应商以外的矿石供应，包括扩大开发国内矿藏；与其以高价买入矿石去体验亏损恶果，还不如必要时大幅削减钢铁产量，减少矿石需求。

专家认为，巨大钢铁产能产生的铁矿石需求使得中国一直是国际铁矿石供应商的大客户，在全球钢铁业低迷时期，铁矿石供应商更应"风物长宜放眼量"，不要破坏与中国钢铁业长期的合作基础。尽管目前铁矿石价格在上涨，但矿石商仍应考虑大客户利益，寻求长期合作。

（资料来源：http://energy.people.com.cn/GB/9570853.html）

问题：
(1) 中外双方铁矿石谈判达不成协议的主要原因是什么？
(2) 中方应采取怎样的策略以达到自己的目标？

5.1 采购谈判概述

1. 谈判及其类别

所谓谈判，是指谈判双方或多方为了满足各自的需求，进行相互协商和反复沟通并争取取得共识的行为。它是谈判者致力于说服对方接受其要求时所运用的一种交换意见的过程，最终目的是要达成一项对双方都有利的协议。

谈判在政治、经济、军事领域以及人们的日常生活中广泛存在。被美国华尔街称为"谈

【拓展知识】

判之父"的杰勒德·I.尼伦伯格（Gerard I. Nierenberg）在所著的《谈判的艺术》一书中称："谈判的定义最为简单，而涉及的范围却最为广泛。每一个要求满足的愿望、每一项寻求满足的需要，至少都是诱发人们展开谈判过程的潜因。只要人们是为了改变相互关系而交换观点，只要人们是为了取得一致而磋商协议，他们就是在进行谈判。"原则谈判法（又称哈佛谈判法或理性谈判法）的代表人物之一威廉·尤瑞（William Ury）认为："谈判就是在自己利益与他人利益既有一致又存在冲突的情况下，为了取得一致意见而进行反复沟通的过程。谈判并不仅仅限于围绕一个存在争议的话题，双方在桌子两边，正襟危坐，相互争论这一常见场面。它还包括当你想从他人那里争取到一些利益时，你所参与的一些私下的非正式活动。"

谈判有广义和狭义之分，广义的谈判就是指人们为了改变相互关系而交换意见，为了取得一致而相互磋商，如日常生活中购买商品时的讨价还价。狭义的谈判仅指在正式的场合下，有准备、有步骤地为寻求双方的协调一致，并用书面形式予以反映的协商过程。本章主要介绍后者。

2. 采购谈判及其特点

采购谈判是谈判的一种。采购谈判是指买方与卖方就商品买卖的相关事项，如商品的价格、订购数量、品种、规格、技术标准、质量保证、包装要求、售后服务、交货日期与地点、运输方式、付款条件等进行反复磋商，谋求达成协议而进行的谈判过程。

供应链环境下，采购谈判还涉及与供应商就信息共享、合作开发、资源整合等一系列问题的谈判。采购谈判具有以下几个特点。

（1）采购谈判始于谈判双方或多方的利益冲突或意见不一致。谈判参与者要实现自己的利益需求，必须不断地调整各方的利益关系，即各方都要做出一定程度的妥协。如果各方互不相让，最终双方的利益都不能实现。因此，买卖双方不断对各自的利益需求进行调整是实现谈判目标的必然途径。

（2）采购谈判的核心在于价格谈判。买卖双方的最大分歧通常在于价格，因为其他条件如商品质量、技术规格、运输交货地点等都可以通过调整价格来获得。采购谈判的核心任务是一方企图说服另一方理解和认同自己的观点、基本利益、条件，最终接受自己提出的价格。

（3）谈判者的谈判策略与技巧在谈判中起着举足轻重的作用。采购谈判实际上是一个双方智斗的过程。谈判策略与技巧运用得好，谈判成功的可能性就大。

3. 正式采购谈判的适用场合

正式的采购谈判主要适用于以下几种情况。

（1）非标准化采购。非标准化的或结构复杂、技术要求严格的成套机器设备等产品的采购，在技术规格、外观设计、安装调试、成本价格等方面，需要通过谈判进行详细商讨和比较。

（2）大额采购。数量较多或金额较大的商品的采购。采购方希望通过谈判获得更大的价格折扣或更好的售后服务等。

（3）战略采购。当采购方拟向供应方长期采购商品或服务，并建立战略合作关系时，采购谈判在所难免。

（4）多方谈判。多家供货厂商互相竞争时，通过采购谈判，使愿意成交的个别供货厂商在价格方面做出较大的让步。

5.2 采购谈判的程序

按照采购谈判的进程，采购谈判可分为准备阶段、开局阶段、正式磋商阶段和终局阶段。

5.2.1 采购谈判的准备

该阶段主要包括以下工作内容。

1. 明确谈判的内容

在谈判之前，至少要明确谈判的目标和内容，主要关注双方可能存在利益冲突的一些方面。采购谈判中主要的谈判包括价格、规格、质量、交货期、付款条件、保修等内容。对供应商产品的任何需要厘清的细节问题，只要对己方谈判目标实现有利，就应该将它列入谈判内容中。谈判内容主要来自对己方采购需求的分析，而采购需求的分析是根据生产和销售的情况，对生产中所需要的原材料、辅助材料、包装材料，以及各种商品在市场上的需求情况进行分析和预测，确定需采购的材料、商品的品种、规格、型号和数量。

2. 收集谈判的资料并进行整理分析

1）产品供需情况与竞争情况的调查

调查产品的供需情况，主要了解不同供应商产品的市场价格与产品特点、各供应商的销售数量、主要购买者、影响产品供需状况的各种因素等。根据市场供求状况的不同，买方要制定不同的采购谈判方案和策略。

产品竞争状况的调查包括：生产所需产品的供应商的数目及其规模；各供应商的市场地位与销售策略；所要采购产品的种类；所需产品是否有合适的替代品及替代品的生产厂商；各重要品牌的市场占有率及未来变动趋势；竞争产品的品质、性能与设计；供应商主要竞争对手所提供的售后服务方式以及顾客对这种服务的满意程度等。

通过产品竞争情况的调查，使谈判者能够掌握所需同类产品竞争者的数目、强弱等有关情况，寻找谈判对手的弱点，争取以较低的成本获得己方所需产品，也能使谈判者预测对方产品的市场竞争力，使自己保持清醒的头脑，在谈判桌上灵活利用价格弹性空间。

2）收集对方情报

（1）生产及销售情况。主要了解对方的生产成本、产量、库存、销售价格、行业中的竞争地位、销售政策、经营状况等。

（2）供应商的资信情况。一要调查对方是否具有签订合同的合法资源；二要调查对方的资本、信用和履约能力。

（3）对方的谈判作风和特点。谈判作风是指谈判者在多次谈判中表现出来的一贯风格。了解谈判对手的谈判作风，对预测谈判的发展趋势和对方可能采取的策略，以及制定己方的谈判策略，可以提供重要的依据。此外，还可以收集供应商要求的货款支付方式、谈判最后期限等方面的资料。

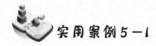

实用案例 5-1

铁矿石谈判——是谁窃取了机密?

中国是国际铁矿石的最大买主。而力拓集团是世界三大铁矿石供应商之一,在中国的市场占有率为第一。作为全球第一大铁矿石消费国,中国坚持在"首发价格"出现后力争更大降幅。但自从中国钢铁业2004年参与到铁矿石价格谈判中以来,中方最终达成协议的时点,几乎都是当年钢价最高点位置,从未被国内评价为成功过。钢铁业是中国的支柱产业,年产量有 5 亿吨,按道理"以量换价"并非不可能。但是在铁矿石价格谈判中,力拓不留任何余地,哪怕象征性的妥协都没有。为什么呢?因为力拓集团掌握着谈判的底牌。

"力拓集团对中国钢厂的情况了如指掌,甚至比有些企业的老总更了解他们的公司。"有业内知情人士表示。据上海警方透露,力拓上海办公室的计算机已被"拿下"——国内数十家与力拓签有长期合同的钢铁企业的资料都保存于计算机中。这些资料涉及国内众多钢铁企业详细的采购计划、原料库存、生产安排等数据,甚至包括某些大型钢企每月的钢铁产量、销售情况。资料还包括矿石的存量够几个月、正在运输路上的数量、码头上的存货、月生产订单、替代供应商供货的情况,甚至内部会议的纪要。对我国各钢铁企业的技术分析也非常详细,各生产流程的参数也非常准确。

上海市国家安全局负责人证实力拓 4 名员工确因窃取国家秘密被拘。目前,关于此事的官方说法为,澳大利亚力拓公司驻上海办事处首席代表胡士泰及该办事处人员刘才魁等 4 人,采取不正当手段,通过拉拢收买中国钢铁生产单位内部人员,刺探窃取了中国国家秘密,对中国国家经济安全和利益造成重大损害。

(资料来源:http://finance.sina.com.cn/review/fmbd/20090720/15066503752.shtml)

3) 对资料进行整理和分析

通过各种渠道收集到以上信息资料后,还必须对它们进行整理和分析。这里主要涉及以下几方面的工作。

(1) 鉴别资料的真实性和可靠性。在实际工作中,由于各种各样的原因和限制因素,收集到的某些资料往往比较片面、不完全,有的甚至是虚假的、伪造的,因而必须对这些初步收集到的资料做进一步的整理和甄别,做到去伪存真,为我方谈判所用。

(2) 在资料真实性和可靠性的基础上,结合谈判项目的具体内容与实际情况,分析各种因素与该谈判项目的关系,并根据它们与谈判的相关性、重要性和影响程度进行比较分析,以此作为制定具体的、切实可行的谈判方案和对策的依据。

(3) SWOT 分析。分析采购谈判双方的优势、劣势、机会与风险,主要考虑:谁在谈判中处于更有利的地位?主攻方向在哪里?哪些关键点可以使双方都能得到最大的好处?

3. 确定采购谈判的目标

谈判目标是指在采购目标确定之后,准备在谈判中实现的目标。采购谈判的目标可分为战略目标和具体目标。

1) 战略目标

战略目标是指采购方希望借此次谈判与对方建立何种长期关系,战略目标在很大程度上决定了某次谈判的具体目标。如果希望通过此次谈判,双方开始建立起一种长期性、战略性的合作伙伴关系,则需要采取协作战略。如果仅仅希望本次谈判利益最大化,而不考虑以后双方关系的纵深发展,则可以采取交易战略。这两种战略的主要差异见表 5-1。

表5-1 不同采购谈判战略的比较

战　　略	交易战略	协作战略
目标	一次性的结果	长期关系
结果	我赢，你输	双赢
关系	短期	长期
信任	对对方的信任度低	联合，高信任度

（资料来源：北京中交协物流人力资源培训中心.采购与供应谈判[M].北京：机械工业出版社，2014.）

2) 具体目标

明确具体的谈判目标有助于谈判的成功，盲目、含糊不清的目标容易导致谈判的失败。采购谈判的具体目标可能有多个，通常最重要的目标就是价格，即在一个合理的价格下达成采购协议。当然，采购谈判也包括达成交货期、信用期、长期合作的承诺，建立排他性的合作关系等其他目标。由于不同的目标对于不同的谈判方重要性不同，因此会对不同的谈判目标设定不同的重要程度。通常可以将目标按重要程度分成几类，这样在设立谈判目标时就更具有针对性。

具体目标可分为3个层次：①理想目标，谈判者期望通过谈判所要达到的上限目标，是己方努力争取的目标，达成这一目标对己方是最佳的状态，在必要时可以放弃；②必须达成的目标，谈判者期待通过谈判所要达到的下限目标，是绝对不能被突破的目标，毫无讨价还价的余地，即使谈判破裂也在所不惜；③立意目标，介于理想目标和必须达成的目标之间的目标。

4. 制定谈判方案

制定谈判方案，就是制订谈判的整体计划，从而在宏观上把握谈判的整体进程。谈判方案是指导谈判人员行动的纲领，在整个谈判过程中发挥着重要作用。

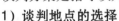
【拓展视频】

1) 谈判地点的选择

谈判地点的选择有3种可能：采购方、供应方、第三方。

谈判地点安排在采购方所在地的优点是：环境熟悉，可使己方采购谈判人员以放松、平和的心态参加谈判，由于采购方具备地利、人和等优势，可以给对方带来一定的心理压力；便于谈判人员向上级请示汇报，及时与己方的专家顾问沟通，查找资料和邀请有关专家比较方便；更容易决定有利于自身的谈判时间与进程。

谈判地点选在供应方企业所在地的优点是，采购方谈判人员可以少受外界因素的打扰而将全部精力投入谈判工作中；可以使对方谈判人员无法借口无权决定而拖延时间；面临不利局面时，可以找到更多借口缓冲；可以直接要求与对方企业决策者交换意见；同时也省去了许多繁杂的接待工作。

将谈判地点选择在其他地方，对双方来讲都比较公平，双方都无东道主的优势。

2) 谈判时间的选择

谈判时间一般都选在白天，可使双方谈判人员都能以充沛的精力投入谈判中，头脑清醒，应对自如，不犯或少犯错误。也可反其道而行之（案例5-2），具体运用时应以第1章的双盈为原则。

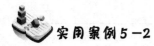

实用案例 5-2

在一次贸易谈判的准备过程中，采购方的谈判代表从各种渠道得知对方的主要谈判人也就是对方公司的总经理有个毛病：每天一到下午四五点钟就会心烦意乱，坐立不安。于是采购方充分利用这一点，采用各种理由将每天所要谈判的关键内容拖至下午四五点。此举果然使得采购方获得了意想不到的收益。

（资料来源：李军湘. 谈判语言艺术新论[M]. 武汉：武汉大学出版社，2007.）

3）谈判人员的选择

谈判人员的选择对于采购谈判的成功与否至关重要。有的采购谈判可能由于规模小，仅需要1~2名谈判人员；如果采购的规模很大、谈判的内容较复杂，还需要工程技术、财务、法律等专业人员参加，则应组成谈判小组。谈判小组规模的大小，应视具体情况而定，规模过大控制权不易集中，规模过小又难以应付谈判涉及的各个领域的种种问题。采购谈判小组除了一名具有丰富的谈判实践经验、高明的组织协调能力的组长之外，还需要财务、法律、技术等各个方面的专家。小组成员应充分了解谈判的内容、目标和策略计划，密切配合，步调一致地进行谈判。在性格和谈判风格上，小组成员应该是"进攻型"和"防御型"两类人员优势互补，容易使谈判取得最佳效果。

4）谈判方式的选择

采购谈判的方式可以分为两大类：面对面的会谈和其他方式。面对面的会谈又可以分为正式的场内会谈和非正式的场外会谈，其他谈判方式包括采用电子邮件、信函、电话、传真等方式。每种谈判方式都有其优、缺点，实践操作中应根据实际情况灵活运用。

5）谈判策略的制定

谈判策略是在谈判过程中为了达到自己的目标，根据不同的情况使用或持有的一种立场、计策和态度，如在谈判中讨论事项的顺序、是否会提出谈判中场休息或延长、在哪些情况下做出让步、在哪些情况下采取强硬的态度等。此外，预测对方的谈判策略也是在谈判前必须做的。了解对方会采用哪些策略是采购商采用何种策略的一个重要前提，尽管事实上采购方不能完全明确对方使用何种策略，但对基本策略的了解将会大大减少无法应对或自乱阵脚局面的出现。

5.2.2 开局阶段

[拓展视频]

1. 谈判开局阶段的任务

谈判开局是指从谈判开始到正式洽谈之间的一个阶段。谈判的各方见面、寒暄、握手等都是在此期间进行的。谈判开局是谈判双方首次正式接触，是准备工作的继续，正式谈判的开始，起着承前启后的作用。谈判开局对谈判的整体进展有深刻影响，因此必须精心安排，创造一个和谐的谈判气氛，为实质性谈判取得成功奠定良好基础。

通常应在谈判前商定谈判程序、议题范围和日程，若没有商定可在开局阶段共同确定，此外，开局阶段应做的工作包括以下几项。

1）创造和谐的谈判气氛

要想取得谈判的成功，必须创造出一种有利于谈判的和谐气氛。谈判气氛在一定程度上将直接关系到谈判结果。成功的谈判者无一不重视在谈判的开局阶段创造良好的谈判气氛。

谈判者的言行，谈判的空间、时间和地点等都是形成谈判气氛的因素。谈判者应把一些消极因素转化为积极因素，使谈判气氛趋于友好、和谐、富有创造性。

要在开局阶段形成一个和谐的谈判气氛，应该注意以下几个方面。

（1）不要在一开始就涉及有分歧的议题。谈判刚开始，尚未形成良好的气氛，最好先谈一些友好的或中性的话题，如共同感兴趣的新闻。若对方是熟悉的客户，则可回顾以往愉快的、合作成功的经历，或者幽默而得体地开开玩笑等。这些都有助于缓解谈判开始的紧张气氛，达到联络感情的目的。应注意的是，开头的寒暄不能时间过长，以免冲淡谈判的气氛。再者，谈判要及时切入正题。说明己方的观点时应简明扼要，突出重点，要让对方感到己方的坦率和真诚，不要拐弯抹角地绕圈子，应选择恰当的词句，恰如其分地表达自己的想法和态度，尽量不要引起对方的不满和不安。

（2）谈判者要在谈判气氛形成过程中起主导作用。形成谈判气氛的关键因素是谈判者的主观态度，谈判者积极主动地与对方进行情绪、思想上的沟通，而不能消极地受对方态度的摆布。

（3）不要一见面就提出过高的要求。如果是这样，很容易让对方的态度变得比较强硬，谈判的气氛随之恶化，易使谈判陷入僵局。

2）加深彼此的认识和了解

如果双方是初次谈判，那么双方谈判小组成员彼此可能并不熟悉。通过开局阶段的初步接触，可以了解对方谈判小组各成员的姓名、职位、个性，此时还应仔细观察对方谈判小组中各成员的地位与影响力，了解谁具有真正的决策权、谁的话语分量较重等。

3）界定谈判的内容

双方就谈判的主要内容做进一步的探讨。通过直接的询问，采购方可对产品的质量、性能及一些需要专门了解的问题获得更深入的认识。供应商亦可通过图像展示或产品使用情况的演示来宣传产品，提高产品的可信度。

4）观察对方，调整策略

在与对方的初始接触中，应注意观察对方各方面的表现，例如，对谈判达成一致的渴望程度、对我方情况的了解程度等。另外，如果对方表现瞻前顾后、优柔寡断，显然其经验不足；反之若对方表现从容自若，侃侃而谈，语言技巧熟练，则肯定是行家里手。采购方应据此灵活调整策略。

2. 采购谈判的开局策略

采购谈判时采用何种开局策略对谈判的结果非常重要。

1）协商式开局策略

所谓协商式开局策略，是指在谈判开始时，以"协商""肯定"的方式，营造一种互相信任的氛围，创造"双方具有共同的一致的目标"的感觉，从而使谈判双方在愉快友好的气氛中不断将谈判引向深入的一种开局策略。

2）保留式开局策略

保留式开局是指在谈判开局时有所保留，故作神秘，通常是对谈判对手提出的关键性问题并不给出直截了当的回答，而是给对手造成一种神秘感，以吸引对手步入谈判。例如，"我们将在适当的时候对此做出评判""我方的最后期限要看谈判进行的具体情况而定""这也许是可能的""我们看情况尽力去做"等。

保留式开局的运用，可以使谈判者有较大的回旋余地，它不仅可避免过早暴露己方的意愿和实力，而且在面对复杂问题和一时难以做出准确判断的事情时，既未做出肯定回答，又未完全否定对手提问，这样就可以争取时间来做必要的研究和对策的制定。所以，保留式开局的合理运用，可使谈判者避开直接的压力，但是容易造成一种距离感。

3）坦诚式开局策略

坦诚式开局策略是指以坦诚为原则，用一种开诚布公、直接明了的方式向对方陈述自己的观点或想法。坦诚式开局策略比较适合于之前已经有着长期和良好的业务合作关系的买卖双方，彼此已经有比较深入的了解，不用太多的客套，减少了很多外交辞令，节省了时间，直接坦率地提出自己的观点和要求，反而更能使对方对己方产生信任感。采用这种开局策略时，要综合考虑多种因素，坦诚式开局策略有时也可用于谈判实力弱的一方。

4）进攻式开局策略

进攻式开局策略是指通过激烈的、不友善的语言或行为来表达己方强硬的姿态，从而获得谈判对手的尊重，并借以制造心理优势，使得谈判顺利进行下去。采用进攻式开局策略容易使谈判一开局就处于剑拔弩张的气氛中，使谈判陷入僵局，对谈判进一步发展极为不利，因此一定要慎重使用。

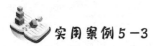

实用案例 5-3

　　内地一家工厂与一位港商洽谈购买原料之事，港商利用这家工厂非用他的原料不可的优势，在谈判开始时态度就非常傲慢。在这种情况下，如果这家工厂的谈判代表仍然以谦虚、谨慎、不厌其烦的方式述说自己的开局目标，只能助长对方的嚣张气焰。鉴于此，该厂的代表一反常态，拍案而起，开宗明义地指出："你们如果没有诚意，就可以走了。我们的库存还够维持一个时期的正常生产，而现在我们已经做好了转产的准备。先生们，请吧！"这种冲击性极强的表达方式，大大出乎对方的预料，一时竟弄得对方手足无措。由于利益所在，对方最终坐下来与这家工厂开始谈判。这家工厂的谈判小组也借气氛缓和之机，坦诚地表达了自己原定的开局目标。

（资料来源：陈文汉. 商务谈判实务[M]. 北京：电子工业出版社，2011.）

5）挑剔式开局策略

挑剔式开局策略是指开局时，一方对另一方的某项错误、疏漏或礼仪失误严加指责，使其感到内疚，无法理直气壮，达到迫使对手让步的目的。

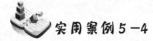

实用案例 5-4

　　巴西一家公司到美国去采购成套设备。巴西谈判小组成员因为上街购物耽误了时间。当他们到达谈判地点时，比预定时间晚了45分钟。美方代表对此极为不满，花了很长时间来指责巴西代表不遵守时间，没有信用，如果老这样下去的话，以后很多工作很难合作，浪费时间就是浪费资源、浪费金钱。对此巴西代表感到理亏，只好不停地向美方代表道歉。谈判开始以后美方代表似乎还对巴西代表迟到一事耿耿于怀，一时间弄得巴西代表手足无措，说话处处被动，无心与美方代表讨价还价，对美方提出的许多要求也没有静下心来认真考虑，匆匆忙忙就签订了合同。等到合同签订以后，巴西代表平静下来，才发现自己吃了大亏，上了美方的当，但已经晚了。

（资料来源：孙绍年. 商务谈判理论与实务[M]. 北京：清华大学出版社，2007.）

5.2.3 谈判的正式磋商阶段

随着谈判开局阶段任务的完成和议题的逐步深入，谈判进入正式磋商阶段，也就是谈判开始之后到谈判终局之前，谈判各方就各自的根本利益之所在和实质性事项进行详细反复的磋商。这一阶段不仅是谈判主体间的实力、智慧的具体较量阶段，而且也是谈判主体间求同存异、谅解和让步的阶段。由于此阶段是全部谈判活动中最为重要的阶段，故其投入精力最多、占用时间最长、涉及问题最多。双方通过对所采购商品的质量、价格、交货方式、付款条件等各项议题的反复讨论，互做让步，寻找双方都能接受的最佳方案。

【拓展视频】

在谈判磋商过程中，谈判双方各自从自己利益出发，唇枪舌剑，左右交锋，竭力使谈判向有利于自己的方向发展。在这一阶段，很容易出现对峙、激烈争论等现象，此时应正确把握谈判的议程。

1. 正确评估形势和及时调整策略

这是指在谈判磋商阶段，对谈判计划、谈判方案、谈判人事安排以及谈判的其他方面，根据谈判的发展变化，进行分析和评估，必要时要调整策略。这项工作之所以重要，是因为无论前面的工作做得如何充分、仔细、全面，都无法穷尽实际谈判过程中的每一个细节，适应每一种变化。谈判一旦进入实战阶段，必然会出现始料未及的新情况、新变化。如果谈判者不想处境被动，就应当不断调整原定计划。要做好评估和调整工作，可以从以下几个方面进行。

（1）分析对方的报价及其理由，判断其真实性，研究是否需要对己方的谈判目标进行重新认识和调整。

（2）结合谈判过程中出现的新情况和新问题，研究是否需要修改原计划和制订新计划、新方案和新策略。

（3）认真分析和总结谈判过程中的经验教训，改进谈判方法，确保谈判向更有利于己方的方向进行。

2. 把握谈判局面和驾驭谈判议程

谈判过程中，如双方发生争执，剑拔弩张，可能会破坏谈判的气氛，或者争论起来不着边际，失去控制。因此，应注意控制谈判局面，驾驭谈判过程，如能很好地做到这一点，就会占据主动地位。

（1）拨正议题。如果谈判偏离了正常轨道，可以对前面的工作进行回顾和总结，这样可以提醒对方意识到所处的谈判阶段，拨正双方谈判的议题。例如，"你举的例子很有参考价值，不过，我们是否应先就此批货物的价格取得共识？"

（2）控制进度。谈判中所涉及的问题有的三言两语就可结束，有的则几天、几月也谈不完。谈判应根据需要，没谈透的问题应再谈，不需再谈的议题就应跳过去。

（3）强调双方共同的利益。谈判双方在分歧加大时，可以利用强调共同利益的策略，来暗示两败俱伤的后果。

3. 寻找方案，打破出现的僵局

谈判在进入实际的磋商阶段之后，谈判各方往往会由于某种原因而相持不下，陷于进退两难的境地，即谈判的僵局。谈判之所以陷于僵局，一般不是因为各方之间存在不可解决的矛盾，而多数是由于立场、原则等因素所致。所以，谈判者在谈判开始之后，在维护己方实际利益的前提下，应尽量避免由于一些非本质性的问题而坚持强硬的立场，导致谈判僵局。谈判一旦陷入僵局，谈判各方应探究原因，积极主动地寻找解决方案，切勿因一时困难而终止谈判。可采用以下一些办法打破僵局。

（1）更换话题。谈判过程中，由于某个议题引起争执，一时又无法解决，可以暂时搁置僵持的议题，变换一下议题，等到气氛有所缓和之时，再试图解决前述僵持不下的问题。

（2）暂时休会。由于谈判各方分歧较大，互不相让，谈判无法继续正常进行下去时，应当暂时休会，等双方恢复理智、心态恢复平静、气氛缓和下来再继续谈。只有在冷静、平和的气氛中，谈判各方才会考虑到对方的立场，求同存异。

（3）寻找其他解决的方案。当谈判各方执意坚持自己的谈判方案时，谈判就会陷于僵局，此时最好的解决办法是放弃各自的谈判方案，共同来寻求一种可以兼顾各方利益的第三种方案。

（4）更换主谈人。有时谈判的僵局系由主谈人的个人因素造成。由于顾及颜面，主谈人的态度有时不易改变，此时应考虑更换主谈人，新的主谈人带着新的姿态来到谈判桌上，可以表明和解的态度，使局面得以缓解。

（5）由双方同一领域的专家单独会谈。对于不涉及价格、不易引起争论的谈判内容，谈判者可依据谈判僵局所涉及的专门问题，提请双方该领域的专家单独会谈，例如，涉及法律问题，可由双方律师单独会谈；涉及技术问题，可由双方工程师单独会谈。同行之间单独会谈，有助于提高效率，也容易找到共同点，有助于找到解决问题的新方案。

4. 把握谈判时机，做出适当让步，促成谈判的达成

如果谈判的双方都坚持自己最初的条件而拒不让步，谈判就会失败。谈判过程实际上是一个双方妥协让步的过程。让步的程度以及采用何种让步方式，可以说是一门艺术。

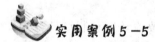

实用案例 5-5

日本 A 公司与中国 B 公司在北京就某家用电器生产线的交易条件进行谈判。由于是成套项目交易，作为卖方的日本 A 公司做了全面报价，含生产设备、技术培训、技术指导、试车试生产原材料等的价格，因此总的报价就显得不低了。买方分析了卖方报价后，认为价格水分太多。谈判中，买方重点揭示卖方的价格水分。卖方时而解释，时而故作姿态地做点微调。当然这点"微调"远不足以满足买方需要。卖方看买方穷追不舍，就改变谈判手法，不正面回答买方的批评，而是说："贵方嫌贵，我理解。但让我一方做努力也不公平。况且这是一条生产线，我方必须保证其正常运行。价格是难以分成一台设备或一台仪器地评估的。贵方对我方的报价觉得贵，可以告诉我贵方的预算，我方可按贵方的预算做方案。"

买方："贵方先调价，合理后再谈预算问题。"

卖方："这么谈太花时间，若双方诚意合作，我们根据贵方预算重做方案更快。"

买方："重做方案降低技术水平是不允许的。"

卖方："我们不会降低技术水准，但是生产线自动化水平会有所改变。"

买方："生产性的完整性会不会降低？"

卖方："不会，我们这样做也是为了降低总价。"

买方："降低价格不在预算高低，而是贵方报价水平。"

卖方："贵方的意见很明确，我也很理解，在贵方告知我预算后，我方会兼顾贵方的要求。"

买方沉默了。卖方又进而说道："贵方的目标是要生产符合家用电器要求的器件，我们把这作为共同目标。若能按贵方预算建成一条能满足该目标的生产线，对贵方来讲岂不更好？贵方告知我预算也是为了贵方好。对我方来讲，还是省不了要做新方案，也免不了贵方的评头论足。我们这么要求实则是站在贵方立场上为贵方着想。"

一席话让买方没有推却的余地，于是买方报出了预算总额。卖方知道后试着把该笔钱用于购买关键设备，其余设备让买方从国内采购。这个方案确实在技术上保证了买方生产线的需要，但在供货上充分利用了买方外汇预算。结果，卖方赢得了合同，避免了与买方激烈的价格谈判，在可能的限度内也赚了钱。

（资料来源：杨晶. 商务谈判[M]. 北京：清华大学出版社，2016.）

5.2.4 谈判的终局阶段

谈判在历经了准备阶段、开局阶段、正式磋商阶段之后，谈判的终局阶段也就到来了，这也是谈判的结束阶段，谈判各方形成共识并达成谈判协议。谈判中的协议、文件是谈判各方就其权利与义务关系协商一致的规范，对谈判各方均具有约束力，任何一方违约，都要承担违约责任。因此，有经验的谈判者总是要利用复查、修改协议的最后机会，严格地审查，遇有问题立即要求修改，进一步谋求己方的利益，杜绝漏洞，避免失误。

谈判的终局阶段可根据谈判目标的实现程度分为胜局、和局和败局3种谈判结果。

（1）胜局。对采购方来说，谈判的胜局是达成自己的立意目标或理想目标，签订协议，终止谈判的结局。胜局是最理想的一种谈判结局，表示采购方获得了较大的利益。

（2）和局。如果在谈判过程中双方经过磋商取得一致意见，但采购方仅达到预先设定必须达到的目标，对采购方来说就是和局。和局是采购方可以接受的一种谈判结局。

（3）败局。败局是指谈判各方在谈判过程中，经过一再讨价还价之后，由于各种主客观原因，未能达成协议。在本次谈判终止之后，双方可能会在适当的时机重启谈判，也可能终止后续的任何交易关系。

谈判失败是经常发生的，会给各方的物质、精力等造成损害。谈判的目的是成功而不是失败，谈判者应当尽力避免谈判失败，但也不能因为恐惧失败而不敢谈判或放弃谈判。问题在于如何防止谈判失败，这就需要对可能导致败局的种种原因做好充分的分析和预测，以找到应对措施。要避免谈判失败，须精通谈判理论，掌握谈判技术与技巧，并考量对方是否有诚意等。即使谈判失败，也应使谈判在一种友好和平的氛围中结束，尽量避免完全搞僵双方的关系，并且应该积极主动地寻找时机，重新谈判。

实用案例 5-6

2003年5月，湖北某大型石化公司与甘肃某公司进行谈判。尽管湖北方面提出了合理的报价，但经过反复磋商仍未能与甘肃的这家公司达成协议，眼看就要不欢而散。这时，湖北企业的谈判代表并没有责怪对方，而是用一种委婉和友好的口气说："你们这次来到武汉，我们照顾不周，请多包涵。虽然这次谈判没有取得成功，但在这十几天里，我们之间却建立了深厚的友谊。你们的许多想法对我们启发很大。协议没达成，也不能怪你们，毕竟你们的职权有限。希望你们回到兰州后，能转达我们对贵公司总经理的诚挚歉意，请告诉他，我方随时愿意就相关的项目与你们进行合作洽谈。"

甘肃方面的谈判代表原以为一旦谈判失败，一定会遭到湖北方面的冷遇，没想到对方在付出了巨大努力、协议未能达成的情况下，仍一如既往地给予热情的招待，这令他们非常感动。回到甘肃后，他们经过反复核算，多方了解行情，认为湖北方面的报价是可以接受的，遂主动向湖北的这家企业发出重新谈判的邀请。在双方共同努力下，第二次谈判终于取得了圆满的结果。

（资料来源：李军湘. 谈判语言艺术新论[M]. 武汉：武汉大学出版社，2007.）

5.3 采购谈判的技巧

在采购与供应谈判中,最重要与最关键的环节就是价格谈判。价格通常是整个谈判的焦点所在,是谈判双方激烈争辩的主要议题。谈判最后达成的价格协议直接关系到双方的利益,因此本节主要介绍价格谈判的技巧。适用于价格谈判的技巧同样也适用于其他交易条件的谈判。

5.3.1 报价技巧

1. 谁先报价

谈判双方在结束非实质性谈判后,必然会将话题转入正题,提出各自的交易条件,即报价。那么到底是先报价还是后报价?很难一概而论,因为先报价与后报价各有利弊。

一般而言,先报价的有利之处在于,第一,先行报价比后报价对谈判的影响更大,它实际上是为谈判结果设定了一个无法逾越的界限。比如买方最先报价某货物购进价为1 000元,那么,最终成交价不会低于1 000元,而如果卖方报价为1 000元,则最终成交价不会高于1 000元。第二,首先报价,如果出乎对方的预料和设想,往往会打乱对方的原有部署,使其处于被动地位。

但是先报价也会有不利之处,第一,对方了解到我方的报价后,可以调整原有的方案,这等于对方多了一个机会;如果我方的交易起点定得太低,对方就可以修改事先准备的定价,获得意外的收获。第二,先报价有助于对手界定自己的谈判目标范围,而界定目标范围之后,就能很清楚地知道自己在谈判中的让步空间有多大。第三,先报价会给对方树立一个攻击的目标,他们常会集中力量攻击这一报价,使先报价方处境被动,步步退让。

在谈判进入正式磋商阶段之后,究竟应由谁先报价为宜呢?这要根据谈判的性质和不同的需要来决定。一般来讲,如果己方对市场行情及对方的情况包括需求、底价等很了解,争取率先报价比较有利,而反之最好让对方先报价,这可以作为己方出价的参考。另外,如果对方是外行,就应该先报价,因为己方的报价易对对手产生诱导作用,一些己方占有绝对优势的谈判,己方如率先报价能够进一步强化优势,主导谈判。如果预计到双方势均力敌,己方应先报价,以争取主动。如果采购方对自己的报价有着极为充分的理由,则应该先报价。

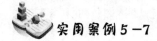

实用案例5-7

爱迪生的某项发明获得了发明专利。一天,某公司经理表示愿意购买该发明专利,并让爱迪生先报价。爱迪生想了想,回答道:"我的发明对贵公司有怎样的价值,我是不知道的,请您先开个价吧。"

"那好吧,我出40万,怎么样?"经理爽快地先报了价。

谈判顺利结束了。

其实,爱迪生最初只想卖5 000美元。

(资料来源:杨晶. 商务谈判[M]. 北京:清华大学出版社,2016.)

2. 如何开盘报价

1) 初始报价一定要远远超出自己的期望值

美国前国务卿、谈判大师亨利·基辛格(Henry Kissinger)博士曾经说过:"谈判桌前的结果完全取决于你能在多大程度上抬高自己的要求。"对供应商来讲，初始报价一定要高，对采购方来说，初始报价一定要低。你对谈判对手的情况了解得越少，你所开出的条件就应该越高。正如前面所讲，只要你让对手觉得你的条件是可以谈的，就完全可以大胆地提出你自认为非常离谱的条件。如果双方是初次接触，对方在听到你的条件后可能会非常惊讶，但在接下来的谈判过程中你可以做出比较大的让步，从而可以让对方感觉你初次合作很有诚意。为什么要这么做？理由如下。

（1）获得更大的谈判空间。对采购方来说，你随时都可以提高价格，但如果要在初始报价的基础上降低则困难重重。较低的开盘报价为己方下一步做出让步留出了较大的余地，使己方掌握谈判主动权。

（2）改变对方的预期。假设供应商预计采购方的开盘报价为10万元，从而设定目标成交价位为15万元。如果一开始采购方就报价为8万元，供应商可能会调整自己的目标价位，改为13万元。即使调整的幅度并没有这么大，但是对采购方来说总是有利的。较低的开盘价还可以使对方认为他们的货物或服务在你心目中的价值和地位也很低，从而降低他们的目标。

（3）可以让对方认为赢得了谈判。之所以要在谈判开始阶段就尽量抬高条件，还有一个重要原因：这可能是唯一可以让对手在结束谈判时感到他赢得谈判的方式。

当然，抬高开局条件也要有一定的技巧：一定要让对方感觉条件是可以商量的。否则，如果你让对方感觉条件非常苛刻，而且你的态度也非常坚决，那么只会让对方认为你毫无诚意，最终的结果可能只有两种：根本无法开始谈判，或是一开始就使谈判陷入僵局。

2）开盘报价必须合乎情理

对于买方来说，开盘报价绝不是毫无根据的"漫天杀价"，而应该合乎情理。如果报价过高，又讲不出道理，会使对方感到你没有诚意，或者让对方有理有据地将你一一击破，使你陷于难堪之境。所以无论是买方或卖方在报价时都要有根有据，合乎情理。因此在报价前，采购方必须反复核实、验证，确定己方报价所依据的信息资料的可靠性，以及开价幅度的合理性，设想对方可能的反驳理由，事先准备做合理的解释，便于在谈判时全力以赴维护己方的立场。

3）开盘报价应该坚定和明确态度

开盘价要坚定而又果断地提出，这样才能给对方留下认真而诚实的印象，如果欲言又止，吞吞吐吐，就会让对方怀疑。报价时必须清楚，不需过多的解释和说明，因为对方听完你的报价，肯定会就感兴趣的问题提出质疑，这样可以根据对方的兴趣所在有针对性地进行解释和说明，否则，可能会被对方找出破绽，抓住把柄。

5.3.2 还价技巧

采购谈判的磋商阶段，通常一方报价以后，另一方就会还价。要还价，就要讲究还价的策略。在还价之前必须充分了解对方报价的全部内容，准确了解对方提出条件的真实意图，为了摸清对方报价的真实意图，需要逐项核对对方报价中所提的各项交易条件，摸清对方报价中的哪些条件是关键的、主要的，哪些是次要的、无关紧要的，哪些是虚设的或诱惑性的。注意倾听对方的解释和说明，但勿妄加评论，更不可主观地猜度对方的动机和意图，以免给对方提供反击的理由。

1. 还价的基本要求

1) 永远不要立即答应对手的第一次报价

要知道，对手极有可能和你一样了解开盘报价以及让步的一些技巧，如果你立即答应对手的第一次报价，无疑会落入对方设下的陷阱。假设你打算买辆二手车，经过考察，看中了一辆，心理价位为5万元。卖方开价4.5万元，你觉得这个价格低于自己的心理价位，非常合适，马上同意了。在短暂的喜悦之后，你一定会想："天哪，我真傻，这辆车一定存在一些我没有发现的问题，并不值4.5万元。"或者"看来我对市场行情还很不了解，如果我还价到4.2万元，或许卖家也会答应的，就这样，我白白地多花了3 000元。"所以即使你已经认同对方的报价也不能马上答应。

2) 知道对方的报价后立即大胆地表示意外

在知道对方的报价后，一定要立即表现出意外之情。如果你没有表示出意外，对方就会认为你很有可能接受他提出的远超过他预期的条件。如果你表现出很意外，对方通常会做出一些让步。但如果你没有任何表示，只会让对方变得更加强硬和自信。因此，即使不是与对方当面谈判，仍然要让他感觉到你的震惊。

3) 拿对方竞争者的报价与之做比较

这项工作十分重要和必要，你可以由此评估每一个报价，并向卖方显示你对合理价格的认识。这还可以向卖方施加一定的压力，显示"我不一定会向你购买"的意思。

4) 要求特别的折扣、促销的优惠等

卖方通常会有一些促进销售的策略，而且这个策略具有相当大的弹性，由销售人员来把握，但是如果你不主动要求，卖方不一定会主动给你。

5) 避免争论

谈判人员在开谈以前，要明确自己的谈判意图，在思想上进行必要的准备。然而，谈判双方为了谋求各自的利益，通常会在一些问题上发生分歧。除非你确信能从其他供应商那里获得更好的条件，否则分歧出现后，要防止感情用事，保持冷静，尽可能地避免争论。因为，争论不仅于事无补，而且只能使事情变得更糟。

2. 还价的技巧

还价的技巧是针对供应商已经提出明确价格时己方所使用的技巧。采购商如何巧妙地进行还价，是使成交价逼近供应商价格底线的关键。

1) 避实就虚

避实就虚指为达到某种目的，有意识地将洽谈的议题引导到较为次要的问题上，然后在这些次要的问题上大做文章，以分散对方在主要问题上的注意力，从而在对方无警觉的情况下实现自己的谈判意图。例如，双方最关心的是价格问题，这时，采购方可以将谈判的焦点不直接放在价格上，而是放到交货期上，在讨价还价时，可以主动在交货期上做出让步，而条件是要求对方在价格上也做出重大让步，这样，对方满意，自己的目的也达到了。

实用案例 5—8

北京一家日用化工有限公司的副总经理章某到上海一家化工公司购买7种化工原料。在此之前，张某从其他省市搞到了一些同类产品的报价单，对比之后发现上海这家公司是价格最低、品种最全的，于是几番电话联系之后，他便风尘仆仆地赶到上海。没想到，当双方坐下来谈这笔生意的时候，对方代表面带歉意地又拿出一个新的报价单，并阐述了一大堆涨价的理由。章某一看新的报价，居然比其他省市报价的平均价还高出一截,心里好生不快,便与对方在价格问题上激烈地争论了起来。章某满怀希望而来,没想到等待他的是迎头一棒,颇感懊恼。幸好这位副总经理富有商战经验,与对方侃了一阵之后,他凭直觉感到对方并不是不可战胜的,只是正面交锋很难把价格砍下来,何况自己又是上门求购的,势单力孤,舌战群儒,连个帮腔的都没有,明显处于下风,所以必须改变策略。

章某在交谈中渐渐探查出对手的一些情况,例如,对方公司的经营状况不太好、员工工作效率不高、资金紧张,因此库存有限,有两种产品的库存量比章某欲购的数量还少几吨。于是章某就主动缓和了价格争议上的讨论,把话题转移到交货期、交货量、付款方式等问题上,要求对方在这几方面有所保证,并提出了较低的定金额度和分期付款的意见。这些要求虽然还没到苛刻的程度,但章某估计对方难以接受。果然,对方再次据理力争,双方在这些问题上又僵持不下。章某见火候差不多了,便提出了"最后的方案":"我可以适当降低这些要求的标准甚至取消某些要求,但须按以前的报价才能成交。"章某接着又明确表示,只要这一笔生意成交,收到货后便立刻与对方签订第二笔购货合同,否则,只好去找别的卖主了。最后,对方在价格上让步了,以发货付款和两笔生意的合同一起签为条件,双方达成了协议。

(资料来源:李军湘. 谈判语言艺术新论[M]. 武汉:武汉大学出版社,2007.)

2)兵不厌诈

谈判,特别是涉及利益的贸易洽谈,不但需要谈判人员有极大的耐心,而且还需要极大的细心,既不能操之过急,也不能粗心大意,要时刻警惕对方设下的各种陷阱。例如,在一般协议谈判中,不可避免地要说到各种各样的数据,如价格、成本、利息等,但是,一般来说,许多人都不善于迅速地处理数字,特别是在紧张的谈判气氛中,因此在谈判过程中,对方极有可能抛出各种虚假的数据,此时承认自己对数字处理的能力不够,并非是一件丢脸的事,应一项一项地仔细核实。如果当场算不过来,应拿回去仔细研究后再表态,切不可盲目相信对方所提供的任何数据,不论这些数据出自什么权威之手,要知道,有的谈判对手特别喜欢钻别人不善于处理数据的空子,在谈判中大玩数字游戏而占对方的便宜。

实用案例 5-9

美国某公司发布广告说出售一部机器设备,价格是 10 万美元。互相竞争的几位买主中,一位愿出 9 万美元的高价并当场付了 10% 的订金,卖主没想到这部旧设备竟能卖得这么好的价钱,就同意不再考虑其他买主,3 天后买方来了,说当时的价格太高,不同意马上成交,还说,这部机器仅值 5 万美元,于是卖方又被迫与买方讨价还价,最后以 6 万美元成交。而当初曾有人愿出 7 万美元,卖主却没有卖。

(资料来源:李昆益. 商务谈判技巧[M]. 北京:对外经济贸易大学出版社,2007.)

实用案例 5-9 中买主使用了假出价的策略。假出价格,即买主利用出高价的手段,排除交易中其他竞争对手,优先取得交易权,可是一到最后成交的关键时刻,买主便暴露出真正的面目,大幅度压价,在这种情况下,一般是假出价格的一方占便宜,而另一方只好忍痛割爱。假出价格虽然是不道德的,但却是销售中屡见不鲜的套路。

3)寻找共同利益

在大多数人的心目中,谈判是不赚即赔的交易,你得即我失,这也使多数的谈判人员会一切向"钱"看,以价格为主要驱动因素。卓越的谈判人员能够透过表象,看清所有潜在和深层的利益关系,并融合各方面利益来创造价值,不仅自己清楚这一点并付诸实践,而且还会影响对方放弃对原有立场的顽固坚持,让对方一起参与到对深层和长远利益的追求中来。通过双方互相倾听、提出问题、耐心挖掘互相之间共同的利益源泉,认清谈判失败的严重后果，就可以避免出现对峙局面，从根本上控制谈判局势，驱动谈判向协作的方向发展。

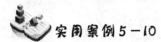
实用案例5-10

20世纪80年代，我国某电子产品进出口公司与日本著名的NEC公司进行洽谈，准备订购一批产品投放市场。

当时，中国消费者对日本NEC公司的产品知道得还很少，尽管它在世界市场上销路不错，但在中国市场上还是一片空白。

在谈判中，双方对产品价格发生分歧。日方代表坚持以当时国际市场的价格报价，而我方则要求其降低售价。双方各执一词，相持不下。

日方认为报价是国际市场的价格，不能让步。

我方代表则十分诚恳地说："不错，你们的报价确实是国际市场的价格。但你们是否考虑过，虽然你们的产品在国际市场上已经有了很好的销路，但在中国市场上还没有你们的产品，中国消费者还不了解你们的产品的优点。所以，我方进口后，准备先进行一系列的广告宣传，使中国消费者了解你们的产品。一旦宣传成功，则中国市场的潜力是非常大的，到那时，NEC产品的需求量将会迅速上升，而作为中国最具实力的电子产品进出口公司，我们也肯定能给贵公司下大量订单。"

"而眼下你们提出的价格肯定会影响该产品在中国市场的竞争。"

"因为我们要进行大规模的广告宣传，费用将进入产品的售价中。这样一来，你们的产品价格就会高于其他同类产品，而中国消费者对这个产品的优点还不够了解，这样很可能导致试销失败。"

"如果我们试销失败了，其他公司也不会轻易再做尝试，这个产品在中国市场上相当长的一段时间里仍然会是个空白。希望你们慎重考虑，怎样做才比较合适。"

日方听了我方有理有据且十分诚恳的阐述后，意识到这次洽谈并不仅仅是一次普通的商品交易，而是关系到开拓中国市场、长期发展合作的大事。降低产品售价，做出小的让步，牺牲眼前利益，会赢得今后广阔的市场，孰重孰轻，一目了然。

日方当即表示：为了配合开拓中国市场，可以先以成本价小批量供应一批产品，以后再逐步向国际市场靠拢。为了帮助中方进行产品宣传，日方还愿意提供一笔无息贷款，以解决广告费用问题。

经我方公司的大力宣传，加上NEC产品的优良性能，在很短的时间内，NEC公司的产品就得到了中国消费者的认可，NEC公司获得了丰厚的利润。

（资料来源：梁军．采购管理[M]．北京：电子工业出版社，2015．）

4）最后期限法

当谈判双方各持己见、争执不下时，处于主动地位的一方可以利用处于被动地位的谈判者总希望谈判达成协议的心理，提出解决问题的最后期限和解决条件。从心理学角度来讲，人们对得到的东西并不十分珍惜，而对要失去的本来在他看来并不重要的某种东西，却一下子变得看重起来，在谈判中采用最后期限的策略就是利用人的这种心理定式发挥作用的。最后期限既给对方造成压力，又给对方一定的时间考虑，随着最后期限的到来，对方的焦虑会与日俱增。因而，最后期限压力会迫使对方快速做出决策。

在具体使用最后期限策略时，应注意以下几方面问题。

（1）不要激怒对方。最后期限策略有时候是一种不得已的行为，因此，当不得不采取这种策略时，要设法消除对方的敌意。不能因为自己是占据有利形势的一方就居高临下，除语气委婉、措辞恰当外，最好做出相应的解释。

（2）给对方一定的时间考虑。这样会让对方感到你不是强迫他接受城下之盟，而是向他提供一个解决问题的方案。尽管这个方案的结果不利于他，但是毕竟是由他自己做了最后的选择。

（3）对原有条件也要有适当的让步。这样会使对方在接受最后期限时有所安慰，同时也有利于达成协议。

5.3.3 让步技巧

采购谈判可以看成是一个双方不断地让步最终达到价值交换的过程。让步既需要把握时机又需要一些基本的技巧，也许一个小小的让步会影响到整个战略布局，草率让步和寸土不让都是不可取的。

1. 让步的原则

1) 谨慎让步

每次让步的幅度不能过大，要让对方意识到你的每一次让步都是艰难的，否则对方会期待你的下一次让步。采购谈判人员应该从各方面详细地描述做出让步对本企业造成的负面影响，谈判人员充满无奈的表情和合理的分析会让供应商觉得事实确实会很严重。适当夸大让步所要付出的代价和艰难会让供应商不好意思进一步提出其他要求。另外，即使同意做出让步，也不要太快答应，表现出左右为难的样子也是一种策略。

2) 让步的同时索取回报

让步的同时及时索取回报，也就是每次让步都需要对方用一些可以增加己方利益的条件来交换，要明确要求对方给予你所期望的回报，或者在你让步的条款前加上"如果"两字，也就是对方如果不能向你提供有价值的回报，那么你就不会让步。例如，如果供应商提出增加采购额，那么采购人员就可以在同意其要求的同时，要求供应商再给予优惠价格和放宽付款条件。及时索取回报可以让你的让步更有价值，还可以帮你避免很多麻烦，因为如果对手知道你的每次让步都要他付出代价的话，他就不会无休止地一直要你让步。注意一定要及时索取回报，也就是在对手要求你让步的同时当即提出，事后再提出，对手一般不会同意，另外还要注意表达方式。"如果我们能够为你做这个，你会为我们做什么呢"就是不错的表达方式。千万不要索取具体的报酬，避免制造一种对抗的情绪。

3) 替代价格让步

让步的形式有多种。当供应商提出涨价的要求时，采购方可以用其他让步方式来代替涨价，如更多的采购量、更优厚的付款条件等，尽量避免因价格的上升给企业带来不必要的损失。从采购方的角度来看，只要其他的让步代价小于价格上涨带来的影响，那么无论何种方式都是可以接受的。

4) 有计划地让步

事前做好让步的计划，所有的让步应该是有序的，将具有实际价值和没有实际价值的条件区别开来，在不同的阶段和条件下使用。尽量迫使对方在关键问题上先行让步，而己方则在对方的强烈要求下，在次要方面或者较小的问题上让步。

5) 准确把握需求

采购谈判人员要确定每次让步都是供应商所需要的，而不是抱着旁敲侧击的心理在一些不能满足供应商需要的方面进行让步。如果供应商并不认为这种让步可以满足其需求，就会继续提出要求，这样等于白白损失掉己方原有的利益。所以让步时一定要针对供应商的要求，这样才能达到让步的目的，为达成目标做出贡献。

2. 让步方式

价格永远是让步的焦点，让步有很多种方式，不同的方式会产生不同的结果。假如你要采购一款家用电器，你的初始报价是500元，实际上你可以接受的最高价为560元，因此你让步的空间是60元。怎样让出这60元呢？假设一共让步4次，下面是几种常见的让步方式。

1）60元、0元、0元、0元

初级谈判者经常使用此方法，因欠缺实战经验，比较担心因价格原因导致谈判的破裂，在初期就把所有的空间全部让出去。这种让步方法显然是极端错误的。首先对方会认为你的价格虚高，轻易地让出如此之大的幅度，一定还有很大的让利空间，在价格上继续步步紧逼，这时你已无路可退，即使达成交易，对方也会怀疑你的诚意，从而影响到下一次的合作。其次，此方法违背了让步的原则，你的每一次让步要换取对方相应的回报，你的价格一次让到底，将主动权拱手相让，无法获取对方的任何回报。

2）5元、10元、20元、25元

许多谈判者习惯于先让出一小部分，在观察对方的反应后做出下一个让步行动。例如，在初期先让出5元，并告诉对方这是最后的底线，如此小的幅度对方通常不会同意，要求再次让步。于是此时分两步让出了10元和20元，但仍然被对方无情地拒绝了，为了避免谈判破裂和得到订单，只能把最后的25元全部让给了对方。在让出所有的谈判幅度后，会如愿拿到订单吗？事实上这桩生意很有可能难以成交，道理很简单：在你每一次让步后，对方所得到的越来越多，使对方产生一种期待心理，即使让出再多，对方也不会满足。

3）15元、15元、15元、15元

从表面上看这是一种四平八稳的让步方式，每一次让步幅度都不大，谈判破裂的风险也较低。实际上，在各种形式的让步中，任何两次相同的让步都是不可取的。对方虽然不知道究竟能让多少，但却了解每次15元的让步规律，最后一次让步后对方还会期待下一个15元。

以上3种典型的让步方式都是错误的，原因在于它们都会使买方产生更高的期待。正确的方式是，逐步缩小让步的幅度，让买方认为价格已触及底线，不可能再有任何让步了。

4）25元、20元、10元、5元

这一种让步方式让对方最后感觉你已经达到了让步的极限。第一次让步需要比较合理，要充分激起买方的谈判欲望，在谈判中期不要轻易让步，每一次让步幅度都要递减，并且要求买方在其他方面给予回报，最后的让步要表现出异常的艰难，必要时要使用请示上级领导策略，引导买方顺着你的思路进行谈判，最终取得双赢。这样的让步方式要求己方事先能设置好合理的底价，谈判过程中能掌控好让步的幅度与节奏，避免产生最后一次让步后对方仍不能接受的局面。

在谈判过程中，让步是能否达成协议的关键，同时也是影响谈判结果的关键。能够控制好让步幅度的一方总会处于优势地位，获得的利益也相对要多，所以如何掌握让步就显得非常重要了。

5.3.4 其他应对技巧

采购谈判中对手也会使用各种谈判技巧。如果不能识别对手的策略，就会中了对方的圈套。谈判也是一个博弈的过程，有许多应对的技巧。

1. 应对影子策略

小思考 5-1

A 和 B 分别代表自己的公司洽谈 1 000 件夹克衫的订单,卖方 A 最初开价 150 元/件,B 还价 120 元/件,双方经过近一周时间的讨价还价,最后同意按 135 元/件执行,A 拿出购销合同,此时 B 突然提出,根据公司的相关规定,签订合同前,尚需公司采购委员会审批一下。

次日,B 致电给 A:"我们公司采购委员会经过讨论,否决了这个价格,根据预算计划,采购委员会能接受的最高价格是 133 元/件。"

假定你是 A,该如何选择:

(1) 辛苦了一周,担心失去订单;加之公司的底价是 125 元,感觉利润还可以,于是很无奈地接受 B 的新价格。

(2) 不同意 B 的价格,取消合作。

(3) 重新开始艰苦的谈判,最终的价格一定在 133~135 元,很可能是 134 元/件。

(4) 接受 B 的新价格,但提出一些新的要求比如放宽付款期限等。

(5) 其他方式。

在谈判过程中,当感觉到谈判即将顺利结束的时候,如果对方突然表示他并没有真正的决定权,这是非常令人沮丧的。这时你要意识到,或许对方的确没有决定权,最终的决定权在他的直接上司手中。但更有可能的是,这只是对方使用的一个谈判技巧——影子谈判策略,你是在和一个"影子"谈判,或称更高权威策略。那么,如何应对谈判对手的"影子策略"呢?最好的方法是在谈判开始之前,设法让对手承认,只要条件合适,他可立即做出最终决定,而不需要请示其他人。

如果你忽略了这一点,对手使出"影子策略"时,以其人之道还治其人之身是一个非常有效的方法。同样使用"影子"策略,让对方明白你的用意,一般对方会立即叫停此策略。切记,对手每次叫停这种策略时,你都应该把报价的水平恢复到第一次的水平。需要注意的是,你所使用的"更高权威"一定要是个模糊的实体,而避免落实到明确的个人,否则,很容易处于被动,因为对手很容易提出直接和你的上级谈判。

2. 应对黑脸-白脸策略

小思考 5-2

王经理和李经理分别是自己公司采购部门与销售部门的经理。双方就 1 000 件衬衫的订单经过多次电话沟通后,基本确定了价格是 150 元/件。约定好时间,王经理来到李经理的公司,双方开始在会议室进行洽谈,突然,李经理所在公司的总经理推开会议室的门,看了看。于是李经理说:"张总,我正在和王经理讨论衬衫的事情,您有空吗?要不一起听听?"很自然,张总坐下来了。几分钟过后,张总突然站起来,脸色阴沉地说:"小李,我们的衬衫怎能以这么低的价格贱卖呢?你看着办,我还有事情处理,先走了!"李经理做出一副非常为难的表情说:"很抱歉,王经理,你都看到了。看来张总对这个价格非常不满,我也没办法。如果你能在价格上更加灵活一点,我想我还可以到张总那里争取争取,也很有希望。"

假定你是王经理,该如何选择?

每当你同时面对两个谈判对手时,就一定要当心对手是否在使用黑脸-白脸策略。这是一种非常有效的谈判策略,能够在不让对方产生对抗情绪的情况下成功地给对方施加压力。应对黑脸-白脸策略的最好方式就是识破它和揭穿它。一旦被识破,对方通常会选择放弃,但要注意识破的方式,以免引起对方的尴尬。

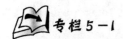

专栏 5-1

家乐福采购谈判技巧

（1）永远不要试图喜欢一个销售人员，但需要说他是你的合作者。

（2）要把销售人员作为我们的头号敌人。

（3）永远不要接受对方第一次报价，让销售人员乞求，这将为我们提供一个更好的机会。

（4）随时使用口号：你能做得更好！

（5）时时保持最低价的纪录，并不断要求得更多，直到销售人员停止提供折扣。

（6）永远把自己作为某人的下级，而认为销售人员始终有一个上级，这个上级总是有可能提供额外的折扣。

（7）当一个销售人员轻易接受条件，或到休息室去打电话并获得批准，可以认为他所做的让步是轻易得到的，你可以进一步提要求。

（8）聪明点，要装得大智若愚。

（9）当一个销售人员来要求某事时，他肯定会准备一些条件给你的。

（10）销售人员总会等待采购人员提要求，通常他从不要求任何东西作为回报。

（11）要求有回报的销售人员通常更有计划性、更了解情况，应花时间同无条件的销售人员打交道。

（12）毫不犹豫地使用结论，即使它们是假的，例如，竞争对手总是给我们提供最好的报价、最好的流转和付款条件。

（13）不断地重复反对意见，即使它们是荒谬的，你越多重复，销售人员就会越相信。

（14）别忘记你在最后一轮谈判中会获得80%的条件。

（15）别忘记对每日拜访我们的销售人员，我们应尽可能了解其性格和需求。

（16）随时要求销售人员参加促销。尽可能得到更多的折扣，进行快速促销活动，用销售数额来赚取利润。

（17）在谈判中要求不可能的事来烦扰销售人员；通过延后协议来威胁他，让他等；确定一个会议时间，但不到场；让另一个销售人员代替他的位置；威胁他说你会撤掉他的产品、你将减少他产品的陈列空间、你将把促销人员清场等，不要给他时间做决定。

（18）注意我们要求的折扣有其他名称，例如，奖金、礼物、礼品、纪念品、赞助、资助、小报插入广告、补偿物、促销、上市、上架费、再上市、周年庆、节庆等，所有这些都是受欢迎的。

（19）不要让谈判进入死角，这是最糟糕的。

（20）避开"赚头"这个题目，因为"魔鬼避开十字架"。

（21）假如销售人员说他需要花很长时间才能给你答案，就说你已经和其竞争对手快谈妥交易了。

（22）不要被销售人员的新设备吓倒，那并不意味着他们已经准备好谈判了。

（23）不论销售人员年长或年轻都不用担心，他们都很容易让步，年长者认为他知道一切，而年轻者没有经验。

（24）假如销售人员同其上司一起来，应要求更多折扣，更多参与促销，威胁说你将撤掉其产品，因为上司不想在销售员面前失掉客户就会让步。

（25）每当一个促销正在别的超市进行时，问销售人员"你在那里做了什么"，并要求同样的条件。

（26）永远记住这个口号：你卖我买，但我不总买你卖的。

（27）在一个伟大的商标背后，你可以发现很多没有任何经验而仅仅依靠商标的销售人员。

5.4 电子谈判

5.4.1 电子谈判特点和分类

传统的采购谈判主要通过面对面来完成，而随着信息技术的广泛应用，谈判开始越来越多地移至线上来进行。电子谈判是指信息交换通过电子媒介来进行的谈判过程。

相对于电子谈判，传统上通过面对面、书面、电话或传真进行的采购谈判的缺点在于：谈判过程更难以管理，更消耗时间，易于产生误解，要求谈判者有很强的认知能力，产生更高的交易成本，容易引发低效的妥协。电子谈判通常能更快地达成协议，因为谈判方能借助于谈判支持工具来提供支持和建议。在传统的谈判中，使用谈判支持工具则比较困难，因为面对面交换的信息需要依靠手工输入系统。

知识拓展

宾夕法尼亚大学学者Croson做过一个模拟谈判试验。33对受试者进行面对面模拟谈判，44对受试者通过电子邮件进行模拟谈判。模拟谈判人员一方扮演供应商的管理者，另一方扮演零售商。所有的谈判者都会得到一些共同的信息，包括行业性质和双方合作历史，以及谈判一方对另一方的重要性。谈判涉及七个领域：长期的促销折扣，付款条件，短期的促销折扣，合作广告，货架空间，新产品接受程度，以及能否在过道末端展示新产品。模拟结果发现，通过电子邮件进行的谈判相对于面对面谈判带来了更为公平的结果。原因可能在于，电子媒介为强和弱的谈判代表创造了一个更公平的环境。例如，通过电子谈判，免除了谈判者在现场做出决定的负担，有机会仔细地考虑对方的建议、提议。如果对方思维敏捷，这可能会提高他的谈判地位和利润水平。同样，在电子谈判中，一位思维不够流畅的谈判者应尽量多花时间仔细地组织信息，而不是对他想到的第一件事就脱口而出。许多面对面谈判所采用的策略（如让你的对手紧张，要求直接原因和答案等）通过电子邮件则不再有效。这些研究发现对是否选择采用电子谈判具有重要意义。

小思考 5-3

2016年3月21日，阿里巴巴集团宣布，公司2016财年电商交易额突破3万亿元，这意味着阿里巴巴在财年内有望超越沃尔玛，成为全世界最大零售平台。越来越多的消费者在诸如阿里巴巴之类的电子商务平台上进行采购，而在采购之前通常会使用诸如阿里旺旺之类的网上会话工具向卖家进行咨询和讨价还价，也就是非正式的电子谈判。网上会话表现出了和日常会话很多不同的特性。

问题：电子商务采购中的网上会话和日常会话的差异有哪些？

按照信息与计算技术介入的程度不同，电子谈判可以分为3类。

（1）无支持系统的电子谈判。这种电子谈判主要通过电子邮件或在线聊天来完成，电子手段仅起到一种沟通媒介的作用。在这种电子谈判形式下，依然是由人来控制整个谈判进程和承担所有任务，而不借助于信息系统的支持和建议。

（2）有支持系统的电子谈判。在这种电子谈判形式下，由人来控制谈判过程，但是可以将一些决策和谈判任务交由信息系统来完成。

（3）自动化的电子谈判。在这种电子谈判形式下，由软件代理来做出决策、控制整个谈判进程和承担所有任务，包括报价和让步，以及决定是否达成协议。

5.4.2 电子谈判系统

从 20 世纪 70 年代开始，许多的系统被设计用来承担复杂的谈判任务。电子谈判系统(Electronic Negotiation System，ENS)是一种使用互联网技术、在 Web 上部署的软件，用于促进、组织、支持和/或自动化由谈判者和/或第三方进行的活动，既包括 E-mail、聊天和流媒体软件，也包括自动化谈判和拍卖软件。

一个电子谈判系统通常包含但又不限于以下一项或多项子系统。

(1) 谈判支持系统(Negotiation Support System，NSS)。谈判支持系统是实现模型和程序的软件，具有通信和协调工具，并支持两个或两个以上的缔约方和/或第三方。谈判支持系统要求具备所有的决策支持系统(Decision Support System，DSS)的功能，此外还必须能促进谈判者之间的沟通。沟通功能是非常必要的，因为谈判者只有通过计算机进行协商，系统的 DSS 部分才不会漏掉任何数据。因此，"DDS + 通信"被认为是谈判支持系统的最低要求。谈判支持系统也可以为具体的谈判进程提供支持，帮助谈判一方了解对手的优劣势，预测他们的行动，并可为做出合理让步提供建议。

(2) 电子谈判桌(Electronic Negotiation Table，ENT)。电子谈判桌是为谈判人员提供虚拟空间(讨价还价的桌子)和工具的软件。它最简单的形式是一个虚拟的会议空间，在那里各方可以出价和发布信息。该服务的提供者通常也提供额外服务，包括匹配、调解、法律和竞争性分析。

(3) 谈判软件代理(Negotiation Software Agent，NSA)。谈判软件代理是能够代表委托人开展大部分谈判活动的软件，它可以将一项或多项谈判活动完全自动化。

NSS、ENT 和 NSA 软件通常使用共同的模型(通常来自管理科学、决策科学、人工智能)和相似的模块来完成数据收集、计算和存储。ENS、NSS、ENT 和 NSA 软件的构成如图 5.1 所示。

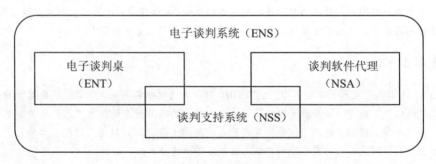

图 5.1　电子谈判系统软件的构成

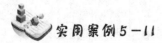

实用案例 5-11

eBay 是互联网上最大、增长最快、最赚钱的消费电子商务网站。它是个人二手物品交易的主要在线市场，从古董和收藏品到汽车和电脑。eBay 改变了传统的效率低下且成本很高的个人交易活动，使之成为一个简单、"无摩擦"的在线全球市场。eBay 的拍卖过程如下：卖方将决定出售的物品陈列在 eBay 上。在注册后，卖方为每件商品支付从 0.25～2.00 美元不等的陈列费，还可以选择支付额外的图片、粗体字的费用，或者作为"特色拍卖"部分放置在 eBay 的首页上。然后卖方定义拍卖类型，设置持续拍卖时间(3、5、7 天)、定价和最低限度报价。保留价格是保密的，如果没有达到保留价格，卖方没有义务出售商品。

买家通过 eBay 的代理竞价系统进行投标。通过代理竞价，出价者设定一个最高的价格，代表投标人的真实评估价值。这个最高价格也是保密的，在拍卖期间任何时候都可以由投标人进行调整。一旦招标开始，代理系统投标报价，按照预先设定的增幅增加报价。如果拍卖在未达到某出价人的最大价格之前结束，则该出价人是最后的竞标者，赢得了拍卖。然后卖方联系中标人，安排付款和交货等事项。成功完成交易后，卖家向 eBay 支付总售价一定比例的费用。

eBay 精心构建了这一市场代理竞价系统，该系统为用户提供了两个好处。首先，让用户省去在电脑屏幕前等待的麻烦，也不需连续数日观看拍卖。其次，系统有效限制了由情绪或者对拍卖环境的兴奋引起的"赢家的诅咒"出现，即高估商品的实际价值并超额支付。然而，值得注意的是，eBay 允许用户可以在任何时候增加最大值，这种做法反而可能出现更多的"赢家的诅咒"。

（资料来源：Christopher A. Hobson. E-Negotiations：Creating a Framework for Online Commercial Negotiations，Negotiation Journal，July 1999，pp. 201–218.）

本 章 小 结

采购谈判是谈判的一种，最好能达到双赢的效果。采购谈判是指企业为了采购商品作为买方，与卖方对购销业务的有关事项，如商品的品种、规格、技术标准、质量保证、订购数量、包装要求、售后服务、价格、交货日期与地点、运输方式、付款条件等进行反复磋商，谋求达成协议而进行的谈判过程。

采购谈判可分为准备阶段、开局阶段、正式磋商阶段和终局阶段。准备阶段的工作有明确谈判的内容、确定谈判的目标、谈判资料的收集和谈判策略的制定。开局阶段的主要工作包括创造和谐的谈判气氛；进一步加深彼此了解和沟通；洞察对方，调整策略；引发对方的兴趣；共同设计谈判程序，包括议题范围和日程。正式磋商阶段通过对所采购商品的质量、价格、交货方式、付款条件等各项议题的反复讨论，互做让步，寻找对双方都有利的最佳方案。谈判的终局阶段可根据谈判的结果分为胜局、和局、败局 3 种。

价格谈判是整个谈判的焦点，谈判技巧运用的根本目的在于获得更优的价格。开局报价一定要远远超出自己的期望值，并能给出合理的理由。还价的基本原则有：永远不要立即答应对手的第一次报价；知道对方的报价后立即表示意外；拿对方竞争者的报价与之做比较；要求特别的折扣、促销的优惠等；避免争论。常用的还价方法有避实就虚、寻找共同利益、最后期限法等。让步时要把握的原则是谨慎让步、准确把握需求、替代价格让步、有计划地让步、让步的同时索取回报等。

随着信息技术的广泛应用，谈判开始越来越多地移至线上来进行。电子谈判是指信息交换通过电子媒介来进行的谈判过程。按照信息与计算技术介入的程度不同，电子谈判可以分为 3 类：无支持系统的电子谈判、有信息支持系统的电子谈判、自动化的电子谈判。

关键术语

采购谈判 Procurement Negotiation   让步技巧 Concession Skill
正式磋商 Formal Consultation   谈判开局 Negotiation Start
报价技巧 Offer Skill   价格谈判 Price Negotiation

还价技巧 Counteroffer Skill　　　　　　电子谈判 Electronic Negotiation
电子谈判系统 Electronic Negotiation System

阅读材料：

[美]迪帕克·马哈拉. 哈佛商学院谈判课[M]. 长沙：湖南文艺出版社，2017.

[美]鲁克德. 谈判的艺术[M]. 南昌：江西美术出版社，2017.

JAC. JAC外贸谈判手记：JAC和他的外贸故事[M]. 北京：中国海关出版社，2016.

北京中交协物流人力资源培训中心. 采购与供应中的谈判与合同[M]. 北京：机械工业出版社，2014.

习　题

一、选择题

1. 坦诚式开局策略适用于(　　)。
   A. 高调开局气氛　　　　　　B. 低调开局气氛
   C. 自然气氛　　　　　　　　D. 高调气氛、低调气氛和自然气氛
2. 开局阶段奠定谈判成功基础的关键是(　　)。
   A. 良好的谈判气氛　　　　　B. 合理的报价
   C. 反复磋商　　　　　　　　D. 确定谈判目标
3. 对方报价完毕后，己方正确的做法是(　　)。
   A. 马上还价　　　　　　　　B. 要求对方进行价格解释
   C. 提出自己的报价　　　　　D. 否定对方报价
4. 符合谈判让步原则的做法是(　　)。
   A. 同等让步　　　　　　　　B. 让步幅度要大
   C. 谨慎让步　　　　　　　　D. 等额让步
5. 当谈判双方意见分歧较大，无法使谈判继续进行时，采取怎样的言辞比较合适？(　　)
   A. "行，我们就此结束。"
   B. "这是我方的看法，贵方可以三思。"
   C. "如果我们还有合作的可能，我们将愿意与您继续谈判下去。"
   D. "随便你，我们是不会改变立场的。"
   E. "我方的大门总是敞开的，贵方什么时候有新的想法随时可以与我方联系。"

二、问答题

1. 采购谈判有哪几个阶段？每个阶段最重要的内容是什么？
2. 有哪些常见办法可以打破谈判的"僵局"？

三、思考题

1. 某服饰公司同某公司签订一项合同，供应5 000顶帽子，双方约定的交货期为9月10

日。9月3日,该公司打来电话,要求提前到5日或6日送货。由于该服饰公司在签订合同时预留了足够的时间,在9月2日时,该公司订购的5 000顶帽子已入库。假定你是服饰公司负责该公司业务的销售人员,你会选择下列哪一种做法,并陈述理由。

(1) 不同意,严格执行合同,仍然在10日送货。

(2) 同意5日送货(心想反正放在我们仓库还占地方,不如早点送掉)。

(3) 回复对方:"我和生产部的同事们商量一下,看看能否赶赶进度吧。不过如果我们能够提前交货的话,你又能为我们做什么呢?"

2. 以某种电子谈判软件为对象,了解其初步使用方法,分析其具体功能与结构,思考其相对于传统采购谈判的优势。

实际操作训练

课题5-1:采购谈判的准备

实训项目:采购谈判的准备。

实训目的:学习怎样为采购谈判做准备。

实训内容:假设某电脑城一个经营数码产品的店铺计划在其所经营的产品中引进华为公司某款新的手机产品。

实训要求:将参加实训的学生分成若干谈判小组,分别代表采购方和华为公司进行采购谈判的准备,并组成谈判队伍。

课题5-2:价格谈判策略和技巧的运用

实训项目:价格谈判策略和技巧的运用。

实训目的:学习如何报价、还价与让步等价格谈判策略和技巧。

实训内容:在与华为公司谈判的过程中,双方在产品价格和付款方式上产生严重分歧,采购方想让对方价格降低10%,并采用先预付30%、提货1个月后再付70%的付款方式;而对方只愿意价格降低5%,提货前一次付清价款的方式。

实训要求:将参加实训的学生分成若干谈判小组,分别代表该店铺和华为公司进行模拟谈判,直到双方达成一个满意的协议。

案例分析5-1

根据以下案例提供的资料,试分析:

(1) 中方使用了哪些还价的技巧?

(2) 中方采用了哪些化解僵局的方法?

(3) 双方在谈判过程中运用了哪些语言技巧?

中国某公司与日本某公司在上海著名的国际大厦,围绕进口农业加工机械设备进行了一场别开生面的竞争与让步的谈判。谈判一开局,按照国际惯例,首先由卖方报价。卖方首次报价为1 000万日元。这一报价较实际卖价高出许多。日方之所以这样做,是因为他们以前的确卖过这个价格。如果中方不了解国际行情,就会以此作为谈判的基础,那么,日方就可能获得厚利;如果中方不能接受,日方也能自圆其说,有台阶可下,可谓进可攻、退可守。由于中方事前已摸清了国际行情的变化,深知日方是在放"试探气球",于是中方直截了当地指出,这个报价不能作为谈判的基础日方对中方果断拒绝了这个报价感到震惊。他们分析,中方可能对国际市场行情的变化有所了解,因而己方的目标恐难实现。于是日方便转移话题,介绍起产品的特点及其优良的品质,以求采取迂回前进的方法来支持己方的报价。这种做法既回避了正面被点破的危险,又宣传了自己的产品,还说明了报价偏高的理由,可谓一石三鸟,不落痕迹地推进了己方的谈判。但中方一眼就看穿了对方的战术。

其实在谈判之前,中方不仅摸清了国际行情,而且研究了日方产品的性能、质量、特点以及其他同类产品的情况。于是中方运用"明知故问,暗含回击"的发问艺术,不动声色地说:"不知贵国生产此种产品的公司有几家?贵公司的产品优于A国、C国的依据是什么?"此问貌似请教,实则是点了对方两点:其一,中方非常了解所有此类产品的有关情况;其二,此类产品绝非你一家独有,中方是有选择权的。中方点到为止的问话,彻底摧毁了对方"筑高台"的企图。中方话音刚落,日方就领会了其中含意,顿时陷于答也不是、不答也不是的境地。但他们毕竟是生意场上的老手,其主谈人为避免难堪,借故离席,副主谈人也装作找材料,埋头不语。过了一会儿,日方主谈人神色自若地回到桌前,因为他已利用离席的这段时间,想好了应付对策。果然,他一到谈判桌前,就问他的助手:"这个报价是什么时候定的?"他的助手早有准备,对此问话自然心领神会,便不假思索地答道:"以前定的。"于是日方主谈人笑着解释说:"唔,时间太久了,不知这个价格是否变动,我们只好回去请示总经理了。"老练的日方主谈人运用"踢皮球"战略,找到了退路。中方主谈人自然深谙谈判场上的这一手段,便采取了化解僵局的"给台阶"方法,主动提出"休会",给双方让步的余地。中方深知此轮谈判不会再有什么结果,如果追得太紧了,可能导致谈判失败,而这是双方都不愿看到的结局。

此轮谈判,从日方的角度看,不过是放了一个"试探气球"。凭此取胜是侥幸的,而"告吹"则是必然的,因为对交易谈判来说,很少有在开局的第一次报价中就能成功的。日方在这轮谈判中试探了中方的虚实,摸清了中方的态度。同时也了解了中方主谈人的谈判能力和风格。从中方角度来说,在谈判的开局就成功地抵制了对方的"筑高台"手段,使对方的高目标要求受挫。同时,也向对方展示了己方的实力,掌握了谈判的主动。双方在这轮谈判中,互通了信息,加深了了解。从这一意义上看,首轮谈判对双方来说都是成功,而不是失败。

第二轮谈判开始后,双方首先漫谈了一阵,调节了情绪,融洽了感情,创造了有利于谈判的友好气氛。之后,日方再次报价:"我们请示了总经理,又核实了一下成本,同意削价100万日元。"同时,他们夸张地表示,这个削价的幅度是不小的,要中方"还盘"。中方认为日方削价的幅度虽不小,但离中方的要价仍有较大距离,马上"还盘"还很困难。因为"还盘"就是向对方表明己方可以接受对方的报价。在弄不清对方的报价离实际卖价的"水分"有多大时就轻易"还盘",往往造成被动,高了己方吃亏,低了可能刺激对方。"还盘"多少才是适当的,中方一时还拿不准。为了慎重起见,中方一面电话联系,再次核实该产品在国际市场的最新价格,一面对日方的二次报价进行分析。

根据分析,虽然日方表明这个价格是总经理批准的,但根据情况看,此次降价是谈判者自行决定的。由此可见,日方报价中所含水分仍然不小,弹性很大。基于此,中方确定"还盘"价格为750万日元。日方立即回绝,认为这个价格很难成交。中方坚持与日方探讨了几次,没有结果。鉴于讨价还价的高潮已经过去,因此,中方认为谈判的"时钟已经到了",该是展示自己实力、运用谈判技巧的时候了。于是,中方主谈人使用了具有决定性意义的一招,郑重向对方指出:"这次引进,我们从几家公司中选中了贵公司,这说明我们成交的诚意。此价虽比贵公司销往C国的价格低一点,但由于运往上海口岸比运往C国的费用低,所以利润并没有减少。另一点,诸位也知道我国有关部门的外汇政策规定,这笔生意允许我们使用的外汇只有这些。要增加,需再审批。如果这样,那就只好等下去,改日再谈。"中方主谈人接着说:"A国、C国还等着我们的邀请。"说到这里,中方主谈人把一直捏在手里的王牌摊了出来,把中国外汇使用批文和A国、C国的电传递给了日方主谈人。

日方大为惊讶,他们坚持继续讨价还价的决心被摧毁了,陷入必须"竞卖"的困境,要么压价握手成交,要么谈判就此告吹。日方一时举棋不定,握手成交吧,利润不大,有失所望;告吹回国吧,跋山涉水,兴师动众,花费了不少的人力、物力和财力,最后空手而归,不好向公司交代。这时,中方主谈人变通运用心理学知识,根据"自我防卫机制"的心理,称赞日方此次谈判的确精明强干,中方就只能选择A国或C国的产品了。日方据量再三，还是认为成交可以获利。因此，最后谈判就以中方提出的价格成交了。

（资料来源：陈达强，蒋长兵. 采购与供应案例[M]. 北京：中国物资出版社，2009.）

案例分析 5-2

根据以下案例所提供的资料，试分析：

(1) 香港公司的老板采用的是哪种让步方式？

(2) 他为什么要采用这种方式？

(3) 这种方式适用于什么样的采购谈判？

东北某农贸公司曾与香港某公司就一笔较大份额的黄豆交易进行谈判。买方香港某公司表示愿意以每吨136美元的价格成交，而卖方东北某农贸公司的喊价则是每吨150美元。双方经过谈判，互相都做出了一定的让步，香港公司从出价136美元提高到140美元，而东北公司则从报价150美元降低至145美元。由于双方都表示不能再做出让步，没有了协商的空间，谈判由此陷入了僵局，只好暂时中止。

3天之后，由于卖方东北公司在资金周转上出了些问题，急需现金，于是给买方香港公司打去电话，表示愿意接受每吨140美元的价格，询问买方是否还有继续交易的打算。在双方进一步谈判的过程中，卖方坦诚地介绍了公司的情况，希望能够交易。出乎意料的是，买方香港公司的老板经过慎重考虑后，竟采取了逆向行动，表示愿意以东北公司先前报出的每吨145美元的价格买进黄豆，并表示："我的祖籍是东北，愿向乡亲们送个礼，来日方长，以后有事情求助于乡亲们，相信不会拒绝。"卖方东北农贸公司喜出望外，对买方香港公司的关照和慷慨表示感谢，双方的手紧紧握在一起。

事过之后，有人问买方香港公司的老板为什么要这么干？香港老板告诉他说："每吨只差5美元的价格，总数3 000吨，总差额不过1.5万美元。这笔金额对我方来说并不重要，而且对今后的业务谈判也无丝毫的好处。但如果这一次作为让步，对方会加倍珍惜，这对于双方以后的业务往来将会是大有益处的。"事实证明，这位港商果然眼光长远，从此以后，买卖双方建立起了良好的贸易关系，经济往来频繁，买方在谈判中总能享受到优惠和特权，这给买方带来了长期的经济利益，是那1.5万美元无可比拟的。

（资料来源：作者根据相关资料整理。）

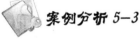
案例分析 5-3

根据以下案例所提供的资料，试分析：

(1) Priceline采用的客户自主定价模式更适用于哪些产品和客户？

(2) 如果你想在Priceline上订购酒店，你将如何出价？

在美国旅游，旅游网站Priceline就是一个帮出行者花钱买实惠的"神器"。Priceline由美国传奇企业家杰伊·沃尔克于1997年创立，1999年在纳斯达克上市。几经沉浮，现已成为业界龙头，风头盖过美国版"携程"——expedia公司。公司最新财报显示，去年第四季度营业收入15.4亿美元，同比增长近30%。该公司股价已突破1 300美元，公司市值过去五年增长近15倍。

住酒店花多少钱可以自己说了算，听上去很新鲜。这就是Priceline引以为傲的"客户自主定价"模式，也叫作反向定价。在Priceline网站首页输入目的地、出行日期和酒店区域偏好，然后提交愿意承担的价格。接下来，就等网站"接受"或"拒绝"的回复了。Priceline将在自己的数据库里找到愿意接受报价的供应商，一旦顾客的报价有供应商愿意接受，马上成交。如果价格一时无法接受，顾客需要提高出价，多试几把。当然Priceline也会限制在一定期限内买方出价的次数。

颇有几分神秘的是，在购买过程中，消费者只模糊地知道酒店星级、大致位置区域以及提供的服务清单，而不知道酒店具体的名称。这个谜底只有在达成交易的那一刻才会揭晓。不管是惊喜还是失望，一旦成交，消费者便没有任何反悔的机会。这样的模式与普通在线旅游产品网站赚取差价或者收取佣金的传统盈利模式一样，本质上都是为买卖双方提供交易平台，将散落在各处的需求和供给信息加以综合和分类。但区别在于，前者的博弈性更强，能有效地减少资源的闲置和浪费，在为卖家增加利润的同时，也给消费者提供实惠。不少在网上交流心得的网友说，自己花不到一半的价钱就入住了拉斯维加斯的五星级酒店。

这样的客户出价模式与旅游产品的特性有很大关系。机票和酒店等旅游服务产品都具有越接近失效期价值也越接近于零的特性。就像超市常常低价出售快要过期的食品一样，旅游产品供应商的价格出让幅度随着失效期的接近也会加大。Priceline发明的这种模式，有效地将濒临失效的航班空位和酒店空置房间与市场需求联系在一起，减少了买卖双方的信息不对称。

（资料来源：樊宇. Priceline 穷游也快乐[N]. 中国证券报，2014 - 3 - 1.）

第6章 采购合同管理

【本章知识架构】

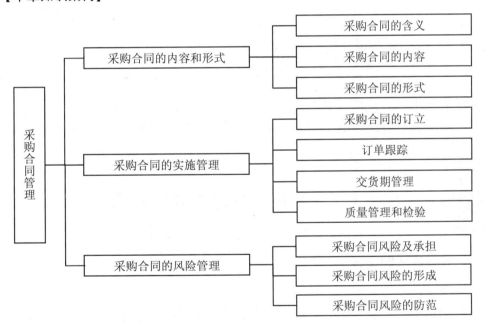

【本章教学目标与要求】

- 了解采购合同的含义。
- 熟悉采购合同的内容关键点。
- 熟悉订单跟踪的过程。
- 掌握交货期管理的重要意义,了解催交。
- 了解采购质量管理和检验。
- 了解采购合同风险的形成。
- 掌握采购合同风险的防范措施。

> **导入案例**
>
> **采购合同管理不善造成资产大量流失**
>
> 一些企业内部控制机制管理薄弱，特别是对于含有大额预付款项的购销合同管理不善，货款面临重大风险，企业可能承受严重的经济损失。
>
> 以大兴公司3次对外采购活动为例进行说明。
>
> （1）大兴公司××年与黑龙江省桦南县某经济开发中心签订了一份大豆采购合同，合同金额为534万元，货物交售期为3年半，预付款500万元。但大兴公司在签订采购合同的前两天，就已签发了500万元预付款的转账支票。这份履约期长达3年半，且预付款比例为93%的采购合同，最后使大兴公司价值200多万元的货物无法收回。
>
> （2）大兴公司××年向哈尔滨市某公司贸易部购买大豆。在没有签订采购合同或协议的情况下，大兴公司以预付款的方式先后汇款1 000多万元，其中900多万元汇给对方业务员，后因该业务员辞职和失踪造成大兴公司损失200多万元。
>
> （3）大兴公司××年向汕头某公司订购进口毛菜油15 000吨，总金额10 980万元。双方约定由汕头某公司负责办理进口报关手续，大兴公司须在申请开立进口货款信用证前5天预付3 000万元。由于该批货物涉嫌走私被南京海关没收，造成大兴公司损失3 000万元。
>
> （资料来源：http://sjj.sh.gov.cn/sj2014/ztzl/node289/node302/ula6463.html）
>
> 问题：
> （1）简述大兴公司采购合同管理方面的主要问题。
> （2）大兴公司3次采购活动中存在何种风险，如何规避？

本章在介绍采购合同基本内容的基础上，以采购合同实施为主线，分别介绍了交货期管理和货物验收等采购合同实施过程中的几个关键环节的工作重点，介绍了签订合同前后存在的风险及其防范措施。

【拓展知识】

6.1 采购合同的内容和形式

6.1.1 采购合同的含义

1. 合同的含义与特点

西方有句谚语："财富的一半来自合同"。合同是契约经济的产物，是商品交换的法律表现形式。合同，顾名思义，既"合"又"同"。"合"就是至少有两个或两个以上的当事人参加；"同"就是双方或多方有相同的意思表示。我国《合同法》规定："合同是平等主体的自然人、法人、其他组织之间设立、变更、终止民事权利义务关系的协议。"所以，合同是双方或多方确立、变更和终止相互权利和义务关系的协议。合同具有以下特点。

（1）订立合同的双方当事人法律地位平等。这是合同作为民事法律关系的一个重要特征。当事人法律地位平等，首先，要求主体双方在平等的基础上充分协商，自愿订立合同。合同的内容要反映当事人的真实意愿，而不允许一方当事人强迫对方与自己订立合同。其次，合同当事人无论是法人、其他组织还是公民，也无论其所有制和隶属关系如何，在订立合同时双方的法律地位也都是平等的。最后，法律地位平等还要求合同当事人双方平等地享受权利并承担义务。

（2）合同是双方当事人之间协商一致的结果。

（3）订立合同是一种法律行为，合同的内容必须合法，否则合同无效。

（4）合同具有法律约束力，双方必须全面履行合同所规定的各自义务。合同的法律效力主要表现在两个方面：①合同一经依法成立，就受到国家法律的保护，当事人必须全面履行；②对于依法成立的合同，当事的任何一方均不得擅自变更或解除，否则就要承担违约责任。

2. 采购合同的含义与特点

合同的种类很多，但是比较常见的是经济合同，它是民事主体之间为了实现一定的经济目的，明确合同双方的权利、义务关系的协议。采购合同是经济合同的一种，俗称买卖合同，是买方向卖方按一定条件购买某项标的物时，为了明确双方的权利和义务而签订的具有法律效力的书面协议。采购合同具有以下特点。

（1）具有明确的目的性，是转移标的物所有权或经营权的合同。采购合同的基本内容是出卖人向买受人转移合同标的物的所有权或经营权，买受人支付相应货款，所以必然伴随着标的物所有权或经营权的转移，而且对标的物及其转移的形式和过程进行明确而严格的规定，包括对标的本身、标的数量、标的质量、标的验收等方面进行严格规定。例如，产品的质量和包装质量若有国家标准或行业标准的，必须按国家标准或行业标准签订，无国家标准或行业标准的，按主管部门规定的标准签订等。

（2）采购合同的主体比较广泛。从国家对流通市场的管理和采购的实践来看，采购合同双方可以是生产企业、流通企业、其他社会团体，也可以是具有法律资格的自然人。

（3）采购合同是当事人之间的合法行为。只有在符合国家的法律、法令和有关政策的前提下，采购合同才有法律效力，受到国家法律保护。同时采购合同的签订也必须建立在合同双方平等、自愿的基础上，合同一旦签订，合同的履行受到法律的保护，任何一方擅自变更或解除，要承担违约责任。

（4）采购合同与流通过程密切相关。采购合同是采购关系的一种法律规定和约定，它以采购这一客观经济关系为基础，直接反映采购的具体内容和实施约定，与流通过程密切相关。

3. 采购合同的作用

采购合同的本质在于买卖发生之前，双方必须同意这笔交易，这个同意协议就是一份合同，在合同达成之前，产品或服务的所有权不能被转移。因此，采购合同的作用如下。

（1）采购行为若仅凭当事人的口头约定，则缺乏具体的凭据，采购合同可确定采购双方应履行的事项。一项交易行为，如其交易内容很简单而在短时间内即可完成交货者，发生问题的可能性当然不大。但是交易条件繁杂而完成交易期限较长时，倘无书面的合同为凭，则双方对于彼此应履行的事项，可能发生认知上的差距，所以必须订立书面合同，以明确双方的权利与义务。

（2）采购合同内会明确规定采购双方间的权利与义务，以及发生纠纷的解决方法，所以采购合同可作为解决采购纠纷的依据。如果出现供应商不能依规定交货或双方履行合约行为发生差异时，便可根据合约条文，迅速采取补救之道。

（3）采购行为发生纠纷，而采购双方未能协商解决必须诉诸法律诉讼方式时，采购合同可作为法律上的书面证据。若合同内容合法，合同将优先被法院采纳为证明文件。

（4）涉及国外采购，采购双方所涉及者常是两个或两个以上不同国家的法律，并无统一的法律制度共同遵守，此时采购合同可订立自治条款，乃以当事人间所订立的自治条款为重要约定，作为履行合约的重要依据，比如指明诉讼的法院所在地。

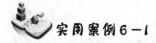
实用案例 6－1

口头约定不如合同载明

某零部件批发商与某汽车摩托零配件销售商自 2011 年 9 月开始有贸易往来。由汽车摩托零配件销售商采购人员电话向零部件批发商订购货物，双方没有签订书面买卖合同，交易方式为货到付款，汽车摩托零配件销售商的采购人员在零部件批发商收货单据上签字。

自 2015 年 10 月至 2016 年 2 月 22 日，汽车摩托零配件销售商向零部件批发商陆陆续续订购多批货物，零部件批发商已经如期交货，但汽车摩托零配件销售商却未支付货物款项。后汽车摩托零配件销售商陆续还清了货款 56 221 元，但仍有 330 000 元的货款未给付，零部件批发商催促多次，汽车摩托零配件销售商仍迟迟不肯支付，零部件批发商诉至法院，要求被告支付货款 330 000 元及按同期银行基准利率核算的利息（自立案起诉之日起计至还清货款之日止）。

因零部件批发商仅能提供银行流水、汽车摩托零配件销售商采购员工姓氏的收货单据等证据，未能有效举证证明被告拖欠货款一事，因此诉请未获法院支持。

很多企业的贸易往来，不一定会签订书面的买卖合同，不少企业采用电话口头下订单、供应商直接送货等凭信用交易的传统模式。虽然口头合同也是《合同法》认定的合同形式，但与书面合同相比，显然不确定因素更多一些，履约风险也更大一些。因此，企业在签订采购合同时，还是采用书面合同的形式为宜。因为书面合同具备有据可查的优势，一旦发生问题，也便于举证和分清责任，避免口说无凭的风险。

（资料来源：作者根据相关资料整理。）

6.1.2 采购合同的内容

采购合同作为一种经济合同，内容一般包括：合同的标的，标的数量和质量，价款和酬金，履行的地点、期限和方式，违约责任以及合约附则等。一个完整的采购合同，主要由首部、正文与尾部组成。其条款应包含以下内容。

1. 首部

规定采购性质和合同签订的时间、地点和目的等内容，主要包括以下方面。

（1）名称：如生产用原材料采购合同、品质协议书、设备采购合同、知识产权协议、模具设计与加工合同等。

（2）总则：交代签约的时间、地点、签约人姓名或单位名称、签约原因或目的等。

2. 正文

主要规定标的物的具体信息，正文的内容根据不同标的物的具体情况会有所不同，其中有些条款是任何采购合同都有的，有些条款是根据标的物的不同所做的附加约定。共同的条款主要内容如下。

（1）商品条款：商品的名称、代号、规格说明、商品的原产地等。

（2）质量条款：确定质量的方法、标准、质量要求等。

（3）数量条款：确定买卖商品的数量、单位、交付数量超出或不足等情况的处理，商品数量的核算体系规定等。

（4）价格与付款：价格结构、价格币制、价格计算单位、价格风险、价格税赋、付款条件、付款方式、付款日期、延期付款与拒付等情况处理。

(5) 包装：包装是为了有效保护商品在物流过程中的质量和数量，并与环保密切相关，所以现代采购合同对包装有详细、明确的规定，内容主要包括内包装方法、外包装种类、包装材料、包装尺寸与重量、包装容量、包装标识、环保要求等方面的规定。

(6) 运输与交货：发货要求、发货时间、发货批次、发货地点、运输工具、转运要求、交货方式、发运单据与文件、交货时间与地点等以及途中分拣运输成本的约定。

(7) 保险：保险是企业向保险公司交纳保险费的行为，也指货物在运输过程中如果发生损失，保险公司向企业提供的经济补偿。该条款应该约定投保人、受益人、保险公司选择、险别、保险金额与保险赔付、理赔地点等。

(8) 商品检验：检验项目、检验标准、检验机构、检验方法、检验费用、检验报告、检验不合格品处理等。

(9) 纷争与仲裁：纷争解决原则与办法、仲裁范畴、仲裁地点、仲裁机构、仲裁人的选定、仲裁费用等。

(10) 不可抗力：不可抗力是指合约执行过程中发生的不能预见、人力难以控制的意外事故，如地震、洪水、战争、台风等导致合约执行中断。遭遇不可抗力事件的一方可以免除违约责任。所以采购合同应该对不可抗力的含义、适用范围、双方在不可抗力事件中的权利义务等做出约定。

(11) 违约与取消合同：除不可抗力因素外毁约条件的规定、违约或毁约的赔偿及债务、债权的责任等。

(12) 适用法律：明确适用何国、何地的法律条款，以适用法律为解决纷争的准则。适用法律的约定已越来越多地出现在采购合同中，尤其是国际采购中。

此外，对于不同的采购合同，可能会补充以下一些特殊约定。

(1) 保值条款。

(2) 价格调整条款：许多标的物价格的时间敏感性较强，在采购周期比较长时，通常对标的物价格出现异动进行约定。

(3) 工业产权与专利条款：主要涉及工业产权、专利范畴、时间、费用等，对这些内容的约定。

(4) 保密：保密项目、范畴、措施与保密规定等。

(5) 培训：培训的项目、日期、地点、人数、批次、费用及考核标准等，常见于大型机械设备的采购和现代软件采购。

3. 尾部

尾部通常包括几项内容：

①合同的份数；②合同使用语言及效力；③附件；④合同生效日期；⑤双方的签字盖章。

6.1.3 采购合同的形式

1. 采购合同的范例

采购合同属于商业合同，是一种通用的合同，在发达国家的公司常由法律顾问起草，一般用于买卖双方对货物无特殊要求的国际贸易中。为了帮助理解，这里列举一个采购合同的范例。实用范例 6-1 所示是一个很常用的原材料零部件采购合同实例。

【拓展案例】

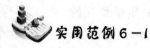

原材料零部件采购合同

供方：_____ 合同号：_____
需方：_____ 签订日期：_____
签订地点：_____

经充分协商，签订本合同，共守信用。

（1）商品名称、数量、价格。

商品名称及牌号或商标	产地或国别	型号或花色品种	等级	计量单位	数量	单价	折扣	金额

合计金额(人民币)：　　仟　　佰　　拾　　万　　仟　　佰　　拾　　元　　角　　分

（2）质量、技术标准和检验方法及负责期限：_____。
（3）交货日期：_____。
（4）交(提)货及验收方法、地点、期限：_____。
（5）包装标准、要求及供应、回收、作价方法：_____。
（6）运输方法、到达港(站)运杂费负担：_____。
（7）配件、备品、工具等供应方法：_____。
（8）超欠幅度，交货数量超欠在_____%范围内，不作为违约论处。
（9）合理磅差，自然减(增)量的计算：_____。
（10）给付定金数额、时间、方法：_____。
（11）结算方式及期限：_____。
（12）保险费：以____方名义，由____方按本合同总值的____%投保，保险费由____方负担。
（13）违约责任：供方不能交货，需方中途退货，向对方偿付因不能交货或中途退货部分货款总值____%的违约金。
（14）其他：_____。

未尽事宜，均按《中华人民共和国合同法》规定执行。

　　　　　　　　　　　　　　供方　　　　　　　　　　　　　　**需方**
单位名称：　　　　（章）　　　　　　　　　　（章）
法定代表：
签约代表：
地址：
电话：
开户银行账户：
主管部门：
保证单位：　　　　（章）　　　　　　　　　　（章）

2. 电子采购合同

近年来，互联网和电子商务在我国高速发展，传统商务交易中所采取的书面合同已无法适应"互联网+"环境下的市场经济和社会发展需求，越来越多的企业在采购时开始使用电子合同。电子合同又称电子商务合同，基本形式是 EDI 和 E-mail，签订方式也由以前的"面对面"变成了"背靠背"，根据联合国国际贸易法委员会《电子商务示范法》以及世界各国颁布的电子交易法，同时结合我国《合同法》的有关规定，电子合同可以界定为：电子合同是双方或多方当事人之间通过电子信息网络以电子的形式达成的设立、变更、终止财产性民事权利义务关系的协议。通过上述定义可以看出电子合同是以电子的方式订立的合同，主要是指在网络条件下当事人为了达到一定的目的，通过数据电文、电子邮件等形式签订的明确双方权利与义务关系的一种电子协议。

由于电子合同与传统交易条件下的书面合同在形式上差别较大，使采购从有形场所转移到网络上，因此，法律对书面合同效力的规定并不完全适用于电子合同。例如，如果电子合同的一方当事人是无民事行为能力的人或是限制行为能力的人，另一方很难发现，这不仅增加了合同效力的不稳定性，也使传统商事交易方式的法律规范受到前所未有的挑战。鉴于此，深圳市早在 2013 年就出台了《深圳市网络交易合同规则》，深圳市市场监管局结合电商平台在合同交易中存在的问题，围绕网络交易合同各方权利与义务的明确和细化展开，整合了电子签名、电子证据、第三方存储、信息披露、隐私保护、信用管理等相关方面的标准和要求，按照标准化要求，对 108 个类别的电子合同进行了标准规范研制，形成了包括总则、网络交易合同订立和履行、网络交易合同安全保障、附则 4 个章节的《深圳市网络交易合同规则》。而国家质检总局电子合同标准研制及应用试点项目也于 2016 年 12 月通过验收，填补了网络交易电子合同监管中法律法规的空白，为国家出台电子商务相关政策法规、标准及推广应用奠定了坚实的基础。

【拓展案例】

6.2 采购合同的实施管理

6.2.1 采购合同的订立

1. 采购合同订立前的资格审查

采购合同的订立是采购流程的中心环节，是合同双方达成一致意愿进入法律保护领域的实质阶段。由于采购合同依法订立后，双方必须依法严格执行，因此采购人员在订立采购合同之前，必须审查供应商的合同资格、资信及履约能力，按合同法的要求，逐条订立合同的必备条款。

1) 订立合同的资格审查

审查供应商的合同资格，为了避免与不具备签订合同资格的个人或组织签订合同，以免日后发生不必要的经济纠纷，必须审查供应商是否属于经国家审批程序成立的法人组织。

（1）法人资格审查。没有取得法人资格的社会组织，已被吊销营业执照取消法人资格的企业或组织，无权签订购销合同。要特别警惕根本没有办理工商登记手续或未经批准的所谓的公司，它们或私刻公章、冒充法人，或假借他人名义订立合同，旨在骗取采购方的资金。

同时，要注意识别那些没有设备、技术、资金和组织机构的"四无"企业，它们往往在申请营业执照时弄虚作假、以假验资、假机构骗取营业执照，虽签订供货合同并收取货款或订金，但根本不具备供货能力。

（2）法人能力审查。法人能力审查主要是审查供应商的经营活动是否超出营业执照批准的范围。超越业务范围的合同属于无效合同。法人能力审查还包括对签约的具体经办人的审查，购销合同必须由法人的法定代表人或法定代表人授权承办人签订。承办人在代表法人签订合同时应出示身份证、法人代表的委托书和营业执照或副本。

2）供应商的资信和履约能力审查

资信，是对当事人经济实力、经济效益、履约能力和商业信誉等的综合评价。审查供应方当事人的资信情况，了解供应商对供货合同的履约能力，对于确定购销合同中的权利义务条款具有非常重要的作用。主要审查：①资信审查。对于资信的审查，要求供应商要有固定的生产经营场所、生产设备和与生产经营规模相适应的资金，这是法人对外签订供货合同起码的物质基础。同时，要注意审查其历史上的资信情况，在历史上是否信守承诺，是否有过不诚信行为。②履约能力审查。履约能力是指除资信以外的技术和生产能力、原材料及能源供应能力、加工能力、产品质量和经营管理水平等方面的综合情况。总之，目的是了解对方有没有履行合同所必需的人力、物力和财力保证。

采购合同的订立不是一般的经济活动，而是一种产生一定社会后果的法律行为，所以采购合同的订立必须建立在合法的基础上。所谓合法，首先是指合同当事人的资格必须合法，签订合同前首先要调查了解双方当事人是否具有签订经济合同的权力和行为能力，是否具有签订合同的合法资格；其次，合同的形式和内容要合法，合同必须符合法律规定的形式，凡是国家主管部门制定的统一标准合同形式，必须加以采用。合同内容必须符合国家的法律、法令、政策，否则，不仅没有法律效力，而且对有关人员要根据情况依法追究责任；最后合同签订的程序要合法，合同是平等双方共同意志的体现，合同条款的确定要建立在合同双方协商的基础上，另外有些采购合同还必须经过国家规定的合同管理机关进行鉴证之后，才具有法律效力。

2. 采购合同的订立

采购合同的订立过程可以分成订立前准备、要约、承诺、合同签订和公证几个阶段。订立前准备主要了解当事人双方的资信能力，调查了解对方是否具有签订采购合同的资格，具有法人资格的企业、农村集体经济组织、国家机关、事业单位、社会团体都能作为合同的当事人，而不具有法人资格的集团子公司、社会团体、事业单位内部机构等不具有签约资格。另外，在订立合同的准备阶段，还应该了解对方的信用情况，这在国际贸易中尤其要注意。

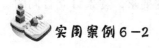

实用案例 6-2

投标文件的签署

××省国际经济技术合作公司参加亚行贷款巴基斯坦农业灌溉项目中××泵站设备成套子项目的国际投标，该公司投标人员按招标文件要求完成投标文件，由于该公司董事长（法定代表人）出国考察，不能在投标截止日期前回国，该公司总经理签署了所有文件，但在该投标人提供的英译本营业执照复印件（经公证）中明确显示该公司的法定代表人是该公司董事长。

评标结果是该公司未能通过商务审查，主要原因在于文件不是由法定代表人签署的，并且文件签署人无授权书。

（资料来源：作者根据相关资料整理。）

要约和承诺是合同双方当事人提出缔结合约和同意缔结合约的过程。要约阶段，也叫订约和提议阶段。这是当事人一方向对方提出订立经济合同的建议。提出建议的一方叫要约人。要约是订立采购合同的第一步。如买方提出以5万元价格购买一辆二手车，这是要约，而如果卖方同意，则视同承诺，要约和承诺是合同的基本内容，签订合同是书面化的表达，而公证则是一种保证。要约有如下特点。

（1）要约可以向特定对象发出，也可以向任意对象发出，但当要约向某一特定的对象发出时，要约人在要约期限内，不得再向第三人提出同样的要约，不得与第三人订立同样的采购合同。

（2）要约是要约人向对方做出的允诺，因此要约人要对要约承担责任，并且要受要约的约束，一旦对方在规定的期限内做出承诺，要约人就有接受承诺并与对方签订采购合同的义务。

（3）要约人可以在对方承诺前撤回要约，对已撤回的要约或超过承诺期限的要约，要约人不再承担法律责任。

承诺阶段也叫接受提议阶段，承诺表示当事人一方完全接受要约人的订约建议，同意订立采购合同。接受要约的一方叫承诺人，承诺是订立合同的第二步。承诺必须是完全接受要约人的要约条件，不能附带任何其他条件，即承诺内容与要约内容必须完全一致，这时协议即成立。如果对要约提出修改意见或附加条款，则是拒绝原要约，提出新要约。此时要约人与承诺人之间的地位发生了交换。在实践中，很少有对要约人提出的条款一次性完全接受的情况发生，一般都要经过反复的业务洽谈，经过协商取得一致的意见，最后达成协议。

合同主要条款协商确定后，可以先草签合同，待其他次要条款约定后，再正式签订合同。签订合同前应再一次确认双方当事人的签约资格。法定代表人有权代表组织对外签订合同，无须授权委托，但是需要对法定代表人的身份进行确认。合法代理人也可签订合同，但需要持有法定代表人的授权委托书。

为了确保采购合同的真实性和合法性，采购合同签订后一般应予以公证。所谓真实性，是指合同双方当事人的意思表示真实，合同主要条款完备，文字表述准确；所谓合法性，是指当事人具有合法的主体资格，合同的内容符合国家的法律、政策的规定。公证由国家公证机关给出，根据当事人的申请和法律规定，依照法律程序，证明采购合同的真实性和合同过程、内容的合法性。合同的鉴证由合同监督管理机关根据双方当事人的申请给出，依法证明合同的真实性和合法性。合同的鉴证必须在双方当事人的共同申请下，才能由合同监督管理部门给出。

6.2.2 订单跟踪

订单跟踪就是签订合同的人员对合同执行的全部过程进行跟踪检查，以保证合同的正常履行。合同跟踪的目的有3个方面：促进合同正常执行、满足企业的物料需求、保持合理的库存水平。

与供应商签订的合同具有法律效力，如果供应商不能按照合同约定的供货时间准时提供标的物，要承担一定的违约责任。但很多情况下，例如，采购标的物是生产企业所必需的原材料和零部件,这种延迟供货可能带来生产企业的生产系统运作的混乱,导致生产企业不能及时向市场提供商品,从而进一步导致市场份额的流失,企业形象的受损,供应商的违约金可能不足以弥补这些方面的损失,所以不能如约履行采购合同对合同双方都是一种损失。另外,合同的履行是一个长期的过程,在这个过程中,根据市场和企业的实际情况,可能需要对合同进行变更,这种变更也要及时通知供应商并进行友好协商。在许多情况下,企业与供应商之间签订的往往是长达十几年甚至是几十年的长期采购合同,供应商根据采购企业的每一次具体的订单来组织供应,所以订单人员应全力跟踪订单的履行情况。

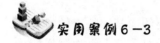
实用案例6-3

本田采购管理

本田公司成功的采购管理运作在业界是非常有名的。本田公司每辆车的80%的成本都用于从外部供应商那里购买零部件。供应商的情况对本田公司的赢利至关重要,好的供应商最终会带来低成本、高质量的产品与服务,因此必须与供应商建立长期合作的伙伴关系。

本田公司实施采购管理的一项重要举措就是"最佳伙伴"项目。首先,本田公司与供应商的关系是一种"永久关系"。一旦与某家供应商签订了合约,就希望这种关系保持25~50年。其次,本田公司放弃传统的拼命压价的采购方式,转而采用一种新的方式,它的信条是"如何利用供应商的技能来增强自己在最终市场的竞争力"。在充分了解供应商制造零部件成本的基础上,本田公司的采购人员根据所采购货物制定出了成本表单,然后以这些表单定出"目标价格"并告诉供应商。如果供应商收到目标价格后,对本田公司的采购人员说"你们真是疯了",本田公司马上就会派工程师到供应商的公司去,检查供应商的生产流程,找出导致供应价格过高的原因。

(资料来源:作者根据相关资料整理。)

具体来说,要做好订单跟踪,应把握以下事项。

1. **严密跟踪供应商准备物料的详细过程**

要经常与供应商进行沟通,检查物料的准备情况,发现问题及时反馈,需要中途变更的要立即解决,不可贻误时机。不同种类的标的物,其准备过程也不同,总体上可分为两类:一类是供应商需要按照样品和图纸定制的标的物,周期长、变数多;另一类是非定制的或供应商有库存的标的物,周期较短。前者尤其需要跟踪检查。

2. **变更订单应及时通知供应商,共同商量对策**

在企业的生产过程中,可能会出现紧急需求某种物料的情况,此时要及时与供应商协调,必要时可帮助供应商解决疑难问题,保证所需物料的准时供应。有时候,市场也会出现滞销,导致企业的生产中断,这时可能会暂停供应原材料和零部件,订单人员也应尽快与供应商进行沟通,确认可承受的延缓时间,或者中止本次订单操作,给供应商违约赔偿。

3. **控制好物料验收环节**

当物料到达订单规定的交货地点时,订单操作者必须按照原先所下的订单对到货的物品质量、批量、单价及总金额等进行确认,并进行记录归档,开始办理付款手续。

4. **完善支付管理**

物料验收入库后,应按合同规定的支付条款对供应商进行付款,并进行跟踪。订单执行完毕的条件之一是供应商收到本次订单的货款,如果供应商未收到付款,订单人员有责任督促付款人员按照流程尽快付款。

5. 加强订单文档管理

在订单的执行过程中和执行完成后，都要及时进行订单的文档管理。把合同文档、合同过程中的变更文档等都及时记录备案，把合同的进展状况及时录入信息管理系统，并把订单跟踪过程中的有关信息，如供应商的产品质量、服务质量、信用等，及时进行记录和评价，作为供应商管理和订单认证的依据。

实用案例 6－4

某省烟草公司的合同管理系统

某省烟草公司的合同管理系统是该公司营销管理信息系统的一个子系统，主要对烟草公司与卷烟厂之间的采购合同进行信息化管理。

烟草公司的采购业务有省外购进业务和省内购进业务两种。省外购进业务因为存在专卖检查，一般是按批次签订采购合同，省内购进业务合同一般只规定总量，要由卷烟厂进一步分解。对省内购进业务，需要把按供应商分解的计划安排表作为合同输入到系统中，然后由系统自动汇总所有合同的合计数，判断是否超过采购计划指标。如果超过，系统会给予提示或禁止进一步处理。每一份订单的货物入库后，系统会自动根据验收入库单上的实收数（应收数－差异数）核减合同数量和金额。

（资料来源：作者根据相关资料整理。）

6.2.3 交货期管理

1. 交货期管理的含义和意义

采购交货期，通常指在采购合同中明确下来的交货期限，从合同生效开始到标的物最后提供的这个时间段。采购交货期管理，就是采购单位对供方按合同要求的交货期限、供货情况逐一进行计划、组织、监督、调节和控制。

供方在货物供应的时间问题上通常会有两种不符合合同要求的行为，一种是延期交货，另一种是提前到货，这两种行为都会对采购方的生产管理产生影响，都不是采购方所希望的。交货过早，暂时并不需要的物资会产生仓储、保养、资金占用和储存损耗等多种费用和损失，也不利于库存控制，有关知识将在第 9 章介绍；而交货期过晚，则会造成生产建设的停工待料，延缓生产的进度。一般供应商在向采购商发货时，有告知的义务和责任，对于交货过早问题，采购方还是能够及时发现，并通过协商解决的。这里主要介绍延期问题。

交货期的管理从合同条款谈判和拟定的时候就开始了。要在采购合同谈判和最终合同条款中明确采购产品的最迟交货期并加入供应商延误赔偿条款。在多数情况下，交货期要具体规定到某天而不是某周或某月。一方面这有助于计划的精准执行，另一方面也便于计算延误赔款的具体数目。国际通用的延误赔偿条款对延误赔偿的计算方式一般做如下规定：从最迟交货期的第二天算起，每延误一周，供应商赔偿采购方该合同总额的 0.5%～1%，但延误赔偿的总额不应超过合同总额的 10%。

可能读者会认为，既然存在赔偿问题，交货期管理应该是供方的事情，而不是采购方的事情，而且既然存在逾期赔款，供方应该会按照合同要求严格履行其义务。事实上这种想法是非常不切实际和危险的，在相对较长的供应期间内，供应商的工作人员，即使是享有很高声誉的供应商的工作人员，在工作上也会有惰性，也会犯错误，同时也存在很多客观上的原因导致供应商不能如期交货。

读者可能又会认为，供应商犯了错误，不是有逾期赔偿吗，采购方不会有很大的实际损失。事实上在大多数情况下，合约所规定的10%的赔偿金一般不足以弥补因采购的延误而引起最终产品的延误所造成的损失。但是对于供应商而言，每笔订单所赚的利润是有限的，且不会超过订单的总额，所以如果把这种逾期赔偿定为合同总额的一倍或者几倍，以弥补采购方损失的话，估计又找不到合适的供应商了。所以为了确保产品的如期交付，交货期管理对于采购方而言是至关重要的。

2. 供应商不能如期交货的原因

供应商不能如期交货的原因是多方面的，既有供应商的主客观原因，也有采购商方面的原因，只有清楚了解延期交货发生的根源，才能更好地进行交货期管理。

1）供应商的原因

供应商为了获得更多的订单，往往会同时与多家采购商接触，而且在谈判的时候为了获得订单，会有意识地夸大自己的生产能力、压低价格，合同签订后，发现自己根本没有如期交货的生产能力或合同所谈价格过低、生产越多亏损越严重等诸多问题。在这种情况下，供应商延期交货甚至单方面终止合同的可能性就非常大。为了降低这种风险，采购方在采购前一定要做好采购认证，对采购标的物的生产成本、供应商的供货记录和生产能力要有一定程度的了解，对采购物资的价格不能盲目求低。

另外，在平时的采购管理中应该建立供应商交货能力的评价指标，作为后续采购认证的依据。这方面内容在第4章已经讲过，但这里进一步强调供应商交货能力的绩效指标，通常主要有：交货迟延率、迟延件数率和迟延日数率。

$$\text{交货迟延率}(\%) = \frac{\text{每月迟延总批数}}{\text{每月交货总批数}} \times 100\% \qquad (6-1)$$

$$\text{迟延件数率}(\%) = \frac{\text{每月迟延总件数}}{\text{每月交货总件数}} \times 100\% \qquad (6-2)$$

$$\text{迟延日数率}(\%) = \frac{\text{自订单日起至实际交货日止的日数}}{\text{自订单日起至合同交货期止的日数}} \times 100\% \qquad (6-3)$$

多数情况下，供应商对标的物的生产是有能力和有计划的，但在生产实践过程中会发生很多状况，如材料欠缺、制造产品的品质不良，出现返工，又如供应商可能原计划将部分制造工作转包他人，由于转包方未能善尽职责甚至终止转包，导致产品不能如期交货，对这些状况如果不做出及时的调整，就会导致延期交货。

还有一些供应商在争取订单的时候态度积极，但一旦订单到手，就有恃无恐，工作漫不经心，对如期交货缺乏责任感，这种情况就更需要采购方不断督促和管理。

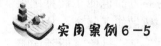
实用案例6-5

供应商拒签采购合同

某市市容环境卫生管理局委托该市政府采购中心公开招标采购一个污水处理站（建设），预算价为210万元。前来投标的供应商有A、B、C、D共4家。最终供应商C以最优质的施工技术和服务、最优惠的报价125万元取得中标资格。该局根据评标委员会提交的评标报告于次日向供应商C发出中标通知书。供应商C虽然以"超低价"优势争得中标资格，但若真正实施采购项目则面临着做"亏本买卖"，于是在中标通知书发出之日起30日内拒绝与该局签订采购合同。

虽然这次采购失败的主要责任要由 C 公司来承担，但污水处理站未能如期建成。如果采购人能加强采购项目的论证，综合考虑采购需求的实际情况，严谨科学地明确界定采购项目的质量技术参数、规格、性能和采购预算，就能有效防止此类事件的发生。

（资料来源：作者根据相关资料整理。）

2）采购方的原因

采购合同签订以后，采购方会经常根据自己的生产要求对每批物料的采购量、交货期、商品规格、技术要求、生产工艺提出变更，这种变更会打乱供应商的生产计划，导致不能及时供货。针对这种情况，一方面采购方应该尽量对自己的生产进行精细化管理，避免变更频繁发生；另一方面在变更必然要发生的情况下，采购方应该清楚自己在合同执行过程中的责任，及时与供应商沟通、协作，尽量缩短延迟时间。

有时候，标的物的生产和准备需要供应商和生产商的合作，如需要采购商提供材料和模具或技术指导等。

还有很多其他的因素，如供需单位之间缺乏协调配合、生产过程中发生自然灾害、罢工、政治动荡等不可抗力因素等，为了降低这些因素对交货期的影响，就需要进行系统的交货期管理。催交就是一种非常行之有效的系统化交货期管理方法。

3. 催交

针对现代企业精细管理思想中对于交货期管理的要求，许多公司设置了一个新的岗位——催交（Expediting），从事催交的工作人员要对采购产品的交货期进行全程和全方位的主动监督和控制。良好的时间计划和控制是催交工作的前提，通常对时间计划和控制做得很细致的企业或项目，会产生对专业催交工作的需求。这样的企业或项目要有专业的时间计划和控制部门的人员，定期制订、修正、颁布企业生产的时间计划安排。

催交员的作用和地位应是合同执行的核心管理者，催交员并非是合同执行中各项工作的具体执行者和领导者，而是各项工作的驱动者。催交员的主要职能是采取合理的手段，推动与合同执行有关的各方努力按既定计划去完成各自的任务，从而保证合同交货期目标的实现。其中，参与合同执行的各方不仅指供应商，根据工作的复杂程度，还可能包括采购方内部的采购员、设计技术人员、质量保证人员、计划和控制人员、文件和图纸管理人员、运输管理人员等。催交员的工作和责任是监控、交流与及时发现可能造成交货期延误的问题，向上级管理者报告问题，协调、催促和推动问题的解决等。

催交工作有办公室催交和生产现场催交两种工作方式。办公室催交就是通过电话、传真、电子邮件以及检查供应商进度报告等方式，监控、督促供应商和采购方内部各有关部门的工作进展。但是这种遥控的方式通常不足以使采购方把握真实的工作进展状况，因此适当频率的现场催交也是非常有必要的。现场催交是指催交人员亲自到供应商的生产现场进行访问和调查，实地验证工作的进展，与供应商进行面对面的交流，以期尽早发现和解决潜在的问题。现场催交的成本比较高，所以要把握好现场催交的频率与效率，另外专业催交的基础是现代企业的精细管理，只有对时间进行有效计划和控制的企业才能体会到采购产品交货期的重要性，才能体现催交的价值。而粗放管理的企业和项目，对时间计划和控制的概念很薄弱，很难想到要设立催交这种专门为时间计划和控制提供服务的岗位，即使有这种岗位，在这种岗位上的工作人员往往也只是充当救火兵。

实用案例6-6

催交，确保采购合同履约

某单位为煤化工技改项目采购的10台真空泵出现严重推迟交货的现象，已经拖期30%。公司安排人员赶到制造厂家察看，发现本应在装配阶段，但机身、气缸大型部件还在铸造阶段。经初步了解得知，由于该设备是新开发的机型，新技术难题多，且交货期横跨春节，所以工期有所延误。该单位人员在察看其制造车间及外协厂家的加工设备后，与厂家经营、技术、生产及装配车间充分沟通，明确质控点，制作网络计划，赶抢工期，完成交货。

设备的生产过程，就是合同的履行过程。在设备采购的合同管理中，甲方对制造厂家在执行合同中实施全方位、全过程的驻厂催交和监督是保证合同有效执行的重要管理手段。工程项目的设备采购合同签订后，要实行催交和现场监造与检验，这是设备采购合同履行的重要保证，是设备招投标工作的延续。

（资料来源：作者根据相关资料整理。）

催交在中国企业管理中还处于初始阶段。这与我国现阶段企业管理水平存在一定联系。目前我国企业在时间计划和控制领域，不论从基础理论的研究方面还是从实践上，与建立现代企业制度的要求相比都还有相当大的差距。如果没有有效的时间计划和控制，就产生不了精确的采购产品交货期，也产生不了对严格保证采购产品交货期的需求，也就更谈不上需要专业的催交人员。

6.2.4 质量管理和检验

【拓展视频】

采购管理中常出现的另一问题是质量问题的处理。当采购的商品出现质量问题时，如果没有被发现和正确处理，会直接影响最终产品的质量。另外，即使交货时发现了质量问题也应做退货处理，否则，不但会影响生产的进度和最终产品的交货期，而且会给整条供应链带来损失，至少会造成无效的运输。所以需要及时发现和解决采购商品的质量问题。

1. 全过程质量管理的理念

我国的企业管理文化相对偏重结果而不注重过程，即只要拿出了结果就是好样的，不会有太多的人去关心运作过程。这种管理文化体现在企业采购产品质量的管理上，就会偏重到货检验而忽视生产过程检验。翻开我国一些国家级大企业标准的成套设备进口合同会发现，合同中有关质量检验的条款只规定货物交至中国某地后在适当时间在买卖双方共同监督下实行最终开箱检验，至于在供应商生产过程中，采购方是否派人监督检查产品生产质量情况，往往没有提及。

这种到货的质量检验会带来两个问题：①货物运抵采购方后，采购方是否有适当的设施和设备对货物质量进行充分的检验；②如果在到货检验中发现了重大质量问题，势必要将货物运回制造地返工、返修或退货，不但造成往返运输的经济损失，而且还会影响最终产品或项目的完工时间。这种重结果而不重过程的质量管理方式不能预防潜在问题，只能算是一种亡羊补牢式的措施。

为了提升我国企业的管理水平，提高采购效率，应该扭转这种重结果轻过程的管理思想。采购工作，尤其是复杂产品的采购要实行采购产品全过程质量管理。对采购产品的质量监控要从申购开始，而作为结束整个产品质量管理过程的最终产品检验，要放在产品离开供应商生产地之前（发货前），而不是到货后才检验。到货检验工作应只负责清点数量和检查外观，检查内容包括实际到货数量是否与合同要求的数量相符以及运输中货物是否有丢失和损坏等，将质量检验的工作重心由以往的到货检验转移到了供应商生产地检验并实施采购全过程质量管理。采购产品全过程质量管理流程如图6.1所示。

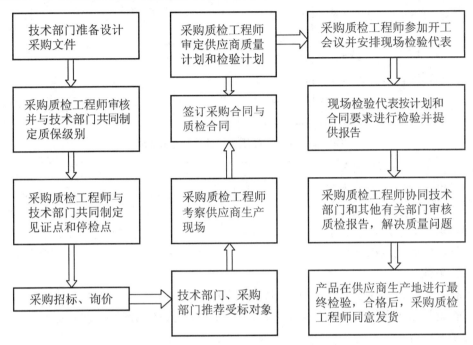

图6.1 采购产品全过程质量管理流程

从图6.1中可以看到采购质检工程师是全过程质量工作中的核心人物，采购前由采购质检工程师协同技术部门制定产品质保要求、见证点和停检点，采购合同签订以后，由质检工程师审核供应商的质检计划，审阅现场检验代表的质检报告，最后供应商能否向采购商发货，也必须由质检工程师现场检验，检验通过后方可发货。图6.1主要是针对复杂产品或技术设备采购的比较全面的质量管理流程，实践中要根据具体采购商品的技术复杂性、交货期时间的长短和采购成本来设计全过程管理流程。

2. 采购的质检组织结构

采购质检工程师通常隶属于采购部，但受采购部和质量保证部门双重管理。采购质检工程师的工作，从工作性质上讲，应属于质量保证部门的业务范畴，但因为采购部是企业唯一有权直接同供应商打交道的部门，在检验工作量比较大的情况下，把采购质检工程师放在采购部更便于与供应商的协同工作。对采购质检工程师的管理要采取专业职能和日常业务双重管理，图6.2描述了这种双重管理关系。他（她）在日常业务工作中接受采购部门负责人的领导，但由质量保证部经理对他（她）进行专业职能上的领导，专业职能的领导主要指企业质量保证计划的贯彻和培训，个人质检能力和质量问题处理能力的提高。

为了更好地进行产品质量检验把关，采购质检工程师应该对产品规格、质量保证级别、质检方法有一个清晰的把握和理解。

1) 产品规格

产品规格是描述产品方面要求的图纸、样品、技术文件或它们的结合，或其他具有同等效力的物品。它是供应商进行生产的依据或标准，也是企业的检验部门所参考的标准，所以产品规格的描述务必详细、准确。产品规格的描述方式不一样，主要有图纸、样品、技术文

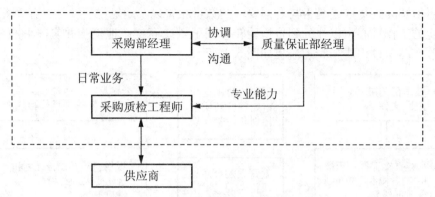

图6.2 采购产品质量检验管理组织结构

件、国际(国家、行业)标准等。

(1) 图纸，对于非通用零部件，企业常用工程图纸对其进行描述。供应商将根据工程图纸去生产或进行一定程度的组装，检验部门则按工程图纸测量尺寸和进行其他方面的检验。质检工程师对于图纸应该做到了然于心，能在生产现场检验的时候及时指出误差。

(2) 样品，当难以用文字和图形来描述所采购产品的时候，提供样品是一种很好的方式，如工艺品的采购。

(3) 技术文件，常用于那些难以用图纸来表达或难以呈送样品的物料，例如，常用的工程塑料颗粒就无法用图纸来描述，也不方便用样品去规定。化学药水(剂)的规格也只适合用技术文件来界定等。

(4) 国际(国家、行业)标准，某些标准件的采购，行业对于标准件的规格、型号有明确的界定，采购时只要说清楚参照何种标准，采购何种型号就可以了。

采购质检工程师只有充分了解产品的规格、质量要求，才能及时指出供应商生产过程中存在的问题，保证产品的质量。

2）质量保证级别

企业可以用于质量保证的资源是有限的。要尽可能把有限的人力、物力和财力投入到最需要它们的关键任务中去，以实现最佳的投入和产出比，所以采购质检工程师要和相关技术部门制定合理的采购商品质量保证级别、见证点和停检点。

可以根据需要将质量保证级别分为5级，如图6.3所示。

零级：不需进行供应商检验。

一级：离厂起运前进行最终检验。

二级：有限度的供应商现场检验。项目现场检验员仅在接到通知后进行某一事先约定的现场检验。

三级：全程供应商现场检验。除执行接到通知后进行的现场检验外，还要求项目现场检验员定期访问生产地监督工作进展。访问频率视合同执行情况和供应商以往质量表现而定。

四级：驻厂检验。当某一供应商处于不间断地生产项目重要设备或材料时，应使用这一检验级别，以保证生产的不间断。驻厂检验将由一名特别指定的现场检验员执行。

图6.3 质量保证级别

从图6.3可以看到，级别越低，检验工作越简单，检验成本越低。零级几乎不需要任何成本，但零级必须建立在供应商供货记录非常完美、企业与其有过长期合作的基础之上。质量保证级别的决策要综合考量供应商供货能力、诚信记录、商品质量记录、采购商品的技术复杂性和供应源地域距离等诸多因素。

见证点和停检点是根据采购品的生产流程，指定某些生产环节开始前进行检验的检验机制。某一环节执行前，供应商书面通知采购方在约定时间内到生产现场监督检验，若采购方人员未在约定时间到场，供应商可自行检验，确认合格后可继续下一道工序，这个点就是见证点。如果没有采购方人员的现场监督检验，供应商不得进行这一环节的工作或越过这一环节进入下一环节的工作，那么这个点则是停检点了。停检点比见证点要严格，停检点要求采购方必须到场。

3）检验方法

这里的检验方法不是指具体的商品检验技术，而是从商品检验的数量角度出发的有关规定和要求。从检验的数量角度，可以分为免检、全检和抽检。免检对应于零级质量保证，只能在某种原材料质量长期稳定、供应商长期合作的基础上才能进行，全检是对所有产品进行检验，只有在高价值或关键原材料的采购时运用。免检的风险比较大，全检的成本比较高，实践中更多采用的是抽检。抽检是抽样检验的简称，指从一批产品中随机抽取一定量的样本，然后根据一定的判断标准来判断该批产品是否合格。

抽样检验的国际标准为ISO 2859，它是由美国军用标准MIL-STD-105转变而来的，也有的企业直接使用MIL-STD-105。

"可以接受的品质水平"（Acceptable Quality Level，AQL）和"检验水平"是ISO 2859的两个关键词。"可以接受的品质水平"是供需双方共同认可的双方满意的不合格品率（或每百单位缺陷数）的上限。如果一批产品的不合格率值高于选用的AQL时，认为该批产品不合格或需要从严检验。一般根据具体的检验项目、产品的品质要求和原材料的情况来综合确定AQL值。在实践中，0.25、0.40、0.65、1.0、1.5是比较常用的AQL值。检验水平描述的是批量与样本大小之间的关系，不同的质量要求和检验成本决定检验水平的高低。ISO 2859规定了7个检验水平，其中有3个一般检验水平Ⅰ、Ⅱ、Ⅲ，另外还有4个特殊检验水平S-1、S-2、S-3、S-4。检验水平Ⅰ适用于检验费用较高的情况，Ⅱ级为正常检验水平，Ⅲ级适用于检验费用较低的场合。特殊检验水平主要适用于一些费用较高的破坏性检验中，样本数量一般较小。

实用案例6-7

中华人民共和国机械行业标准（JB/T 7723.1—2005）中背负式喷雾喷粉机的检验规定摘要

5.4 质量一致性检验

背负机制造厂的质量检验部门应定期或逐批进行质量一致性检验，以确保生产过程中产品质量的持续稳定。质量一致性检验的数量为两台。

5.4.1 抽样方法

抽样按GB/T 2828.1中的正常检查一次抽样方案，采用特殊检查水平S-1。

采用随机抽样方法。抽取的样品应是企业近一年内生产的、未经使用的合格产品,抽样母体量应不少于20台(件)。

5.4.2 不合格分类

被检验的项目凡不符合 JB/T 7723 的本部分要求的,均为不合格。

按不合格对产品质量影响的严重程度,分为 A 类不合格、B 类不合格、C 类不合格。不合格项目分类见表 6-1(只截取部分内容)。

表 6-1 不合格分类表

不合格分类		检验项目
类	项	
A 类不合格	1	整机密封性能
	2	常温启动性能
	⋮	⋮
B 类不合格	1	背负机净重
	2	喷雾水平射程
	⋮	⋮
C 类不合格	1	水平喷粉量
	⋮	⋮
	6	装配质量
	7	外观质量
	⋮	⋮

5.4.3 判定规则

质量一致性检验的判定按照抽样判定表(表 6-2)进行,表中 AQL 为合格质量水平,Ae 为合格判定数,Re 为不合格判定数。被检样品的 A、B、C 各类不合格的项目数均不超过相应的合格判定数,方可判定被检样品合格,否则判定为不合格。

表 6-2 抽样判定表

不合格分类	A	B	C
项目数	3	7	8
检查水平		S-1	
样本字码		A	
样本数 n		2	
AQL	6.5	40	65
Ae Re	0 1	2 3	3 4

(资料来源:作者根据相关资料整理。)

从上述案例中可以看到在背负机的抽样检查中,从至少 20 个母样中抽取两个样本,每个样本进行 3 类 18 个项目的检查,A 类抽检 3 个项目,B 类抽检 7 个项目,C 类抽检 8 个项目,A 类项目的检查,样本中只要有一个不合格,即认为该样本 A 类不合格,A 类不合格率如果超过 6.5%,即认为该批次产品 A 类不合格。

从案例所列举的部分检查项目里可以看到，A 类检验项目是背负机的重要指标，如果 A 类项目不合格，将直接导致产品无法正常使用，B 类检验项目主要围绕使用的舒适性、产品功能效率，B 类不合格的产品能勉强进行使用，而 C 类检验项目主要围绕产品的外观和包装等，C 类不合格品几乎对使用没有影响。不同类别的检验项目，检验的要求和对不合格品的处理方式也是不一样的。

3. 不合格品的处理

从全面质量管理的角度，不合格品分为生产过程中的不合格品（如零件）和最终产品的不合格品。关于最终产品的不合格品第 9 章对此有相关阐述，本章主要讨论生产过程中的不合格品，这通常与采购有直接的关系，最常见的情况有两种：一是采购检验时发现的不合格品；二是采购检验时没有及时发现而在生产过程中发现的不合格品。对于采购商而言，无论哪种情况，都应该检查和督促供应商对于不合格品的管理，避免以次充好现象的发生，并督促供应商查明不合格品产生的原因，及时纠正偏差，以免影响交货期。

对于采购企业在到货检验中发现的不合格品，可以视情况做如下处理。

（1）返工。可以通过再加工或采取其他补救措施，使不合格品完全符合规定要求。如机轴直径偏大，可以通过机械加工使其直径减小，从而符合公差范围，成为合格品。返工后必须经过检验人员复验确认。

（2）返修。对其采取补救措施后，仍不能完全符合品质要求，但能基本满足使用要求，判为让步回用品。合同环境下，修复程序应得到采购商的同意。修复后，必须经过复验确认。

（3）原样使用。不合格程度轻微，不需采取返修补救措施，仍能满足预期使用要求，而被直接让步接收回用。这种情况必须有严格的申请审批制度，并得到采购商的同意。

（4）降级使用。根据实际品质情况，降低品质等级或作为处理品降价出售。

（5）报废处理。若不能采取上述几种方法处置时，只能报废。报废时应按规定开具废品报告。

6.3 采购合同的风险管理

任何合同都可能存在风险，对采购合同风险的分析、处理和防范也是采购合同管理的重要内容。

6.3.1 采购合同风险及承担

1. 什么是采购合同风险

风险可以看成是一种损失。在合同法上，广义的风险是指各种非正常的损失，它既包括可归责于合同一方或双方当事人的事由所导致的损失，又包括不可归责于合同双方当事人的事由所导致的损失。狭义的风险仅指因不可归责于合同双方当事人的事由所带来的非正常损失。合同有很多种，而采购合同风险专门指采购合同中存在的各种风险，即因供销双方的责任或其他原因引起的损失。

2. 采购合同风险的承担

当风险发生，也就是说损失产生的情况下，由谁来承担这种损失是当事人双方共同关心的重要问题。这里分两种情况：一种是不可归责于双方当事人的，如自然灾害等不可抗力的影响；另一种是造成损失的责任明确，即可以归责的情况。

1)不可归责的风险承担

我国法律对风险承担采取的是"交付转移风险"的原则,是建立在"交付转移所有权"这一原则基础上的。《合同法》第142条做了原则性规定:"标的物毁损、灭失的风险,在标的物交付之前由出卖人承担,交付之后由买受人承担,但法律另有规定或者当事人另有约定的除外。"因此可以认为,除法律另有规定或者当事人另有约定以外,合同标的物的所有权和风险责任的转移与标的物交付同时发生,下面通过两个案例介绍两种最常见的情况。

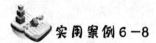
实用案例6-8

甲、乙双方交易一台电视机,约定2016年5月13日由甲方将电视机交付给乙方,结果在交付之前的5月12日,甲所在的地区遭遇百年不遇的洪水,甲家里的房子因为年久失修倒塌,将电视砸坏,最后甲无法交付电视——这就是意外毁损灭失的风险,由甲自己承担,因为标的物尚未交付。如果反过来,甲于13日按时交付,但是5月14日乙所在的地区发生洪水,乙家的房子倒塌将电视砸坏,则电视被砸坏的风险是由乙承担的,因为此时标的物已经交付了。

(资料来源:作者根据相关资料整理。)

不过,这里应该注意,以上案例中的风险承担只是一般规则,如果法律另有规定或者当事人另有约定的,就按照法律的另行规定和当事人的另行约定来处理。另外,《合同法》第144条规定"出卖人出卖交由承运人运输的在途标的物,除当事人另有约定的以外,毁损、灭失的风险自合同成立时起由买受人承担。"

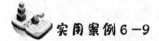
实用案例6-9

宏大公司将一批服装卖给盛远公司并签订了合同,宏大公司交给平安运输公司进行运输——这批服装就属于出卖人(宏大公司)出卖交由承运人(平安运输公司)运输的在途标的物。如果运输途中发生泥石流导致这批服装毁损、灭失,风险应该自买卖合同成立时起(也就是宏大公司和盛远公司关于买卖服装的合同成立时起)由买受人(盛远公司)承担。

(资料来源:作者根据相关资料整理。)

案例6-9主要指合同中没有指定承运人并且没有对交货提出明确要求的情况,但通常的采购合同会约定"货到付款""货到验收合格后付款"或明确约定"途中风险由某方承担"以规避货品的在途风险,也可以规定有关保险的条款,如果合同中有这样的条款则视为"当事人另有约定",此时则应按约定归责风险承担。

2)可以归责的风险承担

如果可以明确造成损失的责任,按法律规定应由责任方承担风险。如《合同法》第143条做了规定:"因买受人的原因致使标的物不能按照约定的期限交付的,买受人应当自违反约定之日起承担标的物毁损、灭失的风险。"

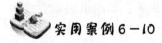
实用案例6-10

案例6-8中,如果乙方在12日给甲方打电话称自己正在外地出差,13日无法及时返回接收电视机,之后在14日甲方所在的地区发生洪水,电视机被砸坏,则此时电视机毁损、灭失的风险应该由乙方承担,因为乙方违反了约定,应该从违反约定之日(13日)起承担风险,即使电视机并没有实际交付,但风险责任的承担也是跟甲方无关的。

(资料来源:作者根据相关资料整理。)

6.3.2 采购合同风险的形成

除了不可抗力等不可归责的因素外，采购合同的风险还有其他原因，最常见的就是合同欺诈，而出现这种情况的原因通常是管理不善。

【拓展视频】

1. 合同欺诈的手段

利用合同进行欺诈是不法分子赚钱的一种手段，可谓花样繁多，以下是一些常见的欺诈手段。

（1）伪劣产品替代履行法。在签订买卖合同时，欺诈方出示真实的质量较高的样品，而在履行时却代以质量低劣的伪次品。

（2）不履行或不完全履行欺诈法。当事人一方在自身无履约能力或只有一定履约能力的情况下，自订立合同起，就根本没有履行合同的诚意，而是想通过欺诈手段使对方履行合同。在骗取对方履行合同之后，非法占有对方履行的资金或产品，而自己却不再履行合同，使对方造成重大损失。

（3）伪造产品的质量鉴定证明或标志法。供方本无产品或产品质量不合格，但为骗取货款，引诱对方签订合同，伪造产品的质量鉴定证明或标志，使对方看过之后信以为真而订立合同，在对方做出履行之后，供方则不再对等地做出履行，溜之大吉。

（4）假冒注册商标商品诱签合同法。一方当事人为了诱使对方签订合同，骗取钱财，将自己的伪劣产品假冒为注册商标商品，对方由于信任注册商标商品而与之签订合同，在履行合同之后，才发现上当受骗。

（5）专利产品谎称法。供方谎称自己的产品为专利产品或名优产品，利用对方信息不灵、交通闭塞、缺乏经验，对"专利"或"名优"产品的神秘感、信任感而使其陷入错误的认识。供方在意图不真实的情况下，与对方签订合同，以推销自己的伪劣产品。

（6）盗用其他单位名称法。一方当事人通过非法途径盗取其他单位的公章、合同专用章或空白合同书，在对方当事人不知道自己为无权订约人的情况下，为了获取非法利益，而与对方当事人签订买卖合同，获取对方当事人履行的钱财或物品。

（7）假单位欺诈法。假单位又称"皮包公司"，是指根本不存在或未经合法注册的单位。这样的单位没有注册资金、没有固定的办公场所、没有经营管理设施，甚至连从业人员都是虚假的。社会上极个别不法分子往往就是通过私刻公章或合同专用章，骗取营业执照成立所谓的"假单位"，然后冒充某单位董事长或业务经理与被欺诈方签订合同，待对方做出履行或预付款项后，携带钱财逃之夭夭。

（8）虚假价格欺诈法。供方使需方在陷入错误认识的情况下与之订立合同，从中获取不法利益。这种欺诈手法一般是通过所谓的"大削价""大甩卖""大清仓"等活动实现的。

（9）长线大鱼欺诈法，即"放长线，钓大鱼"。这种欺诈手段的特征：一是欺诈方在实施欺诈行为之前已与被欺诈方签订并履行了几份小额合同，付小额定金，且履约积极、顺利，制造本身履约能力强、重合同守信誉的假象，骗取对方的信任，然后谎称因生产需要，签订大额买卖合同，骗取大量货物或钱款；二是欺诈方对被欺诈方非常了解，而被欺诈方对欺诈方的了解都是假象。待上当受骗后，才知欺诈方所说纯属谎言；三是在实施欺诈行为之后，欺诈方往往逃避或隐藏起来。

（10）买卖双重欺诈法。这是一种古老传统且较难识别的欺诈手法。这种欺诈手段的特征：一是欺诈方先后以卖方和买方两种身份出现，即欺诈方先派人以卖方或推销方的身份出现，意欲出卖某种商品，使被欺诈方相信有人出卖某种商品且价格较低的现象。然后欺诈方再多次派人以买方或求购方的身份出现，使被欺诈方又相信有多人要买这种商品且价格较高的假象；二是被欺诈方是一些开业不久，但又赚钱心切的企业，由于缺乏签约交易经验，这些新企业很容易上当受骗；三是欺诈方在与被欺诈方签订完某种买卖合同、被欺诈方付清货款后，就携款逃走。

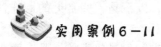 **实用案例 6-11**

长远贸易有限公司从事儿童玩具的批发、零售业务。某日，来了一个明发公司的业务员推销一种"回旋镖"的玩具，声称这种玩具很受欢迎，并愿意以低价请其代销，由于对这种玩具不了解，长远公司拒绝该要求，但留下了业务员的名片。

3天后，有一名自称是河南小商贩的人前来询问，有无一种叫"回旋镖"的玩具卖，说他们那里卖得很火，这次是专门来进货的。由于长远公司手头没有现货，只好说："全卖完了，你过两天再来看看吧！"公司老总为失去这笔生意而可惜，但仍没有去进货。又过了两天，来了一名山东人，也是要买这种"回旋镖"的，当得知没有现货时表示，愿意支付部分定金以取得到货后的优先取货权，长远公司收到山东人支付的200元定金后，当即打电话找到了明发公司的业务员，进了一大批货。

但从此以后，无论是那个河南人、山东人还是明发公司的业务员都再也没有出现过，这批"回旋镖"实际上是某公司实验失败的废品，根本就不值钱！

（资料来源：作者根据相关资料整理。）

2. 管理中常见的问题

虽然欺诈方有很多狡猾的手段，但屡屡得手的根本原因还是企业管理中存在问题，让别人钻了空子。

1）对交易对方的资信状况缺少了解

一般情况下，企业在投资之前，首先要对交易方的经营状况有所了解，不能盲目投资。实践中，合同一方往往是在未查验对方营业执照或工商登记，对该企业的性质、经营范围、注册资金及法定代表人等基本信息不甚了解的情况下，草草地签订了合同。

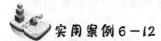 **实用案例 6-12**

JN机器厂与某公司签订《联营协议书》，约定双方合作开发生产系列生物工程制品。签订协议后，某机器厂先期向该公司支付了10万元技术使用费。但对方却未履行义务，人去楼空，致使某机器厂的投资无法收回。后来经查验发现这家公司根本就不存在，盖的公章也是假的。

（资料来源：作者根据相关资料整理。）

2）对交易对方是否为合同主体缺乏认识

企业中未经授权的科室、车间等内部部门，或者是未正式取得营业执照和已经被注销、撤销的企业本身都不具备对外签订合同的主体资格，除非事先得到法人授权、事后得到法人追认或事后取得了法人资格，否则签订的合同是无效的。上述不具备合同主体资格的部门有时具备一定的履行能力，就使一些企业认为，只要能履行合同义务，有没有主体资格都无所谓。一旦对方发生履行不力的状况时，如果其主管单位不承认合同效力，企业就要遭受损失。

实用案例 6-13

某配件厂与某制造厂第一车间签订加工承揽合同，结果有多半产品质量未达标，于是配件厂要求该车间承担违约责任，该车间却以自己不具备合同主体为由进行抗辩。经审查，合同上盖的是车间的章，也就是说车间是以自己的名义签订的合同，不具备合同主体资格，因此法院判决合同无效。

（资料来源：作者根据相关资料整理。）

3）对担保人的具体情况疏于审查

如果交易对方提供了担保人，会让企业觉得多了一层保障。但事实上，大部分担保合同无非是走一个形式，通常是在关联企业或有着密切往来的企业之间相互提供担保，而企业也很少会去审查担保人的经营状况。有些担保企业本身就已经是负债累累，自身难保，已经被吊销营业执照或面临破产，当交易对方无法履行合同时，企业从担保人那里也无法收回投资。还有一些企业认为由行政机关或其所属事业单位提供担保更加可靠，但事实上按照担保法有关规定，行政机关及事业单位不具有对外担保资格，这样的担保形同虚设，是最不可靠的。

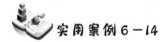

实用案例 6-14

某医药公司与某生物制药厂签订药品买卖合同，由某医疗器械厂为医药公司提供保证担保，之后医药公司因经营不善而亏损，制药厂找到保证人要求其承担责任时，才发现该医疗器械厂早已经因违法经营而被吊销营业执照，只是还未到工商部门办理注销登记，现在是空有其名，而没有任何财产，高呼上当，但为时已晚。

（资料来源：作者根据相关资料整理。）

4）对抵押财产的状况怠于查验

有的企业认为，对担保人的资信状况不好把握，但抵押物是看得见、摸得着的，会带来实实在在的安全感。然而实践中的诸多教训表明事实并非如此。有的企业为了换取对方的信任，一项财产上设置多个抵押权或者重复抵押，使抵押财产的价值远远大于被担保的财产价值，却并未告知对方，从而使债权人的资产流失，抵押权落空。还有的企业将自己并不享有所有权的财产设定抵押，或者是抵押的标的物本身并不符合我国法律的有关规定，属于禁止用于抵押的财产或标的物，本身就是法律禁止流通的物品，这样的抵押合同无效，从而造成债权人的财产流失。

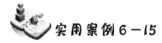

实用案例 6-15

某企业 A 在与某有限公司 B 签订合同时，认为该公司规模不大，要求其提供担保。于是 B 公司就用其董事长乘坐的一辆奥迪汽车作为抵押，签订了抵押合同，但并未办理过户。之后 B 公司无力支付货款，A 企业欲实现抵押权，将抵押的汽车拍卖以偿付债务。可是到了有关部门查询后才知道该汽车并非 B 公司所有，而是向别人借用的。A 企业由此遭受不小损失。

（资料来源：作者根据相关资料整理。）

5）口头变更合同后未用书面形式确认

根据合同实际履行情况及市场的波动变化，对原合同的标的物、数量、价格、履行期限等内容进行变更是一种普遍现象。一些企业在订立合同时比较注意采用书面形式，而在对合同进行变更时却常以口头协定来代替书面协议。如果对方缺乏诚信意识，在合同履行后不承认变更内容，企业在诉讼中便无据可依。

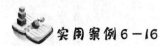

实用案例6-16

甲厂与乙厂签订购买200吨钢材的购销合同,约定每吨1 200元,分期发货,货到付款,后因钢材走俏,价格上升,乙厂致电甲厂要求每吨加价200元,甲厂因急用钢材,于是电话中负责人对此条件表示同意。后甲厂却仍按原合同约定的价格付款。乙厂诉至法院后,因没有提出书面变更的证据,故法院未支持其诉讼主张。

(资料来源:作者根据相关资料整理。)

6)未及时行使法定抗辩权利

合同法赋予合同当事人3大抗辩权,即先履行抗辩权、同时履行抗辩权和不安抗辩权,这对降低交易风险起着极为重要的作用。若合同中明确约定了履行次序,企业作为先履行一方,有足够证据证明对方出现财务危机或濒临破产等情况,可以行使不安抗辩权;若企业作为后履行一方,在对方未先履约或履行不符合约定时,可以行使先履行抗辩权;若合同中未明确约定履行次序,双方互负的债务均已临近清偿期,对方履行不符合约定时,可以行使同时履行抗辩权。有些企业签订合同后并不关注对方经营状况的变化和实际履约情况,自己履行了义务却因对方亏损、破产或转移财产而无法收回投资的案件并不罕见。

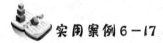

实用案例6-17

某构件厂与某建材厂签订买卖合同,定期向其发货,货到付款。后因建材厂经营不善,接连几次延期付款,构件厂明知这种情况,却继续发货,最终建材厂无力支付货款。如果构件厂在知道对方经营状况严重恶化时,及时行使不安抗辩权,就可以避免损失。

(资料来源:作者根据相关资料整理。)

7)合同条款语意模糊,易产生歧义

合同是确定双方权利义务的最根本的依据,因此企业在签订合同时,必须认真斟酌每一项条款,将可能发生争议的地方详细说明。但实践表明,企业往往容易忽视合同内容的规范翔实,有时代表单位签订合同的人可能本身并不十分了解合同中标的物的性能、用途等相关指标,也未经过技术人员或有关领导的审查,便轻易做出决定,而当合同履行发生争议时,从粗线条的合同条款中却无法找出对自己有利的依据。

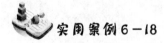

实用案例6-18

某酒店在圣诞节前向某葡萄酒公司订购了20箱葡萄酒,合同写明"甲方向乙方购买某某品牌葡萄酒20箱"。确实,酒店收到20箱葡萄酒,每箱12瓶,但在签订合同前,酒店一直认为该葡萄酒应该是每箱24瓶,而对此双方在合同中却并没有明确约定,酒店最终因货源短缺而错过了最佳销售时机。

(资料来源:作者根据相关资料整理。)

8)合同缺乏专人管理而超过诉讼时效

合同的诉讼是有时效的,在诉讼时效期限内当事人若不主张权利,将丧失胜诉权。有些企业负责人只管签合同,而并不派专人去监督合同自签订至履行的整个过程,直到有些债权无法追回并诉至法院时,才知道已经过了诉讼时效。

很多企业一般都会存在三角债务,但只要两者还能继续维系交易关系或者是企业自身经济实力雄厚,彼此就不会开口要账。可是一旦关系破裂或者企业经营出现危机,需要资金周

转时,就不得不去收账。此时往往有相当一部分债权已经超过了诉讼时效,除非对方自愿偿还,否则即使通过法律途径也无法收取债权。

另有一些企业虽然设置专门的要账人员去负责收取债权,但多数情况下却无功而返,也没有与债务人达成还债协议,以致在诉讼时没有任何可以证明诉讼时效中断的证据,法院只能认为该债务已经超过诉讼时效,不予保护。

实用案例 6-19

1993年,某公司与金刚石厂签订工矿产品购销合同,约定金刚石厂向该公司购买人造金刚石压机两台,总价款为55万元。金刚石厂只支付货款11万元,尚欠44万元一直未付。2000年该公司诉至法院主张追回货款,但却不能提供证据证实自1996—2000年上半年这段时间内曾向金刚石厂主张过权利,故法院判决驳回了该公司的诉讼请求,而其未主张权利的原因就在于没有专人管理合同,以致其在1999年改制后,无人对以前发生的业务进行清理,致使权利得不到法律保护。

(资料来源:作者根据相关资料整理。)

9)对企业印章的使用缺乏规范管理

《合同法》规定,企业法定代表人的签名或盖章只要具备其一,合同便具有法律效力。一般法定代表人都会授权他人对企业印章进行管理,但印章的使用程序并非十分严格,从而导致滥用印章的情况层出不穷。有时掌管印章的人由于人情关系等原因,未经法定代表人许可,便随意向他人出具盖有印章的空白合同、介绍信,或者将印章借与他人使用而不问其具体用途。往往在追究企业责任的时候,领导才会认识到这个问题的严重性。而借用印章的人通常都是以转嫁责任为目的,以印章所属企业的名义购买货物或是为他人提供担保,由于有印章为证,最终该企业不得不承担责任。

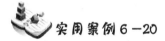

实用案例 6-20

某公司董事长为朋友帮忙以企业名义出具了一份购销合同,购买一批货物,加盖了企业公章。后该企业就因拖欠货款被起诉。此时他才发现那位朋友已经拿了企业已盖章的验收单,并从合同供货方取走货物,该公司因没有证据证实其所述情况,只好承担相应债务。也就是说,企业实际上没有收到货物却必须支付相应的货款。

(资料来源:作者根据相关资料整理。)

10)授权不及时收回,导致被授权人滥用权力

企业总是要授权一些人代表自己对外签订合同,但往往未明确授权的范围和期限,对离职人员的授权凭证如盖有企业公章的空白合同书、介绍信等未及时收回,也未告知交易伙伴本企业人员的变动情况,导致一些已经丧失授权的人员仍然冒用原单位的名义与他人签订合同。而交易对方在不知情的情况下,由于在长期交往过程中形成的信赖关系,仍然会相信其具有授权,最终由授权单位承担责任。

实用案例 6-21

某制衣厂长期由员工张凤兰负责向某布料厂订购制衣材料,后张凤兰因违反单位规定被辞退,但制衣厂并未将此事告知布料厂,张凤兰又再次以制衣厂的名义订购了30匹布料,布料厂按照其要求将布料送往他

处，事后张凤兰下落不明，布料厂诉至法院，法院最终判决由制衣厂负偿还该货款。

（资料来源：作者根据相关资料整理。）

6.3.3 采购合同风险的防范

对于采购合同的风险应有足够的防范意识和行为，这在合同签订以前、合同签订之中以及合同履行的整个过程都应足够重视。

1. 合同签订前

合同签订以前就应进行风险的防范，这些风险主要体现在企业信息和机密的泄露上，通常有以下两种情况。

1）恶意订立合同的风险

当今社会是充分竞争的社会，绝大部分企业都已经不可避免地参与到白热化的竞争中去。为了打击竞争对手，有些企业会采用恶意谈判的方式进行合同磋商，冒用签订合同的名义与对方进行多轮次的交谈，试图了解对手项目的大小、资金规模、人员状况、经营状况、财务状况、后期安排等。很显然，如果获得这些信息，将对竞争对手非常不利。

2）商业秘密泄露的防范

上文已经提及了恶意的谈判磋商，但是许多业务合作者也不一定在磋商时就存在恶意。也可能是在合作过程中由于工作的不慎而将公司有用的信息传递出去。这些问题的出现，都可能使当事人的利益受损。

对于上述情况应提高警惕，防止商业机密的泄露，更重要的是要建立完善而规范的保密管理制度并严格执行，也可以通过签订保密协议对当事人进行合理约束。

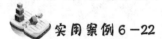

实用案例 6-22

瑞雪科技公司是专门从事科技开发的公司，公司的项目开发涉及很多技术内容，需要很多人在不同的阶段进行介入，还需要在一定的平台上进行测试。另外，在项目开发的整个过程中，从方案的设计到项目的完成，有许多合作者不断地寻求合作。

近年来，公司已发生数次泄密事件，公司产品还未推出时，竞争对手就已用相似的技术和产品占领了市场，为此公司请了一名顾问做专门的分析。

分析认为，公司存在3方面的风险：①公司内部员工的泄密风险。公司内部员工可能由于劳动合同的变化，发生人员的流动，将公司的资料泄露出去；②公司的技术协作方，可能在项目的合作过程中占有公司有用的技术信息从而导致公司的损失；③拟与该公司进行项目合作的谈判方，谈判时有些资料是公司必须提供的，这就留下了泄密的隐患。

因此，公司设计了保密方案，根据不同的对象草拟了相关保密协议，要求所有当事人在与合作伙伴进行磋商之前，签署保密协议。保密协议的签署使得任何当事人首先要清楚保守商业秘密的重要性，既为恶意泄密的当事人敲响了警钟，又为可能过失泄密的当事人进行了提醒。虽然不能苛求该保密协议的万无一失，但是保密协议的签署无疑为界定各方的权利义务设定了标准和责任，可谓有百利而无一害。

（资料来源：作者根据相关资料整理。）

2. 合同签订中

从合同签订的一般步骤来看，合同需要当事人之间进行不断磋商才能最终达成一致。随着谈判的深入，当事人之间不停地就合同的条款进行要约和反要约，并通过承诺来锁定结果。但是如何进行要约，对要约风险的防范是需要特别注意的问题。

不当的要约将会使自己落入合同义务的陷阱中，根据我国合同法的规定，所谓要约是指希望和他人订立合同的意思表示，有时这不一定是自己真实意思的表达，但是一旦对方承诺则认为合同生效。

举一个简单的例子——悬赏广告。某人含有重要证件的包丢失后，为了尽快找到包，刊登了悬赏广告，明确说明谁捡到包后重赏多少元。之后拾到该包的人向其主索要赏金，悬赏人后悔，双方诉诸法院。法院通过判决认定双方合同成立，悬赏人应当向拾到包的人支付相应的金钱。因为悬赏人所做的意思表达完全符合了要约的法律定义，在对方的承诺行为发生时，是应当受到约束的。

在国际货物贸易中尤其需要注意类似情况，如果没有在发盘中予以密切注意，极有可能受制于发盘。要做到好的发盘，又要防止一下子在刚发盘时就落入合同成立的陷阱中，则需要认真分析合同的主要内容。一个典型的买卖合同包括货物的数量、价格、交付时间和地点，以上要素双方达成一致则视为合同成立，其他的条款可以通过商业习惯及法律规定予以补充。

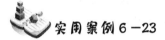

实用案例6—23

顺发外贸公司主要从事进出口贸易，业务的开展一直很顺利。但2008年新业务员小张却使公司遭受了一笔不小的损失。受金融危机的影响，该公司已经发现以前一直从国外A公司进口的原料需求不旺，价格下降，打算发函说明此事并商量减少订单或降低价格。

小张在发函初始就说："我们一直满意于双方的合作，包括××物品的价格和服务，希望再进5件该货物于××时在××地点交付。"本来他的意思是想先客气一下并坚定双方合作的信心，然后再友好地提出减少订单和降低价格的愿望。但是，对方马上就给予了确认，因为他的函件内容已包括合同成立的关键要素：货物的数量、交付时间和地点，而价格则可被认为不变，因为他"一直满意"。

（资料来源：作者根据相关资料整理。）

3．合同的履行

根据我国合同法的定义，所谓承诺是针对合同订立意思的正面回应。承诺应当以通知的方式做出，但根据交易习惯或者要约表明可以通过行为做出承诺的除外。

由于市场是在不断变化的，合同在履行中的承诺也存在风险，可以从以下两个角度来防范承诺的风险。

1）希望承诺立即生效

把握机会对当事人来说十分重要，稍纵即逝的商业机会意味着金钱的损益，如果当事人希望承诺立即生效，则应当尽量使承诺符合必须生效的法定条件。

（1）时间条件。如果要约明确了承诺的时间条件，则承诺人应当在约定的时间内做出明确的意思表示，否则就丧失了订立合同的机会。如果要约没有明确承诺的具体时间，承诺人应当在合理的期限内做出回应。当然，这种合理的期限应当结合交易的习惯等综合加以考虑，法律无法对合理的期限做出一个明确的时间规定，毕竟整个交易是纷繁复杂的。

（2）承诺的方式。承诺的方式有多种，特别是当今社会信息特别发达的情况下，通信的手段日益快捷化，电话、传真、电传、E-mail等即时通信方式是属于几乎零时间的通信方式，那么承诺的生效如何计算呢？应当从上述信息发送到要约人的系统，或要约人接到之时开始计算。

需要特别说明的是，如果承诺以信函的方式发出，法律明确规定该承诺的时间应当从发出信函的时间开始计算。简单地说，如果希望承诺立即生效的话，动作要快。

2）不希望承诺立即生效

在商业活动中，有相当一部分当事人不希望自己立即受承诺的限制，而希望留有充分的回旋余地，为下一步谈判提供筹码，如果当事人有上述考虑，可以采用以下方式避免风险的发生。

（1）新要约。所谓新要约是指承诺的内容实质性地改变了原要约的内容，那么这种承诺不应当被理解为愿意接受原要约的约束，而是承诺人向要约人发出了一项新的要约，此时他的回应不被视为承诺，而被视为要约。

（2）撤回承诺。根据法律规定，承诺可以撤回。撤回承诺的通知应当在承诺通知到达要约人之前或与承诺通知同时到达要约人。采用信函的方式撤回承诺要比其他方式容易许多。

（3）注意不要以事实或行为成为承诺的意思表示。法律规定合同订立的方式可以是书面的，也可以是口头的，当然也可以是以自己的行为做出某项意思表示。举一个简单的例子，某人需要某项物品或货物，向另外一方发出要约，另外一方虽然没有明确表示同意，但是立即将该项物品或与货物有关的重要说明文件寄给了对方，或者派人将货物直接运抵要约人。这种以行为所做的意思表达在法律上完全构成承诺，当事人应当受其约束。

4. 合同履行后

采购合同的后期管理主要是指采购合同的档案管理，这里主要是指合同在履行完成后，对合同进行分类归档管理。首先，合同管理部门应当加强合同登记管理，充分利用信息化手段，定期对合同进行统计、分类和归档，详细登记合同的订立、履行和变更等情况，实行合同的全过程封闭管理。合同档案包括招标资料、采购合同、验收报告等相关资料，便于后期采购合同信息的查询，为其他类似采购提供信息支持。另外，所存资料应均为原件。其次，企业应当建立合同履行情况评估制度，每年年末对合同履行的总体情况和重大合同履行的具体情况进行分析评估，对分析评估中发现的合同履行中存在的不足，可以及时加以改进。

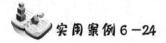

实用案例 6-24

BP 案背后的合同风险控制

许多国际知名的品牌企业在进入中国市场时，都习惯于采用特许经营或特约经销商模式。两者大致都包括商标、标识的使用许可，统一店堂布置、统一销售价格、统一服务标准和统一原辅材料供应等内容。

在很多情况下，供应商和经销商是良好的商业合作伙伴。对供应商来说，减少了人力资源成本和流动资金占用；对经销商来说，借知名品牌之力开拓市场，在进货价格、产品广告、技术支持、客户服务等方面可获得供应商的支持。但是，有时双方也会产生矛盾纠纷，纠纷原因五花八门。

从 2004 年起，BP 石油（上海）贸易有限公司（以下简称 BP 石油）与洛阳润源贸易有限公司（以下简称洛阳润源贸易）因为 BP 石油单方面援引合同条款终止《经销商合同》而引发诉讼，洛阳润源贸易先后在陕西西安市、河南三门峡市和洛阳市与 BP 及其关联企业嘉实多贸易公司打了近十起官司。

双方最主要的争议焦点是，在双方签署的多份《经销商合同》中都有一个允许单方面解除合同的"自愿终止条款"。根据这一条款，任何一方都可以在提前 30 天做出书面通知的情况下无条件地、单方面终止合同。

作为经销商的洛阳润源贸易认为《经销商合同》的自愿终止条款无效，该合同属于格式合同。BP 石油和嘉实多单方终止合同的行为构成违约并须做出巨额赔偿，而 BP 石油和嘉实多则认为该条款对等地赋予双方解除合同的权利，符合公平原则。

围绕这一问题，近 5 年来，双方除在洛阳发生诉讼外，官司还打到了河南三门峡、陕西西安等地，面对同样的合同条款，有的法院支持经销商的诉求，也有的法院支持 BP 石油和嘉实多，而有的诉讼至今还没有完结。

第6章　采购合同管理

针对上述类似案件，上海汉商律师事务所主任王嵘律师认为，跨国公司企业管理的一个重要特色是强调合同的统一。对一家企业来说，就同一类业务活动，如果使用不同版本的合同，将大大增加风险控制和危机处理的难度，造成业务发展无序，引发经销商之间的攀比纠纷。但如果使用同一版本的合同，就又容易导致合同被指控为格式合同。

根据我国合同法，格式合同(或合同的格式条款)会导致两个法律后果：一是当双方对合同文字的理解适用产生分歧时，会采用对制订合同方不利的解释；二是合同中有关免除制订合同方责任和加重对方责任的条款会被判无效。而要避免这种情况发生，就需要保存切实的证据，证明双方的合同条款经过了比较具体、细致的协商。

"有的外企现在会要求对方的签约代表用手抄的方式把重要的合同条款誊抄一遍，以便证明其曾向对方提示过该条款的重要性和要求对方认真考虑"，王嵘说，"现实中，这么做在一些中国商人看来有些古怪，但外资企业常常觉得无奈。而不这样做，中国的法院往往就判定合同条款因未经协商而属于格式条款，然后进一步判决合同无效。"

除此之外，在多个省份或地域设有经销商网络的厂家还往往会面对各地法院对同一问题判决不尽一致的情况，有时也会遭遇地方保护主义的困扰。对此，有些律师会建议外企客户在合同中订入仲裁条款，用仲裁约定使对方所在地的法院无法获得审判管辖权。BP石油和嘉实多的有关人士称，在与洛阳润源贸易进行了多年诉讼后，他们的新版经销商合同都订明了仲裁条款。

不过，代理过多起类似特许经营合同和经销合同案子的河南省鼎德律师事务所主任李胜先律师认为，更多的风险环节还是出在经销商方面，"目前多数经销合同是生产厂家组织法律和商业专家研制出的格式合同。这种格式合同往往从自己的利益出发，忽视对商家利益的规定，所以很容易产生纠纷。"

"此外，就合同而言，最容易出问题的是主要条款约定不明，例如，经销合同中最为关键的条款就是销售政策，如厂家的交货依据和时间、经销商退货或换货的条件、广告费和促销费用的承担问题、销售返利的比率等，非常容易产生歧义。作为弱势一方的经销商要在合同订立之初就学会规避强势供应商可能设计的'合同陷阱'。"

(资料来源：何勇. 中国经营报，2009-4-17.)

本章小结

采购是企业供应链的源头，对于企业而言，一份规范的采购合同能有效保障采供双方的权利，是解决采购纠纷的法律依据。在采购合同管理中要谨慎对待每一项条款，做好采购履行监控，因为采购过程中的任何环节出现偏差都会影响到采购预期目标的实现，影响企业的运营，而采购合同的签订、实施和执行贯穿整个采购活动，是采购得以顺利实现的法律保证。

本章在介绍采购合同基本内容的基础上，以合同实施为主线，介绍了交货期管理和货物验收等采购合同实施过程中的几个关键环节的工作重点；介绍了签订合同前后存在于采购中的风险及其防范措施。

关键术语

采购合同 Procurement Contract　　　　催交 Expediting
合同条款 Contract Terms　　　　　　　全面质量检验 Total Quality Inspection
合同订立 Contract Formation　　　　　采购合同风险 Procurement Contract Risk
交货期管理 Delivery Management

 **知识链接**

阅读材料：

北京中交协物流人力资源培训中心组织. 采购与供应中的谈判与合同[M]. 北京：机械工业出版社，2014.

水藏玺. 互联网：电商采购、库存、物流管理实务[M]. 北京：中国纺织出版社，2017.

鲁照旺. 采购法务与合同管理[M]. 北京：机械工业出版社，2008.

周容. 采购、供应：法务与合同管理[M]. 北京：经济科学出版社，2011.

赖一飞，张清，余群舟. 项目采购与合同管理[M]. 北京：机械工业出版社，2008.

肖书和. 采购管理业务规范化操作全案[M]. 北京：机械工业出版社，2015.

乌云娜. 项目采购与合同管理[M]. 2版. 北京：电子工业出版社，2010.

网站资料：

中国物流联盟网 http：//www.chinawuliu.com.cn

中国政府采购网 http：//www.ccgp.gov.cn

世界工厂采购经理社区 https：//home.gongchang.com/

中国云签 https：//www.yunsign.com/yunsign40/initParameter.do

习　题

一、选择题

1. 以下哪个主体签的采购合同无效？（　　）
   A. 某生产企业　　B. 某销售部　　C. 某社会团体　　D. 某自然人
2. 依据《合同法》的规定，合同形式中不属于书面合同形式的是（　　）。
   A. 传真　　B. 电子邮件　　C. 登记　　D. 信件
3. 接受要约的承诺人要使发出的承诺不产生法律效力，则撤回承诺的通知应当在（　　）到达要约人。
   A. 要约到达受要约人之前　　B. 承诺通知到达要约人之前
   C. 承诺通知发出之前　　D. 承诺通知到达要约人之后

二、简答题

1. 采购合同的特点是什么？有哪些必备条款？
2. 订单跟踪的主要工作是什么？
3. 什么是全过程质量管理？
4. 不合格品的处理方式有哪些？
5. 采购欺诈有哪些常见形式？管理实践中有哪些防范措施？
6. 采购合同签订过程中主要存在哪些风险？

三、思考题

1. 结合采购合同的内容，思考上一章谈判过程中为什么要组织谈判团队。
2. 假如环境发生变化，需要修改合同该怎么办？

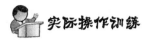 实际操作训练

课题 6-1：采购合同的签订

实训项目：采购合同的签订

实训目的：深入了解采购合同的内容，学习怎样签订合同。

实训内容：上网寻找采购合同范本，签订合同并提交教师审阅。

实训要求：将参加实训的学生分成若干小组，分别上网查找采购合同的范本，每组安排不同类别的采购合同，如大宗物资采购、招标采购等，小组成员分不同的角色完成整个合同的签订过程，签完后交教师评阅。

课题 6-2：采购风险的防范

实训项目：采购风险的防范

实训目的：研究采购合同的关键内容，学习怎样防范风险。

实训内容：查找采购合同中的错误或陷阱。

实训要求：教师对于一份完整的采购合同进行修改，修改后的采购合同应有错误或陷阱，将参加实训的学生分成若干小组，分别讨论并查找修改的内容。

 案例分析 6-1

根据以下案例所提供的资料，试分析：

(1) 张先生所接到的订单中存在什么问题？一个采购合同(订单)应该具备哪些必要内容？

(2) 张先生与龙先生之间，张先生与钢管制造公司之间是什么关系？

(3) 采购交货进度为什么会拖延了两周，主要原因是什么？

(4) 张先生为什么在这个订单完成之后要招聘催交员，催交员的主要工作是什么？

催交协调员的招聘

张先生是一个贸易中间商，2007 年 12 月张先生获得一家德国企业的采购钢管的订单。订单规定采购钢管 1 650 米，规格为 ASTM A333 GR 6，没有注明具体发运时间。

2008 年 5 月 14 日客户要求立即检验发货，这下可把张先生急坏了，赶紧联系钢管制造公司，并找第三方检验公司安排检验发货。5 月 15 日，张先生与检验公司的龙先生一起去了钢管制造公司。由于事先也不知道这个 ASTM A333 GR 6 标准是个什么要求，工厂用中国标准 20MnMo 尺寸 273.1×9.27 进行供货。5 月 15 日上午，张先生与龙先生在钢管制造公司讨论这个标准的检验要求，下午再正式做尺寸检查、无损检验、外观检验、机械性能试验的取样。然后约定 5 月 18 日做机械性能试验(拉伸和低温冲击试验)。在张先生与龙先生共同到场的情况下，于 5 月 18 日下午完成机械性能试验，并清点数量。清点数量时发现总长度仅 1 457 米，比订单长度还差 193 米。

张先生要求尽快发货。5 月 19 日龙先生满足张先生要求，发放检验质量放行证书。谁知钢管制造公司没有事前向国家商检报检，所以这批货物只能放在钢管公司的仓库里。检验报告文件 23 日才寄达德国。

到了 5 月 29 日，剩余的钢管 193 米全部生产出来，订单所有要求的规格 ASTM A333 GR 6 的钢管 1 650 米才能全部发运。

如此这般，采购交货进度拖延了两周，而且剩余的制造质量文件在 30 日才能正式寄送德国客户。

吸取本次教训，张先生事后在网上发布了一个招聘催交员的启事。

(资料来源：作者根据相关资料整理。)

案例分析 6-2

根据以下案例所提供的资料，试分析：
(1) 案例中的合同关系是什么？
(2) 你认为法院的判决是否合理？为什么？

购销合同纠纷案

案情介绍：

原告与被告于 2016 年 11 月 9 日签订了一份购销聚丙乙烯合同，双方约定，被告供给原告聚丙乙烯 20 吨，货到付款，每吨 2 000 元。合同还规定，为节省被告费用，由对被告供货的第三人（某化工厂）直接将货于 2017 年 2 月底之前送到原告处。在该合同签订以后，被告又与该化工厂签订了一份合同，合同规定，由该化工厂将 20 吨聚丙乙烯于 2017 年 2 月底之前送至原告处，货到并经验收后，由被告向该化工厂按每吨 1 800 元支付货款。该化工厂在合同订立以后，因原材料价格上涨，严重影响生产。至 2017 年 2 月底，仍不能向原告及其他客户供货。原告遂于 2017 年 4 月以被告及第三人违约为由，在法院提起诉讼，请求被告及第三人承担违约责任。

审判结果：

人民法院在受理案件后，依法开庭审理，经法庭调查，第三人该化工厂确实无力向原告交货。法院于 2017 年 5 月做出判决，判定原告与被告之间的合同解除，被告与第三人之间的合同同时解除，原告因被告与第三人违约而蒙受的经济损失 10 000 元，分别由被告赔偿 3 000 元，第三人该化工厂赔偿 7 000 元。

（资料来源：作者根据相关资料整理。）

第7章 库存控制基础

【本章知识架构】

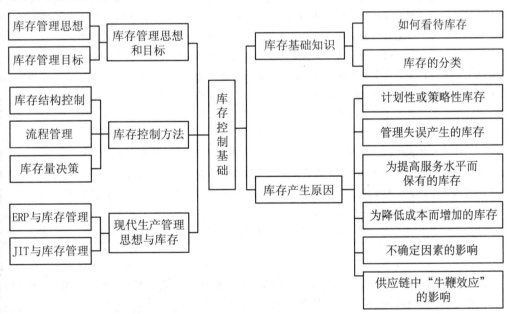

【本章教学目标与要求】

- 掌握库存的基本概念和库存分类。
- 理解库存产生的原因。
- 掌握库存管理思想和目标。
- 掌握库存控制方法。
- 理解现代生产管理思想与库存的关系。

导入案例

高昂的库存

佳音通信是专业从事新一代射频系列产品及无线通信系统开发、生产和销售的高新技术企业,但是居高不下的库存一直困扰着公司的高层。

现在国内的通信设备企业面临前所未有的竞争,而且两大运营商中国移动和中国联通的招标要求也越来越高,能越快越多地提供设备的公司,在招标中的胜数也越大。佳音通信为了提高服务质量和竞争力,为各种类型的电信设备都准备了大量库存。另外,为了支撑生产还有很多原材料库存。

具体产生库存有以下原因。

(1)新产品需求多。佳音通信是集研、产、供、销、服一体化的公司,满足市场需求是第一位的。而通信产品种类繁多,有些需求并不是公司主流产品。新产品的需求往往没有经过严格的立项审核,后续的市场潜力如何,也没有进行认真的研究。往往是市场需要什么,公司就研发什么、生产什么,而这一类产品需求时间紧且生产周期长,往往产品生产出来时已经错过了市场销售的最佳时机。或者由于市场需求小,这一部分产品并非公司的主流产品,因而可替代性也十分低,多余库存无法消化。

(2)市场需求不确定。该公司的30个办事处在每月的25日做之后两三个月的订单计划,但由于中国移动和中国联通通常是以招标的方式进行的,因此没有准确、稳定的订单来源。办事处也没有准确的依据去做订单计划,报到总部的计划像"牛鞭效应"一样被放大。市场订单计划的准确率只有55%,可想而知,按照市场订单计划做出来的生产、采购计划会有多大的偏差,会造成多大的库存。

(3)产品供货不及时。该公司一方面有大量的库存,但另一方面又有大量的订单不能及时供应。库存的货物又不是现在市场急需的货物,因此产生了矛盾。公司的供货齐套率只有80%。由于市场需求波动比较大,而市场预测准确性低,经常更改需求,生产、采购方面经常修改订单,而且由于采购周期长,断货等情况经常发生。为了保证市场销售方面不断货,不得不在周转仓库储备更多的库存;同时,也会产生恐慌性订单,一段时间生产了大量的产品,最后也无法消化。

(4)没有备品备件用以维护。由于公司提供交钥匙工程,即产品装在各个站点上,运行一段时间之后,客户才签完工证明。由于没有备品备件库,市场维护人员经常将新设备拿到站点上去更换发生故障的设备,将故障设备拿回去返修,修好之后的设备不宜再用于新站点的建设,所以产生了一部分库存。这一部分设备已经占到该公司总库存的1/3。

[资料来源:张丽芳.我的库存故事[J].中国物流与采购,2007(8):58-59.]

企业管理中,库存是制造业和服务业都经常遇到的问题,要想对库存资源进行合理的管理,企业必须深刻地理解什么是库存?库存是如何产生的?库存成本有哪些?现代生产管理思想和库存问题有什么关系?本章阐述了有关库存的基本概念,并对库存产生的原因进行了详细阐述。

7.1 库存基础知识

"库存"(Inventory)有时被译为"存储"或"储备",企业库存的物资通常都是其生产经营活动所需要的。管理好库存对提高库存系统的服务水平、降低成本、提高企业的经济效益意义重大。

7.1.1 如何看待库存

从狭义上讲，库存就是"仓库里存放的东西"。从广义上来说，库存是为了满足未来需要而暂时闲置的资源。这里所说的资源，不仅包括工厂里的各种原材料、毛坯、工具、半成品和成品，而且包括银行里的现金，医院里的药品、病床，运输部门的车辆等。由此可见，库存是物品的储备，是在社会再生产过程中离开直接生产过程或消费过程，处于暂时停滞状态的那一部分物品，具有备用的性质。

传统上，制造性库存(Manufacturing Inventory)是指对公司产品有贡献或作为产品组成一部分的物资。制造性库存一般可分为原材料、产成品、零部件、低值易耗品以及在制品。在服务行业，库存一般指用于销售的有形商品以及用于管理该服务的耗用品。

库存可以应付各种有规律与偶然性的变化，起应急、备用的缓冲作用，库存还能为生产运行过程提供周转储备量，是连接和保持整个生产过程运作的媒介，因此合理的库存能够为制造节省开支，降低成本。同时，库存水平在营销过程中与服务水平直接相关，可以通过缩短客户的订货周期或通过提供现货有效提升服务水平。

因此库存是必需的，但库存有好处也有坏处，在现代生产管理思想被广泛推广的今天，人们普遍认为应降低库存，有人比喻其为万恶之源，称其麻痹神经，掩盖矛盾：库存可能被用来掩盖经常性产品或零部件的制造质量问题，当废品率和返修率很高时，一种很自然的做法就是加大生产批量以及在制品或产品的库存；库存还可以被用来掩盖工人的缺勤和技能训练差的问题，劳动纪律松弛和现场管理混乱的问题；库存可用来掩盖供应商或外协厂家的原材料质量问题，外协件质量问题，交货不及时问题；库存可以被用来掩盖或弥补企业计划安排不当问题，生产控制制度不健全问题；可以掩盖需求预测不准，产品齐套性差等问题。库存的直接危害就是占压企业大量宝贵的流动资金，增加保管、占地、转移等费用，此外还存在许多风险，比如报废或过期等。

第1章讲过"零库存"只是一种境界和追求，库存管理是要在保证及时交货的前提下，尽可能降低库存水平，减少库存积压，降低报废与贬值的风险。

【拓展知识】

7.1.2 库存的分类

1. 按照经营过程的角度分类

(1) 周转性库存(Cycle Stock)。在进货时间间隔中，可保证生产连续性而保有的库存。如两个月进一次货，但生产每日进行，必须要有一定的库存，以保证生产的连续进行。

(2) 在途库存(Transportation Inventory)。处于运动状态的货物，比如汽车运输的货物，这些货物是为了未来需要而暂时闲置在途中，因此也是库存，是一种在途库存。由于运送速度慢、距离长或运输要经过多个阶段，那么适当的途中库存就为流通的顺利进行提供了有力的支持。

(3) 季节性库存(Seasonal Stock)。季节性库存是指某些物资的供应或产品的销售经常受到季节性因素的影响(或者类似季节性的影响)，为了保证生产和销售的正常运行，需要一定数量的季节性库存。例如，为了满足夏季消费者对空调的需求增加，空调制造商必须在夏季到来之前，加大空调的库存。

(4)投机性库存(Speculative Stock)。投机性库存是指为了避免因物价上涨造成的损失或者为了从商品价格上涨中获利而建立的库存,具有投机性质。

(5)安全库存(Safety Stock)。由于订货至交货的时间不确定、意外中断或延迟及需求的变动难以预期,必须有额外的库存以备不时之需。对未来精确的预测是降低安全库存的关键。

2. 按照库存物资的相关性分类

对于物料的需求有两种:①独立需求;②相关需求。这两种物料的库存分别形成了独立库存和相关库存。

(1)独立库存(Independent Inventory)。独立需求是指直接来自用户的,对企业产品和服务的需求。各种物品之间没有联系,可以分别确定。独立需求由市场决定,与生产过程无关。独立需求最明显的特征是需求的对象和数量不确定,只能通过预测方法粗略地估计。例如,某企业同时生产钢铁和食品。这两种产品需求量的大小只与各自的市场状况有关,彼此之间并无联系。

(2)相关库存(Dependent Inventory)。相反,我们把企业内部物料转化各环节之间所发生的需求称为相关需求。相关需求也称为非独立需求,它可以按对最终产品的独立需求精确地计算出来。例如,某汽车制造厂年产汽车30万辆,这是通过需求预测确定的。一旦30万辆汽车的生产任务确定之后,制造该种汽车的零部件和原材料的数量和所需时间就可以通过精确计算得到,对零部件和原材料的需求就是相关需求。相关需求可以是垂直方向的,也可以是水平方向的。产品与其零部件之间垂直相关,与其附件和包装物之间则水平相关。通常来看,产成品一般是独立需求库存,而原材料和制造产成品所需的零部件属于相关需求库存。

3. 按照对物品需求是否重复分类

(1)单周期库存(Single-cycle Stock)。单周期需求是指对物品在一段特定时间内的需求,过了这段时间,该物品就失去原有的使用价值。报纸、新年贺卡、圣诞树等属于这种物品;易腐食品(如海鲜、水果)属于这种物品;机器设备的备件也属于这种物品,虽然机器使用寿命较长,但机器一旦报废,相应的备件也就没有用了。对于已过时的物品,需要进行善后处理,或折价卖出,收回部分成本,或额外花费一笔钱将其处理掉,否则将成为滞废料。对单周期物品的订货被称为一次性订货量问题,一次订货有一定的批量,就构成了单周期库存问题。

(2)多周期库存(Multi-cycle Stock)。多周期需求则指在足够长的时间里对某种物品的重复的、连续的需求,其库存需要不断地补充。机械厂所需的钢材,用完了还需要补充;家庭所需的粮食,吃完了还得再买。与单周期需求比,多周期需求问题较为普遍。对多周期需求物品的库存控制问题称为多周期库存问题。

【拓展视频】

7.2 库存产生的原因

在企业管理中,如果物料库存量过高,就会占用大量资金,物料的周转速度也势必受到影响,从而直接影响到企业的总体绩效。因此,为了有效地控制库存量,首先应该充分了解库存产生的主要原因。

7.2.1 计划性或策略性库存

由于企业生产计划或经营策略的需要，会产生或增加某些物料的库存。相应的策略有许多种。

1. 应急的需要

对于一些供应不稳定或存在较大供应风险的物资，有时企业会加大库存量，比如由于技术原因，某零件供应商很难短期内做到按时、按质、按量供货，为了减少缺货的风险，可以采用加大库存的方法。另外，对于一些战略物资或用于应对紧急情况而必需储备的物资也是要有库存的，比如消防灭火器。

2. 竞争的需要

交货期的缩短或提高服务水平无疑有助于竞争，这往往是以牺牲库存为代价的，此时应计划性或策略性地增加库存。但有时为了击败竞争对手，企业会做出非正常的决策，例如，某企业加大生产量和市场供应量，同时以十分低廉甚至是低于成本的价格向市场抛售，有效打击并挤垮竞争对手，使其退出市场，占领市场后再慢慢抬高价格获取利润，这是一种倾销行为，此时该企业的库存必然增加。

此外，如果把资金也看作广义的库存的话，那么股票及股权的收购则是另一种库存的增加。

3. 投机的需要

投机性的购买也是出现策略性库存的主要原因。例如，企业预测到某种物料价格将会上涨，于是大量购进该物料，这种投机性质的购买实际上是规避风险的方式之一。先期购买可以在当前交易的低价位购买额外数量的产品，从而不需要在未来以较高的预期价购买。

总体来说，影响计划性或策略性库存增加因素有：缩短交货期、竞争需要、投机性购买、规避风险的购买、缓解季节性生产高峰的压力、实施零组件通用化等。对于很多企业来说，季节变动对生产情况的影响比较显著，这就不得不通过增加库存量来缓解季节性生产高峰的压力，比如空调的库存。此外，由于大批量生产零部件可以降低供应商的生产成本，出于这样的目的，供应商通常希望企业能大批量进货，这也相应地造成了库存的增加。

7.2.2 管理失误产生的库存

管理工作中的失误，也是造成库存量增加的重要原因。企业经营计划对市场估计不足、订单与客户管理的衔接失误、安全库存量设定的事实依据不准确、仓储管理不善、生产产能不均衡等各方面的因素都会对物料库存产生影响。

具体来说，造成库存的原因有很多种：营销管理失误，如市场预测错误、市场变化超出营销预测能力、订单管理和客户管理衔接失误；生产计划失误，如生产批量与计划吻合不严密、安全库存量的基准设定太高、安全库存量设定事实依据不准确、生产计划本身衔接不良造成半成品流动不畅、仓储管理不善；生产管理问题，如生产流程产能不均衡、各道生产工序的合格率不均衡、产品加工过程较长；供应来源问题，如供应商前置时间过长、供应不及时、供应商产能不稳定、担心供应商的供应能力而增大库存以规避风险。

因此，库存控制要管理好企业运作的各个环节，如何从各个环节上进行库存控制详见第9章。

7.2.3 为提高服务水平而保有的库存

我们无法设计出对任何客户的产品或服务需求做出100%即时反应的运作系统，因为这样的运作系统是不经济的。库存使得产品或服务保持一定的可得率，当库存位置接近客户时，就可以满足较高的客户服务要求。库存的存在不仅保证了销售活动的顺利进行，而且提高了实际销售量，售后服务环节也可能提出高库存的要求。

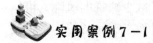

实用案例 7-1

汽车修理厂面临的问题是如何保有数以千计的零配件，以修理各种各样不同年份不同型号的汽车。一辆汽车可能有15 000个配件。为加快库存周转，修理厂只保有为数不多的常用配件（如火花塞、风扇皮带和电池）的库存。更多的二级库存由汽车制造商保存在地区仓库中，在某些紧急情况下，可以通过空运并在当天送到修理厂。这样，修理厂在保持高水平零配件可得率的同时，使库存降到了最低水平。

（资料来源：作者根据相关资料整理。）

7.2.4 为降低总成本而增加的库存

虽然持有库存会产生一些成本，但也可以间接降低其他方面的运营成本，两者相抵也许还能节约总成本。首先，保有库存可以使生产的批量更大、批次更少、运作水平更高，因而产生一定的规模经济效益。并且由于库存在供求之间起着缓冲器的作用，合理的库存可以消除需求波动对产出的影响，从而减少损失。

其次，合理的库存有助于节约采购和运输成本。采购部门的购买量可以超过企业的即时需求量以争取价格优惠——数量折扣，因此保有额外库存带来的成本可能被价格降低带来的收益所抵销。与之类似，企业常常可以通过增加运输批量、减少单位装卸成本来降低运输成本，但增加运输批量会导致运输渠道两端的库存水平都增加。如果运输成本的节约可以抵销或大于库存持有成本的上升时，这种策略则被认为是有效的。

7.2.5 不确定性因素的影响

1. 顾客需求的不确定性

顾客需求总是难以预测的，由于种种原因，近年来顾客需求的不确定性进一步增加。例如，产品寿命周期的不断缩短，这意味着顾客需求的历史数据可能无法获得或者非常有限；市场上不断出现新的竞争性产品，而产品的增多使预测某个具体产品的需求变得越来越困难等。实际上，尽管预测产品组（即预测同一市场上相互竞争的所有产品的需求量）相对比较容易，但预测单个产品的准确需求量就困难得多了。

2. 供应的不确定性

在许多情况下，供应的数量和质量、供应商的成本及交货时间存在很大的不确定性。整个运作渠道中生产和运输时间的波动也会造成不确定性，这同样会影响运作成本和客户服务水平。为抵销波动的影响，企业常常在运作渠道中的多个节点保有库存以缓冲不确定因素的影响，使生产运作更加平稳。

最后，物流系统中也会出现计划外或意外的突发事件。常见的情形包括自然灾害、需求激增、供货延误等，保有库存可以起一定的保护作用。在物流渠道的关键点保有一些库存还可以使系统在一定时间内继续运作，直到突发事件过去。本书第3章导入案例中，如果芯片的库存量大反而损失会小，但这是一种特殊情况，通常情况下不会做加大库存的考虑，但是有些行业则例外。

实用案例 7－2

造纸厂通常是有库存的，这是因为生产时需要使用昂贵的长网造纸机和其他生产能力高的设备。由于这些设备的固定成本很高，这就要求设备连续运转以提高设备利用率。工业纸制品（牛皮包装纸、多层牛皮纸袋、散装纸）的需求都是稳定、已知的。虽然针对大订单可以直接安排生产计划，但由于机器每小时运营成本很高，每次运行需要半个小时的转换时间，所以，如果针对小订单也直接安排生产，成本就非常高了。此时，先进行生产，然后放进仓库，用库存的标准产品来满足小订单需求的供应，就可以减少设备调整时间，这种做法使得在抵销库存持有成本以后还有节约。

（资料来源：作者根据相关资料整理。）

7.2.6 供应链中"牛鞭效应"的影响

在供应链上，常常由于如预测不准确、需求不明确，供给不稳定，企业之间合作性与协调性差等原因造成了供应缺乏，生产与运输作业不均衡、库存居高不下，成本过高等问题。引起这些问题的根源有许多，但最主要的原因之一是"牛鞭效应"（Bullwhip Effect）。

1."牛鞭效应"原理

"牛鞭效应"是美国著名的供应链管理专家 Lee 教授对需求的信息扭曲在供应链中传递的一种形象描述。早在20世纪50年代 J. Forrester 教授就发现这一现象，即微小的市场波动会造成制造商在进行生产计划时遇到巨大的不确定性。后来许多实证研究与企业调查发现，这种现象广泛地存在于制造业的供应链体系中。其基本思想是：当供应链的各节点企业只根据来自其相邻的下级企业的需求信息进行生产或供应决策时，需求信息的不真实会沿着供应链逆流而上，产生逐级放大的现象，到达最上端的供应商时，其获得的需求信息和实际消费市场中的顾客需求信息会有很大的偏差，需求变异系数会比分销商和零售商的需求变异系数大得多。由于这种需求放大效应的影响，上游供应商往往要维持比下游供应商更高的库存水平。

有关研究表明，在整个供应链中，从产品离开制造商的生产线到达零售商的货架，产品的平均库存时间超过 100 天。被扭曲的需求信息使供应链中的每个个体都相应增加库存。图 7.1 表示了"牛鞭效应"的原理。最下游的客户端相当于鞭子的根部，而最上端的供应商相当于鞭子的末梢部，在根部的一端只要有一个轻微的抖动，传递到末梢部就会出现很大的波动。

实用案例 7－3

数年前，宝洁公司管理人员在考察婴儿一次性纸尿裤的订单分布规律时曾惊奇地发现，虽然婴儿对产品的消费比较稳定，零售商那里销售波动也不大，但厂家从经销商那里得到的订单却出现大幅波动，同一时期厂家向原材料供应商的订货量波动幅度就更大。通过进一步研究发现，零售商为了能够应付客户需求增加的变化，往往在历史和现实销售情况的预测订货量上，作一定放大后再向分销中心订货，而分销中心也出于同样的考虑，增加订货量。这样，虽然客户需求波动不大，但层层加量订货就将实际需求逐级放大了。同样，惠普、通用、福特和克莱斯勒等许多企业也存在这种供应链上最终用户的需求沿供应链上游前进过程中波动程度逐级放大的现象。

（资料来源：作者根据相关资料整理。）

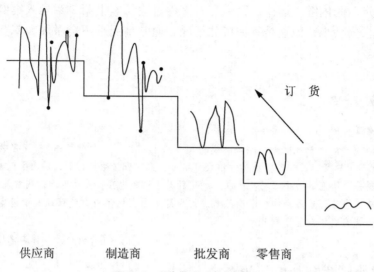

图 7.1 "牛鞭效应"的原理

2. "牛鞭效应"产生的原因

在供应链上,常会遇到尽管某种产品的末端市场需求变动不大,但上游的需求波动却很大的情况。例如,某零售商销售某产品的历史最高月纪录为 100 件,为保证即将到来重大节日的销售不断货,他会在此基础上增加 X 件,订货量为 $100+X$ 件;他的上一级批发商同样也会在其订货基础上增加 Y 件,因此,向生产商订货的数量就变成了 $100+X+Y$ 件;生产商为了保证供货,必须要按大于该订货的数量进行生产,这样一层一层地增加,就产生了"牛鞭效应"。

表面上看,"牛鞭效应"表现为需求的不确定性,实质上,这种不确定性却是由于需求变化的信息在供应链中传递时出现失真,进而扭曲放大的结果。"牛鞭效应"产生的原因复杂多样,但人们通常认为问题的出现主要有以下几点原因。

1)需求预测的依据

为了安排生产进度,计划产量,控制库存和计划物料需求,供应链中的企业通常都会预测产品需求。而传统供应链的上游总是将下游的需求信息作为自己需求预测的依据,以企业直接接触的顾客的购买历史进行预测。当下游企业订购时,上游企业的经理就把这条信息作为将来产品需求的信号来处理。基于这个信号,上游经理会调整需求预测,同时上游企业也会向其供应商增加订购,使其做出相应的调整。这一需求预测的依据是导致"牛鞭效应"的主要原因。

例如,在市场销售活动中,该零售商的历史最高月销量为 1 000 件,但下月正逢重大节日,为了保证销售不断货,他会在月最高销量基础上再追加 $A\%$,于是他向其上级批发商下订单 $1\,000(1+A\%)$ 件。批发商的预测则以其下游需求为依据,汇总该区域的销量预计后(假设)为 12 000 件,他为了保证零售商的需要又追加 $B\%$,于是他向生产商下订单 $12\,000(1+B\%)$ 件。同样,生产商为了保证批发商的需要,虽然他明知其中有夸大成分,但他并不知道具体情况,于是他不得不至少按 $12\,000(1+B\%)$ 件投产,并且为了稳妥起见,在考虑毁损、漏订等情况后,他又加量生产,这样一层一层地增加预订量,从而导致"牛鞭效应"。

2)批量订购的行为

在供应链中,每个企业都会向上游企业订货,而这种订货方式通常是批量订货,即一次订购一批货。这主要是由于存货耗尽以后,企业很难马上从其供应商那里获得补充,所以通常都会进行批量订购。譬如，采购部门发给供应商的订单中，既包括需要重新满足来自实际需求的库存量，也包括必要的安全库存量。在交货期间，保持数周的安全库存是很常见的，其结果是预期的订货量将比需求量变化更大。而供应商以接收的订单作为需求来向自己的上游发出订货信息，并可能也要考虑安全库存。所以，从经销商–批发商–制造商–供应商，订货量要比实际销售量大得多，由于大量的安全库存产生"牛鞭效应"，并且供应链中的各环节的交货期越长，波动会越剧烈，因为交货期长会增加安全库存量。

另外，对运输费用的考虑有时也是阻碍企业频繁订货的因素之一。当卡车满载时，单位产品运输成本最低，因此当企业向供应商订购时，他们倾向于大批量订货以降低单位运输成本。此外，供应商本身也难以处理频繁的订购，因为处理这些订货所消耗的时间与成本相当大。

若企业的顾客都采用定期订购模型，则会导致"牛鞭效应"产生，但如果所有顾客的订购周期均匀分布，那么"牛鞭效应"的影响就会最小。然而，这种理想状态极少存在，订单通常都是随机分布，甚至是相互重叠的。当顾客的订货周期重叠时，即很多顾客会在同一时间订货，需求高度集中会造成需求增加的假象，从而导致"牛鞭效应"高峰的出现。

3）价格的波动

价格波动会促使购买的提前或推迟。制造商通常会进行周期性促销，如价格折扣、数量折扣、优惠券等，这些优惠实质上是一种间接的价格优惠。制造商的价格优惠会促使其分销商提前购买日后所需的产品，而提前购买的结果是顾客所购买的数量并不反映他们的即时需求。另一种情况是对价格下降的预期，也就是说经销商预期某时价格会下调从而形成购买的推迟。因此当制造商的价格处于低水平时（通过折扣或其他促销手法），顾客常会购买比自己实际所需要大得多的数量。当制造商的价格恢复正常水平时，顾客由于有足够库存，因此在其库存消耗至一定程度之前，他们不会再购买。结果，顾客的购买模式并不反映他们使用的真实情况，其购买数量的波动较其实际消耗量的波动大，从而产生"牛鞭效应"。

4）限量供应和短缺博弈

市场上存在这样一种现象：当产品供不应求时，制造商常根据顾客订购的数量按照一定的比例进行限量供应，此时客户会在订购时夸大实际的需求量；当供不应求的情况得到缓和时，订购量反而会突然下降，同时大批客户会取消订单。

这种现象的原因是对已有或潜在的限量供应进行的短缺博弈，这会使顾客产生过度的反应。这种博弈的结果是供应商无法区分这些增长中有多少是由于市场真实需求而增加的，有多少是零售商害怕限量供应而虚增的，因而不能从顾客的订单中得到有关产品需求情况的真实信息。例如，总的供应量只有订货量的40%，合理的配给办法就是按其订货的40%供货。此时，销售商为了获得更大份额的配给量，故意夸大其订货需求是在所难免的，当需求降温时，订货则会突然消失，这种由于短缺博弈导致的需求信息被扭曲，最终导致"牛鞭效应"。

5）库存责任失衡

库存责任失衡加剧了订货需求放大。在营销操作上，通常的做法是供应商先送货，待销售商销售完成后再结算。这种体制的结果是库存责任失衡，供应商需要在销售商（批发商、零售商）结算之前按照销售商的订货量负责将货物运至销售商指定的地方，而销售商并不承担货物搬运费用；在发生货物毁损或者供给过剩时，供应商还需承担调换、退货及其他相关损失，这样，库存责任自然转移到供应商，从而使销售商处于有利地位。同时在销售商资金周转不畅时，由于有大量存货可作为资产使用，所以销售商会利用这些存货与其他供应商易货，或者不顾供应商的价格规定，低价出货，加速资金回笼，从而缓解资金周转的困境；同时，销售商掌握大数量的库存也可以作为与供应商进行博弈的筹码。因此，销售商普遍倾向于加大订货量掌握主动权，这样也必然会导致"牛鞭效应"。

6）环境变化

环境变化所产生的不确定性也是促使订货需求放大加剧的现实原因。自然环境、人文环境、政策环境和社会环境的变化都可能会增强市场的不确定性。销售商应对这些不确定性因素影响的最主要手段就是保持库存，并且随着这些不确定性的增强，库存量也会随之变化。当对不确定性的预测被人为夸大，或者形成一种较普遍认识时，为了保持应付这些不确定性的安全库存，销售商会加大订货，将不确定性风险转移给供应商，这样也会导致"牛鞭效应"。比如"非典"期间，口罩成了紧缺的商品，但"非典"过后的相当长一段时间里，许多口罩的生产厂家不得不减产或停产以消化库存。

7）信息沟通不畅

由于缺少信息交流和共享，企业无法掌握下游的真正需求和上游的供货能力，只好自行多储备货物。同时，供应链上的企业之间无法实现存货互通有无和转运调拨，只能各自持有高额库存，这也会导致"牛鞭效应"。

8）提前期拉长

有时企业由于对交货的准确时间心中无数，或者出于某种"保险"的考虑会拉长供货提前期，例如，明明正常情况下3天就能到货的某产品，可能会提前5天就下订单，并要求供应商尽早发货，给自己留有一定的余地。但是需求的变动随提前期的增长而增大，因为提前期长了，预测的准确性就差，因此有加大安全库存的倾向，当逐级的提前期被拉长后，也就造成了"牛鞭效应"。

造成库存的原因还有许多，比如质量管理不善，第9章将进行介绍。但更重要的是，这些原因长久以来都存在，但人们通常不会去深入思考，所以这是库存一直降不下来的主要原因。

7.3 库存管理思想和目标

7.3.1 库存管理思想

库存管理主要围绕两种基本思想（图7.2）。一种是拉动式库存管理。拉动式库存管理思想认为每一个存储点（如一个仓库）都独立于渠道中其他所有仓库，因此，在进行需求预测和补货决策时只考虑本地点的因素，而不直接考虑各个仓库不同的补货量和补货时间对采购企业成本节约的影响，但该方法可以实现对每个存储点库存的精确控制。拉动式库存管理思想在零售企业中应用特别普遍。

另一种管理思想是推动式库存管理。如果各个地点的库存单独进行决策，那么补货批量和补货时间不一定能够与生产批量、经济采购量或最小订货量很好地协调起来。因此，许多企业选择根据每个存储点的预测需求、可用的空间或其他一些标准分配补货量。其中，库存水平的设定是根据整个仓库系统的情况统一决定的。一般地，当采购或生产规模收益大于拉动式管理法实现的最低总库存水平带来的收益时，就可以采用推动式库存管理法。另外，为了更好地进行整体控制还可以集中管理库存，利用生产和采购规模效益来决定库存水平从而降低库存成本,在总体需求的基础上进行预测,然后分摊到每个存储点来提高准确性。

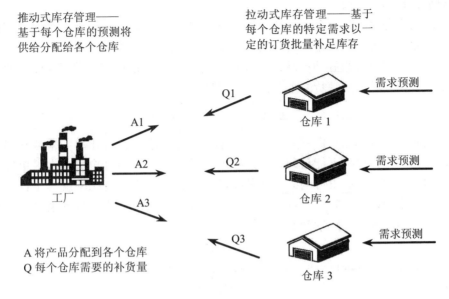

图7.2 拉动式与推动式库存管理思想

联合补货综合了拉动和推动两种思想,由某供应渠道成员代表供货点和存储点共同确定补货数量和时间安排。对整个供应渠道而言,这种形式的补货比供货点和存储点单方决策更合理。

7.3.2 库存管理目标

企业的库存管理需要在生产的现货供应比率(或客户服务水平)与支持该供应能力的成本之间进行权衡。如果库存量过大,将增加仓库面积和库存保管费用,从而提高了产品成本;占用大量的流动资金,既加重了贷款利息等负担,又会影响资金的时间价值和机会收益;造成产成品和原材料的有形损耗和无形损耗;造成企业资源的大量闲置,影响其合理配置和优化;掩盖了企业生产、经营过程中的各种矛盾和问题,不利于企业提高管理水平。反之,如果库存量过小,会造成服务水平的下降,影响销售利润和企业信誉;造成生产系统原材料或其他物料供应不足,影响生产过程的正常进行;使订货间隔期缩短,订货次数增加,使订货(生产)成本提高;影响生产过程的均衡性和装配时的成套性。

由于满足客户服务目标的方法不止一种,所以企业希望将每一客户服务水平的库存相关成本降到最低。因此,库存管理控制的目标是在满足顾客服务要求的前提下,通过对企业的库存水平进行控制,尽可能降低库存水平,减少库存空间占用,降低库存总费用,提高物流系统效率,以强化企业的竞争力。下面首先了解一下产品的现货供应能力和库存相关的成本。

1. 保证产品的现货供应比率

库存管理的首要目标就是保证一定期间内期望数量的产品有现货供应。通常的判断标准是现有存货满足需求的能力。这个可能性或订单履行比率就是所谓的服务水平,对于单一产品而言,服务水平可以定义为:

$$\text{服务水平} = 1 - (\text{每年产品缺货件数的期望值} / \text{年需求总量}) \tag{7-1}$$

服务水平以0~1之间的数值表示。由于目标服务水平经常是一定的,所以我们的任务就是控制产品缺货件数的期望值。

单一产品的服务水平计算简便。然而客户往往会同时需要一种以上的产品,因此,人们可能更关心订单完全履行的概率,而不仅仅是单一产品的服务水平。

例如:假设某订单订购五种产品,每种产品的服务水平是0.95,即只有5%的缺货可能性。假设没有任何一种产品缺货,全部订货得以履行的概率是:

$$0.95 \times 0.95 \times 0.95 \times 0.95 \times 0.95 = 0.77$$

订单完全履行的概率在一定程度上会低于单一产品的现货供应比率。来自众多客户的大量订单中,任何一张订单都可能订购多个品种的商品组合。因而客户服务水平更好的表示方法为加权平均履行比率。假设订购的产品种类已知,加权平均履行比率就等于订单上每种产品组合出现的频率乘以订单完全履行的概率。如果加权平均履行比率目标值已定,那么就需要调整每种产品的服务水平以达到期望的加权平均履行比率。

例如:某专业化工公司接到订单,订购其生产的某种涂料。涂料产品包括三个独立品种,客户会按不同的品种组合进行订购。根据一段时间的订单采样统计来看,出现在订单上的七种不同产品组合及其概率如表7-1所示。同时,根据企业的历史记录,每种产品有现货库存的概率分别是0.95、0.90和0.80。正如表7-1的计算所示,加权平均履行比率是0.801,即每五个订单中就有一个会发生企业无法供应客户订购的所有产品的情况。

表7-1 加权平均履行比率的计算

订单上产品组合	出现频率	完全履行订单概率	边际值
A	0.1	0.95	0.095
B	0.1	0.90	0.090
C	0.2	0.80	0.160
A, B	0.2	$0.95 \times 0.90 = 0.855$	0.171
A, C	0.1	$0.95 \times 0.80 = 0.760$	0.076
B, C	0.1	$0.90 \times 0.80 = 0.720$	0.072
A, B, C	0.2	$0.95 \times 0.90 \times 0.85 = 0.684$	0.137
加权平均履行比率			0.801

2. 降低库存总成本

降低库存总成本是库存控制的主要目标之一,也是库存合理化的标志之一。只有了解库存的成本结构,才能有效控制库存成本。一般地,库存相关成本主要包括采购成本、订货成本、库存维持成本和缺货成本。这些成本对库存决策起到重要作用,他们之间互相冲突或存在背反关系(图7.3)。因此,在进行订货决策时,确定订购数量补足某种产品的库存,就需对相关成本进行权衡。

(1)年库存维持成本(Holding Costs)。库存维持成本是因一段时期内存储或持有商品而导致的,也称库存持有成本。库存维持成本与物品价值和平均库存量有关,与所持有的平均库存量成正比。该成本可以分为四种:库存空间成本、资金成本、库存服务成本和库存风险成本,如图7.4所示。

第 7 章　库存控制基础

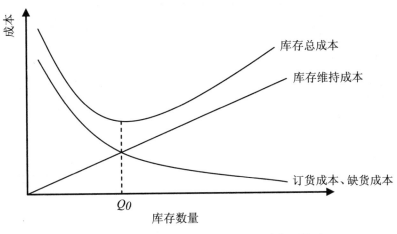

图 7.3　订货量与相关库存成本之间的背反关系

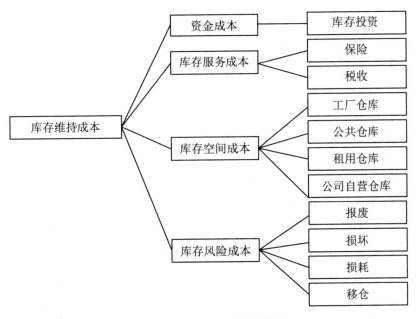

图 7.4　库存维持成本的构成

库存空间成本是因占用存储建筑内立体空间所支付的费用。如果是租借的空间，存储费用一般按一定时间内存储产品的重量来计算。如果是自有仓库或合同仓库，则空间成本取决于分担的运营成本，这些运营成本都是与存储空间相关的（如供暖和照明）；同时还取决于与存储量相联系的固定成本，如建筑和存储设施成本。在计算在途库存的持有成本时，不必考虑空间成本。

资金成本指库存占用资金的成本，主要包括投资于库存的资金利息和机会成本。库存使这部分资金闲置起来，否则这些资金可以用于其他活动来创造新的价值，这造成了机会损失。资金成本可占到库存总成本的 80%（表 7-2），同时也是各项库存持有成本中最捉摸不定的、最具主观性的一项。原因有两个：第一，库存是短期资产和长期资产的混合，有些存货仅为满足季节性需求服务，而另一些库存则为迎合长期需求而持有；第二，从优惠利率到资金的机会成本，资金成本差异巨大。

表7-2 库存持有成本因素的相对比重

持有成本因素	相对比重
利息和机会成本	82%
仓耗	14%
存储和搬运	3.25%
财产税	0.5%
保险	0.25%
合计	100%

[资料来源：Robert Landeros and David M Lyth. Economic-Lot-size Models for Cooperative Inter-Organizational Relationship. Journal of Bussiness Logistics. 1989(2)：149.]

人们对用于库存的资金成本的确切数额已争论多时。许多企业使用资金成本的平均值，另一些则使用企业投资的平均回报率。也有人认为最低资金回报率最能准确反映真实的资金成本。最低资金回报率是企业未接受的获利最高的投资项目的回报率。

库存服务成本（Inventory Service Costs）中，保险和税收也构成库存持有成本的一部分，因其水平基本上取决于持有的库存量。保险作为一种防护性措施，帮助企业预防火灾、风暴或偷盗所带来的损失，所以许多企业会为其产品或原料购买保险。保险费用是根据一段时间内的风险估计值或损失值来确定的。损失风险取决于产品及其存储设备。例如，对于贵重产品和危险产品而言，保险费用就很高。保险费用也会受设施条件的影响，如使用安全监控和自动喷淋消防系统或许有助于降低风险，因而会降低企业的保险费用。税收机关通常会对仓库中的库存进行评估并收税，不同地区的税率和评估办法有所不同。税收机关通常会根据一年中某一天的库存水平，或者根据一段时期内的平均库存水平来收取税费。

库存风险成本（Inventory Risk Costs）通常由与产品变质、短少（偷窃）、破损或报废相关的费用构成，是库存持有成本的最后一项。在保有库存的过程中，一部分存货会被污染、损坏、变质、陈旧、被盗或由于其他原因不适合或不能用于销售，如由于时尚产品的落伍或者款式过时而导致的损失。与之相关的成本可用产品价值的直接损失来估算，也可用重新生产产品或从备用仓库供货的成本来估算。

库存维持成本计算一般根据库存维持费率来确定，库存维持成本等于库存维持费率（年库存维持成本的百分比）乘以平均库存。假定年库存维持成本的百分比为20%，如果一个企业的平均库存为10万元，那么它的年库存维持成本就是2万元（20%×10万元）。

（2）订货成本（Reorder Costs）。订货成本是指企业为了实现一次订货而进行的各种活动的费用。订货成本与发出订单活动和收货活动有关，包括确定购买物品的价格、谈判、准备订单、跟踪订单并确认对方收到、核对收货单、收货检查等。它一般与订货次数有关，而与一次订多少无关。一次订的货多，则分摊在每项物资上的订货费用就少。因此，企业全年的订货成本与全年发生的订货次数有关，一般与一次订多少无关。因为在年需求量一定时，订货次数越多，每次订货量越小，则全年订货成本越大，分摊每次订货费用越大。

（3）采购成本（Procurement Costs）。采购成本包括不同订货批量下产品的价格或制造成本（加工费）。它与采购物资的价格和订货数量有关，通常订货越多价格越低。采购成本还包括运输等费用。

(4) 缺货成本(Out-of-Stock Costs)。缺货成本是指由于库存不足,无法满足顾客的需求所造成的业务损失、信誉损失以及影响生产造成的损失。它包括:销售机会和利润的丧失;延期或缺货造成客户不满以至于损失客户;对晚交货或不交货的罚金;补充订货而造成的额外订货成本。

缺货成本的高低与储备量的大小有关,储备量大时,缺货的次数和数量相对就较少,缺货成本可能较低,但库存持有成本必然升高;储备量小时,缺货成本可能很高,但库存持有成本却可能降低。年缺货成本还与缺货多少、缺货次数有关。由于客户的反应随机性很大,具体衡量缺货成本比较困难。

7.4 库存控制方法

库存管理与控制始终是企业生产经营过程中不可缺少的重要组成部分,是实现价值链增值的重要环节。在供应链管理模式下,库存是供应链管理的最大难题之一,库存量的高低不仅影响到单一企业的综合成本,而且也制约着整条供应链的性能。因此,如何控制库存,建立适当的库存量,既减少库存成本,又不影响正常的产品生产和服务客户,已经成为企业管理者必须考虑的首要问题。学者们提出的库存控制理论和方法众多,下面分别从库存结构控制、流程管理、库存量决策三个角度阐述库存控制方法。

7.4.1 库存结构控制

在商品结构的框架下,由商品数量构成的相互关联的库存架构。什么样的库存结构才是合理的?不同项目、不同季节、不同时间段、不同操作模式下其标准不一样。合理的库存结构是一个动态的过程。理想状态的合理库存结构是在充分保证不缺货的前提下,以最经济的衔接使销售与库存处于最佳状态。

库存结构分析有多种方法,常用的如 ABC 分类管理法、关键因素分析法、周转周期分析、生命周期分析、产品明细分析等。企业应不断探索研究适合自己的分析方法,以期达到最佳的效果。同时,各种库存结构分析方法不是孤立的,可根据实际情况综合运用。

1. ABC 分类管理法

ABC 分类管理法是一种比较简单、实用的库存物资管理方法。ABC 分类管理法将库存物资按重要程度分为特别重要的库存(A 类)、一般重要的库存(B 类)和不重要的库存(C 类)三个等级,然后针对不同等级分别进行管理和控制。当企业存货品种繁多、单价高低悬殊、存量多寡不一时,使用 ABC 分类法可以分清主次、抓住重点、区别对待,使存货控制更方便有效。

2. CVA 库存管理法

CVA(Critical Value Analysis)库存管理法又称关键因素分析法,主要由于 ABC 分类管理法中 C 类货物得不到足够的重视,往往因此导致停产。在实际工作中可以把两种方法结合起来,引进 CVA 管理法对 ABC 分析进行有益的补充,它是将货位分为最高优先级、较高优先级、中等优先级和较低优先级四个等级,对不同等级的物资允许缺货的程度和管理实施不同的策略(CVA 管理法的内容将在第 8 章详细阐述)。

3. 周转天数控制法

存货周转天数指从存货的购买到销售所用的天数。在零售与批发商业企业，它被称作"库存周期"，通常天数越少越好。这是与"库存周转率"密切相关的概念，周转率越高越好，这在第1章已经探讨。

【拓展知识】

$$周转天数 = 期末库存金额 \div 本期销售金额 \times 本期销售天数 \quad (7-2)$$

或 $$期末库存金额 \div 本期平均日销量 \quad (7-3)$$

存货周转天数大幅度增加表明企业可能存在大量未销售的成品，或企业的产品组合中生产周期较长的产品变得更多。合理的周转天数根据不同的项目特点有着不同的标准，同一项目的合理周转天数在不同的时期也不是固定值，而是变化的、相对的。如现在的很多项目由原来的市场购货改为订货制周转天数拉长。有的项目由原来的近途进货，改为远途进货或源头货，加大了备货周期，库存增加，周转天数自然增加。有时季末市场断货也要加大储货周期，这种情况也是合理的。周转天数是由经营思路决定的，要全面考虑，科学分析。

另外，分析周转天数时，要从整体到局部层层分析。避免出现整体看起来合理，但到具体的品牌或品类出问题的情况。超市饮料组经营的奶制品保质期很短，就决定了其周转天数要明显少于其他品类，酸奶更加突出。因此，多品类定位的货物在分析具体品牌、品类的周转天数时一定要与该品牌或品类的相对合理状态对比，而不要与整体的平均值做参照。很多商品部为了及时发现问题，采用10天分析、周分析的形式，有利于及时发现和解决问题。周转天数比较适合常规项目，而对季节性明显的项目效果较差，对于季节性而言，更好的方式应为分析商品的生命周期。

4. 商品生命周期分析法

商品生命周期是产品的市场寿命，即一种新产品从开始进入市场到被市场淘汰的整个过程，一般分为四个阶段：试销期、成长期、成熟期、衰退期。

生命周期分为两种：一种是商品本身的，指某个品牌或项目的生命周期，这个过程一般是比较长的（当然也有快的）。只要我们深入了解、研究品牌的背景、发展，密切关注行业的发展趋势就可以了（如收音机、传统相机）。另一种是季节性的，随季节、天气的变化、商品不断发生变化。该商品只在一年的操作中出现一次或几次，这种是需要我们不断把握规律的。

不同时期的库存把握原则不同。如试销期的原则是多款少量；成长期的原则是逐步加款加量；成熟期的前期，款式最丰富，可组织大量货源，而后期应有计划地压缩款式，将货量集中在主款上；衰退期有步骤地缩款缩量，最终将其淘汰，与此同时，着力开发有生命力的新商品。

7.4.2 流程管理

流程管理（Process Management），是一种以规范化的构造端到端的卓越业务流程为中心，以持续地提高企业的业务绩效为目的的系统化方法。流程管理的核心是流程，流程是任何企业运作的基础，企业所有的业务都需要流程来驱动，流程把相关的信息数据根据一定的条件从一个人(部门)，输送到其他人员(部门)，得到相应的结果以后再返回到相关的人(或部门)。企业各种流程运作过程中伴随着物流、信息流和资金流的运转，如果流转不畅一定会导致这个企业运作不畅。从库存角度来看，企业各流程的运作状况也影响到企业的库存水平。企业的库存中有一类库存是为维持正常运营而准备的周转库存。企业的采购流程、生产流程、信息处理流程等的运作周期，直接影响周转库存的数量。例如，生产周期是6周，意味着生产线上要保有6周的周转库存；再如，采购提前期是3周，企业要保有3周的库存以备生产或销售。此类库存的驱动因素是周转周期，只有不断优化业务流程，缩短采购、制造、运输时间，加速信息流动速度，才能缩短周转周期，从而降低周转库存，达到企业库存控制的目的。

1. 优化采购流程与库存控制

采购是根据企业的物料需求计划，向供应方发出需求信息，并安排和跟踪整个物流过程，确保物料按时到达企业，以支持企业正常运营的过程。采购执行流程中，供应商的及时交货率以及供应商交货的灵活度是影响库存控制的关键点。在某些企业中，采购提前期占到产品交货期一半以上，采购流程所占周期越长，企业整体库存水平越高。因此，为缩短采购流程的周期，许多企业采取的办法是在供应商那里建立过程库存。通过合理设置过程库存，不但可以显著缩短采购流程的交货周期，而且可以降低供应链的整体库存水平。

实用案例7-4

有一系列部件在硅谷做好粗胚，大致需要6周；然后运到亚利桑那，经过精加工，运回硅谷，总共需要3个月左右。该公司决定在精加工处建立粗胚的中间库存，以缩短响应周期。以前整条供应链虽说是订单拉动，但为了应对供应不稳、生产需求变动等情况，该公司在成品层次维持相当高的安全库存；现在前段是推(基于预测)，后段是拉(基于订单)，虽然粗胚的中间库存增加了，但因为交货周期缩短，供应的不确定因素减少，成品的安全库存水位却明显下降。虽然粗胚的库存上升了，但其单价只有成品的20%左右，整个供应链的总库存金额反倒显著下降，而供应链的响应能力显著增强，交货周期下降50%以上，如图7.5所示。

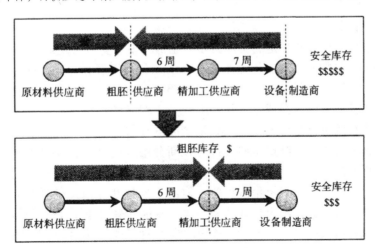

图7.5 推拉结合缩短交货期

由此可见，在采购流程中，通过合理设置推拉结合点，不但可以增加供应链的响应能力，缩短响应周期，而且可以降低供应链的总体库存。同时也说明，缩短采购提前期，并不意味着一定要承受更多的风险。一旦较好地理解供应链上的多阶段库存的运作方式,合理规划和设计采购流程,就可能在已有资源的基础上得到更好的结果。

(资料来源:刘宝红.供应链管理[M].北京:机械工业出版社,2016.)

另外,在实施供应链管理的情况下,还可以利用供应商管理库存的方法,重组采购业务流程,达到缩短采购提前期的目的。比如对于有一定用量、用量较稳定、设计变更少的物料,可以通过 VMI(供应商管理库存)来让供应商在制造企业建立库存,维持一定的库存水平,同时按照预测来补货。虽然该方法给供应商增加了库存负担,但实际上减少了加急生产,让供应商的生产流程更加平稳,生产成本也会下降。这样,对采购方来说,如果计划到位,需求相对变化不大的情况下,采购提前期为零;对供应商来说,除了生产成本降低外,供应商一般会得到一定的业务量承诺,降低业务风险和不确定因素,从而也可以降低成本。

2. 优化生产流程与库存控制

生产流程,又叫工艺流程或加工流程,是指在生产工艺中,从原料投入到成品产出,通过一定的设备按顺序连续地进行加工的过程,也指产品从原材料到成品的制作过程中要素的组合。生产流程中,成品、半成品的周转库存量是整体库存控制的一个关键。如前所述,周转库存与周转周期密切相关,因此,生产流程控制中,如何有效缩短产品的生产、安装和调试周期对库存控制至关重要。通过生产流程控制缩短生产周期可以从以下三个方面考虑。

1)精益生产和 JIT

【拓展知识】

企业管理实践中,人们一直不断探索缩短生产、安装和调试周期的方法,如采取精益生产和 JIT,对传统的生产线进行优化。精益生产的看板管理体系等简化了物料流,生产现场更加井井有条,生产线员工的效率显著提高。但对于某些周期性很强的行业,业务起伏波动非常大,对精益生产是个挑战,很难推行 JIT。JIT 的前提是稳定的生产计划,比如丰田生产汽车,每天、每周、每月的产量都尽可能稳定。但对于极度的需求变动,比如半导体设备行业,季度变化量动辄 30%~40%,精益生产线和 JIT 的总体效果并不理想。

2)平行和并行工艺

许多生产工艺由一些按顺序进行的生产步骤组成。要求安装时间短,产品生产周期更短,常常意味着一些生产步骤要在不同的地点进行,以充分利用现有的设备或专有技术。平行和并行工艺包括对生产工艺进行修改,以确保以前顺序运行的步骤可以同时完成。将缩短生产提前期,通过改善预测降低库存成本,从而降低安全库存水平等。

使生产工艺平行的关键是分解概念。如果产品的许多部件在生产过程中可以分解,或实体上可分开,那么就可以平行制造这些部件。在新分解的设计中,如果各个单独部件的生产制造仍然要花同样长的时间,生产制造步骤又是同步进行的,那么生产提前期将缩短。即使某些模块的部件制造所需的时间要稍微长些,但由于各种部件是并行制造的,总的提前期仍然可以缩短。这种分解制造策略附带好处是,对于各种分解的部件可以设计不同的库存策略。如果某个部件的原材料供应或生产产量不确定,那么对于这种部件(而不是整个产成品)可以保持更高的库存水平。

实用案例 7-5

一个欧洲制造商和一个远东制造商建立了战略联盟，面向欧洲市场生产网络打印机。主打印机 PC 板在欧洲设计和装配，然后运往亚洲，在那里和主打印机机架通过工艺合成一体。此工艺包括围绕 PC 板把打印机装配起来，包括电机、打印头、机架等，成品运往欧洲。制造商非常关注长的生产和运输提前期，因为这要求在欧洲保持很多的安全库存。然而，生产提前期长的主要原因是生产流程是顺序生产。为此，该制造商对打印机生产工艺和产品进行重新设计，使 PC 板可以在生产工艺结束时与打印机的其他部分合成一体，这样欧洲和远东地区就可以平行生产，从而缩短提前期。此外，把总装工艺移到欧洲可以进一步提高反应速度，缩短提前期，两种生产工艺如图 7.6 所示。

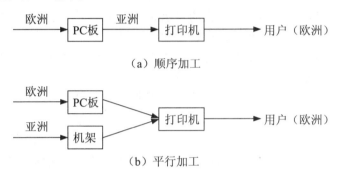

图 7.6 两种生产工艺示意图

（资料来源：作者根据相关资料整理。）

3）标准化

有些情况下可以通过缩短提前期（如利用平行工艺）来降低库存水平，增加预测的准确性。但有时候，如果超过了某个极值点，再缩短提前期是不可能的。对此可以利用标准化的优势以达到缩短提前期的目的。

根据斯瓦米纳坦的研究，标准化主要有四种方法：部件标准化、流程标准化、产品标准化和生产标准化。通过有效的标准化，可以帮助决策者确定哪种特定产品的生产可以延迟到具体的制造或采购决策之后，这样，这些决策就可以在总体需求的层次上进行，以达到更高的准确度，从而有效降低库存。

【拓展知识】

3. 优化信息处理流程与库存控制

在企业的各种流程中，物流只占整个周转周期的一小部分，大部分的周转周期由信息流决定。供应链越复杂，流程越复杂，需求信息从最终客户传到最末端的供应商，动辄就需几周。这也意味着周转周期增加了几周。在整个流程过程中，从客户的角度看不增加价值，但因为涉及组织、流程和信息系统，牵一发而动全身，调整困难。如何提高信息处理流程的效率，是缩短周转周期的关键。

流程中最慢的程序是审批，审批者多为管理层或关键技术、财务人员，由于审批者的签字经常会被耽搁，流程的速度就减慢了。层层审批增加了流程的周转周期，但审批又是必不可少的环节，因为审批可以由管理者的经验弥补系统知识的不足，有利于企业做出更好的决策。目前，提高审批效率，加快信息处理流程的最佳解决方案之一就是信息化。企业建设完备的信息系统，信息化程度提高，更多的知识和经验固化到系统中，任何人都可以更容易、更迅速地获取，以做出更好的决策。对经验的依赖减小，审批的重要性就会下降；对审批的依赖减小，流程的速度就会提高。所以信息化、大数据的发展和应用将有利于提高信息处理流程的效率，从而进一步降低企业库存。

7.4.3 库存量决策

合理设置库存数量是库存控制的最终落脚点。库存数量的确定受前述诸多因素的影响，本部分探讨确定库存量确定的直接影响因素，主要包括：需求计划、安全库存量、库存补充策略。需求预测的失败、安全库存量过大以及库存补充策略的差异带来的订货批量增加都直接影响库存控制，带来冗余库存。

1. 需求计划

一般来说，生产部门会根据生产进度的要求，不断对物资产生需求。物资管理部门应该根据生产部门的需要，在不增加额外库存、占用资金尽量少的前提下，为生产部门提供生产所需的物资。这样，就能做到既不浪费物资，也不会因为缺少物资而导致生产停顿。对于大多数企业来说，不论需求变化有多大，总是以重复业务为主，所以，需求历史蕴含着许多信息，比如主要客户、主要区域、需求的季节性或周期性等，利用这些数据，可以在一定程度上判断未来的需求，也就是进行需求预测。预测数据的准确性是库存控制的关键。

对于预测，常有不同的观点：一种观点是，如果能够预测准确，库存问题就彻底解决了。但实际上，没有任何一种预处理方法或者计算软件可以帮你把预测做得非常准确。另一种观点是，既然预测很难准确，就听之任之。可见，对于预测正确的态度是：既不能听之任之，也不能盲目乐观，要尽可能用科学的方法去分析处理。

具体来说，制订良好的需求计划可参照以下流程。

（1）数据处理。在历史需求数据的基础上，用统计模型导出需求预测数据，这是需求数据的定量分析部分。具体如何处理预测以及如何预测未来的需求，相关的专家们已经给出了很多种方法。这些方法中，常用的有简单平均法、移动平均法、加权平均法、时间序列法、指数平滑法、线性规划法等，这些方法在相关的书籍以及预测处理软件中都可以找到。

（2）调整需求预测数据。历史数据是需求预测的定量因素，销售、市场、产品、品牌、高层经理、最终客户提供反馈，对需求预测做出调整，这是需求预测的定性因素，二者的结合才能产生更好的需求计划。需求计划需要供应链的执行能力和财务资源来支持，如需要建多少库存、增加多少产能、雇用多少员工等。财务评估是需求计划的一部分。如果需求计划超出公司财务资源的话，就必须调整需求计划。同时，按需求计划生产出来的产品，销售部门要保证能卖掉。

（3）跨职能部门达成共识。结合历史需求和各职能部门的意见，得到集合公司最佳的需求预测数据，驱动从营销到供应商的整条供应链。达成共识意味着两层共识：在具体的产品层次，需求计划经理协调销售计划、需求计划和供应计划；在产品线层面，销售副总协调更高层次的销售、需求、供应和财务计划，以及处理产品层面未能达成的共识。

2. 安全库存

安全库存是为应对不确定因素而保有的库存。安全库存存在的根源是不确定性因素，所以，降低安全库存的关键就是控制不确定性因素。企业面临的不确定性因素很多，主要包括供应端的不确定性和需求端的不确定性。从需求端看，需求预测的准确性、及时性以及实际需求的变动，都需要安全库存来应对。从供应端看，供应商的按时交货率、质量问题都造成不确定性，同时需要安全库存来解决。采购提前期也是影响因素，采购提前期越长，采购期间不确定性越高，相应的安全库存就越高。

首先，信息不对称是导致需求预测的准确性差、信息不及时等问题的根本原因。例如，生产商要导入新产品，请供应商多备料，但是却不愿意告诉供应商需备料的材料号，因为可以从材料号猜测到他们生产的是何种新产品。这时供应商要么面临短缺风险，要么面临库存过剩的风险。一般而言，供应商不敢承担短缺风险，就只能增加安全库存。可见，信息不对称，不确定性因素转化为安全库存，库存意味着成本，而所有成本最终都转嫁给客户，企业在市场中的竞争力减弱。

企业之间如此，企业的各职能部门之间亦是如此。从销售到计划到生产再到采购，每个职能部门都有自己的预测，而其预测各不相同，这是各职能部门之间互相博弈的结果，其根源与企业之间的信息不对称一样，要么不愿意，要么不能够共享信息，但最终结果是增加不确定性，形成库存积压。

因此，减少安全库存，首先应解决信息不对称造成的不确定性。目前解决信息不对称问题最主要的方法是信息共享。一方面，可以通过合约、绩效考核等实现供应链企业之间信息共享；另一方面，加强企业各职能之间的协作，形成各职能的最佳协作和信息的共同预测。同时，必须通过IT信息系统等技术手段，使企业之间和企业内部更容易、更有效地共享信息。这些都有助于减少不确定性因素，从而应对因不确定性因素而造成的安全库存。

其次，供应商的交货率差会增加安全库存。通常供应商交货率差主要是执行不力的原因。供应商执行不力可能是供应商自身的问题，但也很可能是采购方执行力不到位的结果，例如采购方生产流程多变，对供应商催货，全面扰乱供应商的生产计划。解决执行不力的方法，最根本的就是缩短周转周期。因为周转周期越短，不确定性因素就越少。

3. 订货量

适当的库存量管理是物资仓储管理所要实现的目标之一。由于物资的长期搁置，占用了大量的流动资金，实际上造成了自身价值的损失。因此，正常情况下企业应该维持多少库存量，也是物资仓储管理重点关注的问题。一般来说，在确保生产所需物资的前提下，库存量越少越合理。减少库存量的最直接方法就是合理确定订货量，保证企业在达到一定服务水平的前提下，选择最小订货量。根据已有研究，订货量决策主要包括独立需求库存控制和非独立需求库存控制两种情况。独立需求库存控制可以采用定量订货法、定期订货法和双堆法等，其订货量决策将在第8章详述。非独立需求库存控制即物料需求计划模型（Material Resource Planning，MRP），它是企业用来制订物料需求计划、进行生产管理的一种方法。它不但可以制订出企业的物料投产计划，还可以用来制订外购件的采购计划。切实按照其制定的计划去执行，既可以保证产品在装配时不发生缺货、保障企业生产的正常进行，而且能保证采购的产品库存量不高也不低，刚好可以满足生产计划制订的需要，不会积压库存和缺货。

7.5 现代生产管理思想与库存

如何用较小的库存量来确保服务水平，是企业库存控制问题的核心。目前许多现代生产管理思想，如ERP、JIT等为解决库存问题提供了新的思路和方法，下面分别进行介绍。

7.5.1 ERP 与库存管理

随着全球化经济一体化市场的逐渐形成，社会消费水平、消费结构和消费市场发生了深刻的变革，产品呈现多样化、个性化、系统化和国际化的特征。以面向企业内部信息集成为主，强调单纯的离散制造环境和单纯的流程环境的 MRP 及 MRP Ⅱ 系统，已不能满足企业多元化、跨地区、多供应和销售渠道的全球化经营管理的要求。随着网络通信技术的迅速发展和广泛应用，为了实现柔性制造，敏捷生产，快速占领市场，取得高回报率，制造企业必须转换经营管理模式，改变"面向生产经营"的管理方式，转向"面向顾客化生产"、注重产品的研究开发、质量控制、市场营销和售后服务等环节，把经营过程的所有参与者如供应商、客户、制造工厂、分销商网络纳入一个紧密的供应链中。这就促成了企业资源计划（Enterprise Resources Planning，ERP）在企业经营各个方面，当然也包括库存管理在内的发展与运用。

ERP 是在现代企业管理思想的基础上逐步发展起来的，ERP 的发展大致经历了 3 个阶段：第一阶段：MRP（Material Requirement Planning）阶段，即物料需求计划阶段。第二阶段：MRP Ⅱ（Manufacturing Resources Planning）阶段，即制造资源计划阶段。由于制造资源计划的缩写也为 MRP，为了区别，所以在 MRP 后面加上 Ⅱ，即 MRP 第二代。第三阶段：ERP（Enterprise Resources Planning）阶段，即企业资源计划阶段。

1. 物料需求计划阶段

传统的生产管理问题很多，突出的问题是库存控制问题。企业为了保证生产活动顺利进行，往往把原材料等物料的库存量定得很高，这就使得库存投资增加，生产成本上升。

20 世纪 30 年代，由于企业生产能力较低，制造资源矛盾的焦点是供与需的矛盾，计划管理问题局限于确定库存水平和选择补充库存策略的问题，随着对库存水平问题探讨的不断深入，逐渐产生了在库存管理中应用订货点法的思想。订货点法，即给一个库存物料制定一个库存的最低标准，当库存数量低于这一标准时，就需要下达订单去采购或生产这一物料。对于稳定消耗的物料（每天消耗的量大致一样）确实起到了一定的作用，但对于非稳定消耗的物料就难以应付了。更大的问题还在于，若以后不再需求一项物料，按照订货点法，它仍会建议下达订单，这样就容易造成死库存。

为了解决生产中库存量高的问题，提高资金利用率，人们逐渐把注意力转向企业生产的物料需求上来，希望物料能在需要时运来，而不是过早地存放在仓库中。

20 世纪 60 年代，美国 IBM 公司的约瑟夫·奥列基博士提出了分层式产品结构以及物料的独立需求和相关需求的概念。例如，1 辆汽车是独立需求，但生产时需要：2 面后视镜、4 只车轮、24 个某螺栓等零件（不含备用车轮），这就是相关需求。生产中最常见的相关需求是半成品、零部件、原材料等的需求。根据独立需求的物料需求量，生产和采购提前期的长短，计算出相关需求的物料需求量，并将它们在时间上加以先后排列，这就是 MRP 方法的雏形。

MRP 管理思想强调根据产品的需求情况和产品结构，确定原材料和零部件的需求数量及订货时间，可以在满足需要的前提下，有效降低库存。借助计算机技术的发展，MRP 管理思想已经发展成为一种有效的管理方法。MRP 系统以生产计划按期进行为假设，即假定有足够的供应能力和运输能力来保证完成物料供应。但在实际生产中，能力资源和物料资源总是有限的，因而往往会出现无法完成生产计划的情况。

2. 制造资源计划阶段

MRP 仅给出了物料的需求计划,并没有考虑实际的生产能力是否可以完成这些计划,若当生产能力不足时,这些物料需求计划仅仅是纸上的计划,无法真正实施完成,从而也就失去了意义。因而,为了保证生产计划符合实际,必须把计划与资源统一起来,以保证计划的可行性。研究者在 MRP 的基础上增加了能力需求计划,使系统具有生产计划与能力的平衡过程,形成了闭环 MRP。后来,又在闭环 MRP 的基础上增加了经营计划、销售、成本核算、技术管理等内容。1977 年 9 月,美国著名的生产管理专家奥列佛·W. 怀特(Oliver W. Wight)在《现代物料搬运》月刊上,首先倡议给这种新的 MRP 系统一个新的名称——制造资源计划(Manufacturing Resources Planning)。由于制造资源计划的缩写与 MRP 相同,为了区别在其末尾加上"Ⅱ",以表示它是第二代 MRP。MRP Ⅱ 成为覆盖企业生产制造活动所有领域的一种综合制订计划的工具。

MRP Ⅱ 是广泛应用于制造企业的一种管理思想和模式。由于 MRP Ⅱ 准确反映了企业生产中人、财、物等要素和产、供、销等管理活动的内在逻辑联系,能够有效地组织企业的所有资源进行生产,因而获得了广泛应用。MRP Ⅱ 主要用于订货管理和库存控制,它从产品的结构或材料清单出发,根据需求的优先顺序,在统一的计划指导下,实现企业的产、供、销信息集成,解决了制造业所关心的缺货与超储的矛盾。MRP Ⅱ 较好地运用管理会计的概念,用货币形式说明了执行企业"材料计划"带来的效益,实现材料信息同资金信息集成,保证了资金流与物流的同步,便于实时做出决策。但 MRP Ⅱ 面临生产柔性和供应链整合问题时又显得力不从心,于是又出现了 ERP。

3. 企业资源计划阶段

ERP 的概念由美国加特纳公司(Gartner Group Inc.)于 20 世纪 90 年代初提出。ERP 管理是一种全新的管理方法,它通过加强企业之间的合作,强调对市场需求快速反应,高度柔性的战略管理,从集成化的角度管理供应链问题,降低风险成本,实现高收益、高效率等目标。

在管理技术上,ERP 在对整个供应链的管理过程中更加强调对资金流和信息流的控制,同时通过企业员工的工作和业务流程,促进资金、材料的流动和价值的增值,并决定了各种要素的流量和流速。在供应链管理上还包括以下主要内容:战略性供应商和用户伙伴关系管理;供应链产品需求预测和计划;全球节点企业的定位设定和生产的集成化计划跟踪与控制;企业内部与企业之间的材料供应与需求管理;基于供应链管理的产品设计与制造管理;基于供应链的用户服务和物流管理;基于 Internet 的供应链交互信息管理。

1) ERP 的核心思想

ERP 的核心管理思想是供应链管理。实施以客户为中心的经营战略是 20 世纪 90 年代企业在经营战略上的重大的转变。ERP 的管理思想主要体现为对整个供应链上的资源进行管理,同时也体现精益生产、同步工程和敏捷制造的思想。ERP 的核心管理思想就是以客户为中心,实现对整个供应链的有效管理。

ERP 在保留 MRP Ⅱ 人、财、物等资源基础上,扩展了管理的范围,把客户需求和企业内部的制造活动以及供应商的制造资源整合在一起,形成一个完整的企业供应链,并对供应链的所有环节如订单、采购、库存、计划、生产制造、质量控制、运输、分销、服务与维护、财务管理、人事管理、实验室管理、专案管理、配方管理等进行有效管理。ERP 通过企业业务流程重组以实现信息资源共享、准确、实时地监控企业整个经营状况的目的，达到由事后控制转到事前和对整个过程中的动态控制。

2) ERP 与 MRP、MRP Ⅱ 的关系

ERP 最初源自生产管理领域，特别是有关装配型产品的生产和库存管理的领域。是在不断发展的信息技术背景下，在 MRP 和 MRP Ⅱ 的基础之上发展起来的。从管理信息集成的观点来看，从 MRP 到 MRP Ⅱ 再到 ERP，是制造业管理信息集成的不断扩展和深化过程，每一阶段都是一次重大的质的飞跃。

ERP 的核心是 MRP Ⅱ，而 MRP Ⅱ 的核心是 MRP。很多企业存在供应链管理影响企业生产柔性的情况，ERP 的一个重要目标就是在 MRP 的基础上建立敏捷后勤管理系统，以解决供应柔性差，并可以缩短生产准备周期，增加与外部协作单位技术和生产信息的及时交换，通过改进现场管理方法，缩短关键物料供应周期。

3) ERP 的库存管理子系统

ERP 的库存管理子系统帮助企业的仓库管理人员对库存物品的入库、出库、移动、盘点、补充订货和生产补料等操作进行全面的控制和管理，以达到降低库存、减少资金占用，避免出现物料积压或短缺的现象，保证生产经营活动顺利进行的目的。库存管理子系统从级别、类别、货位、批次、单件、ABC 分类等不同角度来管理库存物品的数量、库存成本和资金占用情况，以便用户可以及时了解和控制库存业务各方面的准确情况和数据，做到账、物、卡相符。

ERP 库存系统的功能主要包括：仓库、区域、货位等多层次管理；提供物料 ABC 分类管理；支持对库存物品的批次和单件管理方式；提供物料的分级、分类管理；有多级库存操作权限检查，确保数据安全；提供多种计量单位，系统自动实现计量单位之间的转换；提供计划成本和实际成本的两种物料成本核算方式；可为物品设置最大库存量和安全库存量，并有超界限报警处理和物品积压与短缺统计；可记录库存物料当前的残损、被占用、被订货和可使用等状态下的数量；支持冻结盘点和循环盘点方式；提供盘盈、盘亏的调整处理，产生库存记录准确性报告；支持对补充领料的严格审批；库存操作自动生成财务凭证；保存库存操作记录，可查询以往的库存操作历史数据；有订货点报警功能，并可自动计算生成采购申请；可查询未来时间内的预期库存情况；提供多条件组合查询，可全面、及时地反映库存情况。

ERP 的库存管理子系统可以帮助企业解决许多问题，例如提高控制库存的准确性问题；同一种物品，采购计量单位与生产领用计量单位不一致问题；及时发现和处理呆滞物品；掌握各种物料的总储量、存储货位、仓库中物料每日、每月、每年的收入、发出和结存数量；仓库中物料盘点问题，对哪些物品进行盘点？盘点的方法有几种？对什么样的物品应用哪种盘点方法最好？如何根据盘点结果及时调整库存；仓库中哪些物料需要重新检验；对仓库中物料进行批次跟踪；对特殊的物品进行单件管理；物品占用的库存资金管理；哪些物品处于短缺或超储状态？哪些物品的周转率高？哪些物品处在积压状态？仓库现有物料能生产的成品数量等。

小贴士 7-1

这里再次强调，ERP 确实有助于库存控制，但不同的 ERP 软件的功能和定义不同，应慎重选择，另外 ERP 的正确使用也是问题的关键所在，不是企业上了 ERP 就一定能降低库存的。

7.5.2　JIT 与库存管理

20世纪90年代初期，丰田汽车公司发展并形成了一套新的生产策略，这种策略几乎不需要库存，并且还缩短了周转时间，提高了产品质量，消除了供应系统中的不必要浪费和成本。准时生产方式(Just In Time，JIT)的生产理念是制造商和供应商、运输商紧密结合，形成一体化作业，在需要的时间准时供应和运输需要的产品。美国和欧洲的汽车制造商看到了亚洲竞争对手的成功，于是也接受了这一理念。近年来，JIT不仅作为一种生产方式，也作为一种物流模式在欧美物流界得到推行。

JIT反映了持有大量库存的传统观念的转变。观念转变困难在于库存一直是一种很受欢迎的管理工具：生产主管认为只有存储产品才能使生产线不停运转；销售经理认为库存可以保证随时都能有货可卖；顾客也不愿意面对空货架。但库存提高了企业的成本，还带来了控制和管理的压力，许多厂商无力承担存有大量货物的成本。

1. JIT的库存控制策略

JIT从诞生以来，经过几十年的发展，已由最初作为库存管理的工具，发展成了一个复杂的、涉及控制企业生产经营全过程的管理体系，基本思想是"只有在需要的时候，按需要的量，生产所需的产品"。核心是追求一种无库存生产系统，或使库存达到最小，出发点是减少从原材料投入到产出全过程中的库存及各种浪费，建立平滑而更有效的生产过程。

JIT对减少库存提出了一种新思路：把库存看成一条河水的深度，库存中存在的问题看成河底的石头。水深时，要搞清石块必须潜入水中调查，如果水量减少，石块就会自动显现出来。对于库存来说，若减少库存，存在问题和浪费就会突出显露出来，就能针对问题提出解决方法，使问题得以全面解决。

另外，JIT实现的是适时适量生产，即在需要的时候按需要生产所需的产品，也就是说产品生产出来的时间就是顾客所需要的时间，同样，材料、零部件到达某一工序的时刻，正是该工序准备开始生产的时候，不需要的材料未被采购入库，也没有不需要的制品及产成品被加工出来。

JIT实行生产同步化，使工序间在制品库存接近于零，工序间不设置仓库，前一工序加工结束后，使其立即转移到下一工序去，装配线与机械加工几乎同时进行，产品被一件件连续地生产出来。在制品库存的减少可使设备发生故障、次品及人员过剩等问题充分暴露，并针对问题提出解决方法从而提高生产率。

在原材料库存控制方面，若仅考虑价格与成本之间的关系，传统的库存控制策略就可能为赢得一定的价格折扣而大量地购入物品。JIT在采购时不仅考虑价格与费用之间的关系，还考虑了许多非价格的因素，如与供应商建立良好的关系，利润分享且相互信赖，以减少由于价格的波动对企业带来的不利影响，选择能按质、按时提供货物的供应商，保证JIT生产的有效运行。这样，JIT就有效地控制了原材料库存，从根本上降低了库存。

2. JIT成功实施的保证

JIT的生产方式对于库存控制很有效，这是一种将库房融在厂房中的管理模式。但并非每个企业都能实现这点，必须具备下列条件：均衡生产、零废品、柔性设备等可靠的生产制造技术；高效的同步生产计划；顾客订单的高可靠性、产品需求预测的准确性；供需双方的利益分配以及正确处理合作问题。具体来说，主要体现在以下几个方面。

（1）高质量。在准时生产方式中，公司必须保证顾客能够得到高质量的产品。库存的传统作用之一就是避免顾客消费次品。如果出现低质产品，顾客可以要求退货，并从库存中选取一件新产品。但是，在 JIT 中，次品却意味着生产的停止或顾客别无选择，只能消费次品，因为准时生产无法提供额外的产品来替代次品。

（2）作为合伙人的供应商。通常，进行准时生产的公司对供货商的依赖程度更高，但合作关系更紧密。为了保证提供给顾客的产品和服务的质量，公司只和数量有限的供货商进行交易。而且供货商可以参与公司的计划制订过程，获取有关销售和生产预测的信息，保证对顾客需求有清楚、明确的认识，甚至可以参与到新产品的开发和设计中去。

（3）销售商与顾客的合作。最理想的情况是销售商的地理位置能够接近顾客。卖方和买方相距越远，出现系统中断和库存短缺的可能性就越大。为了使这种风险最小化，销售商应该和顾客在同一地点建立厂房，至少应在同一地理区域内。

3. JIT 的特征

（1）JIT 试图消除由买方和卖方持有的多余库存。一些人认为 JIT 只是迫使卖方保持原来由买方保持的库存，但如果成功应用 JIT 可以使双方都大大减少库存。

（2）JIT 系统以短暂生产流程为特征，并且要求生产及制造活动能够频繁地从一种产品转向另一种产品。而传统的管理是从长期生产流程的规模经济中得到高收益，对频繁转产的成本控制与极小化是 JIT 成功的关键。

（3）等待线及排队的极小化。比如原材料及零配件在需要的时候被直接运到需求的地点。

（4）JIT 优先考虑订货提前期短且稳定的供应商以适时地满足库存需求。所以许多供应商趋向于将他们的设备集中在实施 JIT 管理的制造企业的附近。

（5）JIT 管理采用买卖双方都获胜的方法，实施"双赢决策"。成功的 JIT 要求整个分配渠道（或供应渠道）的库存最小化，仅仅将库存从一个渠道转移到另一个渠道，并非 JIT 追求的效果。

4. JIT 的优势

尽管 JIT 的实施面临许多困难，但实施后会形成很大优势。

（1）更多库存周转次数。在 JIT 中，公司手头持有的货物更少，持有库存的时间也就更短。表 7-3 反映了库存周转每年 4 次同每年 10 次的区别，表明库存周转次数的提高有利于成本的降低。从理论上讲，如果组织每年使用 1 000 单位货物，库存周转次数最高可以达到 1 000 次。问题是，库存周转次数的增多也使库存短缺的可能性和缺货成本提高了。

（2）更好的质量。如前所述，JIT 对产品的质量要求更高，否则整个生产过程就可能瘫痪。公司只同少数供应商交易，因此供应商必须提供质量更高的产品和更好的服务。

（3）更少的仓储空间。如果库存数量减少，那么公司所需要的仓储空间也必然会减少。

表 7-3　与现存平均库存相关的库存周转次数

每年需求（单位）(D)	每年库存周转次数(T)	现存平均库存[(D/T)/2]	持有成本/美元
10 000	4	1 250	12 500
10 000	10	500	5 000

注：假定持有成本 10 美元/单位。

5. JIT 的缺陷

事物总是有两面性的，JIT 的实施也会带来一些问题。

（1）脱销的风险。如果公司减少库存，脱销的风险就会增加。公司经理可以要求供货商和物流供应者提供更好的服务，使脱销的风险最小化。但当无法同供货商和顾客合作时，即便经理们尽最大努力，也无法阻止货物短缺的出现。

（2）运输成本增加。JIT 需要小批量的频繁运输，因此运输成本会不断增加。事实上，运输成本可能出现更惊人地增长，因为对于 JIT 来讲，公路运输和航空运输才是最佳的运输方式，而这两种运输的费用都是相当高的。但是，只要运输成本低于库存成本，对组织来讲 JIT 就是可行的。但组织也有可能在运输费上花费太多，以至于超过了采用 JIT 节省的成本。所以，管理人员必须对运输费用的变化进行严密的监控。

（3）购买成本提高。前面已经提到，只有当公司进行一次性大批量购买时，才能从供货商那里获得购买折扣。从理论上讲，JIT 意味着公司只进行频繁的小批量购买，是无法获得这种优惠的。其实，也有方法使公司既可以获得 JIT 的好处，又能享受大批量购买的折扣（通常需要某种长期的协议）。总之，经理们必须确保购买成本的上升不会超过库存成本的下降，在这里明白这一点就足够了。

（4）小规模渠道成员受损。JIT 也受到一些批判，因为大型组织往往利用 JIT 将库存转移到小规模渠道商手中。虽然从理论上讲，系统中的任何公司都可以使用 JIT。但事实上，只有大型公司才能够满足如此苛刻的分销标准。为了满足大公司的需求，小规模渠道商不得不持有库存。

（5）环境问题。从宏观角度考虑，JIT 会增加交通阻塞和空气污染，因为这种生产模式要在没有库存的情况下保证顾客需求的满足，就需要更多的运输支持。许多地方交通阻塞使 JIT 难以维系。

本 章 小 结

库存控制要以相关概念、理论和主要库存控制思想为基础。本章从库存概念出发，在理解库存状态、内容的基础上，概述了周转性库存、在途库存、季节性库存、投机性库存、安全库存、独立库存、相关库存、单周期库存、多周期库存、库存周转率与库存周期等概念。为了在物料管理过程中有效地控制库存量，首先应该充分了解库存产生的主要原因。本章从计划性或策略性库存、管理失误产生的库存、为改善客户服务而保有的库存、不确定性因素的影响、供应链中"牛鞭效应"的影响等方面探讨了库存产生的原因。

库存管理主要围绕两种基本思想，即拉动式库存管理和推动式库存管理。企业的库存管理需要在生产的现货供应比率（或客户服务水平）与支持该供应能力的成本之间进行权衡。库存管理控制的目标是在满足顾客服务要求的前提下，通过对企业的库存水平进行控制，尽可能降低库存水平，减少库存空间占用，降低库存总费用，提高物流系统效率。

ERP 和 JIT 是现代企业管理中采用的新的管理思想和方法，对企业库存管理和控制有重要影响。

关键术语

周转性库存 Cycle Stock　　　　　　　　　　在途库存 Transportation Inventory

季节性库存 Seasonal Stock　　　　　　投机性库存 Speculative Stock
安全库存 Safety Stock　　　　　　　　独立库存 Independent Inventory
相关库存 Dependent Inventory　　　　单周期库存 Single-cycle Stock
多周期库存 Multi-cycle Stock　　　　 牛鞭效应 Bullwhip Effect
库存维持成本 Holding Costs　　　　　订货成本 Inventory Risk Costs
采购成本 Inventory Risk Costs　　　 库存服务成本 Inventory Service Costs
库存风险成本 Inventory Risk Costs　 缺货成本 Inventory Risk Costs
企业资源计划 Enterprise Resources Planning，ERP
物料需求计划 Material Requirement Planning，MRP
制造资源计划 Manufacturing Resources Planning，MRPⅡ
准时生产 Just In Time，JIT

阅读材料：

刘宝红．供应链管理——高成本、高库存、重资产的解决方案［M］．北京：机械工业出版社，2016．

薛文彦．采购精细化管理与库存控制［M］．北京：化学工业出版社，2015．

程晓华．制造业库存控制技巧［M］．3版．北京：中国财富出版社，2013．

肖利华．打造"0"库存：案例解析以品牌为核心的快速供应链［M］．北京：中国经济出版社，2014．

［日］伊桥宪彦．库存削减术［M］．广州：广东经济出版社，南方出版传媒，2017．

［日］小林俊一．精益制造009：库存管理［M］．北京：东方出版社，2012．

［美］沃尔特斯，李习文，李斌．库存控制与管理［M］．北京：机械工业出版社，2005．

刘乃荣．浅谈库存管理和控制库存成本的方法［J］．科技情报开发与经济，2005（12）．

闵杰．库存水平影响需求变化的供应链协调［J］．复旦学报，2007（4）．

［美］Paul H. Zipkin．库存管理基础［M］．北京：中国财政经济出版社，2013．

网站资料：

中国物流联盟网　http：//www.chinawuliu.com.cn

浙江物流网　http：//www.zj56.com.cn

江苏物流网　http：//www.js56.com

习　题

一、选择题

1. 安全库存量是（　　）。

　　A. 防止货物剩余积压的最大数量限制

　　B. 防止货物对仓库货架造成危害对货物数量的限制

　　C. 防止由于意外的过量出货可能造成缺货而多存储的货物

　　D. 防止由于仓库进货不及时可能造成的缺货而多储存的备货

2. 某纺织厂在羊毛价格低时购进了大量羊毛，由此产生的库存属于(　　)。
   A. 安全库存　　　　　B. 预期库存　　　　　C. 批量库存
   D. 在途库存　　　　　E. 投机性库存
3. 以下哪一种库存是一种客观存在，而不是有意设置的？(　　)
   A. 安全库存　　　　　B. 预期库存　　　　　C. 批量库存
   D. 在途库存　　　　　E. 投机性库存
4. 汽车生产厂家生产的、放在仓库里的汽车属于(　　)。
   A. 独立需求库存　　　B. 相关需求库存　　　C. 在制品库存
   D. 产成品库存　　　　E. 安全库存
5. 某企业为满足下月生产需要，一次订购了一批原材料，由此产生的库存属于(　　)。
   A. 安全库存　　　　　B. 预期库存　　　　　C. 批量库存
   D. 周转库存　　　　　E. 投机性库存
6. 下述哪项不属于库存维持成本？(　　)
   A. 利息　　　　　　　B. 缺货损失　　　　　C. 保险费
   D. 仓库照明　　　　　E. 陈旧化损失
7. 下面哪项不是维持库存的原因？(　　)
   A. 使生产系统平稳运行　B. 减少缺货风险　　　C. 使生产活动准时进行
   D. 减少订货费　　　　　E. 防止短缺

二、判断题

1. 准备安全库存是为了满足预期的需求。(　　)
2. 平均库存量和每年订货次数成反比。(　　)
3. 企业库存越少越好。(　　)
4. "牛鞭效应"的产生与需求的不确定性有关。(　　)

三、简答题

1. 什么是库存？库存产生的原因是什么？
2. 库存成本中，哪些随库存量的增加而上升？哪些随库存量的增加而减少？

四、思考题

企业实施了 ERP 或 JIT，就能解决所有的库存问题吗？为什么？

实际操作训练

课题 7-1：库存物资结构调查

实训任务：请选择一家小型企业，调查该企业库存的类型。

课题 7-2：库存周转率和库存周期

实训任务：选取一种库存物资，调查并计算该物资的库存周转率和库存周期。

课题 7-3：库存产生的原因

实训任务：调查分析该企业保有库存的原因有哪些？

案例分析

根据以上案例所提供的资料，请回答：
(1) 结合案例谈谈你对库存问题的认识。
(2) 你认为捷达的库存正常吗？为什么？

解开捷达库存"榜首"的疑惑——1万辆的库存很"正常"

2006年3月至5月，连续三个月蝉联国内轿车单一品牌销量冠军的捷达，5月份轿车库存榜名列第一。同时，在中国汽车工业协会的一份数据统计排名中，月轿车库存总量已达到100 360辆，其中近期上升势头非常明显，一汽大众的产品竟非常意外地以11 083辆的库存量进入三甲。

很多读者疑惑不解，为什么销售冠军捷达车会陷入如此境地？

一汽大众市场推广部的一位工作人员解释道：1万辆左右的库存，对于月均销量达到3万辆的一汽大众，是一个健康的指数。该工作人员说，在目前的国际汽车企业中，合理的库存量是月市场销售量的1～1.5倍，这是因为物流和生产需要时间。合理的库存能够及时地满足市场需求，确保企业资金的周转，减少企业的资金压力。按现在一汽大众每月实际销售量3万辆来算，其合理库存应为销售量的1～1.5倍，也就是应在3万辆左右。而一汽大众现库存深度以5月份计算仅为10天销量，可见远远低于正常库存的水平。所以，关于一汽大众库存量过高的说法是站不住的。

对当前国内轿车行业的库存问题，这位人士认为，目前很多国内汽车生产厂家的库存数据并不是很准确。因为他们把厂家库存转移到了经销商处，实际库存远远高于一汽大众。而一汽大众在实行订单制生产销售管理体系后，完全按照用户的实际订单安排生产、销售、物流等工作，以更好地适应市场。在实施的3个月时间里切实有效地避免了产能过剩和经销商库存压力状况的出现。

（资料来源：李芳．中国消费者报，第B03版．2006-06-30．）

第8章 库存控制策略

【本章知识架构】

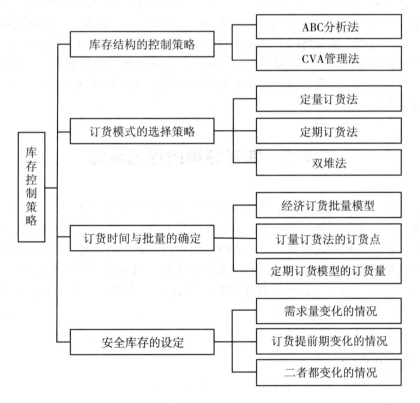

【本章教学目标与要求】

- 掌握库存结构的控制策略。
- 掌握订货模式的选择策略。
- 掌握订货时间与批量的确定方法。
- 掌握安全库存的设定方法。

导入案例

花店老板的库存问题

李老板在某城市经营一家鲜花店，批发和零售各种鲜花。由于花店的地理位置优越，鲜花种类齐全，价格合理，服务又好，花店的生意越来越好。李老板不断扩大进货规模，但问题是鲜花储存的时间比较短，而且占用大量资金和营业面积。如果进货过多，占用资金就多，而且一时卖不掉还有损耗，这样就造成了很大的库存费用。反之，进货过少，又会失去很多生意。李老板真是左右为难，不知所措，他迫切需要掌握顾客具体的需求品种和需求量，用来制定相应的库存策略以降低运营成本，应对激烈的市场竞争。

（资料来源：作者根据相关资料整理。）

库存具有二重性：一方面保障了正常生产和服务的进行，另一方面却又可能成为一种负担，其本身就构成了一对矛盾。因此，一直以来，国内外物流专家都将库存作为重点研究对象。库存控制是库存管理的核心，本章重点介绍库存控制策略和方法。

库存控制是以控制库存为目的的方法、手段、技术以及操作过程的总称，是对企业的库存量（包括原材料、零部件、半成品以及产品等）进行计划、协调和控制的工作。库存量的变化，取决于库存过程。一个完整的库存过程可以分为以下几个部分：订货过程、进货过程、保管过程、出库过程。通常情况下，企业管理中主要通过控制前两个过程来控制库存量。库存控制的主要目标有两个：一是降低库存成本，二是提高客户服务水平。二者之间相互制约，相互权衡。具体地说，库存控制的策略主要是要确定什么时候订货、每次订多少货、确定库存检查周期等问题。

8.1 库存结构的控制策略

库存控制是一个系统工程，牵扯到需求与供应链管理的各个环节，并非通过某一项措施就可以实现。在许多生产制造企业中，由于有很多种成品以及大量的原材料，如何根据不同物料的属性，系统合理地规划整个库存结构是库存控制的核心问题。企业必须根据成品生产对物料的需求情况，分析库存结构，提高库存配套率，以减少总体库存金额，从而减少企业资金压力（程晓华，2003）。目前，对库存物资结构控制的常用方法主要包括 ABC 分析法和 CVA 管理法。

实用案例 8-1

库存问题如同百慕大的神秘黑洞，时刻准备吞噬着过往的船只与飞机，无论看起来有多大、多强，库存做不好，一定不是好企业。

1996—2000 年，青岛啤酒集团通过兼并、促销，年销售额翻了一番还多，而销售净收入却不升反降，利润不断下降。2001 年，著名咨询公司埃森哲分析该企业整个集成供应链管理，得出的结论是，公司净收入在销售额增加的情况下不升反降的原因在于整个供需链整体库存过大，企业赚的钱大多被库存抵消了，继续下去，只有死路一条。

长虹几乎每年都在讲自己又实现了多少国际市场的销售，市场份额又扩大了多少，结果2004年，出现了长虹巨额亏损计提事件：应收账款 49.8 亿（变相库存），原材料、半成品、成品库存 70 亿，两项总共亏损计提 37 亿（其中应收账款计提 26 个亿）。当时，长虹一年销售额不过百亿，利润率 10% 左右，长虹人需白干多少年？2004 年 3 月 19 日，四川长虹当日公告：2003 年亏损 37 亿。

在讨论库存问题的时候，一定不可以脱离库存产生的环境，那就是整个需求与供应链的流程。任何一个制造业都有供应商，供应商还有供应商，客户还有客户。所谓的需求与供应链管理也就是管理企业内部的生产与物流，然后延伸到供应商与客户，再由供应商与客户延伸到供应商的供应商、客户的客户。在这个流程中，贯穿整个需求与供应链的东西实际上就是库存，"库存是需求与供应链管理流程的黏合剂"。

库存的形成牵扯到需求与供应链管理的各个环节，所以库存问题往往不容易被发现。所以，解决库存问题的关键是要进行结构分析，严格控制供应商交货。

（资料来源：程晓华. 程晓华先生谈制造业库存问题[M]. 电子版，2006.）

8.1.1 ABC 分析法

ABC 分析法又称帕雷托分析法、ABC 分类管理法、重点管理法等。ABC 分析法起源于意大利数理经济学家、社会学家维尔雷多·帕雷托对人口和社会问题的研究。帕雷托在统计社会财富的分配时发现，占人口总数 20% 左右的人，却占有社会财富的 80%。他将这一关系通过坐标绘制出来，就是著名的帕雷托曲线。1951 年，管理学家戴克将其应用于库存管理，定名为 ABC 分析，使帕雷托法则从对一些社会现象的反映和描述发展成一种重要的管理手段。

1. ABC 分析的基本原理

ABC 分析法是依据库存种类数量与所占资金关系，将库存物资分为 A、B、C 三类，以 A 类作为重点管理对象，这样就可以达到事半功倍的效果。抓住重要的少数，是成本控制的关键。

ABC 分析法在库存管理中应用非常广泛，而且现在已经成为许多管理软件中的重要功能模块。ABC 分析法在企业的仓储管理和库存控制中发挥着重要作用，该方法的使用不仅能使企业库存结构合理化，还有利于企业压缩库存总量，减少库存资金占用，有效地节约管理成本。

2. ABC 分析的一般步骤

库存物品的 ABC 分析通过制作 ABC 分析表来完成，一般遵循以下步骤。

（1）收集相关数据。例如，对库存物品的资金占用额进行分析，以便对资金占用较多的物品进行重点管理，此时，应收集每种库存物品的年使用量和单价进行统计。

（2）数据处理。按要求对数据进行计算和汇总。例如，通过计算求出每种物资的年资金占用额或年平均资金占用额。

（3）制作 ABC 分析表。一般来说，ABC 分析表的栏目主要包括物品名称、品目数累计、品目数累计百分比、单价、库存量、资金占用额、资金占用额累计、资金占用额累计百分比、分类结果等。

制作 ABC 分析表步骤如下：①将收集处理好的库存物品数据按资金占用额大小升序排列，填入表中；②以 1、2、3、4……为编号，填入品目数累计项；③计算累计资金占用额、资金占用额累计百分比、品目数累计百分比，填入 ABC 分析表。

（4）确定 ABC 分类。观察 ABC 分析表，根据品目数累计百分比和资金占用额累计百分比，将品目数累计百分比为 5%～15%，而资金占用累计百分比为 70%～80% 的商品划分为 A 类；将品目数累计百分比为 20%～30%，而资金占用累计百分比为 15%～20% 的商品划分为 B 类；将品目数累计百分比为 60%～80%，而资金占用累计百分比仅为 5%～15% 的商品划分为 C 类。

（5）绘制 ABC 分析图。以品目数累计百分比为横坐标，资金占用额累计百分比为纵坐标，再根据 ABC 分析表中品目数累计百分比和资金占用额累计百分比两列数据，绘制 ABC 曲线。按 ABC 曲线对应的数据，在图上标明 A、B、C 三类，就制成了 ABC 分析图。另外，也可绘制成更具有直观性的直方图。

【例 8-1】某仓库物品共有 10 个类别，物品的需求预测数量和单价情况见表 8-1，根据库存种类数量与资金占用比重之间的关系，进行 ABC 分类。

表 8-1 需求预测数量和单价情况表

物品名称	序号	年库存量/件	单价/元	年资金占用额/元
P1	1	280 000	0.09	25 200
P2	2	200 000	0.12	24 000
P3	3	120 000	0.06	7 200
P4	4	70 000	0.08	5 600
P5	5	50 000	0.08	4 000
P6	6	15 000	0.09	1 350
P7	7	15 000	0.07	1 050
P8	8	7 000	0.12	840
P9	9	6 000	0.10	600
P10	10	2 000	0.11	220

① 制作 ABC 分析表。按步骤（3）的方法制作 ABC 分析表见表 8-2。

表 8-2 10 种物品的 ABC 分析表

物品名称	品目数累计（序号）	品目数累计/%	单价/元	年库存量/件	年资金占用额/元	年资金占用额累计/元	年资金占用额累计/(%)	分类结果
P1	1	10%	0.09	280 000	25 200	25 200	36%	A
P2	2	20%	0.12	200 000	24 000	49 200	70.2%	A
P3	3	30%	0.06	120 000	7 200	56 400	80.5%	B
P4	4	40%	0.08	70 000	5 600	62 000	88.5%	B
P5	5	50%	0.08	50 000	4 000	66 000	94.2%	B
P6	6	60%	0.09	15 000	1 350	67 350	96.1%	C
P7	7	70%	0.07	15 000	1 050	68 400	97.6%	C
P8	8	80%	0.12	7 000	840	68 240	98.8%	C
P9	9	90%	0.10	6 000	600	69 840	99.7%	C
P10	10	100%	0.11	2 000	220	70 060	100%	C

② 根据分类标准划分、确定各种物品的 ABC 类别。分析过程见表 8-2，A1、A2 两种物品的品目数累计百分比为 20%，年资金占用累计百分比为 70%，划分为 A 类；A3、A4、A5 这三种物品的品目数累计百分比为 30%，年资金占用累计百分比为 24%，划分为 B 类；A6、A7、A8、A9、A10 这 5 种物品的品目数累计百分比为 50%，年资金占用累计百分比为 6%，划分为 C 类。分析结果可以用表 8-3 表示出来。

表 8-3　10 种物品的 ABC 分类结果

分　类	物资编号	品目数累计百分比/%	资金占用额累计百分比/%
A	P1、P2	20	70.2
B	P3、P4、P5	30	24
C	P6、P7、P8、P9、P10	50	5.8

③ 绘制 ABC 分析图（图 8.1）。

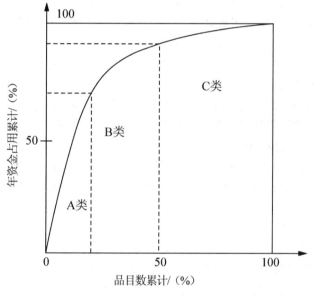

图 8.1　ABC 分析图

3. 确定重点管理要求

将库存物品进行 ABC 分类，目的在于根据分类结果对每类物品采取适宜的控制措施。按照 ABC 分析结果，A、B、C 这三类物料所占种类比例与金额比例大不相同，所以对 A、B、C 这三类物料应采取不同的物料控制方法。A 类物料种类少，金额高，存货过高会产生大量的资金积压，因此对于 A 类物料要严格地加以控制。C 类物料种类多，金额少，可一次订购较大的批量，以降低采购成本。B 类物料介于 A 和 C 之间，但不可疏忽，可以用安全存量的方式处理。从订货周期来考虑的话，A 类物资可以控制得紧些，如每周订购一次；B 类物资可以两周订购一次；C 类物资则可以每月或每两个月订购一次。同时，对三类物品应权衡管理力量与经济效果，区别进行管理。表 8-4 介绍以减少库存资金占用、压缩库存为目的而进行的分类重点管理要求。

表8-4 分类重点管理要求

分类 项目	A类	B类	C类
管理要点	将库存量压缩到最低水平	按经营方针调节库存水平	集中大量地订货,节省订货费用
订货方式	定量订货方式	定期订货方式	双仓法储存,订货点法订货
定额水平	按品种规格控制	按大类品种控制	按总金额控制
检查方式	经常检查	一般检查	按年/季度检查
统计方法	按品种规格详细统计	按大类品种一般统计	按总金额统计

值得注意的是,ABC分类不仅与物资单价有关,还与其耗用量有关。占用很多资金的A类物资可能是单价不高但耗用量极大的组合,也可能是用量不多但单价很高的组合。与此相类似,C类物资占用资金少,可能是因为用量很少,也可能是价格很低。

对于一个汽车服务站而言,汽油属于A类物资,应该每天或每周进行补充;轮胎、蓄电池、各类润滑油以及液压传动油可能属于B类物资,可以每2~4周订购一次;C类物资可能包括阀门杆、挡风屏用雨刷、水箱盖、软管盖、风扇皮带、汽油添加剂、汽车上光蜡等,可以每两个月或每三个月订购一次,甚至等用光后再订购也不迟,因为该类物资造成的缺货损失并不严重。有时某种物资对于系统而言至关重要,一旦短缺会给系统造成重大的损失。在这种情况下,不管该物资属于哪一类,均应保持较大的存储量以防短缺。为了保证对该种物资进行比较严格的控制,可以强制将其归入A类或B类,而不管其是否有资格归属为这两类。

4. 多重与多标准ABC分析

目前,从我国企业对ABC分析方法的应用来看,还存在应用不够灵活的问题,有些人甚至产生误解,认为ABC分析只能分成三类,只能按固定模式进行。其实,ABC分析还有许多灵活、深入的方法。

(1) 分层的ABC分析。在物品种类繁多、无法全部排列成表的情况下,可以先对品目分层次,以减少项目,再根据分层结果将A类物品逐一列出,便于进行重点管理对象的寻找与快速选择。例如,按平均资金占用额确定分层范围,得到品目数量,以及制定品目数的分类标准,再得到具体的ABC分类结果。以某仓库3 439种库存品的ABC分析为例,用分层方法进行分层排列的ABC分析见表8-5。

表8-5 分层的ABC分析表

按平均资金 占用额分层	品目数	品目数累计	品目累计 百分比/%	平均资金 占用额/百元	平均资金 占用额累计	平均资金占用额 累计/%	分类 结果
>600	260	260	7.5	5 800	5 800	69	A
500~600	86	346	9.9	500	6 300	75	A
400~500	55	401	11.7	2 500	6 550	78	A
300~400	95	496	14.4	340	6 890	82	B
200~300	170	666	19.4	420	7 310	87	B
100~200	352	1 018	29.6	410	7 720	92	B
<100	2 421	3 439	100	670	8 390	100	C

(2) 多种分类方法。除了按计算结果分成 A、B、C 这三类外，在实际运用中也常根据对象事物的特点，采取分成三类以上的方法，如分成 5 类、10 类等。

(3) 多重 ABC 分析。在品种数量太大时可进行多重的 ABC 分析，多重的 ABC 分析是在第一次 ABC 分析的基础上，再进行 ABC 分析。

仍以表 8-5 的分析为例，分层的 ABC 分析中，A 类物品有 346 种，对于管理工作而言，这仍然是一个庞大的数字。在这 346 种物品的集合中，仍然会遵循"关键的少数和一般的多数"的规律，再做一次 ABC 分析（二重分析）。在结果中，原 A 类中又划分出 A、B、C 这三类，分别冠以 A-A、A-B、A-C，以使管理者了解 A-A 为重中之重，在管理上确定对应的有效管理方法。同样，在 B 类中如果也需进行区分的话，可按同样道理划分出 B-A、B-B、B-C 这三类。C 类本来属于"一般多数"，在管理上往往不需细化，所以，一般来说，C 类物品不再进行二重分析。但是，如果管理者认为有必要进行这一分析，也可分成 C-A、C-B、C-C 这三类。

于是，按二重 ABC 分析实际上形成了 9 类或 7 类的分类。9 类分类：A-A、A-B、A-C、B-A、B-B、B-C、C-A、C-B、C-C。管理实践中，常将后三类合并为 C 类，即 7 类分类：A-A、A-B、A-C、B-A、B-B、B-C、C。另外，在品目种类非常多的情况下，还可以进行第三重、第四重分类。

(4) 多标准 ABC 分类。在实际工作过程中，管理目标往往不是一个，经常出现应对多目标的复杂情况，在这种情况下，实际工作中可应用多标准分析。例如，一般管理往往看重物品价值，按价值进行分类，但单价高的物品，可能数量并不大，因此按单价和总价值为目标的分类就会有不同分类结果。还有更复杂的情况，例如，在丰田管理模式中，库存决策部门或供货部门，除了关注物品价值或价格外，还关注各种物品的供货保证程度。因为在某种场合，某物品的价值可能不高，但一旦发生供应中断将会给企业带来巨大的损失，甚至可能导致供应链上流通渠道的瘫痪。因此，在供应链管理过程中，人们可能会更关注供货保证的可靠性和冗长性，或在中断供应的场合，对所出现的风险管理等为目标进行 ABC 分析，以确定最适合于本企业的库存管理目标，例如对由于缺货或中断供应所造成的最大经济损失等进行分析。企业中的库存现场管理人员，还可能特别关注其库存管理工作的难易程度，或物品保管质量，即物品可能损坏的程度等，他们希望以此为目标进行分类，以分别制定适用于仓库管理人员使用的分类及重点管理办法。

不同的要求形成了不同的标准，进行多标准的 ABC 分析原理可以用双标准 ABC 分类为例来说明。

首先，将按照不同分类标准的 ABC 分析结果列在同一个 ABC 分析表中。假设 18 种物品分别按资金占用额和供应保证程度两个标准的分类结果见表 8-6。

表 8-6 双标准 ABC 分类

物品编号	1	2	3	4	5	6	7	8	9	10	11	12	13	14	15	16	17	18
资金占用分类	A	A	B	B	B	B	C	C	C	C	C	C	C	C	C	C	C	C
保证程度分类	B	B	A	C	B	C	A	B	C	C	C	C	C	C	C	C	C	C
组合分类结果	AB	AB	BA	BC	BB	BC	CA	CB	CC	CC	CC	CC	CC	CC	CC	CC	CC	CC

其次，将两种分类结果组合在一起，并进行调整，重新确定排序，可以分别赋予 A、B、

C 这三个分类标准不同的权重，进行排序。权重相同时，可再根据两个分类标准哪一个更重要来确定排序。表8-6中的前8种物品的组合分类结果见表8-7。

表8-7 组合分类结果

物品编号	1	2	3	4	5	6	7	8
组合分类结果	AB	AB	BA	BC	BB	BC	CA	CB
物品组合后编号	1	2	3	6	4	7	5	8

8.1.2 CVA 管理法

ABC 分析法也有不足之处，通常表现为 C 类商品得不到应有的重视，而 C 类商品往往也会导致整个生产线的停工或客户需求不能满足。因此，有些企业在库存管理中引入了关键因素分析法（Critical Value Analysis，CVA）。CVA 管理法的基本思想是把存货按照优先级分成3~5类。

（1）最高优先级。这是经营的关键性物资，不允许出现缺货。

（2）较高优先级。这是指经营活动中的基础性物资，但允许偶尔缺货。

（3）中等优先级。这多属于比较重要的物资，允许合理范围内的缺货。

（4）较低优先级。经营中需用这些物资，但可替代性高，允许缺货。

下面用表8-8来说明按 CVA 管理法划分的库存品种及其管理策略。

表8-8 按 CVA 管理法划分的库存品种及其管理策略

库存类型	特　点	管理措施
最高优先级	关键物品或者 8 类重点物品	不允许缺货
较高优先级	基础性物品或者 B 类存货	允许偶尔缺货
中等优先级	比较重要的物品或 C 类存货	允许合理范围内缺货
较低优先级	需要但有可替代物品	允许缺货

与 ABC 分类法相比，CVA 管理法有更强的目的性。在使用中要注意，人们往往倾向于制定高的优先级，结果导致高优先级的物资种类很多，最终每种物资也得不到应有的重视。CVA 管理法和 ABC 分析法结合使用，可以达到分清主次、抓住关键环节的目的。另外，在对成千上万种物资进行优先级分类时，也不得不借用 ABC 分类法进行归类，因为这在计算机上很容易实现。

【拓展知识】

8.2 订货模式的选择策略

除了控制好库存物品的结构外，库存控制的一个重要问题就是确定订货策略。根据不同的标准划分，订货策略有多种类型，例如，定量订货策略与补充订货策略；连续检查订货策略和定期检查订货策略。不同类别的库存适合不同的订货策略，下面重点阐述目前制造业中常用的订货策略的模型。

8.2.1 定量订货法

定量订货法(Fixed-order Quantity System)是指当库存量下降到订货点时，按规定数量进行订货补充的一种库存控制方法。定量订货法的关键在于把握订货时机，主要靠控制订货点和订货批量两个参数来控制订货，从而达到既满足库存需求，又能使总费用最低的目的。

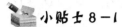

小贴士8-1

定量订货法的关键是确定订货点和订货量，通常可用经济订货量模型(Economic Order Quantity, EOQ)有关公式确定，本章只给出了基本模型和部分常见的推广，比如有数量折扣的情况。在实际应用中还有许多变化，比如连续补货的情况、允许缺货的情况等，读者可参阅其他资料。

1. 定量订货模型

定量订货法的模型基于如下一些假设。虽然这些假设与现实有些不符，但却为我们提供了一个研究的起点，并使问题简单化。

(1) 库存物品的消费速度是稳定的，不会出现消费急剧增加或减少的情况，或者说，产品需求是稳定的，且在整个时期内基本保持一致。

(2) 提前期(从订购到收到货物的时间)是固定的。不会出现因供应不及而影响库存补充的延误，进而影响生产供料。

(3) 单位产品的价格是固定的，库存持有成本以平均库存为计算依据，订购或生产准备成本固定。

这样从影响实际库存量的两方面(①销售的数量和时间；②进货的数量和时间)来确定商品订购的数量和时间，从而达到控制库存量的目的。

定量订货法的目标是确定一个特定的订货点 Q_R，在销售过程中随时检查库存，当库存水平降到 Q_R 时，就应该进行订购，订单的数量为 Q，一般取经济订货批量。库存水平一般指目前库存量加上已订购量减去延期交货量。定量订货模型如图8.2所示。

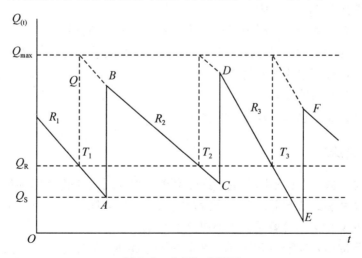

图8.2 定量订货模型

图8.2是库存量变化的一般情况，每一阶段库存下降速率 R 和订货点的时间间隔都是随机变量，即 $R_1 \neq R_2 \neq \cdots \neq R_n$，$T_1 \neq T_2 \neq \cdots \neq T_n$。第一阶段，库存以 R_1 的速率下降，当库存下

降到 Q_R 时，就发出一个订货批量 Q，这时"名义库存"达到 $Q_{max}=Q_R+Q$，进入第一个订货提前期 T_1，在 T_1 内库存继续以的 R_1 速率下降至 A 点；新订货物到达，T_1 结束，此时实际库存为 $Q_B=Q_A+Q$。进入第二个出库阶段，库存以 R_2 的速率下降，假设 $R_2<R_1$，所以库存消耗周期较第一阶段要长，当库存下降到 Q_R 时，又发出一个订货批量 Q，此时"名义库存"又上升到 $Q_{max}=Q_R+Q$。进入第二个订货提前期 T_2，在 T_2 内库存继续以 R_2 的速率下降到 C 点，第二批订货到达，T_2 结束，实际库存又升高了 Q，达到 D 点，实际库存为 $Q_D=Q_C+Q$。然后进入第三个出货阶段，库存以及 R_3 的速率下降，设 $R_3>R_1>R_2$，当 T_3 结束时库存量下降到 E 点，且动用了安全库存 Q_S，新的订货到达时实际库存上升到 $Q_F=Q_E+Q$，比 B 点和 D 点的实际库存都低，然后进入下一个出库周期，如此反复循环下去。由上述分析可以看出以下几点。

（1）订货点 Q_R 包括两部分：一部分为 Q_S 即安全库存，另一部分为各订货提前期内销售量的平均值。

$$订货点 = 平均消费速度 \times 平均到货时间 + 安全库存量 \qquad (8-1)$$

（2）在整个库存变化中所有的需求量均得到满足，没有缺货现象，但是第三阶段的销售（出库）动用了安全库存 Q_S。如果 Q_S 设定太小的话，则 T_3 期间的库存曲线会下降到横坐标线以下，出现负库存，即表示缺货。因此此时有必要设置安全库存，以避免缺货情况的发生。

（3）由于控制了订货点 Q_R 和订货批量 Q，整个系统的库存水平得到了控制，"名义库存" Q_{max} 不会超过 Q_R+Q。

2. 定量订货法的优点

（1）管理简便，订货时间和订货量不受人为判断的影响，保证库存管理的准确性。

（2）由于订货量一定，便于安排库内的作业活动，节省理货费用。

（3）便于按经济订货批量订货，节约库存总成本。

3. 定量订货法的适用范围

（1）消费金额高，需要实施严密管理的重要物品，如 A 类物品。

（2）根据市场的状况和经营方针，需要经常调整生产或采购数量的物品。

（3）需求预测比较困难的维修物料。

（4）消费量计算复杂的物品。

（5）通用性强，需求总量比较稳定的物品。

8.2.2 定期订货法

定量订货法是从数量上控制库存量，操作简单，但需要时常检查库存量，费时费力。特别是在仓库大、品种多的情况下，无论是检查实物还是检查账本，工作量都很大，定期订货法（Fixed-order Interval System）就是为了解决这个问题。

定期订货法是按预先确定的订货时间间隔进行订货补充的库存管理方法。定期订货法是基于时间的订货控制方法，它设定订货周期和最高库存量，从而达到控制库存量的目的。只要订货间隔时间和最高库存量控制合理，就可能实现既保障需求、合理存货，又可节省库存费用的目标。

1. 定期订货模型

定期订货法的原理是，预先确定一个订货周期和最高库存量，周期性地检查库存，根据最高库存量、实际库存、在途订货量和待出库商品数量，计算出每次订货批量，发出订货指令，组织订货。定期订货模型如图 8.3 所示。

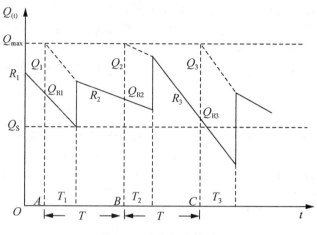

图8.3　定期订货模型

图 8.3 描述了一般情况下定期订货法的库存量变化：$R_1 \neq R_2 \neq \cdots \neq R_n$，$T_1 \neq T_2 \neq \cdots \neq T_n$。在第一个周期，库存以 R_1 的速率下降，因预先确定了订货周期 T，到了订货时间，不论库存还有多少，都要发出订货，所以当到了第一次订货时间即库存下降到 A 点时，检查库存，求出实际库存量 Q_{R1}，结合在途货物和待出货物，发出一个订货批量 Q_1，使"名义库存"上升到 Q_{max}。然后进入第二周期，经过 T 时间又检查库存，得到此时的库存量 Q_{R2}，并发出一个订货批量 Q_2，使名义库存又回到 Q_{max}。

采用定期订货法来保证库存需求，与定量订货法不同。定量订货法的控制参数 Q_R（订货点）用于满足订货提前期内库存的需求。而定期订货法是以满足整个订货周期内的库存需求，即以本次发出订货指令到下次订货到达（$T+T_K$）这一期间的库存需求为目的，需求的不确定性更大。

在定期订货系统中，库存只在特定的时间进行盘点，如每周一次或每月一次。每一期的订购量不尽相同，订购量的大小主要取决于各个时期的库存使用率。它一般比定量订货系统要求有更高的安全库存。定量订货系统对库存连续盘点，一旦库存水平到达再订购点，立即进行订购。相反，标准的定期订货模型仅在确定的盘点期进行库存盘点。它有可能在刚订完货时由于大量的需求而使库存降至零，这种情况只在下一个盘点期才会发现。而新的订货还需要一段时间才能到达。这样，有可能在整个盘点期和提前期内都会发生缺货。所以安全库存应当保证在盘点期内和从发出订单到收到货物的提前期内都不发生缺货。

2. 定期订货法的适用范围

供应商定期走访顾客并提供其所有产品供顾客订购，或买方为了节约运输费用而将他们的订单合在一起的情况下，采用定期进行库存盘点和订购就较为理想。另外一些公司使用定期订货系统是为了方便安排库存的盘点。例如，销售商每两周打来一次电话，员工就明白所有销售商的产品都应进行盘点了。一般来说，在下列情况下常使用定期订货法。

（1）品种数量繁多，占库存价值少的 B 类和 C 类物品。

(2) 单价比较便宜,而且不便于少量订购的物品,如螺栓、螺母等。
(3) 需求量变动具有周期性,可以正确判断的物品。
(4) 建筑工程、出口等时限可以确定的物品。
(5) 受交易习惯的影响,需要定期采购的物品。
(6) 多种商品一起采购可以节省运输费用的情况。
(7) 同一品种物品分散保管、同一品种物品向多家供货商订货、批量订货分期入库等。
(8) 物品取得时间很长的物品、定期生产的物品。
(9) 制造之前由于人员和物料的准备的需要,只能定期制造的物品。

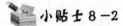

小贴士 8-2

定期订货法中通常先确定订货周期,可以用经济订货期(EOI)来确定,这是一种类似于经济订货量的计算方法,即对总成本进行求导,找到总成本最小的订货期,然后确定最大库存量 Q_{max},Q_{max} 是根据日均消耗量、订货周期、订货提前期确定的,如果考虑需求和订货提前期随机波动的情况,则将公式做相应调整,调整方法与本章安全库存量的确定相似。

有了 Q_{max},就可以每次将库存补充到最大,这也是一种常见的更简单的确定订货量的实操方法,与本章公式(8-5)有所不同。

3. 定期订货法和定量订货法的区别

定期订货法和定量法的基本区别是驱动力量不同。首先,定量订货模型是"事件驱动",而定期订货模型是"时间驱动",也就是说,在定量订货模型中,当到达规定的再订货水平后,才引发订货行为,这一事件有可能随时发生,主要取决于对该物资的需求情况。与之相对的是,定期订货模型只限于在预订时期期末进行订货,模型中唯一的驱动原因是时间的变化。

两种系统要求的盘点方式不同。运用定量订货模型时,当库存量降低到预先设定的再订购点 Q_R 时,就进行订货,必须连续监控剩余库存量。因此,定量订货模型是一种永续盘存系统,要求每次从库存里取出货物或者往库存里增添货物时,必须刷新纪录以确认是否已达到再订购点。而在定期订货模型中,库存盘点只在盘点期发生。

再次,两种系统的其他区别见表 8-9。

表 8-9 定量订货模型与定期订货模型的区别

项 目	定量订货模型	定期订货模型
订货量	每次订货量相同(Q固定)	每次订货量不同(Q是变化的)
订单下达时间	库存量降到再订货点时	在订货期(盘点期)到来时
库存记录维护	每次出库或入库都要记录	只在盘点期记录
库存规模	比定期订货模型小	比定量订货模型大
维持系统所需时间	由于持续记录,所以较长	周期性强,持续时间短
物品类型	昂贵、关键或重要的物资	一般物资

(1) 定期订货模型平均库存较大,因为要预防在盘点期(T)发生缺货的情况;定量订货模型没有固定盘点期。

(2) 由于定量订货模型平均库存量较低,所以有利于贵重物资的库存。

（3）对于重要的物资（如关键维修零件），更适合采用定量订货模型，因为该模型对库存的监控更加密切，这样可以对潜在的缺货更快地做出反应。

（4）由于每一次补充库存或货物出库都要进行记录，所以维持定量订货模型需要的操作时间更长。

最后，两种系统运作流程的比较如图8.4所示。定量订货系统着重于订购数量和再订购点。从程序上看，每单位货物出库，都要进行记录，并且立即将剩余的库存量与再订购点进行比较。如果库存已降低到再订购点，则要进行批量为 Q 的订购；如果仍处于再订购点之上，则系统保持闲置状态直到出现下一次的出库需求。

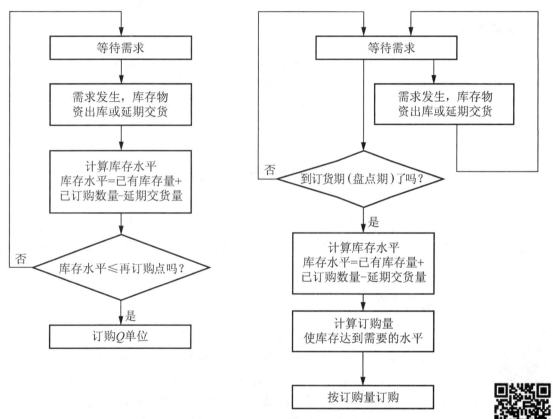

图8.4　定量订货系统与定期订货系统的比较

8.2.3　双堆法

双堆法（Two Bins System）是定量订货法的一种具体的、简化的形式，也称双仓法或分存控制法，由于操作简便因而经常被采用。这种方法将订货点物资数量从储备量中分出来，单独存放或划以明显标志，这样就可把再订货点的数量和其他数量从实物上明确区别开来，通常分为两堆。

当第一堆中的存货用完，开始动用第二堆的存货时，并同时提出订购，每次订购固定数量的物资，如此反复进行，就能做到既可对这类存货实现一定的控制，又能满足生产上的正常需要，手续也极为简便，因而是切实可行的。也可将保险储备量再从订货点一堆中分出，这样就有了三堆存货，也称为三堆法。双堆法或三堆法简便易行，不需要经常盘点，即使没有持续的库存记录，也可以直观识别订购点，及时组织订购。

这种控制方法比较适于价值较低、订货时间短的物资，一般属于ABC分类中的C类物资。双堆法是受到制造场地的螺丝、钉子等小零件装入箱内称量进行订货的方式启发而产生的。对小型标准零件，例如垫片、螺帽等，准备两个同样容量的箱子作为容器，当一个箱子里的零件用完后，就订购与该腾空箱子相应数量的商品。当库存量减少到一半后，就开始订购这一半的商品。此外，对固体粉末状物体、液体、气体等形态的物质，如大米、面粉、水泥、石英砂、石油、特殊气体、化工药液等大批量的散装物质，预先准备两个堆放（储存）场所，将所有入库的材料按订货点商品数量分别放在两个场地，当其中一堆用完后，马上订货，能保证所需要的产品不会缺货。

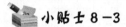
小贴士8-3

　　定量订货法（含双堆法）要求不断检查库存，当库存降到某一点时订货，这也称为订货点技术，但这种技术通常不直接适用于相关需求问题。相关需求条件下MRP给出了较好的解决方案，但在实际操作中，订货点和订货量的确定通常是综合考虑的，即除了考虑需求量以外，还应考虑成本和运输等问题。另外，还有许多订货策略和方法，如多品种联合订货问题等，可参阅相关资料。

8.3　订货时间与批量的确定

　　上一节重点介绍了各种订货模式，探讨了常用的订货模式及其使用范围，以及各种订货模式之间的区别和联系。本节将继续探讨对于不同订货模式下，具体的订货时间和批量的确定方法。

8.3.1　经济订货批量模型

【拓展视频】

　　对于需求速率稳定、多周期连续性的需求，控制其库存水平需要确定补货的频率和补货的数量，这是一个成本平衡的问题，也就是说要找到采购订货成本和库存持有成本之间的最佳结合点。控制库存成本是库存控制的目标之一，确定向供应商订货的数量或确定生产部门的生产批量时，应该尽量使库存的总成本达到最低。
　　1913年，福特·哈里斯（F. W. Harris）建立了最佳订货量模型，就是众所周知的基本经济订货批量模型，这是准确建立最优存货水平的一种方法，也是拉动式库存政策的基础。EOQ模型的实质是从成本角度来确定企业的最优订货模型。经济订货批量是指库存总成本最小时的订货量。

　　1. 模型假设
　　假设每次订货的数量相同，订货提前期固定，需求率固定不变，不允许缺货，即存货按照一个稳定的速度销售出去，直达到零，在订货点上再进货使库存恢复到最优水平。例如，假设某公司的存货中，X物料共有3 600单位，该物料的销售是每年46 800单位，大约是每星期900单位。也就是说，4周后所有的存货销售完了，该公司就必须再订购另一批货3 600单位。这种销售和再进货的过程产生了一种如图8.5所示的库存持有状态。
　　2. 最佳订货批量的确定
　　这种方法是通过使某项库存物品的年费用达到最小来确定相应的订货批量。第7章已经

第8章 库存控制策略

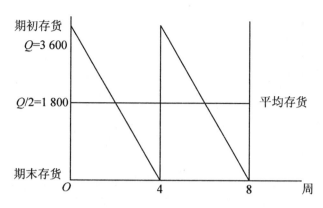

图8.5 经济订货批量模型

介绍过，库存总成本一般是以1年为单位来计算的，由采购成本、库存维持成本、订货成本、缺货成本4部分组成。

采购成本指的是订购数量和价格之积，一般是一个常量。库存维持成本则指物品存放在仓库中所需要的各种费用，它是平均库存量和平均每件物品的保管费用之积，订货量增加，则平均库存量增加，库存保管费升高，因此，库存维持成本与订货批量同向变化。订货成本指的是发生订货业务所需要的费用，如差旅费、洽谈费、信息处理费等，订货量增大，则一定核算期内订货次数减少，订货业务量减少，则订货成本降低，因此，订货成本随订货量反向变化。由于该模型假设不允许缺货，因此可以认为缺货成本为零。由于库存保管费用和订货成本之间有相反的变化规律，因此可以找到库存总费用最小的点，与此点对应的订货批量就是经济订货批量，可以说，以这个数量去订货，可以使库存总费用最低。因此，库存总成本可以表示为：

$$T_C = C_P + C_R + C_H = DP + S(D/Q) + H(Q/2) \tag{8-2}$$

式(8-2)中 T_C——库存总成本；

C_R——订货成本；

C_P——采购成本；

C_H——库存维持成本；

D——年需求量；

P——单位产品价格；

S——每次订货成本；

Q——订货量，$Q/2$为平均存货；

H——每年每单位库存的保管成本。

由图8.6可见，库存维持成本 $C_H = H(Q/2)$ 随订购批量增大而增大，是 Q 的线性函数；订货成本 $C_R = S(D/Q)$ 与 Q 的变化呈反比，随 Q 的增加而下降。采购费用为一常数，可不计。C_H 曲线与 C_R 曲线有一个交点，也是总成本曲线的最低点，其对应的订货批量就是最佳订货批量。为了求出经济订货批量 Q_0，将式(8-1)对 Q 求导，并令一阶导数为零，可得：

$$Q_0 = \sqrt{\frac{2DS}{H}} \tag{8-3}$$

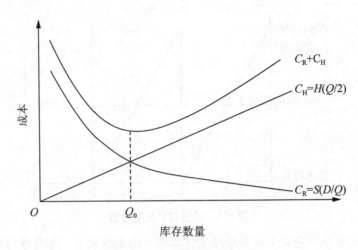

图 8.6　EOQ 模型成本分析图

从式(8-3)中可以看出，经济订货批量随订货成本 S 增加而增加，随单位库存维持成本 H 增加而减少。因此，价格昂贵的物品订货批量小，难采购的物品一次订货批量要大一些。这些都与人们的常识一致。

【例 8-2】设某企业年需某物资 1 800 单位，单价为 20 元/单位，年保管费率为 10%，每次订货成本为 200 元。求年库存总成本和经济订购批量 Q_0。

解：本题可直接利用式(8-3)求出 Q_0。显然 $P=20$，$D=1\,800$，$S=200$，$H=20\times10\%=2$。

$$Q_0=\sqrt{\frac{2DS}{H}}=\sqrt{\frac{2\times1\,800\times200}{2}}=600$$

根据式(8-2)求出年库存总成本：

$$\begin{aligned}T_C&=C_P+C_R+C_H=DP+S(D/Q)+H(Q/2)\\&=1\,800\times20+200(1\,800/600)+20\times10\%(600/2)=37\,200\end{aligned}$$

3. 有数量折扣的经济批量

由于 EOQ 模型的假设太多，因此在实际应用时应加以修正，除了考虑缺货费用以外，一般还必须考虑其他一些因素对总成本的影响，相关的模型很多，但最常见的是由于批量不同而带来的在采购价格和运输价格上的差异。

1) 考虑采购数量折扣的经济批量

在现实生活中购买商品，当购买数量大小不同时，常会有零售价、批发价和出厂价之分，也就是所说的价格折扣。一般来说，订货批量越大，商品单价越低。为了简化起见，设随订货量 Q 的变化，物品单价 $P(Q)$ 按三个等级变化，如图 8.7 所示，价格函数为：

$$P(Q)=\begin{cases}P_1 & 0\leqslant Q<Q_1\\P_2 & Q_1\leqslant Q<Q_2\\P_3 & Q\geqslant Q_2\end{cases}$$

在这种情况下，买方就要进行计算，以确定是否需要增加订货量去获得折扣。若接受折扣所产生的总成本小于订购 Q_0 所产生的总成本，则应按折扣数量采购。反之，则按不考虑数量折扣计算的 Q_0 进行订购。

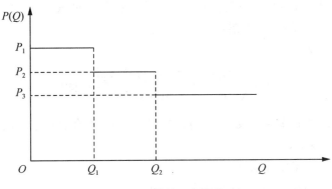

图 8.7 价格函数曲线

【例 8-3】在例 8-2 中,供应商给出的数量折扣条件是,若物资订货量小于 650 单位时,每单位为 20 元;若物资订货量大于或等于 650 单位时,每单位为 18 元。若其他条件不变,最佳采购批量是多少?

解:由于存在采购数量折扣,所以首先计算按折扣价格采购确定的 Q_0。

按享受折扣价格的批量(大于 650 单位)的价格采购的 Q_0:

$$Q_0 = \sqrt{\frac{2DS}{H}} = \sqrt{\frac{2 \times 1\ 800 \times 200}{1.8 \times 10\%}} = 632$$

由于按折扣单位(18 元/单位)计算的经济批量 632 单位小于可以享受批量折扣的 650 单位,说明此经济批量计算无效。也就是说,632 单位的批量不可能享受 18 元的优惠单价。

如果按等于享受折扣价格的批量(650 单位)采购的年库存总成本为:

$$T_C = C_P + C_R + C_H = DP + S(D/Q) + H(Q/2)$$
$$= 1\ 800 \times 18 + 200(1\ 800/650) + 18 \times 10\% (650/2) = 33\ 100$$

此时总成本(33 100)要低于按每单 20 元采购时的经济批量 600 单位的总成本(37 200),因此,应该以 650 单位作为经济批量采购。

以上是按折扣单价计算的经济批量 632 小于可以享受批量折扣的 650 单位的情况,但如果情况相反,则应按折扣价计算的经济批量采购。例如,折扣单价为 16 元时,经济批量为 670 单位,大于可以享受批量折扣的 650 单位,故应按 670 单位的批量采购。

2)考虑运输数量折扣的经济批量

当运输费用由卖方支付的情况下,一般不考虑运输费用对库存总成本的影响。但如果由买方支付,则会对库存总成本产生较大影响。为了获得运输规模经济的效益,企业订购批量往往要大于根据 EOQ 模型决策的批量 Q_0。订购批量的增大,有双重影响:一方面,订购批量的增加必然导致库存持有成本的上升;另一方面,由于订购批量的增大,订货次数减少,订货成本下降,同时运输成本和在途库存成本也会减少。为了确定当存在运输折扣时的最优订货批量,可以计算一般情况下的最优订货批量及其总成本,然后与存在运输折扣时的总成本进行比较,选择总成本最低的,具体操作可以参看下面的例子。

【例 8-4】设某企业年需求某物品 3 600 单位,单价为 100 元/单位,年保管费率为 25%,每次订货成本为 200 元。若订购批量小于 400 单位时,运输费率为 3 元/单位;当订购批量大于等于 400 单位时,运输费率为 2 元/单位。该物品的最佳订购批量是多少?

解：本题主要将按 EOQ 模型计算的库存总成本与按折扣批量计算的库存总成本之间的大小进行对比，选择总成本最低的方案。

根据式 (8-3) 可得 Q_0：

$$Q_0 = \sqrt{\frac{2DS}{H}} = \sqrt{\frac{2 \times 3\,600 \times 200}{100 \times 25\%}} = 240$$

对比 EOQ 模型计算的库存总成本和按折扣批量计算的库存总成本，由于两种方式的采购成本（价格）相同，所以对比时可以去掉。

按 EOQ 模型计算的库存总成本：

库存总成本 = 存储成本 + 订货成本 + 运输成本
= $100 \times 25\% \times (240 \div 2) + (3\,600 \div 240) 200 + 3 \times 3\,600 = 16\,800$

按运价折扣批量（400 单位）计算的库存总成本：

库存总成本 = 存储成本 + 订货成本 + 运输成本
= $100 \times 25\% \times (400 \div 2) + (3\,600 \div 400) \times 200 + 2 \times 3\,600 = 14\,000$

由计算结果可知，按照 400 单位批量采购可以节省库存费用 2 800 元，因此，应该将采购批量扩大到 400 单位。

8.3.2 定量订货法的订货点

定量订货法的关键在于确定订货时机（订货点）和订货量。订货量是每次订货的数量，一般由 EOQ 模型来决定。订货点即库存量下降到必须再次订货时仓库具有的库存量。订货点的确定与需求情况和订货提前期的变化密切相关。因此，订货点的确定主要可分为两种情况：一是订货提前期固定，需求速率不变，即无须安全库存的情况；二是订货提前期和需求速率是随机变量，即设立安全库存的情况。

1. 无安全库存的订货点

在订货提前期固定、需求速率保持不变的情况下采用定量订货法，库存量的变化如图 8.8 所示。

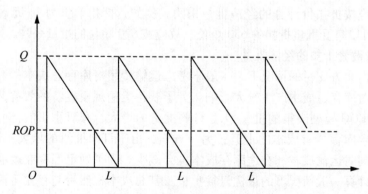

图 8.8　无安全库存的订货点

从图 8.8 中可以看出，系统的最大库存量为 Q，最小库存量为 0，不存在缺货。库存按值为 d 的需求速率减少。当库存量降到订货点 ROP 时，就按固定订货量 Q 发出订货。经过一个固定的订货提前期 L，新的一批货 Q 到达（订货刚好在库存变为 0 时到达），库存量立即恢复到 Q。

显然平均库存量为 $Q/2$。订货点 ROP = 平均消费速度 × 平均提前期，可用式(8-4)计算：

$$ROP = \bar{d}(L) \tag{8-4}$$

式(8-4)中 $\bar{d}$——日平均需求量；

L——用天表示的提前期。

【例8-5】某公司以单价10元每年购入某种产品8 000件。每次订货费用为30元，资金年利息率为12%，单位维持库存费按所库存货物价值的18%计算。若每次订货的提前期为2周，试求经济订货批量、年库存总成本、年订货次数和订货点。

解：由题可知，$P = 10$ 元/件，$D = 8\,000$ 件/年，$S = 30$ 元，$L = 2 \times 7 = 14$ 天。H 由资金利息和仓储费用组成，即 $H = 10 \times (12\% + 18\%) = 3$ 元/件。

则经济订货批量为：

$$Q_0 = \sqrt{\frac{2DS}{H}} = \sqrt{\frac{2 \times 8\,000 \times 30}{3}} = 400$$

由公式(8-2)，年库存总成本为：

$$\begin{aligned} T_C &= C_P + C_R + C_H = DP + S(D/Q) + H(Q/2) \\ &= 8\,000 \times 10 + 30 \times (8\,000 \div 400) + 3 \times (400 \div 2) = 81\,200 \end{aligned}$$

年订货次数为：

$$n = D/Q_0 = 8\,000 \div 400 = 20$$

订货点为：

$$ROP = \bar{d}(L) = (D/52)(L) = 8\,000 \div 365 \times 14 = 307.7$$

2. 使用安全库存的订货点

上面讨论的订货量和订货点是在假设需求率和订货提前期不变的情况下确定的，这是一种理想的情况。在现实生活中，需求率和提前期都是随机变量。由于需求的变化以及不确定的物流运输环境造成提前期的变化，如何保持适量的库存产品以预防缺货的产生，并满足顾客的需求，是随机型库存管理需要解决的问题。安全库存是对未来物资供应的不确定性、意外中断或延迟等起到缓冲作用而保持的库存。安全库存的建立可以对缺货问题起到一定程度的预防。

定量订货系统对库存水平进行连续监控，且当库存量降至某一水平 R 时，就进行新的订购。该模型中，缺货的风险发生在订购提前期中，即在订购的时刻与收到货物的时刻之间。图8.9表明当库存水平降至再订购点 ROP 时，就进行订购。在订购提前期 L 期间，需求可能在一个范围之内变化。该范围可以根据对以往数据的分析求得或者估计得出。如果没有安全库存，缺货的概率可达到50%。安全库存对公司的成本有双重的影响：降低缺货损失费、提高服务水平，却又增加维持库存的费用。但是，即使有安全库存存在，仍不能完全保证顾客的每一次需求都能得到满足，因此缺货是很难避免的。

对于随机型库存问题，最优订货量的获得十分复杂，很难求出精确的数据。这里给出一个简便易行的计算订货量和订货点的近似方法，即通过安全库存或服务水平来计算出比较精确的订货点。该订货点的设立应能满足订购提前期中的期望需求量加上由期望服务水平决定

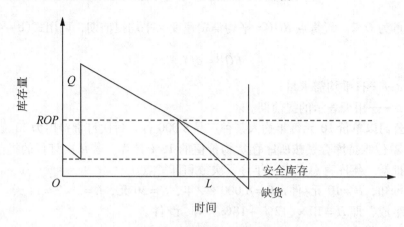

图 8.9　随机库存问题模型

的安全库存量,并且安全库存量的大小必须在缺货成本和库存持有成本之间进行权衡。一般来说,安全库存量的大小主要由客户服务水平和订货满足率来确定。

综上所述,对于定量订购模型,需求量确定与需求量不确定的主要区别在于订货点的计算,即有无安全库存,而对于这两种情况的订购批量是相同的。求解安全库存时应考虑需求量不确定的因素,主要考虑需求波动的标准差,这反映需求波动变化的大小。

订货点和安全库存可以按下面的式子来计算:

$$ROP = \bar{d}(L) + ss = \bar{d}(L) + z\sigma_L \tag{8-5}$$

式(8-5)中 $\bar{d}$——日平均需求量;

L——用天表示的提前期;

ss——安全库存;

z——一定客户服务水平下的安全系数(可查表8-10得到);

σ_L——提前期中使用量的标准差;

$z\sigma_L$——安全库存量。

表8-10　服务水平与安全系数对照表

服务水平	0.9988	0.99	0.98	0.95	0.90	0.80	0.70
安全系数	3.5	2.33	2.05	1.65	1.29	0.84	0.53

如果安全库存为正,则再订购的时间应当提前。ROP 的值扣除安全库存量,就是提前期内的平均需求量。如果预计订购提前期的使用量为20单位,计算出的安全库存量为5单位,那么就应提前在库存剩余25单位时发出订单。安全库存量越大,订购提前的使用量就越大。

【例8-6】企业某物资年需求量1 000单位,经济订购批量为200单位,假设客户服务水平为95%,即不出现缺货的期望概率为95%。提前期内需求的标准差为25单位,提前期为15天,求再订货点。假设需求在工作日发生,而该企业年度工作日为250天。

解:查表8-10得95%客户服务水平对应的 $z = 1.65$,由式(8-4)得:

$$ROP = \bar{d}(L) + ss = \bar{d}(L) + z\sigma_L = \frac{1\,000}{250} \times 15 + 1.65 \times 25 = 101.25$$

即当库存量降至101单位时,就应再订购200单位。

8.3.3 定期订货模型的订货量

定期订货模型的关键在于确定订货周期和最高库存量。订货周期指每次订货的时间间隔。最高库存量是控制库存的一个给定的库存水准。每隔一个周期,就检查库存发出订货。

订货量的大小,就是最高库存量与当时库存量的差。在定期订货系统中,每一期的订购量不尽相同,订购量的大小主要取决于各个时期的库存使用情况。定量订货系统是对库存的连续盘点,一旦库存水平到达订货点,立即进行订购。相反地,标准的定期订货模型仅在确定的盘点期进行库存盘点。有可能在刚订完货时由于大量的需求而使库存降至零,而这种情况只有在下一个盘点期才会发现。而新的订货还需要一段时间才能到达。这样,有可能在整个盘点期 T 和提前期 L 内都会缺货。所以安全库存应当保证在盘点期内和从发出订单到收到货物的提前期内都不发生缺货情况。

在图 8.10 所示的定期订货系统中,盘点期为 T,固定提前期为 L,需求是正态分布的且均值为 $\bar{d}$。订购量 = 盘点期和提前期内需求量 + 安全库存 – 现有库存量,即:

$$Q = \bar{d}(T+L) + z\sigma_{T+L} - I \tag{8-6}$$

式(8-6)中　Q——订货量;

　　　　　T——盘点周期(两次盘点的间隔天数);

　　　　　L——订货提前期;

　　　　　$\bar{d}$——预测的日平均需求量;

　　　　　z——一定客户服务水平下的安全系数;

　　　　　σ_{T+L}——盘点期与提前期期间需求的总标准差;

　　　　　I——现有库存水平(包括已订购而尚未到达的)。

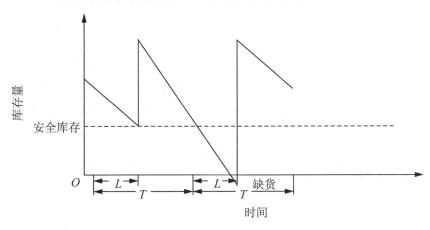

图 8.10　使用安全库存的定期订货模型

【例 8-7】某产品的日需求量为 10 单位,标准差为 3 单位。盘点周期为 30 天,提前期为 14 天。在盘点周期开始时,库存量为 150 单位。假设企业的客户服务水平要满足 98% 的对物品的需求。求订购量。

解:首先求出盘点期与订货提前期期间需求的总标准差,根据一系列独立随机变量的总标准差等于各方差之和的平方根，所以 $T+L$ 期间的需求标准差等于每天需求方差之和的平方根：

$$\sigma_{T+L} = \sqrt{\sum_{i=1}^{T+L} \sigma_{d_i}^2}$$

因为每日需求是独立的且 σ_d 是固定的，因此：

$$\sigma_{T+L} = \sqrt{(T+L)\sigma_d^2} = \sqrt{(30+14)3^2} = 19.9$$

查表 8-10 得 z 值为 2.05。
由式(8-6)，订购量为：

$$Q = \bar{d}(T+L) + z\sigma_{T+L} - I = 10(30+14) + 2.05 \times 19.9 - 150 = 331$$

即要满足 98% 的不出现缺货的概率，应当在盘点期订购 331 单位产品。

8.4 安全库存的设定

安全库存前面章节中已多次提到，也介绍了一些确定安全库存的方法，但实际的情况很复杂，并且由于安全库存在实际操作中经常被采用，这里作专门的介绍。

企业产品的市场需求情况和原材料的供给受许多不确定因素的影响，这给库存管理工作带来了许多困难。通常可以采取设置一定安全库存的办法来应对可能出现的意外情况。安全库存又称为保险库存，是为防止由于不确定因素（订货期间需求率增长、到货期延误等）引起的缺货而设置一定数量的库存。

企业设置的安全库存水平与希望达到的顾客服务水平和订货满足率紧密相关。所谓顾客服务水平，就是指对顾客需求情况的满足程度。顾客服务水平较低，说明缺货发生的情况较多，缺货成本较高，安全库存量水平较低，库存持有成本较小。而顾客服务水平（或订货满足率）越高，说明导致缺货的情况越少，从而缺货成本就较小，但因增加了安全库存量，会导致库存的持有成本上升。根据统计分析的结果，保证获得 100% 满足率所需要的库存水平是相当高的，企业必须为此付出高昂的成本。表 8-11 为某企业安全库存与服务水平的关系，可以看出缺货率与安全库存之间的关系。由此可见，必须综合考虑顾客服务水平、缺货成本和库存持有成本三者之间的关系，最后确定一个合理的安全库存量。

表 8-11 缺货率与安全库存的关系

发生缺货的允许概率	安全库存
1 年 1 次	$ 76 000
2 年 1 次	$ 100 000
5 年 1 次	$ 134 000
10 年 1 次	$ 167 000
不发生缺货	$ 276 000

对于安全库存量的计算,将借助于数量统计方面的知识,对顾客需求量的变化和提前期的变化做出一些基本的假设,从而在顾客需求发生变化、提前期发生变化以及两者同时发生变化的情况下,分别求出各自的安全库存量。

8.4.1 订货提前期固定,需求量变化的情况

先假设需求的变化情况符合正态分布,由于订货提前期是固定的数值,因而可以直接求出在提前期的需求分布的均值和标准差。或者可以通过直接的期望预测,以过去提前期内的需求情况为依据,从而确定需求的期望均值和标准差。

提前期内需求状况的均值和标准差一旦被确定,利用下面的公式便可求得安全库存量:

$$s = z\sigma_d \sqrt{L} \tag{8-7}$$

式(8-7)中 s——一定客户服务水平下的安全库存量;
z——一定客户服务水平下的安全系数;
σ_d——需求量的标准差;
L——订货提前期。

【例 8-8】某企业的某种原料平均日需求量为 100 吨,并且这种原料需求情况服从标准差为 10 吨/天的正态分布,订货提前期为 5 天,要求顾客服务水平不低于 98%,试确定安全库存的大小。

解:由式(8-7)得:

$$s = z\sigma_d \sqrt{L} = 2.05 \times 10 \times \sqrt{5} = 45.8$$

即在保证 98% 的顾客满意的情况下,安全库存量是 45.8。

8.4.2 需求量固定,订货提前期变化的情况

如果提前期内的顾客需求情况是确定的常数,而订货提前期的长短是随机变化的,在这种情况下安全库存量的计算公式为:

$$s = zd\sigma_L \tag{8-8}$$

式(8-8)中 s——一定客户服务水平下的安全库存量;
z——一定客户服务水平下的安全系数;
d——日平均需求量;
σ_L——订货提前期的标准差。

【例 8-9】原料的平均日需求量为固定常数 100 吨,提前期是随机变化的,而且服从均值为 5 天、标准差为 1 天的正态分布,求 98% 的顾客满意度下的安全库存量。

解:由式(8-8)得:

$$s = zd\sigma_L = 2.05 \times 100 \times 1 = 20.5$$

即在保证 98% 的顾客满意的情况下,安全库存量是 20.5。

8.4.3 需求量和订货提前期都随机变化的情况

在多数情况下,提前期和需求都是随机变化的,此时假设顾客的需求和提前期是相互独

立的,则安全库存量的计算公式为:

$$s = z\sqrt{\sigma_d^2 \bar{L} + \sigma_L^2 \bar{d}^2} \tag{8-9}$$

式(8-9)中　s——一定客户服务水平下的安全库存量;
　　　　　　z——一定客户服务水平下的安全系数;
　　　　　　$\bar{d}$——平均的需求量;
　　　　　　σ_d——需求量的标准差;
　　　　　　$\bar{L}$——平均订货提前期;
　　　　　　σ_L——订货提前期的标准差。

【例8-10】某电子元件厂产品的日需求量均值为500箱,标准差为20箱/天,订货提前期的均值为3天,标准差为1天。需求量和订货提前期的变化均服从正态分布,且相互独立。试确定该厂客户服务水平为95%时的安全库存量。

解:利用式(8-9),可以得到:

$$s = 1.65 \times \sqrt{20^2 \times 3 + 500^2 \times 1^2} = 827$$

即在给定的条件下,要达到满足95%的客户服务水平,应当设置827箱的安全库存。

安全库存量的科学设定对企业降低库存成本有重要的意义,因此,除了确定安全库存水平外,还应不断降低安全库存。降低安全库存的策略主要是使订货时间尽量接近需求时间、订货量尽量接近需求量。但是与此同时,由于意外情况发生而导致供应中断、生产中断的风险也随之增加。除非使需求的不确定性和供应的不确定性消除或减到最小限度,才能尽量避免上述情况的发生。

在实际操作中,有4种具体措施来确定合理的安全库存。

(1)改善需求预测。预测越准,意外需求发生的可能性就越小。此外,还可以采取一些方法鼓励用户提前订货,但这时应注意不能以提前订货状态下的订货量作为用户的实际需求来预测市场需求,否则会产生"牛鞭效应"。

(2)缩短订货周期与生产周期,这一周期越短,在该期间内发生意外的可能性也越小。

(3)减少供应的不稳定性。其中常见的途径之一是让供应商了解公司的生产计划,以便其能够及早做出安排,这涉及供应链的管理。另一种途径是改善现场管理,减少废品或返修品的数量,从而减少由于这种原因造成的不能按时按量供应。还有一种途径是加强设备的预防维修,以减少由于设备故障而引发的供应中断或延迟。

(4)运用统计的手法通过对前6个月甚至前1年产品需求量的分析,求出标准差,即得出上、下浮动点后,再做出适当的库存安排。

本 章 小 结

本章系统地阐述了库存控制策略和模型,主要包括库存结构控制和订货量及订货点的确定。

库存结构控制主要有两种方法:ABC分类管理法和CVA管理法。ABC分类管理法是依据库存种类数量与所占资金关系,将库存物资分为 A、B、C 三类,以 A 类作为重点管理对象,这样就可以达到事半功倍的效果。抓住重要的少数,是成本控制的关键。CVA 管理法比 ABC 分类管理法具有更强的目的性。CVA 的基本思想是把存货按照关键性分成 3~5 类,划分不同的级别分别进行管理。CVA 管理法和 ABC 分类管理法可以结合使用,达到分清主次、抓住关键环节的目的。

常用库存补充策略主要包括:定量订货法、定期订货法、双堆法、三堆法。首先,探讨了定量订货法和定期订货法的原理、优点和缺点、适用范围及两种方法的对比。其次,从数量分析的角度,具体说明订货量和订货点的确定。最后,阐述了安全库存量的计算方法。

关键术语

库存结构控制 Inventory Structure Control
ABC 分类管理法 ABC Classification
关键因素分析法 Critical Value Analysis,CVA
定量订货法 Fixed-order Quantity System
定期订货法 Fixed-order Interval System
双堆法 Two Bins System
订货点 Reorder Point,ROP
经济订货批量 Economic Order Quantity,EOQ

知识链接

阅读材料:

程晓华. 决战库存[M]. 北京:中国财富出版社,2017.

程晓华. 制造业库存控制技巧[M]. 4 版. 北京:中国财富出版社,2016.

周命禧. 中小型汽车零部件企业库存控制策略研究[J]. 中国机械工程,2007(11).

林金中. 定量订货库存管理模型分析及应用[J]. 商场现代化,2007(3).

[日]若井吉树. 一看就懂! 库存削减术[M]. 奚望,监译. 北京:海洋出版社,2014.

[美]Robert A. Davis. 需求驱动的库存优化与补货:创建更高效的供应链[M]. 北京:人民邮电出版社,2015.

[美]Ronald H. Ballou. 企业物流管理——供应链的规划、组织和控制[M]. 北京:机械工业出版社,2014.

陈荣秋,马士华. 生产运作管理[M]. 北京:机械工业出版社,2006.

左生龙,刘军. 现代仓储作业管理[M]. 北京:中国物资出版社,2006.

施文武. 一种多周期随机需求生产/库存控制方法[J]. 控制与决策. 2007(9).

周永务,王圣东. 库存控制理论与方法[M]. 北京:科学出版社,2009.

网站资料:

中国物流联盟网 http://www.chinawuliu.com.cn

浙江物流网 http://www.zj56.com.cn

江苏物流网 http://www.js56.com

习 题

一、选择题

1. ABC 分析法的核心是( )。
   A. 抓住主要商品
   B. 抓住影响收益最大的关键少数商品
   C. 分清主次商品
   D. 将现有商品分为 A、B、C 这 3 类

2. 经济订货批量是平衡订货成本和( )成本，确定一个最佳的订货数量来实现最低总库存成本的一种方法。
   A. 缺货成本
   B. 维持库存
   C. 补货成本
   D. 购置成本

3. 求随机型库存问题的订货点时，除了计算订货提前期内需求的期望值外，还需加上下述哪一项？( )
   A. 需求的均值乘提前期的标准差
   B. 需求的标准差乘提前期的标准差
   C. 提前期乘提前期的标准差
   D. 提前期内需求量的标准差乘 z 值

4. 在双仓系统中，每个仓内的存储量为( )。
   A. EOQ
   B. 安全库存量
   C. 安全库存量加上最佳订货批量
   D. 以上都不是

5. 下面选项对定期采购方式理解错误的是( )。
   A. 定期采购方式是指按预先确定的订货间隔期进行订货补充库存的一种库存管理方式
   B. 企业根据过去的经验或经营目标预先确定一个订货间隔期，每经过一个订货间隔期就进行订货
   C. 在定期订购系统中，每次的订货量是不尽相同的，订购量的大小主要取决于各个时期的使用率
   D. 定量订购系统比定期订购系统要求更多的安全库存

6. 假设某公司计划每年需采购 A 零件 100 000 件，该零件的单位购买价格是 400 元，每年单件保管仓储成本为单价的 20%，每次订货费用为 100 元，则该零件的经济订货批量为( )。
   A. 400 件
   B. 500 件
   C. 600 件
   D. 700 件

7. 某制造企业 1 月对某种原材料的生产需求量为 50 万个，该月的月初计划有 10 万个产品入库，该产品的安全库存量为 10 万个，现有库存量为 20 万个，该公司订购这种原材料时的下单数量应该为( )个。
   A. 10
   B. 20
   C. 30
   D. 40

二、判断题

1. EOQ 模型的实质就是要使订货批量最省。( )
2. 维持库存费用高的库存系统趋向于低库存水平和频繁补充订货。( )
3. 按照 ABC 分析法，得出的 A 类物资总是占少数。( )
4. ABC 分析法是按照物品单价高低进行排序的。( )
5. 提高库存系统的服务水平就降低了缺货风险。( )

6. 安全库存是由年需要量决定的。   （   ）

三、简答题

1. 如何进行库存结构控制？
2. 定量订货模式与定期订货模式有何不同？分别应用于什么情况？

四、计算题

1. 某羽毛球俱乐部每周大约丢失、损坏 240 个羽毛球，羽毛球的市场价格是 5 元/个，俱乐部保存羽毛球的费用每月是采购费用的 5%，每次订货费 7 元，由于业务需要，俱乐部要保持 2 400 个最低库存，羽毛球的订货提前期是 3 周。求：

（1）经济订货批量是多少？
（2）订货点是多少？

2. 某饭店的啤酒平均日需求量为 10 加仑，并且啤酒需求情况服从标准方差是 2 加仑/天的正态分布，如果提前期是固定的常数 6 天，试问达到 95% 的顾客满意度的安全库存量是多少？

若啤酒的日需求量为固定的常数 10 加仑，提前期是随机变化的，而且服从均值为 6 天、标准方差为 1.5 的正态分布，试确定 95% 的顾客满意度下的安全库存量。

若日需求量和提前期是相互独立的，而且它们的变化均严格满足正态分布，日需求量满足均值为 10 加仑、标准方差为 2 加仑的正态分布，提前期满足均值为 6 天、标准方差为 1.5 天的正态分布，试确定 95% 的顾客满意度下的安全库存量。

五、思考题

1. 经济批量模型有哪些假设条件？该模型如何在实际生产中应用？
2. 假如你是一家企业的老板，将如何控制企业的库存水平？

 实际操作训练

课题 8-1：库存物资结构调查

实训任务：请选择一家小型企业或超市，调查该企业库存物资品种、数量、金额以及各种物资所占百分比。

课题 8-2：利用 ABC 分析法确定库存物资的结构

实训任务：根据库存物资的调查数据，利用 ABC 分析法评价该企业库存物资结构是否合理。

课题 8-3：确定某物资的订货点

实训任务：任选一种 A 类物资，假设该物资采用定量订货法进行采购，试确定该物资的订货点和订货量。

 案例分析

请根据以下数据分析与计算，帮助徐先生计算库存费用，并确定最佳订货批量、订货点，以及在哪些方面可以采取措施，降低费用？

大阳摩托车自行车专营商店是一家批发和零售各种型号摩托车、自行车及其零配件的商店，每年销售各种类型摩托车约 7 000 辆，自行车 30 000 辆，年销售额近 5 000 万元。过去几年产品畅销，商店效益好，但是管理比较粗放，主要靠经验管理。由于商店所在地离生产厂家距离较远，前几年铁路运输比较紧张，为避免缺货，该商店经常保持较高的库存量。

近几年来，经营同类业务的商店增加，市场竞争十分激烈，该商店摩托车经销部聘请徐先生担任主管，徐先生具有大学本科管理专业学历，又有几年在百货商店实际工作的经验。他上任以后，就开始努力寻求提高经济效益的途径。

摩托车、自行车采购的具体方式是，参加生产厂家每年一次的订货会议，签订下一年度的订货合同，然后按期到生产厂办理提货手续，组织进货。

徐先生认为摩托车经营部应当按照库存控制理论，在保证市场供应的前提下，尽量降低库存，这是提高经济效益的主要途径。

该商店销售不同型号的摩托车，徐先生首先以 XH 公司生产的产品为例计算其经济订购批量。徐先生为了计算 XH 公司供应的摩托车的经济批量，收集了以下数据。

（1）每年对 XH 公司生产的摩托车需用量为 3 000 辆，平均每辆的价格为 4 000 元。

（2）采购成本主要包括采购人员处理一笔采购业务的旅费、住宿费、通信费等。以往采购人员到 XH 公司出差，乘飞机、住宾馆、坐出租车，一次采购平均用 16～24 天，采购员各项支出每人平均为 6 700 元，每次订货去两名采购员。

（3）每辆摩托车的年库存维持费用主要包括以下几方面。

① 所占用资金的机会成本。每辆摩托车平均价格为 4 000 元，银行贷款利率年息为 6%。

② 房屋成本（仓库房租及折旧、库房维修、库房房屋保险费用等平均每辆摩托车分担的成本）。商店租用仓库，年租金 52 000 元。仓库最高库存量为 700 辆，最低时不足 100 辆，平均约为 400 辆，因此，每辆车的年房屋成本为 130 元/辆·年。

③ 仓库设施折旧费和操作费。吊车、卡车折旧和操作费平均 10 元/辆·年。

④ 存货的损坏、丢失、保险费用平均每年 20 元/辆。

（资料来源：作者根据相关资料整理。）

第 9 章 企业内部库存控制

【本章知识架构】

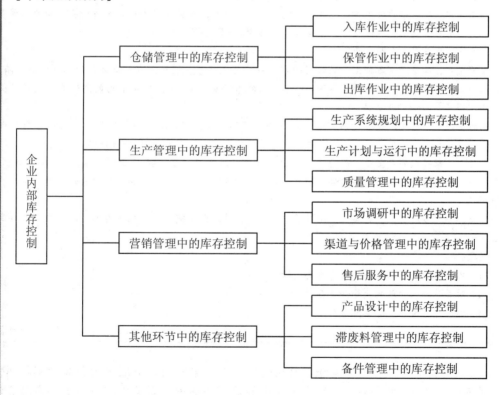

【本章教学目标与要求】

- 了解库存控制要从企业运作的各个环节抓起。
- 了解库存控制不力的主要原因。
- 掌握库存控制的注意事项及改进方法。

导入案例

Y牌汽车公司的库房

Y牌汽车是我国中型客车的知名品牌之一，该公司经过国企改制，发展成为一个中外合资企业，公司产品在中国占有比较高的市场份额。近年来销售量以及销售额在不断地提高，而企业的利润却在不断减少，而且也常出现交货期得不到保证的现象，客户投诉率高，企业资金运转困难。为此企业专门请来个"洋专家"分析问题所在，得到的结论是——库存太高！专家来到该企业库房时见到了许多让人大跌眼镜的现象。

现象一：这里的库房真多！

该企业在全国各地有许多库房，大多是租用的，一般用于存放整车，但企业内部也有许多各种用途的库房。这些基本上是自有库房，主要包括：存放整车的成品库房、存放发动机的成品库房、各种半成品库房、各种零件和原材料库房、为售后服务准备的备件库房，以及一些其他的库房，如生活劳保用品库房等。企业组织生产时也是根据ERP的指令，先采购各种零件和原材料入库，再从库房运到各加工分厂，加工完成后，再送到总装厂进行装配，而这其中可能有多次的加工和部装，可能还要经历多次的出入库程序。所以要生产另一品种型号的车辆时，必须花很多的时间和精力用于生产换型的准备，并且各种原料还不一定全部到位。

现象二：这里的库房真大！

可能是企业的资源比较丰富吧，这里的库房建造得都比较大，库房看起来总是满满的，但实际空间利用率不高，常出现有东西放不下的情况，只能先在外面放着，等里面挪出地方再放进去，仓库保管员直到实物验收完毕并且真正进入库房了，才将入库信息输入ERP系统。

现象三：库房里的东西真杂！

专家发现，库房里有各种生产装配用的零部件，有生产原、辅料，有人事部门的档案材料，有20世纪的试制品，有被检验部门封存的各种谁也不能动的零件和成品，有20年不用的淘汰车型的零件，有一堆注明"报废"字样的半成品……

同时，该专家还发现该公司内部管理存在许多问题，包括部门之间权责不清、各自有各自的利益视角、考核指标和考核方法不科学、库存与生产以及销售之间不协调、部门内部沟通不顺畅等。

于是，专家提出关于企业管理的5项建议，专门针对库房写了"库房管理十八条"，企业老总看后，很有感触，召集全公司中层以上干部开动员大会，要彻底整改，并要大力整治库房管理，要求半年内库存下降40%。

然而，一年多过去了，库房确实比以前整洁多了，管理也规范多了，但库存却降不下来，企业老总又烦恼了。

问题：

(1) 你认为该企业的库房管理有哪些问题？
(2) 对库房加强管理就能降低库存吗？
(3) 你认为怎样才能降低库存？

（资料来源：作者根据相关资料整理。）

在学习了库存控制的基础知识、常见的库存控制策略后，下面讨论企业在实际运作中如何控制库存。它包括整条供应链这个大流程的输入与输出，有关内容将在下一章节介绍，本章主要介绍企业内部运作过程中与库存控制有关的主要环节。严格来说，企业的经营活动中与库存控制有关的环节很多，如预测与订单处理、仓储管理、生产计划与控制、物料计划与采购控制、销售管理、配送发货等。本章主要介绍几个最容易出问题的环节。

9.1 仓储管理中的库存控制

首先，再次强调仓储管理和库存控制不是一个概念，但两者之间是有关系的，仓储管理是库存控制中的一个重要环节。本章讲的仓储管理主要是针对企业内部的仓储而言的，而企业内部的仓储管理部门通常不直接订货，库房通常没有订货权，订货一般由计划部门下达指令并由采购部门执行，这将直接影响库存，而库房的库存量是订货决策的依据之一。但也有例外，如备件库房可能拥有订货权，有关内容将在后面专门介绍。

虽然库房没有订货权，但是仓储管理的有关工作将直接影响企业运作的情况，进而影响整条供应链的库存，现代仓储管理使仓库有了许多新的功能，如交易中介、配送、流通加工、配载等，但企业内部的仓库大多维持其基本功能和业务，通常包括三大基本作业，即入库作业、保管作业和出库作业。下面分别介绍有关作业中常见的问题。

9.1.1 入库作业中的库存控制

1. 入库作业的类别

（1）采购入库。主要指原材料和零件采购执行后，物品运至库房，办理有关手续，将物品放到指定地点的作业。

（2）调拨入库。一般是将其他库房的物品调拨并运送到某接收库房的作业，也可以是生产大流程中某些半成品的暂时入库存储。

（3）退货入库。以下情况通常要进行退货入库作业：产成品的顾客退货、有质量问题的零件在加工过程中被发现而退回、加工过程中出现的次品或废品处理等。需要注意的是，退库作业的有关单据要用红笔填写，一般被称为"冲红"。

入库作业是要和其他部门共同配合完成的，有关信息也是要和其他部门共享，这在企业使用了ERP系统以后更容易实现，下面以某公司采购入库为例说明其入库作业流程（图9.1）。

2. 入库作业中的常见问题

入库作业中常见的问题主要有三类：数量不符、质量不符合要求、存放位置不科学。无论出现哪一类问题，都不利于全公司的库存控制，甚至还会带来更坏的影响。

1）数量不符

入库作业中经常出现一些非正常情况，如单据与原计划不符、有货无单、有单无货、货品数量与单据不符等。主要原因有：临时增加或更改订单、采购执行过程出现变化、物流运输过程出现异常等，而入库作业则是所有这些问题的实际处理和修正过程。库房管理人员应认真核对单据和货品的数量，发现问题应和有关部门沟通和确认，填写"到货差异确认单"并及时反映在计算机和台账中，任何一个环节出了问题都将影响库存的准确性。

最常见的情况有两种：一是供应商延迟交货或交货的数量不足，这时通常由采购部门进行催促；二是供应商提前到货或者是多到货，而这时库房管理人员将面临是否接收的选择，通常，其他部门（如采购部门）会施加压力，迫使库房接收并录入ERP系统，这会对整个企业的库存管理产生干扰。

需要特别说明的是，大量的提前到货也会严重打乱仓储管理本身的计划，很可能发生待验区物料集中而来料失控的情况。常见的"所谓应对方式"是库房管理人员先把货收下

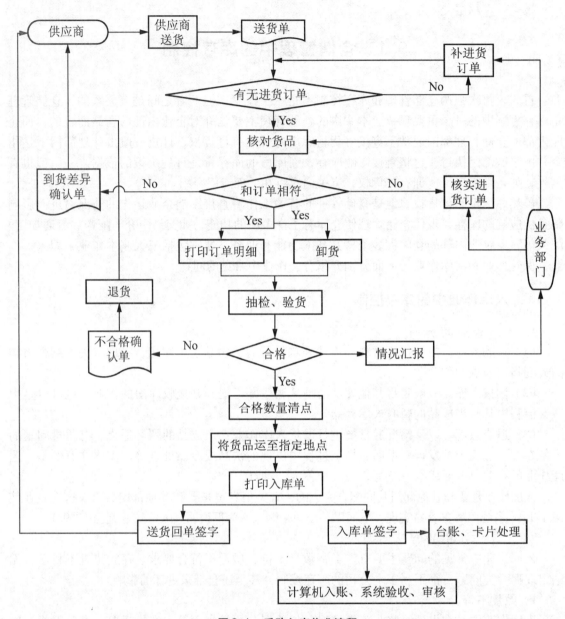

图 9.1 采购入库作业流程

暂不录入 ERP 系统,但这就直接影响库存数据的准确性。提早到货更严重的后果是失去了重新计划的机会。无论是 ERP 系统还是 JIT 都强调"正确的物料在正确的时间到达正确的地点",而货品的提早到货就破坏了这种要求,当计划调整时,如订单推迟、减少或取消时,相应的零件应同步做出反应,而提早到货则使计划调整无法实施。如果该零件是常用件还好一些,以后可以被生产消耗掉,如果该零件不常用,最可能发生的情况就是产生滞料和库存增加。

2)质量不符合要求

企业通常会有专门的质量管理部门来负责各个环节的质量控制,对于采购零件最常见的处理办法是按照一定的规则抽检,根据检查的结果以及生产的需要决定这一批货品的处理，如退货、接收、挑选接收等，而库房管理人员主要是对数量负责并积极配合有关工作。

库房管理人员的工作也会对零件的质量产生影响，主要有两种可能性：一种是质量检验人员通常是抽检，不可能全部检查，而入库的作业过程中是要对所有的零件搬运到指定货位的，因此有可能发现一些明显的质量问题，如包装破损等，这时应和有关部门及时联系并采取相应措施；另一种可能是货品在保管的过程中，因保管不善或未达到保管要求而使货品的效用丧失，如未达到规定的通风要求等。

需要特别说明的是，无论哪种情况下的入库作业，都要对货品的数量和质量进行检查。

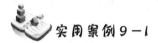实用案例9-1

摩托车的后脚蹬

我国某摩托车制造企业生产一款轻便摩托车，但在组织生产时经常发生零件短缺，使装配生产无法进行。经调查后发现，经常短缺的零件包括摩托车的右侧后脚蹬，而短缺的原因是在库存和生产的环节中经常发生偷盗行为，主要是企业员工内部偷盗，这种零件可以装在自行车的后轴上，从而可以将普通的自行车儿童座椅改装成耐用型的座椅。

于是，企业加强了管理，严格监管库房保管员，如发现零件缺少则严格按规定处罚，这项措施很有效，偷盗现象得到了控制。

（资料来源：作者根据相关资料整理。）

3）存放位置不科学

货品在库房的具体存放位置很重要，这直接影响空间利用率、作业是否方便准确、进出货的效率、是否易于盘点等。对于企业库房来说，常见的存储策略有定位存储、随机存储、分类存储以及按一定的规则由计算机指派货位等。采用何种存储策略要看具体情况，但在实际操作过程中还是会出现各种问题，与库存控制直接相关的有两种：一是货品放错了地方，从而引起各种错误的发生，如发货错误；二是由于存放位置不科学而引起的货品质量改变，如把一些不能承受压力的货品叠高存放从而造成货损。任何一种情况都会影响实际库存量和名义库存量（计算机或手工台账显示的库存量）的差异，从而影响库存控制的准确性。

实用案例9-2

迟换的牌卡

小李是某名牌大学物流专业的本科毕业生，就职于某大型制造企业，平时工作踏实也肯动脑筋，领导很赏识他并给他安排了挂职锻炼的机会，职位是企业某库房的副主任。

一到库房，小李就深入到具体的作业过程中进行观察和分析，发现了许多问题，提出了一些改进的建议，并被及时采纳和实施。其中一项建议是，为了提高工作效率，库房应定期统计分析出入库的频率，把货品分类管理，把经常出入的货品调整到容易操作的位置，从而对货位进行动态调整。

这是一个很不错的建议，但实施一个月后发现，并没有提高效率，主要是出现了把货品放错位置以及错发货的现象。小李经过深入调查终于找到了原因：大多数保管员能适应这种工作方式，但有些年龄大的员工习惯于以前的定点存储，从而在货位动态调整时没有及时将与货位对应的牌卡更换，而货位牌卡的主要内容是标注该货位的货品名称、编号、厂家、日期、数量等内容，牌卡没及时更换，出现差错是必然的。

（资料来源：作者根据相关资料整理。）

9.1.2 保管作业中的库存控制

【拓展知识】

保管作业，又称库内管理，是继入库作业之后的对物料的管理和操作，主要有：负责保管货品的安全，如防火防盗等；确保货品数量的正确，如盘点等；负责货品的质量完好，如保管条件的检查和对货品必要的养护等；尽量提高工作效率，减少出、入库的等待时间，如储位管理、综合管理等。下面对最常见的与库存有关的问题进行介绍。

1. 盘点作业

盘点又称盘库，就是定期或不定期地对仓库商品或固定资产、低值易耗品、物料用品进行全部或部分的盘查，主要用清点、过秤和对账等方法，检查仓库实际存货的数量、质量、保管条件以及安全状况，以掌握期间内的实际库存量及经营业绩和公司实际资产的情况，以利于及时采取措施改善和加强管理，减少和降低损耗。

盘点可以发现许多平时工作中的失误并有助于库存控制，盘点的基本目的主要有以下两个。

（1）控制存货，以此数据来调整采购和销售计划。

（2）掌握损益，在营运过程中仓库存在各种损耗，有的损耗是可以看见并控制的，但有的损耗是难以统计和计算的，如偷盗、账面错误等。

盘点的步骤如图9.2所示，现代信息技术，如二维码和RFID的应用有助于提高盘点效率和准确性。

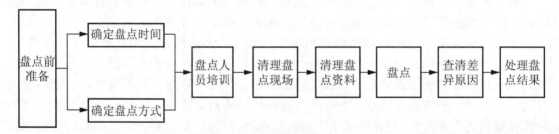

图9.2 盘点的步骤

盘点主要分为两大类。

（1）账面盘点法，账面盘点法是将每一种物品分别设立"存货账卡"，然后将每一种物品的出入库数量及有关信息记录在账面上，逐笔汇总出账面库存结余数，这样可以随时从计算机或账册上查悉商品的出入库信息及库存结余量。

（2）现货盘点法，主要是结合账卡盘查实物，现货盘点法按盘点时间频率的不同又可分为"期末盘点"及"循环盘点"。

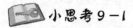
小思考9-1

年终的全面盘点

盘点是一项工作量较大的工作，除了日盘和月盘外，许多公司还要对库房进行年终全面盘点，即对库内所有的物料全部盘点一次。KK公司就一直保持这种管理方式，由于库房内的物品很多，几乎每次都要占用大量的人力和时间,为保证盘点的准确性,盘点时公司不营业,对整个公司的运营有一定影响。

近年来这项工作一直由库房主任小吴负责,尽管库房的全体员工都参与这项工作,但人手还是不够,于是临时借用其他单位的工作人员共同参与盘点工作,由于大多数人对盘点工作并不熟悉,即使是该库房的员工也不熟悉其他保管员的管理区域和物品。所以在盘点开始以前,为确保盘点工作的准确性和速度,先对所有参与盘点的人进行培训。

培训内容以简单适用为主,主要包括盘点表、初盘、复盘、物品的特征、盘点技巧、常见问题及其处理等,然后分组管理协同工作。由于经过了充分的准备和培训,盘点的效率大大提高,每年都能如期完成盘点任务,也发现了很多平时工作中的问题,经及时处理后,提高了效率、减少了损失。但是每次这样兴师动众地盘点,要消耗大量的人力和时间,小吴一直在寻找一种方法能解决这一问题。

问题:
除了信息技术以外,还有哪些方法能提高盘点的效率和准确性?

2. 储位管理

储位管理对于库存控制来说是很重要的内容,是出、入库管理的中间环节,如果管理不合理,不但会影响工作效率而且影响数据准确性。其内容主要包括物料的分区、分类,货位编号,合理堆码和苫垫,货位的动态调整和分配等。

1) 物料的分类分区

物料的分类分区是根据物料的类别、性能和特点,结合仓库的建筑结构、容量、装卸设备等条件,确定库房各储存区域存放商品的种类、数量,然后分类分区编成目录并绘制平面图。可以理解为把库房分为若干大的区域,方便管理和操作。

2) 货位的选择及编号

货位的选择是在物料分类分区的基础上进行的,主要指在仓库中根据实际可用于堆放物料的面积,遵循确保物料安全、方便吞吐发运、力求节约仓容等原则,对特定的物料选择合适的货位。

实际操作中通常应对货位进行编号,货位编号的方法有多种,可灵活掌握,但无论采用何种方式,货位的摆放往往都需要与主作业通道垂直,以便于存取。

货位的编号就好比商品在仓库中的住址,必须符合"标志明显易找,编排循规有序"的原则。具体编号时,须符合以下要求。

(1) 标志设置要适宜。货位编号的标志设置要因地制宜,采用适当的方法,选择适当的地方。如无货架的库房内,走道、支道、段位的标志,一般都设置在水泥或木板地坪上;有货架的库房内,货位标志一般设置在货架上。

(2) 标志制作要规范。货位编号的标志如果随心所欲、五花八门,很容易造成单据串库、商品错收、错发等事故。统一使用阿拉伯字码制作标志,就可以避免以上情况的发生。为了将库房以及走道、支道、段位等加以区别,可在字码大小、颜色上进行区分,也可在字码外加上括号、圆圈等符号加以区分。

(3) 编号顺序要一致。整个仓库范围内的库房、货场内的走道、支道、段位的编号,一般都以进门的方向左单右双或自左向右顺序编号的规则进行。

(4) 段位间隔要恰当。段位间隔的宽窄应取决于货种及批量的大小。

同时应注意的是,走道和支道不宜经常变更位置和编号,因为这样不仅会打乱原来的货位编号,而且会使保管员不能迅速收发货。

3）商品堆码

商品堆码是根据商品的特性、形状、规格、重量及包装质量等情况，同时综合考虑地面的负荷、储存的要求，将商品分别叠堆成各种码垛。科学的商品堆码技术、合理的码垛，对提高库存商品的储存保管质量、提高仓容利用率、提高收发作业及养护工作的效率，都有着不可低估的重要作用。

例如"五五化"堆码是我国人工堆码中常用的一种科学、简便的堆码方式，以5为基本的计数单位，一个集装单元或一个货垛的商品总量是5的倍数，如梅花五、重叠五等，堆码后作业人员可根据集装单元数或货垛数直接推算商品总数，大大加快了点数的速度，并有效减少了计数的差错。

4）货位的动态调整

通常货位与存放的物料应有一一对应的关系，以方便库房的各种作业，常用的定位方法有"六号定位法"，即按库号、仓位号、货架号、层号、批号、物料编号6个号，对物料归类存放、登记造册，或在储位上用看板将其显示出来，这种方法便于迅速查找物料。

此外，可根据实际情况对不同的物料进行货位的动态调整。例如，有些物料出入库的季节性较强，则可根据实际情况动态调整其在库房的存放位置以方便操作。

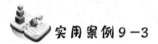

实用案例9-3

库房的 "看板管理"

看板管理是日本JIT生产管理中常用的方法之一，这种方法在上海某公司的库房管理中得到了发展和应用，效果良好。

该公司的库房货品种多、出入库频繁、对货品有严格的保质期要求，不但要求按入库时间做到先进先出，还要按出厂日期控制出库次序。但是库房总是出现效率低下、收发货出错、时间控制不好的情况，工作人员也很尽力，管理人员想了很多方法但效果不太理想。

库房负责人偶然去参观了日本某企业，学到了看板管理，深受启发，回国后仔细分析了实际情况并采取了以下改进措施。

（1）严格分区编号管理，对每个货位进行统一编号，在每个货位上都要贴（挂）上标识卡（看板），建立与物品的一一对应关系。

（2）采用目视防呆法，在不同货位上物品的看板上用颜色区分月份，确保先进先出，如红色代表入库时间最长的物料，建议先出库，每周检查、更新一次。

（3）让供应商参与管理，看板内容请供应商填写，库管确认无误后签名。每个保管员要管理许多品种的物料，但保管员很难熟悉所有的物料，经常填错，如名称、件号、厂家、批号、出厂（验收）日期等，而供应商则对自己提供的物料状态非常清楚，这样可以提高效率和准确性。

采取这些措施后，取得了非常好的效果，供应商也更清楚自己的物料状态及消耗情况，能及时对自己的生产和物流进行调整。

（资料来源：作者根据相关资料整理。）

9.1.3 出库作业中的库存控制

1. 出库作业概述

企业库房的出库作业流程大体与入库作业流程相反，常见的流程是：核对有关单据和凭证——到相应货位拣选备货——库内加工（如包装等）——与收货方办理交接手续——修改计算机、台账以及牌卡的信息——现场清理。

出库作业通常分为对外出库和对内出库两种情况。对外出库主要是成品库房按照有关指令核对有关单据，将产品交给提货人并办理交接手续的过程，这种情况下由于货品的品种少、数量大、形状规则，所以一般不会出错。对内出库主要是根据有关指令将用于生产的各种零件和原材料与送料员交接的过程，最常见的交接单据是手工开具或计算机生成的领料单，由于零件的品种多，所以这里出问题的可能性较大。出库单和入库单的处理中，条形码技术已于21世纪初在日本等国家兴起并逐步成熟，在中国目前也是一个发展方向。

2. 出库作业中的常见问题

出库作业常见的问题有以下几个。

1) 单据与计划不符

最常见的是出库凭证的内容与计划不符，出库凭证通常是提货单或领料单，这将对库存的准确性产生影响，严重时会影响全公司的库存策略和生产进度。例如，计划当月使用某零件100个，每周分别使用25个，但如果某天材料员凭领料单领取该零件35个，库房管理人员就要面临发多少货的选择，按规定是应该按领料单发35个，但如果很明显发现与该零件相配套的其他零件都发了25个，这里就可能是领料单填错了。

2) 实物与账目不符

库房是要对货品的数量以及其他信息进行记账管理的，保管员通常会有一个账本，记录各种货品的进出库以及库存量情况。在出库作业中，将货品交给接收方并经接收方签字确认后，保管员会及时在账本上进行记录，如果账本是手工填写的话很容易产生漏记或错记的现象，这将影响库存的准确性，从而直接影响库存控制。

现在许多企业使用了ERP系统，库房保管员是按有关指令执行出库操作的，操作完成经接收方签字确认后，在计算机上确认作业完成即可，通常不会出错。但是，计划的临时调整或发生应急情况时也可能出现错误，而这种错误的发生可能与保管员有关，如没有及时登记或记录错误，这通常与保管员的业务水平以及计算机的操作水平有关。

举个简单的例子，售后服务中急需某零件而备件库房里又没有该零件，虽然已启用紧急订购系统，但货品仍在路途中，这时可能为了满足消费者的需要而从生产零件库房调用，这时库房管理人员应认真把关以防止出现差错。

实用案例 9-4

一张欠条

YJ自行车厂的售后服务部今天特别热闹，一名用户正在"大闹天宫"，原来他买了一辆新款的变速自行车，但在正常行驶时突然前叉与前轴的结合处断裂，导致他摔了一跤，摔破了手腕并缝了几针，牙齿也摔掉了两颗。售后服务部的部长亲自赔礼道歉，并答应了许多条件。其中之一就是负责把车修好，但是前叉断裂这种事几十年也不会发生一起，而新款车型的备件更少，因此备件库房里根本没有这种零件，没办法，只好向生产库房求援。

于是售后服务部长亲自打电话给生产部，生产部又打电话给库房，临时借一只前叉用于应急，并写下一张欠条，注明尽快归还。由于ERP系统不支持这种流程，所以这时系统里显示的库存量并没有减少，各有关人员也没采取其他措施，毕竟这种事不常见，事情过去也就过去了，只是库房的领导让负责该零件的保管员记得及时催促。但是大家都比较忙，直到一个月以后也没见售后服务部门归还，而保管员也忘了这件事情。

某天公司接到一笔大订单，要求7天交货，于是迅速组织生产，但直到准备好各有关零件并开始生产时才发现前叉少了一个,公司是不可能为一辆自行车而单独安排生产的。于是电话又忙碌起来,库房催售后服务,售后服务催供应商,生产线还在等待……

(资料来源:作者根据相关资料整理。)

3)串发货和错发货

串发货主要指把应发给甲的货品发给了乙,而错发货主要指发出的货品与提货单或领料单不一致。无论哪种情况发生都会对库存产生影响,甚至给整个企业带来巨大损失。

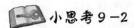

小思考9-2

Q汽车公司的紧急召回

Q汽车公司是我国某中小排量轿车的知名生产企业,前不久按发动机号码紧急召回了一批已经进入销售渠道的车辆,包括几辆已经到了消费者手中的产品。全部召回完毕以后,负责销售的副总裁仍心有余悸地说:"幸好问题发现得早,否则要出大事了!"

事情还得从库房说起,老李是一名资深的库房保管员,平时负责发动机零件的保管工作,除了接收零件外,大多工作是为生产服务,即按生产计划根据领料单将有关零件交给送料员,再由送料员将有关零件运送到生产线对应的装配工位以保证生产。

库房保管是分类负责的,由于老李比较细心,工作经验丰富,所以主要负责小件类零件,如进气门、排气门、密封圈等,工作多年以来从未出过差错,常被评为优秀职工。但是某天上午,正在发货的老李突然接到电话说老伴儿因脑血栓而被送进医院急救,心急如焚的他连忙向领导请假。领导也非常通情达理,说:"让小张顶替你一下,你交代一下工作,马上去医院!"于是经过简单的工作交接后,老李直奔医院而去。

然而问题出现了,刚接手的小张不太熟悉小件管理的有关业务,而且很多零件外观上大同小异,不通过件号很难区别,在一次发货中将一种密封圈发错了。这种密封圈和另一种密封圈的外观和尺寸几乎一样,但是密封的压力要求不同,货发到了生产线上,装配工人也未能发现,在整车检验时由于短期内不会漏油而未被检测出问题,就这样,一批有问题的整车产品最终经过各个环节一直销售到了消费者手中。

这种类型的密封圈是每月盘点一次的,盘点中发现两种密封圈数量都不对,负责任的领导及时将情况上报给公司高层领导。高层领导分析后立即下令全部召回该批产品,否则一旦密封圈承受不了相应的压力就会漏油,而漏油又可能造成发动机抱死的现象,严重情况下会产生车毁人亡的后果。

问题:
对于库房来说,该如何防止类似的事件发生呢?

4)信息沟通失真

尽管现代库房管理信息化程度在不断提高,但出库作业的工作量较大,并且发货时通常还有个配货的过程,许多时候该作业是要多人配合完成的,如果信息传递失真也会出现错误。

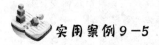

实用案例9-5

"赣榆"与"干鱼"

南京某食品公司的库房给经销商发货,库房主任同时负责车辆调度和配载工作。一天有一批货物要发往苏北某市,但装车时发现车厢内还有空间,于是库房主任想,正好有一批发往赣榆(苏北的一个县城)的货物可以让车顺便带过去,而这批货已经备好并放在库房某处。于是,主任对保管员说:"老李,再去把赣榆的两箱货拿来,一起发了,记得在箱子上要做好标记,写上'赣榆'两个字。"这位主任还是很细心的,怕沿途卸货时出错,特别关照要做好标记。

但是南京话的"赣榆"和"干鱼"几乎没有区别,而库房里正好有"鱼干"这种货品若干箱,所以老李认为要多发"鱼干"这种货品两箱。心里还在想：主任大概太忙了，把"鱼干"说成"干鱼"了，不和他计较了，发货吧！于是，老李说："好的，出账了吗？"他们以前常有这种情况，为了装车方便而多发一些货，但发货后要"出账"，也就是在计算机里和账本上记录有关情况，如果没"出账"则要在计算机中补一下操作。主任回答："直接发吧，出过账了！"主任的意思是，发往赣榆的货已经生成发货单了，不用补操作了。

3分钟后，老李推着两箱货出来并装上了车，箱子上清楚而又醒目地写着两个大字"干鱼"。

主任在想，不知是老李文化程度低还是想偷懒，竟然把"赣榆"写成"干鱼"，老李平时也挺辛苦的，不说他了吧……

错误就这样产生了。

（资料来源：作者根据相关资料整理。）

9.2 生产管理中的库存控制

生产是连接产品开发、采购、销售等一系列活动的纽带，是企业创造价值、服务社会和获取利润的主要环节，企业在生产环节上投入的人力、物力和财力资源往往也是最多的。生产系统的运营需要大量的原材料和其他生产物资，不断形成半成品、成品，同时也形成了生产库存，因此生产管理在企业内部库存控制中占重要的地位。

生产管理涉及的领域很广，本节从库存管理的视角介绍几个主要问题，以下问题如果处理不好，最常见的弥补方式就是加大库存。

9.2.1 生产系统规划中的库存控制

整个生产系统规划设计是否符合战略目标、是否合理、是否具有柔性，直接关系到生产库存的大小。一个好的生产系统必须与企业的发展战略一致，在此基础上进行详细的规划设计，包括选址、产能的规划、设施的布置、流程的安排、人员的分配等，如果这个系统不合理，会引起流程不畅、运输成本高、原料与成品的库存大等现象。以流水生产线为例，原料、在制品和成品应是随着流水线的节奏同步流动的，好的流水线周围的待加工物料很少，随着生产的进行很快就流入下一个环节；而不合理的生产线周围却要堆放很多待加工的物料，以满足加工要求（物料少了会影响连续作业造成停工）。同时，加工好的成品或半成品也要堆放在边上，等达到一定数量后再流入下一个环节，这样就加大了库存、降低了效率，并且占用了许多空间资源。

1. 生产运营管理战略的确定

生产战略是在生产管理中所采取的全局性的、整体性的决策和观念，是企业战略的重要构成部分，是企业生产系统有效运作的指南，对企业生产运营的成败和库存控制具有决定性的影响。如日本丰田的精益生产战略使其在降低生产成本上取得了惊人的绩效，因此生产系统的规划设计必须首先考虑是否与企业的生产战略一致，而生产战略主要考虑一些具体的策略选择，包括生产类型选择策略、产品选择策略、竞争选择策略和是否采用纵向集成策略。

1）生产类型选择策略

生产类型反映了企业的工艺技术水平、生产组织方式和管理组织的特点，在很大程度上决定了企业生产效率的高低。生产类型策略要考虑的问题主要有：企业是采用单件小批生产、成批生产还是大量大批生产；企业是备货生产还是订货生产；企业是流程型生产还是离散型生产。这直接影响到生产系统的规划设计。

2）产品选择策略

产品或服务的选择往往决定着一个企业的兴衰成败，一个好的产品或服务可以使一个小企业发展成一个国际著名的大公司；相反，不符合市场需求的产品也会使一个大企业亏损甚至倒闭。产品策略主要考虑这样一些问题：企业应该拥有一种什么产品；企业的产品在品种与产量之间应该维持什么比例；企业应该在什么时候推出新产品，推出什么样的新产品，以什么样的形式推出新产品，是全新产品、改进型新产品还是换代型新产品。这将影响生产系统的规划和生产系统的动态调整。

3）竞争选择策略

产品策略决定企业拥有什么样的产品，但企业的产品能不能成功送达顾客手中，则与企业的竞争策略密不可分。麦肯锡公司曾从27家杰出的成功企业中找出了一些共同特点，其中关键的两条是：抓住某个竞争优势和坚持这个竞争优势。竞争选择策略决策主要包括两个方面的工作：①分析企业的内外部环境，确定企业的竞争优势在哪儿，在成本、质量、响应时间，还是在生产的柔性。生产的柔性是一个相对较新的概念，主要是指生产应对外界变化，即根据每位顾客的特殊需求，改变设计和生产方式的能力；②考虑竞争优势的保持，要关注竞争环境的变化，审时度势调整竞争策略。如果企业的生产系统设计充分考虑了企业的竞争策略，则有助于企业的持续发展，例如，某企业的竞争优势是生产的柔性，则在生产系统的规划设计时就要给予充分保证。

4）是否采用纵向集成策略

纵向集成是指在一个组织拥有一个供应链各个部分的方法。一个高度纵向集成的企业，可以控制从原料准备到产品零售的全部行动。企业的纵向集成主要考虑集成方向、集成深度和集成方式。向原材料供应、零部件制造和零部件装配方向的集成是后向集成；向批发配送、零售方向的集成叫前向集成。无论是后向还是前向集成，企业都应该结合内部和外部竞争环境及行业特点慎重考虑。如果企业采用纵向集成策略，则在生产系统规划设计时要充分考虑选址、布局、资源配置、流程设计等问题。

2. 生产系统的规划与设计

确定生产战略以后，为了实施该战略，要设计一套合理的生产系统给予保证。生产系统的设计主要包括选址、生产设施布置、生产能力规划和岗位设计及工作考核等内容。

1）选址

选址要解决的是生产服务设施建在什么地点的问题，这一问题不仅影响投资大小、见效快慢以及生产系统的日常运行绩效，而且在很大程度上影响整个企业的战略布局与目标实现的可能性。厂址选择是一个企业的重大长远决策，要进行充分的可行性研究，要综合考虑环境、资源、运输条件、销售条件、文化因素和营商环境等因素。

2）生产设施布置

设施布置就是根据已选定的厂址地貌，对组成企业的各个部分，如基本生产车间、辅助生产车间、仓库、共用设施、办公部门等进行合理布置，确定其平面或立体的位置，并相应地确定物料流程、运输方式和运输路线。设施布置对生产的效率有很大影响，设施布置不当，会造成运输路程长、运输路线迂回曲折，不仅浪费人力、物力资源，而且延长了生产周期。

3）生产能力规划

企业的生产能力是指在一定的时期内直接参与生产过程的固定资产所能生产一定种类的产品，或加工处理一定数量的原材料的能力。企业应结合自身的发展目标和战略确定合理的生产能力并进行规划，对有关影响因素进行计算和配置。影响企业生产能力的主要因素有3个：一是生产中固定资产的数量，即机器设备的数量；二是固定资产的工作时间，即有效工作时间；三是固定资产的生产效率，即设备和生产面积的生产效率。

4）岗位设计及工作考核

岗位设计是制定与每个员工工作相关的活动的正规的和非正规的说明，包括岗位的结构和职责以及与同事、顾客之间的联系。岗位设计时要正确处理人机关系，让机器来完成程序化的工作，让人来完成非程序化、更需要主观能动性的工作，并且要设计合理的具有激励效果的考核机制。

3. 业务流程再造与柔性化设计

不同的生产系统对于不同的要求，其库存水平也不同，然而企业在不断的发展过程中要不断适应社会的变化，顾客和员工也不断为企业提出新的要求，因此企业不断地面临一些新的问题，这可能涉及生产系统的改造和调整。许多企业选择了业务流程再造以及生产的柔性化设计，这是有效降低库存、提高效益的措施。

1）业务流程再造

库存控制问题的本质是一个流程管理问题，这一观点得到了越来越多学者的认可。业务流程再造（Business Process Reengineering，BPR）是 20 世纪 90 年代 MIT 教授哈默（Hammer）和 CSC. Index 管理顾问公司董事长钱皮（Champy）提出的，其基本思想是必须彻底改变传统的业务流程。本质是一个全公司的视角下或供应链视角下的改革，将职能型组织变为流程型组织。很多流程再造的实践都是在生产的过程中完成的，并且这些业务流程的改变将提高工作效率，提高整个生产系统的响应速度，可以降低整个系统的库存。

2）柔性化设计

生产柔性指的是生产系统能迅速适应复杂多变的市场，适应现代商品多品种少批量的社会需求。通常刚性的生产系统生产效率较高，但不能适应产品的变化，例如，用一台专用机床或专用的夹具、刀具生产某种零件时，其生产效率会大大提高，但产品发生变化了，哪怕是某一个孔的位置和大小发生了变化，这台机床或许就不能使用或面临重大的调整，因此越来越多的企业采用了数控机床、数据加工中心、柔性生产线等加工方式，但同时也增加了成本和投入。

【拓展视频】

9.2.2 生产计划与运行中的库存控制

1. 生产计划的编排

生产计划是企业计划期内生产的行动纲领和依据，企业中各有关部门通常严格按照计划执行相应的任务，互相协同配合从而完成生产活动。生产计划不合理会浪费许多人力、物力和时间，而掩盖这一矛盾最常见的方法就是增加库存。

以前许多企业在没有上 ERP 系统之前通常由专门的部门和人员编制生产计划并下达执行命令，也采用了先进的方法，如采用网络图等方法，但效果不太理想。现在许多企业上了 ERP 系统并引入了 JIT 管理模式，是不是就解决问题了呢？第 1 章讲过，这可能是一个误区，ERP 的核心是供应链管理，基本技术是 MRP，新系统改变的是流程问题，至少可以让计划本身更准确。

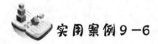

实用案例 9-6

双环齿轮的生产与库存

浙江双环齿轮集团股份有限公司创立于1980年,是一家专业生产汽车齿轮、摩托车齿轮及平缝机螺旋伞齿的企业。历经十几年的艰苦创业,公司实现年生产能力超过2 500万件,年产值6亿多元,并一举成为我国最大的齿轮专业制造企业以及亚洲最大的齿轮制造商。

在生产材料价格上涨和客户降价的两头重压下,企业加快了管理创新,推行精益管理,向管理要质量、要成本、要效益。原先,双环齿轮的一个生产周期包括从原材料进厂,经过各道工序加工,再到成品出厂,起码要两个月时间,而现在只需5天。从60天到5天,不只是一个简单的数字变化,这包含着不一般的内涵,体现了深刻的意义。

对于企业而言,材料和产品的积压就是变相的浪费。双环通过吸收消化先进现代管理经验,不遗余力地加强内部管理建设。在生产经营中,每一个工人都追求产品品质,每一个生产车间都追求着速度与完美,产品又被迅速销往国内外市场。公司的一位生产负责人说,通过精益管理,每一个生产现场像链条一样有机地整合在了一起。以前,公司每一道工序都要库存两三天的产品,而现在产品两三个小时就被运走了。每个月生产200万件产品,但在生产现场却找不到一个仓库,这是双环齿轮创造的一个奇迹。

随着公司规模的扩大,企业又成立了信息中心,使用了ERP系统,用计算机来全方位管理企业的各个流程。双环齿轮目前有2 000多种型号的产品,一个产品进行精细化生产要经过40道工序。那么2 000多个产品同时进行,就需要8万道工序。若是单用人员来管理,需要花费大量的人力物力,还不一定管得好。现在有了计算机当管家,生产一个产品需要多少刀具、多少原料,计算机里的"账单"上一目了然。采购部按计划采购,生产部按计划领取材料与工具开展生产,整个生产线按照计算机的"细致"指示,很快就能行云流水般运作起来。高效的管理让双环齿轮制造企业呈现出无穷的活力。

(资料来源:http://info.china.alibaba.com/news/detail/v0-d1003404173.html)

2. 生产计划的运行

生产计划下达后,需要具体执行,通常以下工作会对库存产生影响。

(1) 生产准备。这主要是对机器设备的调试、维修与保养,生产原料、零件或配件的准备等。例如,要装配一辆自行车,要调试装配生产流水线,并在两边合适的位置备好各种零件,随着生产的不断进行,各种零件会源源不断地运达指定位置作为补充。完成生产的准备需要相当的人力、物力和时间,而现代多品种、少批量的生产趋势对生产的准备提出了更高的要求。

生产准备的能力和水平影响总体库存量,水平差的企业则需要用大量的库存来弥补管理上的不足,最常见的现象是生产线或生产工位边上堆放着大量的物料(库存)。

(2) 组织生产。组织训练有素的工人在机器设备上完成生产并进行考核,有些生产的组织可以相对自由,如与其他工序关系不太密切的或相对独立的工序。而有些生产的组织要求较严格,必须把握生产节奏并且要相互协调,特别是多人同时合作才能完成的工作以及流水线作业方式,如果组织不好会浪费许多资源并增加库存。

(3) 生产系统控制。这是对生产运行全过程及作业现场的监控,通过对过程和运行结果的检查,找出偏差并进行纠正。对于生产过程的严格控制就是对库存管理的贡献,生产中若出现失控情况,后果将相当严重。

第9章 企业内部库存控制

小思考 9-3

DR 柴油机修理厂的生产控制系统

DR 柴油机修理厂在修理各种柴油发动机方面一直处于行业领先地位,自1988年成立起,在技术进步、设备投入等方面取得了很大的进展,并大大地提高了生产率和修理质量。但是在生产过程中,该厂仍采用传统的运作方式,各种设备和技术工人的使用率没有得到很大提高。近年来,行业竞争加剧,客户满意度下降,并出现客户流失的现象。为此该厂请了一个咨询机构对生产系统做了一次调研,结论认为除了存在设备使用不合理、时间安排混乱等现象外,生产失控现象明显,主要有以下表现。

(1) 返修件库存高,几乎所有车间生产区内堆满了修理件和加工件。
(2) 生产过程中,急活、临时任务较多,严重影响正常生产任务。
(3) 相关的修理件和加工件没有修理和加工记录,没有定点放置。
(4) 加工件管理人员形成不了统一指挥,生产安排随意性大。
(5) 由于没有记录,并且各零件之间存在互换的可能,造成不必要的待修件和加工件积压,存在损坏或丢失现象。
(6) 加工件没形成配套生产,计划没分解到各工序,生产任务安排烦琐。

针对现状,该咨询机构正在研究建立合理的生产计划和控制系统。

问题:
(1) 为什么说生产控制也影响库存?
(2) 如果你想建立一个新的生产系统,会是怎样的?

(资料来源:陈荣秋,马士华.生产运作与管理[M].北京:机械工业出版社,2008.)

3. 生产管理中几种有助于库存控制的方法

生产管理中有许多模式和方法有助于降低库存、提高效率,如前面讲的 JIT 模式。这里再介绍几种。

1) 精益生产方式

精益生产方式(Lean Production,LP)是美国在全面研究以 JIT 为代表的日本生产方式的应用情况的基础上于1990年提出来的,是对 JIT 的进一步提炼和理论总结。精益生产强调以人为本,提倡员工培训,增加员工对工作的兴趣和热情,把现有的生产方式、管理方式看成改善对象,不断追求进一步降低成本和费用、质量完美、缺陷为零、产品多样化等目标。

2) 最优生产技术

最优生产技术(Optimized Production Technology,OPT)是以色列物流学家 Dr E. Goldratt 于20世纪70年代末首创的一种用于安排企业生产人力和物流调度的计划方法,主要用于产品种类多、产品结构复杂、零部件过多的生产状况,已被许多企业采用,并取得了明显的经济效益。面对要生产的产品,找出影响生产进度的最薄弱环节,集中精力保证最薄弱环节满负荷工作,不至于影响生产进度,以缩短生产周期,降低在制品库存。

最薄弱环节称为关键资源,可以是人、工艺设备、运输设备、物料等。针对关键资源的加工工序为关键工序,含有关键工序的零部件为关键零部件。OPT 的编制方法分两个层次,先编制生产单元中关键件的生产计划,在确定关键件生产进度的前提下,再编制生产单元中非关键件的生产计划。

3) 生产物流平衡

生产物流平衡(Produce Logistics Equation,PLE)的主要思想是资源均衡,它是以比较稳定的资源使用率能够导致比较低的资源成本这一假设为前提的。如果生产活动中资源的需求波动太大,整个生产系统的库存可能加大,因此要在生产的资源需求图中,为了使各活动的资源需求波动最小,对总工时或单时差进行再次分配。

9.2.3 质量管理中的库存控制

人们常说的一个产品的质量好或不好,指的是什么呢?可以理解为质量就是反映产品满足用户需求的能力的总和,有人说好的质量是制造出来的,又有人说好的质量是设计出来的,还有人说好的质量是管理出来的。

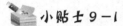 小贴士9-1

很多学者把质量管理归到生产这一环节中,实践中也有很多企业把质量部门归为生产部门的下属,比如南京某汽车制造业就一直是这个传统,本书为了方便大家理解,也是这样安排的。但是至少有以下三个不同层次需要说明:①质量与生产是平等的关系,比如南京某摩托车制造商,其质量部门和生产部门是平起平坐的,在质量上有完全独立的话语权;②全面质量管理的理念和做法,请参见阅读资料,这也更能说明质量管理和库存控制是全公司的事,涉及每个环节的责任;③全供应链的质量管理,从学术和实践上来看,还是先抓供应链,其中质量问题则放大为整体供应链乃至全社会范围的事。

1. 生产质量管理对库存的影响

对于生产过程,我们可以从物流角度进一步理解为什么会对库存控制产生影响。如图9.3所示,图中实线表示正向物流,虚线表示有质量问题的物品流向,表现为逆物流。生产过程中任何环节出现质量问题均有两种处理方式:①不可返工或修复的,成为残次品或呆、废料(有关呆、废料的问题后面将专门讨论),此时必然增加库存;②可以返工的,退回到前一工序,修复或返工后再向前流动。这两种情况必然产生逆物流,从而打乱正常的生产节奏,并且会产生需求的虚假放大。例如,按 ERP 的要求,客户需要定制某产品 100 件,而在生产过程中某环节出现了质量问题,则无法按期正常交货。许多企业也认识到了这个问题,从而在从原料采购到产成品出库的各个环节上做一些余量储备以防止不能按期交货。这样一来,整个生产系统乃至整个供应链会产生需求的放大,"牛鞭效应"将至少在生产系统内再次出现,因为每个环节都倾向于增加库存。

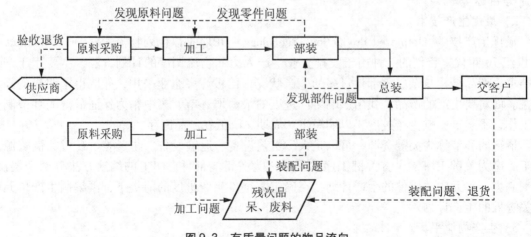

图9.3 有质量问题的物品流向

2. 质量管理中对库存控制有益的方法

质量管理通常由专门的质量部门负责，但是要与其他部门配合才能完成，因此要建立一个完善的质量保证体系，对于生产加工的各个环节进行有效的质量控制，从而保证整个生产体系的可靠性。质量管理中常用的方法有很多，这些方法大多是基于概率论与数理统计这门学科的，而且与其他的学科和方法有交叉。例如，要判断一大批产品是否合格，只要按照有关规定抽取一定的样本进行检查就可以做出判断。质量管理的方法有各种图论：因果图、排列图、直方图、散布图、检查表控制图、关联图、亲和图、过程决策程序图、优先级矩阵图、树图、网络图等，还有其他的方法如数据分层、田口方法、六西格马法等。

9.3 营销管理中的库存控制

市场营销是企业管理活动的基本内容之一，绝大多数企业对此都很重视。市场营销是否成功将直接影响企业的发展，在很大程度上引领并制约着企业的其他活动，因此市场营销管理是库存控制的重要环节。

市场营销直接涉及需求的预测，直接影响客户订单的准确性；市场调研的信息直接影响新产品的研制与开发；价格和销售渠道策略将直接影响供应链上的库存；售后服务的信息将与质量控制息息相关，这一切都与库存控制有关。

9.3.1 市场调研中的库存控制

1. 市场调研

市场调研是市场营销的重要活动，主要是通过各种渠道收集、整理和分析信息，并据此进行决策，这些决策主要有新产品开发、价格策略、渠道策略、促销策略等。由于市场调研是进行决策的主要依据之一，因此现代企业对此越来越重视。

调研的内容通常涉及宏观市场调研和微观市场调研两个方面。宏观市场调研主要包括地理、人口、经济、政治、法律、宗教、文化、习俗等方面；微观市场调研主要是市场需求情况的调研，包括目标市场的需求情况、产品、价格、促销、销售渠道、竞争情况等。

市场调研方法分为间接资料调研法和直接资料调研法。其中间接资料调研法是通过内部资料和外部资料的收集来了解有关市场信息，把握市场机会，这种方法相对简单；直接资料调研法有多种，归纳起来有访问法、观察法和实验法3类。

通过调研活动收集到的原始资料，只有经过进一步的处理和分析才能从中获得有益的信息，从而最终为调研者的决策提供科学依据。通常资料处理分析过程的主要步骤有资料处理、资料的简单分析和资料的统计分析。

当然，市场调研可以由本公司自行完成，也可以委托第三方完成。

【拓展知识】

2. 需求预测

市场需求预测主要是依据有关市场的信息、资料进行分析，从而做出对市场发展趋势的判断。需求预测的主要内容是产品、空间和时间,也就是回答什么时候、在哪里、会需要什么产品、需要多少等问题。

许多企业的生产是根据市场需求的预测进行的,预测的准确性将直接影响库存情况。在调研内容、调研方法以及资料处理的过程中,无论哪个环节出现问题都可能误导决策者,如果决策出现失误则可能给企业带来各种损失,其中最常见的后果就是库存增加。

9.3.2 渠道与价格管理中的库存控制

1. 渠道管理

渠道是产品从生产者到达消费者所经历的途径和环节,包括中间商和代理商,分销渠道的合理与通畅对销售和库存有很大的影响。渠道管理不但影响该企业的库存,而且影响整条供应链特别是供应链下游的库存。

特别说明的是,现在是电子商务时代,网络销售同样面临渠道管理,而且可能面临线上和线下双渠道同时存在的问题。比如苏宁易购,不但要应对线上和线下商品的价格问题,应对不同顾客的发货问题,还要处理来自不同渠道的收货问题,以及相应的网点布局问题等。

2. 价格管理

价格是市场营销中非常重要又非常敏感的因素,直接影响产品的销售和企业的利润。价格管理是企业最常使用且效果最显著的手段,价格是要动态调整的,会根据不同情况选择涨价或降价,并且辅助运用折让、折扣、付款期限等手段。但无论何种策略,都会直接影响库存。

特别说明的是,降价或许不是降低库存最明智的方法。降价使企业损失了利润,也可能引起恶性价格战,结果是谁也没真正获益。价格折扣常见的有两类:一是直接数量上的折扣,即买得越多越便宜,但过分强调这一点容易造成进货方的库存加大,形成市场热销的虚假信息,影响供货方后续的计划和库存消化;另一种是时间上的折扣,即在某特定时段上的购买量或一段时间内的购买量达到一定程度时价格便宜,但这样做很可能反而加大库存或引起库存的波动。

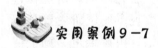 实用案例 9—7

2004 年的汽车市场

2004 年中国的汽车市场出现了一个奇怪的现象,当厂家宣布降价的时候,它宣布的价格已经是市场上的实际成交价,甚至市场上实际成交的价格比出厂价还要低。为什么会这样呢?

当时的销售政策有"返利",也就是说在一定的时间内,如在一个季度内,厂家会对经销商考核进货量,并按进货的多少给予奖励,于是经销商们为了多拿返利,只要资金许可就尽可能进货,这种做法在市场好的时候问题不大,但那一年的汽车市场竞争非常激烈。经销商们为了把进的货卖出去就纷纷降价销售,于是问题来了,大家都在降,价格优势就没了,而且消费者也有了价格预期,反而不着急买了,等价格降到位后再买。没办法,经销商只能再降,一直降到连"返利"都提前贴到车价里卖,用行话叫"扒光了卖",经销商没钱赚了于是就向厂家施加压力。厂家迫于市场压力也只能降价,但是降价并没有提高销售量或实质性地降低经销商的库存,车子还待在经销商的库房里,于是接着降,再"扒光了卖"……

结果是,那一年汽车的销售量没有实质性的增加,车价大幅度下滑,无论是经销商还是生产厂家库房里,都堆满了车子……

(资料来源:作者根据相关资料整理。)

9.3.3 售后服务中的库存控制

产品销售出去以后,还需要有良好的售后服务作为支撑,这有助于客户关系的售后管理,可以保证消费者利益,提高客户满意程度,留住并带来更多的客户。另外,产品售后信息反馈有助于产品质量的不断改进以及新产品的开发。

小贴士9-2

在网络时代,也可以利用大数据分析很多售后问题,比如可以进行消费者的需求倾向和满意度分析、进行质量改进和产品设计分析等。前面已分析过质量管理水平的提升有助于降低库存,下面分析另外两个与库存控制有关的问题:一是备件问题,将在后面专门介绍;二是逆物流问题,从实践方面来看,主要是退换货问题,本节将重点介绍。

售后服务中的退换货现象是很普遍的,随着市场竞争的日益激烈以及消费者的要求越来越高,这种现象将会更普遍,必须引起管理者的重视,主要分为无缺陷退货和有缺陷退货两种情况。

1. 无缺陷退货问题

目前退货现象已司空见惯,特别是近年来竞争激烈的家电市场,许多厂家甚至做出了无缺陷退货的保证,然而这种保证是要付出代价的,不但增加库存,而且要承担退货带来的损失。厂家要承担很大的运输成本、仓储成本,产品在运输过程中还可能出现损坏,源源不断的退货干扰着正常的销售和生产计划。另外,退货现象衍生出来的索赔、反索赔问题也花费了厂家大量的人力和财力。造成这种现象主要有以下几点原因。

(1)零售商无节制的退货政策。零售商为了扩大销量,不惜夸大退货的承诺;销售人员如果没有受过很好的培训,则不能让消费者明白产品的性能和好处,消费者不明白则容易增加退货的要求;承诺的退货期限过长也是一个重要原因。

(2)消费者的习惯。有超过75%的顾客承认,他们退回的产品实际上是没有什么质量问题的,但在零售商毫无节制的退货政策的怂恿下,人们渐渐形成了一种把货物"退回去"的习惯。

(3)公司内部的问题。许多公司没有专人从事退货管理。没有明晰的退货管理规定和程序,因此公司内部养成了一种任何时候可以让任何人把任何产品退回来的习惯。销售人员甚至公司本身都不清楚退货产生的成本,跨部门之间的协作更是无从谈起。

(4)包装和说明书。另一个重要的原因是,产品的包装或使用说明书有问题,包装缺乏透明性,消费者要花大量的时间才能弄明白产品如何使用,特别是有些产品说明书是需要硬件制造商和软件或服务提供商相互配合才能完成的,配合不好也是退货原因之一。

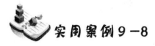

实用案例9-8

飞利浦公司的改进

飞利浦家电公司一度无缺陷退货现象相当严重,无缺陷退货率在家电产品中占70%,PC产品占85%,

部分小家电甚至超过90%，公司副总裁凯恩·戈恩斯为此决定成立专门的退货管理部门并任命当时在产品推广部门工作的具有10年市场销售经验的托尼为部门主管。这在当时曾引起争议，因为大多数人认为退货问题应交给信用、财务部门或其他专业服务公司来管理。凯恩力排众议，认为退货是市场销售的逆过程，而且经常是由不恰当的销售决策引起的。

托尼上任后采取了一系列措施，如对退货报告分类统计；安装了SAP信息系统将退货信息共享，使物流部门、财务部门、销售部门可以做出正确的预测和计划；改善销售系统并对反复退货的人进行跟踪，帮助店员拒绝不合理的或具有欺骗性的退货，其中SIRAS系统就是应用比较成功的一个。通过这些努力，服务商变成了处理制造商退货的"一站式商店"，接下来的两年时间里飞利浦公司的退货率已低于行业平均水平。

（资料来源：钱智. 物流管理经典案例剖析[M]. 北京：中国经济出版社，2007.）

2. 有缺陷退换货的处理

有缺陷退换货是售后服务中另一种常见的情形，同样会引发逆物流问题。退回的物品主要有两个去向：一是作为废品进行再生处理，主要是无法修复的产品或一次性消费品，如牛奶；二是修复或再造从而使其成为"新的产品"。通常修复或再造一个旧的产品比生产一个新的产品要便宜，因此这里的逆物流具有潜在的经济价值，但这样会增加生产运作和管理决策的复杂程度。

有缺陷的退货具有高度的不确定性，使得生产计划的可靠程度降低，制造商对于退回物品的时间、数量、质量及再生产方式难以控制，而且要区分和处理一系列复杂的问题，例如，哪些是废品，有无利用价值；哪些是可再造的，是否一定要运回厂家修复，修复后满足哪些市场的需要，这些都增加了管理的难度，并且要确定逆物流修复情况下的库存策略，主要包括补货策略、协调策略、前置期等。

9.4 其他环节中的库存控制

企业在运营管理中还有很多其他环节，其实每个环节的管理都与库存控制有关，下面仅介绍几个重要但容易被人忽略的环节。

9.4.1 产品设计中的库存控制

产品设计看起来只是产品设计部门的事，但和其他环节的库存控制直接相关。例如，与市场调研有关，因为产品是为用户设计的；与生产部门有关，因为产品是要生产出来的；涉及材料的选择以及相应的采购工作；涉及生产制造的质量管理；涉及边角料的产生和利用等。总之与企业各个部门都有关系，也涉及供应链上下游的库存管理。

1. 产品设计的原则

产品设计可以说是一个专业，内容相当丰富，许多工科类教材有详细介绍，但从整体库存的视角看，以下两大原则是重中之重。

（1）换位思考，特别是从用户的角度看问题，用户可以是最终消费者，可以是供应链中的下游企业（客户），也可以是下一个工作环节的部门或工作人员。

（2）要有全局观，即重视整体的效率和成本，具体的组织形式下面介绍。

实用案例9-9

一种面向用户的设计

不知道你有没有过在公共场合（大堂、演讲厅、办公室）开错电灯开关的经验。在这种场合，数十个开关往往排成一排，必须尝试多次之后，才明白如何控制相应的开关。从设计上讲，这就是关系映射（一一对应的关系）不清楚。图9.4面板上的开关是按照房间平面图布置设计的，所以普通人可以很快地找到对应关系，这就叫面向用户的设计。

图9.4 产品示意图

（资料来源：http://www.woshipm.com/pd/165512.html）

2. 产品设计的组织

设计部门的产品设计通常由一个团队完成，而团队的成员往往来自不同的部门，从而形成一个项目组，这就是管理学中矩阵制组织结构的典型应用。从供应链的角度看，更需要其他企业共同参与，参与方式主要有两种，一是提意见，也包括用户的意见；二是直接在一个网络平台上工作，共同完成产品设计这项工作，这种平台也是协同管理软件的重要部分。例如，一款手机的设计如果只是由生产厂家完成，就可能不知道电池发展的新动向，而如果和电池生产厂家（供应商）共同完成，则可能在未来的市场中占据领先地位。

【拓展知识】

3. 产品设计的方法

相关方法很多，这里主要从库存控制方面介绍，以控制成本为主。比如各个零件尽量标准化，尺寸和包装也尽量标准化等。再如模块式设计是有效的，不但可以直接降低生产成本、提高效率，而且为库存减少了压力。富士施乐公司是个典型案例，因为不同型号的打印机要销往不同国家，每个地方的需求不同，每种型号都备有大量的库存显然不合适，因此把库存转化为通用部件和各款型号的专用部件，并进行适当的换算就可解决这一问题。

此外，再介绍一种既能提高顾客满意度，又能降低总成本的方法，即价值分析法。这在第3章提到过，其基本思路是：以顾客需求为基础→分析对应的功能、部件和成本之间的关系→分析部件的贡献率→确定成本策略。

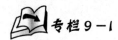

专栏9-1

用价值分析法改进咖啡壶的设计

改进咖啡壶的设计有多种方法,但价值分析法既能提高顾客满意度,又能降低总成本,具体方法和步骤如下。

(1) 进行功能成本分析,即建立功能和成本的对应关系,见表9-1。

表9-1 咖啡壶的功能成本分析

部件	功能	成本	
		金额/$	百分比/%
冲泡杯	研磨与过滤咖啡	9	18
水壶	盛咖啡、保温	2	4
保温器	保温	3	6
壶形与壶体	盛水与装、倒水	9	18
加热装置	烧水并自动停烧	4	8
电子显示板	控制研磨时间与钟表	23	46
总和		50	100

(2) 分析顾客需求,咖啡壶顾客需求的相对得分和百分比,见表9-2。

表9-2 咖啡壶顾客需求的相对得分和百分比

顾客需求	需求排名(顾客评价)		相对得分	百分比/%
	不重要 1	很重要 5		
味道像蒸馏咖啡		5	5	20
壶体易清洗	4		4	16
美观	2		2	8
容量在6杯以上	3		3	12
按指定时间开机	4		4	16
适合不同的咖啡豆	1		1	4
保温	3		3	12
自动关机	3		3	12
总和			25	100

(3) 分析各部件和功能的相关程度,形成咖啡壶的质量功能开发矩阵,见表9-3。

第9章 企业内部库存控制

表 9-3 咖啡壶的质量功能开发矩阵

部件 顾客需求	冲泡杯	水壶	保温器	壶形与壶体	加热装置	电子显示板	百分比/%
味道像蒸馏咖啡	50 ▲				50 ▲		20
壶体易清洗	30 ●	10 ●		60 ▲			16
美观				60 ▲		40 ▲	8
容量在 6 杯以上	50 ▲			50 ▲			12
按指定时间开机						100 ▲	16
适合不同的咖啡豆	30 ○				70 ▲		4
保温		20 ●	80 ▲				12
自动关机						100 ▲	12

注: 1. 表内带符号的数字为设计参数, 表示部件功能与顾客需求的相关性, 相当于相关系数。
2. 表内的数字可看成百分比, 为表示方便略去百分号(%), 表 9-4 中没特别标注%的地方与这里相同。
3. ▲—强相关; ●—中度相关; ○—弱相关。

(4) 分析各部件对顾客需求的贡献率, 用设计参数乘以顾客需求的百分比, 见表 9-4。

表 9-4 每一部件对顾客需求的贡献率

部件 顾客需求	冲泡杯	水壶	保温器	壶形与壶体	加热装置	电子显示板	百分比/%
味道像蒸馏咖啡	50×20				50×20		20
壶体易清洗	30×16	10×16		60×16			16
美观				60×8		40×8	8
容量在 6 杯以上	50×12			50×12			12
按指定时间开机						100×16	16
适合不同的咖啡豆	30×4				70×4		4
保温		20×12	80×12				12
自动关机						100×12	12
变动后部件	16	12.4	9.6	20.4	10	35.6	

(5) 计算咖啡壶的价值指数(表 9-5 中的第 3 列除以第 2 列), 据此确定相应的成本策略。

表 9-5 咖啡壶的价值指数

部件	部件成本/%(表 9-1)	相对重要性/%(表 9-4)	价值指数(列3/列2)	采取行动
冲泡杯	18	16	0.89	降低成本
水壶	4	12.4	3.1	增加成本
保温器	6	9.6	1.6	增加成本
壶形与壶体	18	20.4	1.13	合适
加热装置	8	10	1.25	增加成本
电子显示板	46	35.6	0.77	降低成本
总和	100	100		

9.4.2 滞废料管理中的库存控制

许多企业在运营过程中会不断产生滞废料，制造业更容易出现这种情况。滞废料是库存的一种，和普通库存不一样，滞废料很难进入正常的库存周转循环，几乎可视为"死库存"，对企业的危害更大，因此本节专门就这一问题进行介绍。

1. 滞废料的定义

滞废料也称为呆废料，主要是长期不使用或失去正常使用价值的物料，主要有以下几种。

（1）滞料。滞料指物料存量过多，耗用量极少，而库存周转率极低的物料。这种物料可能偶尔耗用一点儿，很可能不知何时才能使用，甚至根本不再有使用的可能。滞料为尚可使用的物料，一点儿都未丧失物料原有的特性和功能，只是呆置在仓库中，很少会被使用。

（2）废料。废料是指报废的物料，即使用过的材料，本身已残破不堪、磨损过甚或已超过其寿命年限，以致失去原有的功能而本身无利用价值的物料。有时也指加工中失败的物料。

（3）旧料。旧料是指经过使用或储存过久，已失去原有性能或色泽，以致其价值减低的物料。

（4）残料。残料是指在加工过程中所产生的物料零头，虽已丧失其主要功能，但仍可设法利用的物料。

2. 滞废料的产生

滞废料产生的原因很多，例如，进料抽验时没查出、生产计划错误、规格设计变更、特性变质、保管欠周、订单变更、剩余、超量购买等。找出这些原因并加以分析，才能对其进行预防，通常滞废料的产生不是一个部门的问题，而是需要许多部门共同努力协同配合才能有效地预防或减少，下面分部门对滞废料产生的原因逐一分析。

1）销售部门

（1）市场预测欠佳，造成销售计划不准确，使企业准备过多的物料。

（2）销售计划变更太频繁，造成生产计划随之变更。销售计划、生产计划的频繁变更，同时物料计划的滞后或落空而产生滞料的增加。

（3）顾客订货不确实。订单的取消、订单的更改，往往会使生产企业来不及调整物料计划，于是产生大量的滞料。

（4）顾客变更产品型号或规格。标准产品的变更影响较少，有特殊要求的订货产品的变更容易使已准备好的零件或包装材料成为滞料。

（5）销售部门接受订单时没弄清顾客对产品的要求、产品条件及其他订货内容，或者销售人员没将完整的订货信息传递给计划部门，致使制造出来的产品惨遭退货，另外，产品修理过程也容易产生滞料。

2）设计部门

（1）设计错误，等到试生产时才发觉，致使已准备好的一部分物料变成滞料。

（2）设计变更，来不及修正采购活动或存量时会造成滞料的产生。

（3）设计人员设计能力不足，造成不切实际的设计。

（4）设计时欠缺标准化和零件通用性而造成材料零件种类过多，增加产生滞料的机率。

3）计划与生产部门

（1）产销协调不良，引起生产计划变更频繁，使滞料产生的机率增加。

（2）生产计划错误，造成备料错误，这也是滞料产生的原因之一。

（3）生产线的管理活动不良，对生产线物料的发放或领取以及退料管理不良，从而造成生产线滞料的发生。

（4）因拆解、剪裁、剩余、零头而引起的滞料。

4）物料控制与仓储部门

（1）材料计划不当，造成滞料的发生。

（2）库存管理不良，存量控制不当，滞料也容易产生。

（3）账物不符，也是产生滞料的原因之一。

（4）因仓储设备、保管环境不理想或人为疏忽而发生的灾害而损及物料。

5）采购管理部门

（1）物料管理部门请购不当。

（2）采购管理部门采购不当，如交期延误、品质低劣、数量过多等。

（3）对供应商辅导不足，产生供应商品质、交货期、数量、规格等种种不予配合的事情而发生滞料的现象。

6）品质管理部门

（1）进料检验疏忽。

（2）采取抽样检验，允收的合格品当中仍留有不良品。

（3）检验方法不当或检验仪器不够精良。

3. 滞废料的预防

分析了滞废料产生的原因后，人们更关心的是滞废料的预防，以下措施有助于预防滞废料的产生：加强进料验收；加强部门联系；实施标准化管理；精确存量管理；针对物品特性的管理；采用特殊储存设备；避免机械性采购；实施全员生产维护（Total Productive Maintenance，TPM）管理；精确计算剪裁规划等。同样这也是要各个部门协同完成的工作，是全员参与的活动，下面分部门逐一进行介绍。

（1）销售部门。加强销售计划的稳定性，顾客的订货信息应尽量准确，向生产计划部门传送正确完整的订货内容，加强售后服务的管理。

（2）设计部门。提高设计人员的设计水平，设计力求完整无误，设计时要加强设计零件、包装材料等的标准化和通用性。

（3）计划和生产部门。加强产销的协调，根据实际情况拟订生产计划，加强生产线发料、退料的管理，防止在新旧产品的更替过程中，旧材料变成滞料。

（4）物控和仓储部门。应加强材料计划的准确性，对存量要加以控制，加强账、卡、物的一致性。

（5）采购部门。减少物料请购、订购的差错，及时跟单和催单，保证按时、按质、按量到货，尽量避免产生滞料。

（6）品质管理部门。物料验收时，采用科学的检验方法，避免混入不合格品，加强检验仪器的精良化。

> **小思考 9-4**

采购员的管理与滞料的产生

降低库存和防止滞料与企业各个部门都有关系，下面以对采购员管理为例加以说明。如对采购员的管理是由采购部门完成的，但其工资、奖金等可能是由人力资源部门按绩效考核发放的。许多企业对采购员有严格的考核办法，不同的企业会采用不同的制度和方法对采购员实施绩效管理，其中一项重要指标即缺货率，也就是说认为考核期内应该到货但没有到货的情况最好不要出现，一旦这种情况出现则可能影响生产。因此采购员就尽量放大订货期以降低不能按时到货的风险，把主要精力放在可能缺货的物料上，而对于提早到货的现象则不够重视，这种做法在平时好像没什么不妥，但 2008 年的金融危机却暴露了问题。

A 公司是一家专门生产输油管道接头的外贸型企业，主要产品依赖出口，通常情况下是严格按单生产的。2008 年 11 月 14 日，公司突然接到订单变更的通知，需求方 B 公司取消了下月的 8 000 只接头的订单，并声明愿意支付违约金。A 公司将面临生产和采购计划的迅速调整，企业里使用了 ERP 系统，如果严格按照 ERP 的要求，系统将会自动发出指令取消有关零配件的采购，然而，正是采购员纵容了提前到货的做法，使得大量零件已经入库，无法取消采购订单，这些零件占用了大量的资金，更糟糕的是，所有的接头都是按特殊要求定制的，不同用户订单的接头不能互换，也就是说除非 B 公司再次发出订单，否则这些入库的零件将永远成为废铁，滞料就这样产生了。

问题：
（1）如果你是总经理，公司流动资金很紧张，该如何处理这些滞料？
（2）你将采取什么措施改变这一现状？

4. 滞废料的处理

尽管滞废料会对企业产生不良的影响，但在实际运营过程中许多企业仍有滞废料出现，此时如何处理这些物料，具有非常重要的现实意义。

1）滞废料处理的目的

物料变成滞废料后其价值已急剧下降，而仓储管理费用并不因为物料价值下降而减少，因此以同样的仓储管理费用来保存价值急剧下降的物料，显然不经济。滞废料之所以要处理，目的在于以下几个方面。

（1）物尽其用。滞废料弃置在仓库内而不能加以利用，久而久之物料将锈损腐蚀，降低其价值，因此应物尽其用，适时予以处理。

（2）减少资金积压。滞废料闲置在仓库而不能加以利用，使一部分资金滞压于其中，若能适时加以处理，即可减少资金的积压。

（3）节省人力及费用。未处理前的滞废料仍须有关人员加以管理而发生各种管理费用，若能将其进行处理，则可节省人力及管理费用。

（4）节约仓储空间。滞废料日积月累，势必占用庞大的仓储空间，可能影响正常的仓储管理。为节省仓储空间，滞废料应适时予以处理。

2）滞废料处理的措施

通常应以处理价值最大化的原则处理滞废料，常见的措施有以下几个。
（1）调拨其他部门利用，或者修改使用者后再利用。
（2）打折出售给原供应商或其他单位及个人。
（3）洽谈原有供应商，以旧料换新料。
（4）采取以物换物的方式与其他公司交换处理。

（5）完全当作废品出售给废品收购站。

（6）无法出售、交换、调拨再利用的考虑破毁、焚毁或掩埋。

滞废料的处理应有严格的规章制度进行保证，常见的处理方式是定期检查，发现滞废料后填写"滞废料处理单"，经有关领导审批后执行，处理结果一般要与财务部门进行信息交互。

9.4.3 备件管理中的库存控制

1. 备件管理的重要性

备件管理是另一个容易被人忽视、但又特别重要的环节，很多企业注重销售业绩，但却被备件问题拖了后腿。备件的储备和管理是企业正常运营的支撑和保证，但是备件库存量占有相当高的比例，有的甚至达到30%以上。备件的作用主要有两类：一是保证生产运营设备的正常使用，如储备一些机床的易损易耗件等，但这一类备件大多可由设备供应商来储备；另一类是保证自己产品的售后服务，这是本节讨论的主要方面。

备件库存管理的主要目标有两个：一是降低库存成本；二是提高客户服务水平。如果库存控制不好，一方面某些备件可能长期不用而占用库存资金，另一方面可能会因为某些少数备件的缺失而降低服务水平，因此备件库存管理对于企业发展十分重要。

2. 备件管理中的特殊性

1）备件库存量大但还会经常缺件

各级备件库房通常会有大量的备件储备，但缺件的现象仍经常发生。日益激烈的市场竞争和日趋完善的法律法规使企业不得不做出延长服务时限和提高服务效率的承诺，这需要更多的备件储备。另外，现代企业的趋势是新产品开发周期大大缩短，不断推出新品，而老的品种型号仍在使用，这样就加大了备件的储备压力，因为新老品种都要做好维修服务工作，因此备件供应链上的储备量越来越大。

尽管储备量加大，但缺件现象仍不可避免，以汽车维修行业为例，要想保证维修中100%不出现缺件现象，只有在库房中存放所有的汽车零部件，这是不可能做到的，只能是存放一些经常或可能用到的备件，而且由于故障发生有一定的不可预见性，所以备件出现缺件现象很正常。因此备件库存管理的主要任务就是在一定的库存水平下提高服务水平，或在服务水平不变的情况下降低备件库存。

2）备件库存管理更加复杂

除了备件需求不确定而带来管理难度大外，备件的特征也决定了管理的复杂性。备件的特性主要体现在备件品种多、运输批小、实效要求高、需求地域分布广泛等方面。此外，供应和需求的地区分布都存在不均匀、不稳定的现象，特别是可能出现个性化、专业化的装卸及运输方式。另外，各种紧急状况的出现也加大了管理的难度。

同时，不同的零部件产品规格、包装要求、标准化程度、供应商交付要求等也均不相同，因此，备件库存管理要充分了解备件的特性、更换周期和使用寿命、销售频率等综合因素，运用价值分析、需求预测等手段，对不同的零部件做出不同的需求规划方案。

特别重要的是，尽管现在先进的技术有助于解决这一问题，如可以使用条形码技术、RFID技术等，但备件不同于普通商品，许多备件没有自己的独立包装，经常是没有包装或只有大包装的，这给新技术的应用带来了难度。

3. 提升备件库存管理水平的方法

总体来说，常见的库存管理方法在备件管理中同样适用，比如分类的方法、库位优化的方法、流程管理方法等。但对于备件而言，以下思路更加有效。

【拓展期刊】

1) 提高需求预测的准确性

普通物料可以根据用户订单由 ERP 系统生成采购计划，而备件则不可以，这种需求具有不确定性，不能准确知道什么产品会在什么时候出现什么故障、有多少故障、需要什么备件、需要多少。因此需求预测是备件库存管理面临的特殊问题，预测的准确性将直接影响库存量和服务水平。

常见的预测方法是直接根据历史数据，采用历史映射法进行，其基本前提是未来的需求模式将会重复过去的历史。常见的方法有回归分析法、分解分析法、移动平均法、指数平滑法等，但在备件管理实践中仍会出现失误。

备件不同于普通商品，通常只有在维修保养时才会产生备件的需求，这种需求是与故障直接相关的。因此备件的需求预测应首先研究故障发生的规律，再根据其他信息和条件综合分析，从而分析备件的需求，这样有助于提高需求预测的准确性。比如应分析产品的市场保有情况、使用环境、使用方法、是否成批出现质量问题等。

2) 加强备件的资源共享

备件管理比较复杂，通常与备件供应链上的各级备件库房直接相关。比如在汽车的备件供应系统中，备件的管理采用三级库存管理模式，各级库房都要有一定的备件储备，即中心备件库、区域备件库、维修站备件库。

当维修业务产生时，维修站先用自己的库存备件满足服务需要，同时定期或不定期向中心备件库或区域备件库申请补充备件。当发生缺件时，一般以相对紧急的方式从区域备件库或中心备件库调货。备件供应过程如图 9.5 所示，图中虚线为备件请求，实线为备件响应。

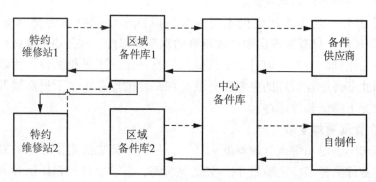

图9.5 备件供应过程示意图

资源共享型汽车备件管理模式是一种新的备件管理模式，指各级备件库之间实现信息和物资共享，总部可以随时知道各备件库的库存和需求情况，从而按照就近的原则实施动态调配。具体操作步骤如下（图9.6）。

（1）当发生缺件时，由维修站根据情况决定是否向总部提出缺件的求援申请。

（2）总部收到请求后，迅速查找距离最近的有该备件的维修站或区域备件库，如果距离较近（比如同一城市），则电话联系并协调。

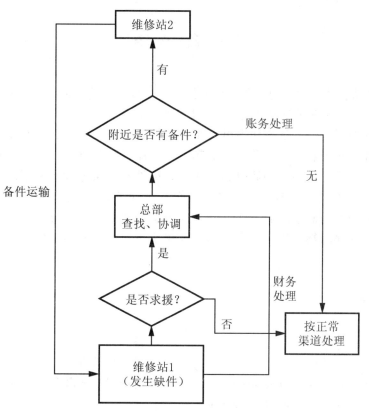

图9.6 资源共享型汽车备件管理模式

3）备件运达目的地，并进行账务调整处理

这种模式可以大大缩短服务响应时间，提高服务水平，减少整个备件供应系统的库存量，而且由于总部对维修站的服务及时，也在一定程度上提高了备件的销售量。

实用案例9-10

宝钢集团的备件互保

宝钢集团梅山公司运输部与周边有相同设备的兄弟单位，如南京钢铁公司铁运分公司、马鞍山钢铁公司运输部、南京车辆段等单位，实行备件"互保"，加强与这些单位的备件信息共享，了解他们的备件库存情况。若他们库中有，梅山公司运输部就不再储备此种设备，需要用时则立即与其联系，保证生产，事后再购买归还。通过一年的"互保"，仅热电厂的备件库存费用就降低了300多万元。

2002年6月，珠江钢铁有限责任公司、邯郸钢铁公司、包头钢铁集团公司签订了CSP备件互换及支持协议。鉴于3条CSP生产线有部分设备的备件可以互换，为了有效降低备件库存、降低流动资金占用率，三方同意在满足本公司CSP生产线设备检修需要的前提下，将通用备件以最快的速度拆借给有紧急需求的其他公司，借用方须按质、按量，以最快的速度归还借出方。三方还同意将不常损坏、价值较高的进口备件按协议分别进行储备。

（资料来源：作者根据相关资料整理。）

本 章 小 结

库存控制要从企业经营活动的各个环节抓起,主要涉及仓储管理、生产管理、市场营销管理、产品设计、备件库存控制以及滞废料的管理等。

对于仓储管理而言,主要是加强出入库以及保管作业的管理;而在生产管理中则要从生产系统的设计、运行和控制等各方面引起重视,加强质量管理,采用流程管理等方法控制库存;市场营销活动中的市场调研和预测、订单处理、渠道和价格策略、售后服务等工作将直接对库存产生影响;多换位思考,从全局或全系统最优的角度进行产品的合理设计;应采用多种现代仓储管理的方法,综合运用有关预测、故障分析等技术加强对备件的库存管理;企业各部门都可能对滞废料的产生和预防起作用,因此库存控制应是全员参与的管理活动。

市场营销 Marketing
产品设计 Product Design
仓储管理 Warehousing Management
生产管理 Administration of Manufacturing

备件库存 Spare Parts Inventory
滞废料 Delay and Waste
全员参与 Full Participation

应用型阅读材料:

左生龙,刘军. 现代仓储作业管理[M]. 北京:中国物资出版社,2006.

江礼坤. 实战移动互联网营销[M]. 北京:机械工业出版社,2015.

储雪俭. 物流配送中心与仓储管理[M]. 2 版. 北京:电子工业出版社,2010.

研究型阅读材料:

张廷龙,朱翠玲. 供应链环境下的可维修备件共享库存和集中维修模式[J]. 物流科技. 2008(2):102 – 105.

张浩. 资源共享型汽车备件管理模式[J]. 物流技术. 2008(9):58 – 59.

[美]詹姆斯·P. 沃麦克,[英]丹尼尔·T. 琼斯,[美]丹尼尔·鲁斯. 改变世界的机器[M]. 余锋,等译. 北京:机械工业出版社,2015.

网站资料:

中国物流联盟网 http://www.chinawuliu.com.cn

浙江物流网 http://www.zj56.com.cn

江苏物流网 http://www.js56.com

第9章 企业内部库存控制

习 题

一、选择题（本题可分情况讨论）

1. 如果供应商供货时实际供货数量大于订单数量，作为库房保管员，你认为用哪种方式处理最不合适？（　　）
   A. 先收下货再与有关部门协调
   B. 开具到货差异确定单，退回多发的货
   C. 请示领导，根据实际情况决定
   D. 收下货，然后调整账目，使账、卡、物一致

2. 如果你在某地投资生产皮鞋，设计生产线时哪种因素可以不考虑？（　　）
   A. 皮鞋生产工艺　　　　　　B. 皮鞋生产的机器设备　　　C. 皮鞋原料的价格
   D. 生产中物料流动的路线　　E. 当前流行的皮鞋款式

3. 作为销售管理人员，以下因素中你最关心的是（　　）。
   A. 产品的种类　　　　　　　B. 产品的价格　　　　　　　C. 分销商的确定
   D. 促销方案的选择　　　　　E. 以上都是

4. 如果某产品滞销造成库存积压，你会采取哪种措施？（　　）
   A. 降价销售　　　　　　　　B. 增加销售人员的提成
   C. 增加分销商的返利　　　　D. 理清原因、系统思考

5. 如果接到一笔紧急订单，你会如何安排？（　　）
   A. 原生产计划不变，各有关部门加班
   B. 改变生产计划，先满足最需要的
   C. 调用自己熟悉客户的订单量，以后再向他解释
   D. 原生产计划不变，部分人员加班

二、简答题

1. 出、入库作业中常出现哪些问题？对库存控制会产生什么影响？
2. 保管作业中常见的问题有哪些？
3. 生产系统的规划与设计应考虑哪些方面？
4. 为什么营销管理会影响库存？
5. 产品设计应考虑什么？
6. 滞废料是如何产生的？

三、思考题

1. 在企业管理中，人力资源部门、设计部门、财务部门与库存控制有关系吗？为什么？
2. 为什么说生产系统的设计与运行会对库存产生影响？
3. 企业运营各环节中的哪些情况会产生逆物流问题？会产生什么影响？

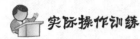 实际操作训练

课题：生日宴会的准备

实训项目：生日宴会的准备（本训练也可在第1章的实训1-1基础上改进）。

实训目的：学习怎样在准备生日宴会的过程中做好库存控制。

实训内容：假设你想举办一次生日宴会，有10名同学参加，在家吃饭并娱乐（唱歌），你是总指挥，有父母、爷爷、奶奶和弟弟协助，请列出详细活动方案及负责人，并列出各种菜肴的原料及加工方法，各种材料的购买量及成本。分析不同方案中每人分工和协作中可能出现的问题。

实训要求：将参加实训的学生分成若干小组，每组商量出各自的方案，由老师点评或打分，要求方案合理、成本最低、效果最好。老师可设置一些难度以加深对库存的理解，如必须有鸡蛋和啤酒，且家中冰箱（库房）中已有一些原料，原料的购买有批量折扣等。

 案例分析 9-1

根据以下案例所提供的资料，试分析：

(1) 你认为CH电视库存太大的原因是什么？
(2) 为什么仅仅一个库存问题，企业总裁要找所有的部门经理开会？
(3) 除了文中提到的部门之外，你认为还与哪些部门有关？
(4) 如果你是老Z，下一步你会采取什么措施？

CH电视的整改

CH牌电视机是我国家用电器的知名品牌，生产厂家是一个上市公司，该公司保持多年"一直赢利"的状态。然而2004年原企业总裁老L黯然离任，新总裁老Z接任，次年一条爆炸性的信息传播开来：企业库存累计70亿，应收账款40亿，企业巨额亏损37亿，其中库存计亏损为11亿，企业面临生存困境。

老Z非常清楚企业出了问题，战线太长，特别是海外市场，用于支撑销售的费用远远大于销售带来的利润，而且还要付出许多代价用于支撑售后服务，整条供应链的库存都很大。老Z决定对企业进行整改，并从降低库存入手，先从内部找原因，于是召集各有关部门经理开会共商大计。

老Z首先问生产部："你们生产部库房的库存最大，你先说说看法吧。""这不能全怪我，我们的库房已经快满了，但是采购部门总是该来的东西没来，不该来的拼命来，东西到了还不能不收，害得我们生产总是停线，形成不了规模效应，而且交货期也被延迟了，销售部门总是埋怨我，还有就是我们的产品品种多，订单还经常变，每种型号电视的零部件通用性不强，每次换型生产时都要花费很多时间。"生产部门经理说。

"看来不能全怪你，大家都来谈谈，老S，你们采购部门先说吧。"老Z说。

"现在搞的什么准时制生产，真的落实到采购上，人家供应商可不干，不可能一下子只送半车货，现实中的零库存是什么？是货来了，我们收下了，库房不入账。我们已经加强了对采购员的考核了，只要延误生产，当月奖金全扣，但这样问题又来了，采购员就只关心零件不能少到、不能迟到，至于零件早到了或多到了基本不管，这与ERP的节拍是不符的，而且这会增加库存量从而增加成本，还会给库房管理带来混乱，库房说过我许多次了，但不这样又不行，一旦影响生产就罪大恶极，人家丰田可不是这样的，宁可中断生产也要解决问题。另外，设计部门也真是，搞了那么多种零件，哪管得过来呀！"采购部门经理说。

"我比窦娥还冤啦！"设计部门的经理坐不住了，"前年我们送到德国精心培养的小M，被人家挖走了，

自己走了不算，还带走几个技术骨干，去年我们又引进了一个博士，但来了以后实事做不来，理论和牢骚一大堆，我们还不敢得罪，放在手心捧着，就这样去年还是跳槽了。我早就说过技术部门是靠智商吃饭的，待遇和别的部门不能一样，可人事部门就是不听，就是不肯来点刺激的，没有人才，设计的东西肯定是不行的。还有，销售部门提供的市场预测根本就不准，说是哪种型号的电视需求大，真的设计生产出来了，又卖不出去，造成产品大量积压，也难怪财务部门给我们的设计费用越来越低。另外，电视出售后的使用情况、维修情况我们根本就不能及时知道，设计和质量上的改进如何进行？"

设计部门的话首先引起了人力资源部经理的回应："你们设计部门那么多人，个个都是精英吗？给你们每人都涨两级工资可能吗？涨了工资就解决问题了吗？如果对部分人加薪，你所说的技术骨干如何界定？对你们的设计效果如何考核？"

销售部门也说了："如今的市场瞬息万变，预测哪儿有这么准的？再说我们的信息主要来自销售员，每个地区的情况不同，每个人对问题的看法、理解和表达都不一样，我们缺少一套科学的预测系统，还有我们想对售后服务进行信息化管理，特别是对备件进行精细化管理，备件的库存太大了，不备还不行，备多了许多零件又成为滞料，而目前的ERP根本就不支持，一手信息根本就没有办法实时获取。"

这下问题到了信息中心的主任那里了，主任说："目前我们正在对ERP进行升级，很快就会支持对售后服务的精细化管理了，但是工作要大家配合才行，我们现在的ERP本身就有点问题，而各个使用者对信息的维护又不及时，如采购的提前期已经变了，而系统中根本反映不出来。"

就这样讨论了好久也没得出个结论，老Z似乎明白了点什么，但又说不出来，于是决定找各个部门分别谈话，断断续续谈了几个月后发现，每个部门的经理都一脸的无辜，满腔的义愤填膺，认为自己都没有责任。

（资料来源：作者根据相关资料整理。）

案例分析 9-2

根据以下案例所提供的资料，试分析：
(1) 为什么仅仅一个盘点问题，许多企业的物流经理要开交流会？
(2) 你是如何看待几个物流经理的观点的？

物流中心盘点的讨论

物流中心每天都有大量的商品进出，库房商品的账物是否相符，是每个配送中心领导和员工都十分关心的问题，特别是节假日等大型促销之后，库房更是有些提心吊胆，担心库存出现大的问题。库房有时急着盘点，又害怕盘点。

库房盘点已经成为库房一定时间内必做的工作，需要哪些人参加？怎么样才能盘点出真实可信的结果？盘点结果怎样才能算合理？该如何据此追究相关责任人的责任呢？

上述问题不断困扰着许多物流经理，CC公司的经理在一次交流会上谈了自己的观点：最重要的是平时要注意！平时的库存一定要精确！

为了做到平时库存的准确，CC公司主要采用了以下两种方法。

(1) 将盘点工作化整为零，将大区域分成若干个小区域，每天在库内作业结束后，花少部分时间对小区域进行盘点，一周或几周盘完整个区域。

(2) 只对当天有出入库情况的品项进行盘点，如果当天没有出入库的物料通常不会出错，可以不盘。

HJ公司物流经理坦言，如果采用手持终端（Handy Terminal，HT）或无线射频手持终端（Radio Frequency，RF）的话，甚至可以在作业期间进行实时盘点，当然能这样做的企业现在国内不多，如果企业有能力使用RF技术进行验收、拣货、配送、库存自查和盘点，不但节省时间提高作业效率，而且能将库存商品准确率控制在100%，能将拣货和配送商品准确率控制在100%，能将商品配送到店的时间控制在24小时内。但是，这样的投入相当大！

VF 公司物流经理说，他们没有使用该项技术。他们主要采用以下方法，基本也能将库存准确率控制在 100%，但人员的投入也相当大。

（1）设立重点仓库，贵重商品，如名烟、名酒等价值高的商品实行独立仓库管理，并且及时落双锁，一般人员不得进出，坚持日盘制度，这些商品指定专人负责管理，商品进出库必须由实物负责人和防损管理人员共同完成，当日值班管理人员进行抽查。

（2）一般商品出库必须进行发货和复核两关，商品配送到门店出现差异，在1天内查出原因并追究责任人，一般是由实物负责人和部门负责人按比例承担赔偿，这一条必须做到，否则难以引起全体员工对库存准确性的高度重视，做到了这一点，经手人员的责任心会大大加强。

（3）坚持月盘制度，在重大节日前和节日后进行两轮盘点：重大节日备货前，业务量相对较少，有足够的时间和精力进行盘点，将库存盘到100%，为节日备货库存准确性打好基础；重大节日到来时，由于业务量大，很容易出现配错货的情况；节后再及时进行一轮盘点，发现差异，分析原因，追究责任人。

（4）盘点前做好周密的盘点计划和充足的盘点准备：①各种单据的跟踪处理，遗留问题的处理，盘点当日发货、验收、配货工作的安排，一般提前几天邮件通知各采购和门店盘点时间并联系这些部门提前做好备货准备，在不影响销售的前提下尽可能减少盘点当日工作量；②设立若干个盘点区域，每个盘点区的商品进行整理并摆放整齐，如将散货做好标识卡等，盘点最重要的工作之一是商品的整理；③盘点人员的培训和盘点前的总动员。

（5）盘点应有防损员和财务人员参与，每个盘点区有一组人员共6人进行，一组又分为两队，每队有仓管员、防损员、财务人员各1人，两队进行交叉盘点，两队盘完点后立即将结果进行对比，如没有差异，盘点单直接审核通过，若出现差异，再由两队分别对差异单品进行复盘，直到两队结果一致，这样做可完全杜绝人员操作失误导致的盘点结果不准确。

（6）盘点单审核后，出现盈亏结果，分析原因，若是人为盘点操作不规范而导致的盘点结果不准确，可进行再次复盘，若是管理不善、平时发货错误或流程漏洞，则直接追究相关人员责任并要求赔偿，由盘点部门负责人进行总结，并拿出改进措施，由此推动流程进一步完善。

（7）防损部门应不定期对各商品部门库存情况进行抽查，发现差异立即拿出处理措施，使防损部门真正起到监督作用，督促各部门加强管理，提高责任心。

（8）加强对盘点人员的培训。

（资料来源：作者根据相关资料整理。）

第 10 章　供应链库存管理

【本章知识架构】

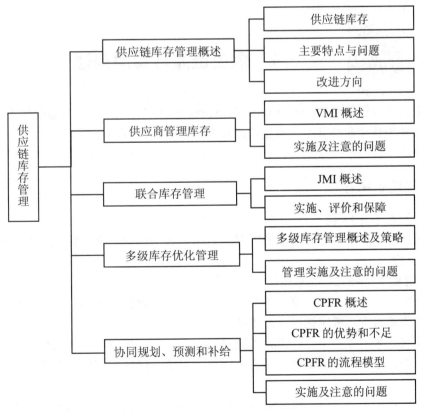

【本章教学目标与要求】

- 了解供应链库存管理的原因及存在的问题。
- 理解多级库存和 CPFR 管理的理念。
- 掌握 VMI 和 JMI 的思想和方法。
- 能运用库存管理的方法来解决具体的供应链库存问题。

> **导入案例**
>
> 别拿别人的库存不当钱
>
> 很多从事"流通"的经销或零售企业并没有在"库存"上动太大的"脑筋"——是这个问题不重要吗？不是，有人认为库存管理是零售企业的三大核心能力之一（另两个是商品管理和顾客行为分析）。那为什么分销企业对库存管理如此"漠然"呢？
>
> 原因也很简单：他们不知道同样做到了800万元的销售额，但A企业是用600万元库存做到的，而B企业是用1 000万元库存做到的——B企业可能到资金链断裂而倒闭的那一天都不知道：是库存出了问题。
>
> 具体如何实现降低库存，不同类型的企业有着不同的库存政策，但如果完全从企业自身角度来进行库存管理的话，当你为转移了自己的库存风险而得意时，你的上下游正通过其他"卑鄙"的手段把库存损失再转回来——供应链上没有"一枝独秀"的美事。因此，我们提倡的是：分销企业应该鼓励或联合供应商一起来降低库存，提高周转率——"别拿别人的库存不当钱"。企业应该从供应链的角度来考虑降低整条供应链的库存水平，降低供应链库存成本。
>
> （资料来源：程晓华. 程晓华先生谈制造业库存问题[M]. 电子版，2006.）

第9章从企业内部运作的各个环节讨论了库存控制问题，而库存控制更应该是整条供应链的问题，本章就此展开讨论。

【拓展知识】 【拓展视频】

10.1 供应链库存管理概述

近年来，供应链管理（Supply Chain Management，SCM）在国内外日益受到人们的关注和重视，供应链管理使企业与其上下游企业之间在不同的市场环境下实现了库存的转移，降低了企业的库存成本。

10.1.1 供应链库存

1. 供应链库存结构

供应链库存涉及供应链各节点的库存，包括输入的原材料和最终的产品。供应链库存结构如图10.1所示。

2. 供应链库存形成的原因

供应链库存形成的原因主要在于两个方面：一方面是满足正常的生产运作的需要；另一方面是由于供应链的不确定性因素造成的。

（1）满足正常的生产运作。库存以原材料、在制品、半成品、成品的形式存在于供应链的各个环节的，企业为了满足供应链各个环节的需求、保证生产的正常进行必须持有一定的库存。

（2）供应链的不确定性。供应链库存与供应链的不确定性存在很大的关系，供应链的不确定性使企业为了正常的生产运作持有超出生产需要的额外库存。

3. 供应链不确定性的表现和影响

1）供应链不确定性的表现

供应链的不确定性表现在两个方面：衔接不确定性和运作不确定性。

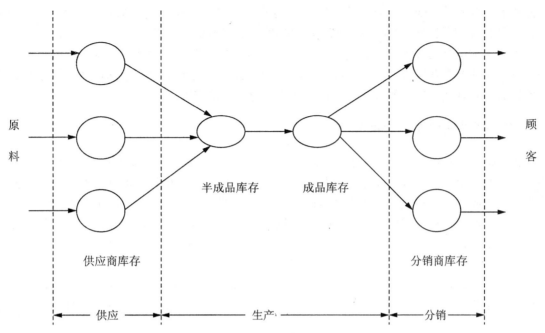

图 10.1　供应链库存结构示意图

（1）衔接不确定性（Uncertainty of Interface）。衔接不确定性主要表现在合作性上，发生在企业之间或者部门之间。由于供应链中的企业是相互平等的市场主体，彼此之间并非从属关系，各自有着不同的目标，并谋求自身利益的最大化，因而企业之间的信息不完全共享，相互合作也是有限的，由此导致了供应链的不确定性。这些不确定性反过来又给供应链的有效集成造成了障碍，使企业之间难以相互配合，无法建立起有效的供应链合作关系。

衔接不确定性表现在两个方面：①供应的不确定性。供应的不确定性源于供应商的不确定性，体现在供应提前期的不确定性、供应数量和质量的不确定性等方面；②需求的不确定性。需求的不确定性与对产品的需求预测紧密相连（如"牛鞭效应"），需求的不确定性源于顾客不确定性，顾客需求的随机性，表现在需求的时间和需求的数量不确定。

（2）运作不确定性（Uncertainty of Operation）。企业运作不确定性主要体现在生产能力的不稳定性上，这种不稳定性主要来源于生产企业的生产系统自身的不可靠性、机器的故障、计划制订与执行的偏差等。

市场需求的不确定将给供应链企业的生产决策和物流决策带来困难，企业为了实现对不确定需求的及时响应不得不保持大量库存，从而导致过高的物流成本，若将库存量维持在低水平则又可能使客户服务水平降低，并给企业生产系统带来风险。

2）供应链不确定性对库存的影响

（1）衔接不确定性对库存的影响。如前所述，供应链衔接不确定性普遍存在，集中表现在企业之间的独立信息体系（信息孤岛）现象，信息共享程度低。企业为了在竞争中获胜，为了获取利益而进行资源的自我封闭（包括物质资源和信息资源），人为地增加了企业之间的信息壁垒和沟通障碍，在这种情况下，企业之间的合作仅仅是贸易上的短期合作，企业为规避风险不得不建立库存，库存的存在实际上就是信息堵塞与封闭的结果。

（2）运作不确定性对库存的影响。在传统的企业生产决策过程中，供应商和分销商的信息是生产决策的外在变量，因而其无法预见到外在需求或供应的变化信息（至少是延迟的信息）；同时，库存管理的策略也是考虑独立的库存点而不是采用共享的信息，因而库存成了维系生产正常运行的必要条件。当生产系统形成网络时，不确定性就会增加，几乎所有的生产者都希望拥有库存来应付生产系统内外的不测变化，因为无法预测不确定性的大小和影响程度，人们只好按照保守的方法——设立库存来应付不确定性。

10.1.2 供应链库存管理的特点

供应链库存管理目标服从于整条供应链的目标，通过对整条供应链上的库存进行计划、组织、控制和协调，将各阶段库存控制在最低线，从而削减库存管理成本，减少资源闲置与浪费，使供应链上的整体库存成本降至最低。与传统库存管理相比，供应链库存管理不再是作为维持生产和销售的措施，而是作为一种供应链的平衡机制，通过供应链管理，消除企业管理中的薄弱环节，实现供应链的总体平衡。

1. 库存管理集成化

供应链管理将供应链上的所有节点看成一个有机的整体，以供应链流程为基础，物流、信息流、价值流、资金流、工作流贯穿于供应链的全过程。因此，供应链库存管理是一种集成化管理。

2. 库存范围扩大

传统库存管理模式下，管理者只需考虑企业内部资源的有效利用；供应链管理模式下，企业资源管理的范围扩大，要求管理者进行库存管理时，将整条供应链上各节点企业的库存全部纳入考虑范围，使供应链上的库存得到最优配置。

3. 供应链总库存成本最小化

供应链管理以最终客户为中心，并贯穿于供应链管理的全过程。由于企业主动关注整条供应链的管理，供应链上各成员企业之间的伙伴关系得到加强，企业之间由原先的竞争关系转变为"双赢"关系，各企业之间建立起战略合作关系，通过对市场的快速反应，共同致力于供应链总库存的降低。因此，库存管理不再是保证企业正常生产经营的措施，而是使供应链管理平衡的机制。

10.1.3 供应链库存管理存在的问题

目前供应链管理环境下的库存管理存在的主要问题有三大类：战略与规划问题、运作问题以及信息类问题，并可综合成以下几个方面的内容。

1. 缺乏供应链的整体观念

供应链的整体绩效取决于供应链各个节点的绩效，但是供应链各节点都是独立的，都有各自独立的目标与使命，企业整体观念不足，没有很好地协调各方活动，而是采取各自的独立行动，导致供应链整体库存负担的增加和供应链效率的低下。

实用案例 10-1

美国北加利福尼亚的计算机制造商电路板组装作业采用每笔订货费作为其压倒一切的绩效评价指标，该企业集中精力放在减少订货成本上。这种做法本身并无不妥，但是它没有考虑这样做对整体供应链的其他制造商和分销商的影响，结果该企业维持过高的库存以保证大批量订货生产。

而印第安纳州的一家汽车制造配件厂却在大量压缩库存,因为它的绩效评价是由库存决定的,结果,它到组装厂与零配件分销中心的响应时间变得更长和波动不定,组装厂与分销中心为了满足顾客的服务要求也不得不维持较高的库存。

（资料来源：作者根据相关资料整理。）

2. 供应链的结构设计未考虑库存的影响

在进行供应链结构设计时,如要在一条供应链中增加或关闭一个工厂或分销中心,一般首先考虑固定成本与相关的物流成本,至于网络变化对运作的影响因素,如库存投资、订单的响应时间等常常是放在第二位的,实际上这些因素对供应链的影响是不可低估的。

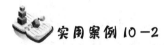

实用案例 10-2

美国一家IC芯片制造商的供应链结构是这样的：在美国加工晶片后运到新加坡检验,再运回美国生产地做最后的测试,包装后运到客户手中。供应链之所以这样设计是因为考虑了新加坡的检验技术先进、劳动力素质高和税收低等因素,但是这样显然未考虑库存和周转时间,因为从美国到新加坡来回至少要两周,而且还有海关手续时间,这就延长了制造周期,增加了库存成本。

（资料来源：作者根据相关资料整理。）

3. 产品设计忽视供应链的影响

现代产品设计与先进制造技术的出现,使产品的生产效率大幅度提高,而且具有较高的成本效益,但是在引进新产品时,如果不进行供应链的规划,也会产生如运输时间过长、库存成本高等问题。

实用案例 10-3

美国的一家计算机外围设备制造商,为世界各国分销商生产打印机。打印机有一些具有销售所在国特色的配件,如电源、说明书等。工厂按需求预测生产,但是当打印机到达各地区分销中心时,销售效果却不一样,因为打印机是为特定国家而生产的,而各国的需求是不一样的,结果造成了产品积压,产生了高库存。后来,产品设计进行了调整,主要对打印机的装配过程进行了改进,工厂只生产打印机的通用组件,让分销中心再根据所在国家的需求特点加入相应的特色组件,这样大量的库存就减少了,同时供应链也具有了柔性。

（资料来源：作者根据相关资料整理。）

4. 忽视不确定性对库存的影响

供应链运作中存在诸多的不确定因素,为减少因不确定性而增加供应链库存,就需要了解不确定性的来源和影响程度。但很多公司并没有认真研究和探究不确定性的来源和影响,错误估计供应链中物料的流动时间(提前期),造成有的物品库存增加,而有的物品库存不足的现象严重。

5. 库存控制策略简单化

无论是生产性企业还是物流企业,库存控制目的都是保证供应链运作的连续性和应付不确定需求。不确定性在不断地变化,决定了库存控制策略也必须是动态的。

例如,有些供应商在交货与质量方面可靠性好,而有些则相对差些;有些物品的需求可预测性大,而有些物品的可预测性小一些;库存控制策略应能反映这种情况,并能体现供应链管理的思想。但是目前供应链库存控制策略没有综合考虑诸影响因素,过于简单化。

6. 缺乏合作与协调性

供应链是一个整体，需要协调各方活动，才能取得最佳的运作效果。协调的目的是满足一定服务质量要求，使信息可以无缝地、流畅地在供应链中传递，从而使整个供应链能够根据客户的要求步调一致，形成更为合理的供需关系，适应复杂多变的市场环境。

例如，当客户的订货由多种产品组成，而各产品又是不同的供应商提供时，同时客户要求所有的商品都一次性交货，这时企业必须对来自不同供应商的交货期进行协调。如果供应商之间缺乏协调与合作，会导致交货期延迟和服务水平下降，同时库存水平也由此而增加。这通常是因为供应商之间各自都有不同的目标和绩效评价尺度，各自都有不同的仓库，不愿意去帮助供应链的其他环节，难以实现共享资源。

要进行有效的合作与协调，组织之间需要一种有效的激励机制。在企业内部一般有各种各样的激励机制加强部门之间的合作与协调，但是当涉及企业之间的激励时，就会困难重重。另外，信任风险的存在更加深了问题的严重性，相互之间缺乏有效的监督机制和激励机制是导致供应链企业之间合作不稳固、库存不合理的重要原因。

7. 信息传递系统效率低

在供应链中，各个供应链节点企业之间的需求预测、库存状态、生产计划等都是供应链管理的重要数据，这些数据分布在不同的供应链组织之间，要做到有效地快速响应客户需求，必须实时地传递，为此需要对供应链的信息系统模型做相应的改变，通过系统集成的办法，使供应链中的库存数据能够实时、快速地传递。

但是目前许多企业的信息系统并没有很好地集成起来，信息传递效率低，这在一定程度上影响了库存的精确度，而且时间越长，预测误差就越大，制造商对最新订货信息的有效反应能力就越小，需要的库存量就越多，前文讲过，这是"牛鞭效应"产生的重要原因。

10.1.4 供应链库存管理的改进方向

基于供应链库存管理的特点和供应链库存管理存在的问题，应从以下方面改善供应链库存管理。

1. 树立供应链整体观念

要在保证供应链整体绩效的基础上对各种直接或间接影响因素进行分析。要在信息充分共享的基础上，通过协调各企业的效益指标和评价方法，使供应链各成员企业对库存管理达成共识，从大局出发，树立"共赢"的经营理念，自觉协调相互需求，建立一套供应链库存管理体系，使供应链库存管理的所有参与者在绩效评价内容和方法上取得一致，充分共享库存管理信息。

【拓展案例】

2. 精简供应链结构

供应链结构对供应链库存管理有着重要的影响，供应链过长，或供应链上各节点之间关系过于复杂，是造成信息在供应链中传递不畅，进而引发库存成本过高的主要原因之一。优化供应链结构，是保证供应链各节点信息顺利传递的关键，是搞好供应链库存管理的基础。因此，应尽量使供应链结构向扁平化方向发展，精简供应链的节点数，简化供应链上各节点之间的关系。

3. 有效集成供应链各环节

集成供应链上的各环节，就是在共同目标基础上将分散的各环节组成一个"虚拟组织"，通过使组织内成员信息共享、资金和物质相互调剂，优化组织目标和整体绩效。通过将供应

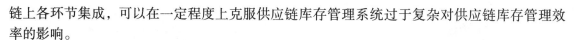

链上各环节集成，可以在一定程度上克服供应链库存管理系统过于复杂对供应链库存管理效率的影响。

4. 采取有效的供应链库存管理策略

目前，对供应链库存管理策略的研究和实践有许多，常见的主要有4种策略：供应商管理库存（Vendor Managed Inventory，VMI）；联合库存管理（Jointly Managed Inventory，JMI）；协同规划、预测与补给（Collaborative Planning, Forecasting and Replenishment，CPFR）；多级库存管理（Multi-echelon Inventory Management，MIM）与优化策略。

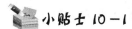 小贴士 10-1

对于供应链管理或供应链库存管理的策略有许多模型，这些模型主要是为了研究相关问题而建立的，这方面有许多研究成果，读者可参阅相关文章。下面各节的内容有对于各种模型的评价，当然这些模型也可以运用于实践中，特别是本章最后的案例分析可说明这一点。

10.2 供应商管理库存

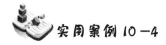 实用案例 10-4

宝洁与沃尔玛就是VMI早期的成功案例。几十年来这一模式已传入很多行业，例如，在航空业，波音于2000年前后开始在世界范围内推广VMI，对象是各大航空公司。它把大约7万种机架类备件纳入其中，目标是更低的成本和更高的有货率。这项计划叫"全球飞机库存网"（Global Airline Inventory Network，GAIN），其英文缩写正好有"赢利、获得"的意思。

对于GAIN，波音的宗旨如下。

（1）波音负责这些备件的采购、库存和物流。

（2）备件将放置到航空公司所在地或附近，便于航空公司就近采用。

（3）备件在消费前属于波音（或者波音的合作供应商），此举大幅度降低航空公司的库存成本。

（4）波音的供应链管理系统监控全球各库存点的水位、消耗与补货，并制定预测，指导供应商的生产。

（5）波音开发信息技术，有效集成航空公司的备件需求、飞机维修信息，以指导备件的规划与补给。

有人可能问，波音公司很大，有半垄断的性质，难道就不知道VMI会增加自己的库存，占了自己的资金？没错，但VMI不管是对波音还是航空公司，都是利大于弊。就波音来说，很多备件的消耗量很低，如果让航空公司建立自己的库存，周转率就很低，尤其是对小航空公司来说。相反，由波音来建库存，支持多家在同一地域的航空公司，规模经济的优势得到体现，库存周转率提高，还可紧急调用给全球别的航空公司。此外，作为飞机生产商，波音往往比航空公司更了解备件的消耗率，从而做出更准确的库存规划，客观上降低了库存总体水平，提高了库存周转率。

就上面的GAIN计划而言，实施初期，波音的服务水平就从80%～90%提高到95%左右，停机待修和加急订单从70%左右降低到10%以下。波音747的维修延误机会成本为一分钟4万美元，大家就可以理解这些指标的意义了。飞机利用率提高了，航空公司的投资回报期缩短，飞机的全寿命成本降低，增加了波音的竞争力，有利于赢得更多订单，库存周转率也稳步提升。

拿波音飞机来说，全球一年消耗70亿美元左右的备件，全行业库存在250亿美元。行业研究表明，航空公司的库存、物料管理成本为库存的35%左右。波音的VMI可为航空公司节省的成本、释放的资金是相当可观的。对波音而言，VMI使它与航空公司的关系更密切了。GAIN计划首先于1999年在不列颠航空（British Airline）实施，不能不说是波音打入空客腹地的一大举措，该VMI计划的战略重要性可见一斑。

（资料来源：作者根据相关资料整理。）

10.2.1 VMI 概述

1. VMI 的概念

在 20 世纪 80 年代中期，国外的一些知名的大公司如宝洁和沃尔玛，就开始合作开展一种名为"供应商管理库存"的计划，经过一段时期的合作，效果显著，供应商按时发货，使库存周转率提高，现在这种方法已经被广泛地应用于零售、电信和钢铁等行业。

《中华人民共和国国家标准物流术语》中对供应商管理库存的定义为：供应商管理库存是供应商等上游企业基于其下游客户的生产经营、库存信息，对下游客户的库存进行管理与控制。实施 VMI 的双方无论是供应商和制造商、供应商和零售商还是制造商和零售商，其实都是供应链上游企业和下游企业之间的关系。

VMI 是供应链"横向一体化"战略思想的体现，其主要思想是供应商在客户的允许下设立库存，确定库存水平和补给策略，行使对库存的控制权，供应商决定每一种商品的合理库存水平以及维持这些库存所采取的策略。VMI 以实际或预测的消费需求和库存量作为市场需求预测和库存补货的解决方法，即由销售资料得到消费需求信息，供货商可以更有效地计划、更快速地反应。它是一种在供应链环境下的库存运作模式，本质上，它是将多级供应链问题变成单级库存管理问题。

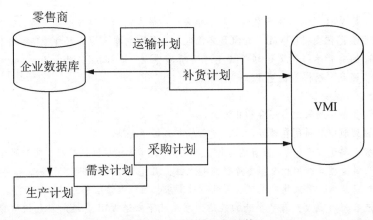

图 10.2　VMI 的运行结构

图 10.2 是 VMI 的运行结构图，企业与供应商交换的不仅仅是库存信息，还包括企业的生产计划、需求计划和采购计划，以及供应商的补货计划和运输计划等信息。

2. VMI 的形式

VMI 有多种运作形式。

（1）供应商提供包括所有产品的库存决策软件，客户使用软件执行库存决策，客户拥有库存所有权，管理库存。在这种方式下，供应商对库存的管理和控制力有限，所以供应商受到客户的制约比较多，实质上不是完全意义上的供应商管理库存。

（2）供应商在客户的所在地，代表客户执行库存决策，管理库存，但是库存的所有权归客户。由供应商在客户所在地直接管理库存，供应商也可以了解到充分的库存信息，但是库存的所有权不属于供应商，所以供应商在进行库存决策时的投入程度有限。

（3）供应商在客户的所在地，代表客户执行库存决策管理库存，拥有库存所有权。在这样的方式下，供应商几乎承担了所有的责任，他们的活动也很少受到客户的监督或干涉，是一种完整意义上的供应商管理库存方式。供应商可以十分清楚地了解到自己产品的销售情况，供应商也可以直接参与销售。

（4）供应商不在客户的所在地，但是定期派人代表客户执行库存决策、管理库存。供应商拥有库存的所有权，在客户所在地或是在分销中心储备库存，以便根据需要及时快速地补充。库存水平由供应商决定。

3. VMI 的优势

1）对供应商

（1）VMI 下双方信息的共享，使得供应商可以获得下游企业的经营数据，直接接触真正的需求信息。

（2）VMI 能使供应商利用这些需求信息调节库存水平，合理安排生产，提高由预测驱动的物料管理活动的准确性。

（3）减少分销商的订货偏差，减少退货。

（4）供应商与下游客户发展长期合作的战略关系，进行有效沟通，这有利于供应商在激烈的竞争中提高竞争优势，增强市场竞争力。

2）对客户

（1）有效利用外部资源，集中精力发展核心能力。VMI 使客户更加有效地利用企业外部资源，将其从库存陷阱中解放出来，客户不需要占用库存资金，不需要增加采购、进货、检验、入库、出库、保管等一系列的工作，能够集中更多的资金、人力、物力用于提高其核心竞争力。

（2）降低成本，提高服务质量。与企业自己管理库存相比，供应商在对自己的产品管理方面更有经验，更专业化；供应商可以提供包括软件、专业知识、后勤设备和人员培训等一系列的服务，提高客户服务水平的同时降低库存管理成本。

（3）降低了缺货风险，避免库存积压。在 VMI 的基础上，供应商可以实时了解企业库存的消耗变动情况，并结合合理预测进行及时的物资补充，降低客户的缺货风险；根据市场需求量的变化，及时调整生产计划和采购计划，既不造成超量库存积压，又不占用资金、增加费用。

3）对供应链

除了对企业和供应商有益之外，VMI 还有利于整条供应链的优化。

（1）优化供应链库存。从整个供应链来看，作为供应链上游企业的供应商，既是物流的始发点，又是资金流的开始，同时还是信息流的端点。供应商拥有下游企业库存管理的权利，可以建立起下游企业与供应商的长期合作伙伴关系，稳定供应链的上下游，促进供应商与下游企业之间的交流，实现交货提前期的缩短和可靠性的增加，降低供应链的整体库存水平。

（2）降低供应链库存成本。库存成本的降低除了得益于供应链整体库存水平降低之外，VMI 双方合作伙伴关系的建立，还可以有效降低双方采购订单、发票、付款、运输、收货等交易时间和交易成本。

（3）提高供应链的柔性。VMI 还可以大大缩短供需双方的交易时间，使上游企业更好地控制其生产经营活动，提高供应链的整体响应速度，提高整个供应链的柔性。

实用案例 10-5

家乐福在引进 QR 系统后，一直努力寻找合适的战略伙伴以实施 VMI 计划。经过慎重挑选，家乐福最后选择了其供应商雀巢公司。就家乐福与雀巢公司的既有关系而言，双方只是单纯的买卖关系，唯一特殊的是，家乐福对雀巢来说是一个重要的零售商客户。在双方的业务往来中，家乐福具有决定权，决定购买哪些产品及其数量。

两家公司经协商，决定由雀巢建立整个 VMI 计划的机制，总目标是增加商品的供应效率，降低家乐福的库存天数，缩短订货前置时间，以及降低双方物流作业的成本等。由于双方各自有独立的内部 ERP 系统，彼此并不相容，因此家乐福决定与雀巢以 EDI 连线方式来实施 VMI 计划。

在 VMI 系统的经费投入上，家乐福主要负责 EDI 系统建设的花费，没有其他额外的投入；雀巢公司则引进了一套 VMI 系统。VMI 经过近半年的实际运作后，雀巢对家乐福配送中心产品的到货率由原来的 80% 左右提升至 95%（超出了目标值），家乐福配送中心对零售店铺产品到货率也由 70% 提升至 90% 左右，并仍在继续改善中；库存天数由原来的 25 天左右下降至 15 天以下，在订单修改方面也由 60%～70% 下降至现在的 10% 以下，每日商品销售额则上升了 20% 左右。

总体而言，VMI 使家乐福受益无穷，极大地提升了其市场反应能力和市场竞争能力。同时，雀巢公司也受益匪浅。最大的收获便是在与家乐福的关系改善方面。过去雀巢与家乐福只是单向买卖关系，所以家乐福要什么就给什么，甚至是尽可能地推销产品，彼此都忽略了真正的市场需求，导致好卖的商品经常缺货，而不畅销的商品却有很多存货。这次合作使双方愿意共同解决问题，从而有利于从根本上改进供应链的整体运作效率，并使雀巢容易掌握家乐福的销售资料和库存动态，以便更好地进行市场需求预测和采取有效的库存补货计划。

（资料来源：作者根据相关资料整理。）

4. VMI 的不足

但是 VMI 也有其不足之处，主要有以下几个。

（1）VMI 中供应商和零售商协作水平可能受到各种因素的限制，如软件的情况。

（2）VMI 对于企业间的信任程度要求较高。

（3）VMI 中的框架协议虽然是双方协定的，但供应商处于主导地位，决策过程中缺乏足够的协商，难免造成失误。

（4）VMI 的实施减少了库存总费用，但在 VMI 系统中，库存费用、运输费用和意外损失（如物品毁坏）不是由用户承担，而是由供应商承担的。由此可见，VMI 实际上是对传统库存控制策略进行"责任倒置"后的一种库存管理方法，这无疑加大了供应商的风险。

所以，在实施 VMI 时需要对其优势和不足进行全面综合分析。

10.2.2 VMI 的实施

1. VMI 实施的原则

（1）合作性原则。VMI 模式的成功实施，客观上需要供应链上各企业在相互信任的基础上密切合作，其中，信任是基础，合作是保证，供应商和客户都要有较好的合作精神，才能够进行较好的合作。

（2）互利性原则。VMI 追求双赢的实现，即 VMI 主要考虑的是如何降低双方的库存成本，通过该策略使双方的成本减少，而不是考虑如何就双方成本负担进行分配的问题。

（3）互动性原则。VMI 要求双方在合作时采取积极响应的态度，以实现反应快速化，努力降低因信息不畅而引起的库存费用过高的状况。

（4）目标一致原则。VMI 的实施，要求企业在观念上达到目标一致，并明确各自的责任和义务,具体的合作事项都通过框架协议明确规定,以提高操作的可行性。

(5)持续改进原则。持续改进使供需双方能共享利益并消除浪费。

2. VMI 实施的准备

VMI 实施的准备主要是指针对实施 VMI 所必需的一些支持,主要是技术支持,包括 ID 代码、EDI/Internet、条码及条码应用标识符、连续补给程序等。

(1) ID 代码。供应商要有效地管理客户的库存,必须对客户的商品进行正确识别,为此需要对客户商品进行编码,通过获得商品的标识(ID 代码)并与供应商的产品数据库相连,以实现对客户商品的正确识别。

(2) EDI/Internet。供应商要有效地对客户的库存进行管理,采用 EDI 进行供应链的商品数据交换是一种安全可靠的方法。为了能够实现供应商对客户的库存进行实时掌握,供应商必须每天都能了解客户的库存补给状态。而采用基于 EDIFACT 标准的库存报告清单能够提高供应链的运作效率,每天的库存水平(或定期的库存检查报告)、最低的库存补给量都能自动地生成,这样大大提高了供应商对库存的监控效率。客户的库存状态也可以通过 EDI 文件的方式通知供应商。在 VMI 系统中,供应商有关装运与发票等工作都不需要特殊的安排,主要的数据是顾客需求的物料信息记录、订货点水平和最小交货量等,客户要做的是能够接受 EDI 订单确认或配送建议,以及利用该系统发放采购订单。

(3)条码。为了有效地实施 VMI 管理系统,应该尽可能地使供应商的产品条码化。条码是 ID 代码的一种符号,是对 ID 代码进行自动识别且将数据自动输入计算机的方法和手段,条码技术的应用解决了数据录入与数据采集的"瓶颈",为 VMI 提供了有力的支持。

(4)连续补给程序。连续补给程序策略将客户向供应商发出订单的传统订货方法,变为供应商根据客户库存和销售信息决定商品的补给时间和数量,这是一种实现 VMI 管理策略的有力工具和手段。为了快速响应客户"降低库存"的要求,供应商通过和客户建立合作伙伴关系,主动提高向客户交货的频率,使供应商从过去单纯地执行客户的采购订单变为主动为客户分担补充库存的责任,在加快供应商响应客户需求速度的同时,也使客户库存水平减少。

实用案例 10-6

宝洁公司供应商库存管理技术

KARS(客户自动补货系统)/EDI(电子数据交换)是供应商库存管理 VMI 技术的一种,也是宝洁公司使用的一种专为零售服务设计的先进自动补货系统。KARS 系统安装在供应商一端,中间以 EDI 与零售商相连,交换单品销售量、库存数量和订单等信息。

具体业务包括以下流程。

(1)零售商每日把当天的单品销售量和库存数据用 EDI 发送给供应商。

(2)供应商用自动补货软件 KARS 产生订单。

(3)订单处理和发货。

(4)零售商收货和付款。

KARS 是以业界广泛接受的补货预测公式为基础,加上宝洁公司在与零售业广泛合作中所得到的经验,对预测公式进行了多处补充。另外,融入了商业流程的重组工作,将科学的系统与最有效的流程有机地结合在一起。KARS 使用了业界的 ICO(库存控制目标)模型,充分考虑到不同零售客户对预测的影响参数,如订单间隔、到货天数、平均销售量、安全库存、人工调整等,然后提出科学合理的订单建议。

宝洁公司的一个香港客户 Jusco，采用了供应商库存管理 VMI 技术，取得了良好的效果。

项目实施前，宝洁商品单品数为 115；中心仓库库存为 8 周；分店库存为 7 周；缺货率为 5%。宝洁公司有关人员在详细分析该客户居高不下的库存以及缺货率以后，决定为其实施供应商库存管理 VMI 技术来解决宝洁产品的补货问题。

项目在 2000 年 3 月正式启动，宝洁公司与零售客户投入双方的信息技术、后勤储运、采购业务部门，组建了多功能小组。在几个月的实施过程中，双方紧密合作，重新组合了订单、储运的流程，确定了标准的流程、清晰的角色与任务，安装了 KARS 系统，并建立起 EDI（电子数据交换）的沟通管理。

项目在 2000 年 7 月开始运行。三个月后，取得显著的经济效益：销售额增加 40%；宝洁商品单品数为 141（增加 26%）；中心仓库库存为 4 周（降低 50%）；分店库存为 5.8 周（降低 17%）；缺货率为 3%（降低 40%）。

不仅如此，零售商的供应链管理走上了科学合理、高效的轨道，各个环节在新的系统下有条不紊地工作，大大减轻了人员的劳动强度，提高了效率，降低了运作成本。

（资料来源：作者根据相关资料整理。）

3. VMI 的实施步骤

（1）确定目标。确定 VMI 的目标，根据企业的不同情况，目标的确定可以从以下几个方面着手：降低供应链上产品库存，抑制"牛鞭效应"；降低买方企业和供应商成本，提高利润；增强企业的核心竞争力；提升双方合作程度和忠诚度。

（2）建立客户情报信息系统。实施 VMI，首先要改变订单的处理方法，供应商和客户一起确定供应商的订单业务处理过程中所需要的信息和库存控制参数，然后建立一种订单的处理标准模式，最后把订货、交货和票据处理各个业务功能集成在供应商处。要有效地管理客户库存，供应商必须能够获得客户的有关信息。通过建立客户情报信息系统，供应商能够掌握需求变化的相关情况，把由客户进行的需求预测与分析功能集成到供应商的系统中来。

（3）建立销售网络管理系统。供应商要很好地管理客户库存，就必须建立起完善的销售网络管理系统，保证自己的产品需求信息和物流畅通，为此，必须保证自己产品信息的可读性和唯一性，解决产品分类、编码的标准化问题，解决商品存储运输过程中的识别问题。目前，我国大部分的企业都实施了 MRP II 或 ERP 系统，这些软件系统都集成了销售管理的功能。通过对这些功能的扩展，可以建立完善的销售网络管理系统。

（4）建立供应商与客户的合作框架协议。实施 VMI 的双方要达成一致的目标，就要明确各自的责任和义务，事先对实施的具体细节用一个框架协议确定下来，确定应用模式、订单的业务处理流程，设定库存控制方式、信息的传递方式、费用如何分摊等。这个框架协议由双方共同监督实施，双方根据 VMI 具体运行状况，经过协商对框架协议条款进行修改，消除不合理环节，减少浪费。

还要对相关的违约责任进行规定，如供应商错发货或延迟供货引起的损失和费用如何承担；如果用户信息系统出错，提供的错误信息导致供应商出错，损失费用如何分摊；如果用户取消订货但由于信息系统或沟通渠道的原因，导致供应商已经送货，谁对这批存货负责等。

（5）组织结构的变革。实施 VMI 后，为了适应新的管理模式，需要对组织机构进行相应的调整。供应商要建立一个 VMI 职能部门，负责对 VMI 服务的监控和维持与客户之间的关系。

4. VMI 实施的评估

在实施初始阶段，必定会存在诸多意外和不确定性因素，这样就会导致 VMI 在开始实施时可能不会达到预期的目标,所以设立一个VMI的评估体系对VMI的实施情况进行评估,然后对其进行调整和完善,以便在长期内全面地实施VMI,同时还需要制定一个评估的时间周期,并且保证双方企业采用一致的评估口径和基准,这样才能保证对VMI的实施效果有比较客观的评估。具体评估包括以下几个过程。

(1) 确定评估的目标对象。

(2) 确定评估的指标。主要根据VMI给供应商和客户带来的利益进行设立,如产品库存水平满意度(0~100%);节约成本满意度(0~100%);产品的到货率(0~100%);双方企业合作与信任满意度(0~100%);双方企业各个核心竞争力保护满意度(0~100%)等。这些指标获得的方式可能通过VMI的工作人员根据实施过程的调查综合评定得出。

(3) 确定评估指标的权重。在VMI实施的评估中,权重分别代表评估指标在VMI中的重要程度。

例如,在设定权重的过程中,由于VMI最直接最明显的作用就是减少库存和节约成本,因此可将产品库存水平满意度的权重和节约成本满意度的权重设得较高,如两者都设为30%。其他权重则可低一些,如产品到货率的权重可设为20%,合作与信任满意度的权重以及核心竞争力保护满意度的权重则都可设为10%。这些指标权重获得的方式可以通过管理专家或企业的高层管理人员根据企业的战略目标综合评定得出。

(4) 评价的等级与量化数据。一般来说,评价的等级可设为4级:优、良、中、差。而等级的量化数据是与等级相对应的,如优:100~80;良:79~70;中:69~60;差:59~0。

通过评估系统对VMI实施前后进行比较,如果实施VMI后的效果比较理想,就可以进行下一个阶段,继续实施VMI;如果得出的评估结果不满意,就必须对VMI的实施进行完善和调整,直至得出理想的结果。

10.2.3 实施VMI应注意的问题

在实施VMI的过程中,供应商与客户都会不可避免地面临一些问题,这些问题是对成功实施VMI的挑战。供应链企业在实施VMI的过程中,需要注意以下4方面的问题。

1. 信任问题

VMI的成功实施依赖于相互之间的信任,客户要信任供应商,不要过多地干预,尤其是在利益分配上,相信供应商是站在整体上去看问题的,是为了供应链整体争取最大利润和谋求长远发展的;供应商也要相信客户,相信客户提供的各种信息是真实的。只有相互信任,才能通过交流解决实施过程中面临的各种问题,使双方受益。

2. 技术问题

VMI要求库存控制和计划系统都必须是实时的、准确的,只有采用先进的信息技术,才能保证数据传递得及时和准确。例如,采用EDI/Internet技术将销售点信息和配送信息分别传输至供应商和零售商处,利用条码技术和扫描技术来确保数据的准确性。但是采用这些技术的费用一般都很昂贵,可能会导致成本的增加。

3. 库存所有权问题

实施VMI之前在客户收到货物时,货物所有权也随之转移了,而在实施VMI后,供应商一直拥有库存的所有权直至货物被售出。由于供应商对库存管理的责任和成本都增加了,因此在制定利益分配机制时要充分考虑这一点,以使双方共享供应链的总利润。

4. 资金支付问题

例如，货款支付的具体时间问题就属于资金支付问题。

在实践中，推行 VMI 远比想象的要复杂。在 VMI 推行的实际过程中会面对许许多多的困难，但是只要合作双方本着利益共享、风险共担的原则，积极努力地推行一定会成功，最终一定会使双方实现"共赢"的目标。

【拓展案例】

10.3 联合库存管理

VMI 被证明是比较先进的库存管理办法，但是库存费用、运输费用和意外损失等均由供应商承担，这无疑加大了供应商的风险。为了克服 VMI 系统的局限性和规避传统库存控制中的"牛鞭效应"，联合库存管理（Jointly Managed Inventory，JMI）应运而生，它是一种在 VMI 的基础上发展起来的，供应商与用户权利责任平衡和风险共担的库存管理模式。

10.3.1 JMI 概述

1. JMI 思想

JMI 联合库存管理是一种协调的库存管理模式，实际是组建一个协调中心，以解决供应链系统中，由于各节点企业相互独立运作模式导致的需求放大现象，提高供应链同步化程度的一种有效的库存控制方法。JMI 模型如图 10.3 所示。

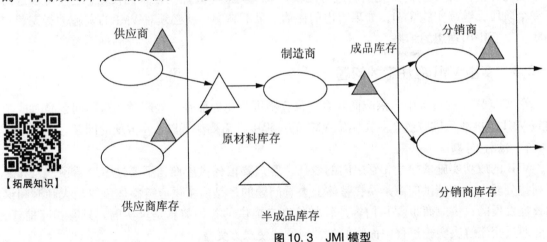

图 10.3 JMI 模型

注：▲表示独立需求库存；△表示相关需求库存。

联合库存管理思想最先体现于地区分销中心。传统的分销模式是分销商根据市场需求直接向制造商订货，从发出订单到货物到达需要一定的时间，为了避免这段时间内因缺货而带来的损失，分销商不得不进行库存备货，造成巨大的库存成本。而采用地区分销模式后，大量的库存由地区分销中心储备，各个分销商只需要少量的库存，从而减轻了分销商的库存压力。分销中心的销售模式如图 10.4 所示。

地区分销中心的实质是将分销商的一部分库存转移过来进行管理，从分销中心的功能得到启发，对现有供应链库存管理模式进行拓展，即形成以协调中心为指导的联合库存管理模式。

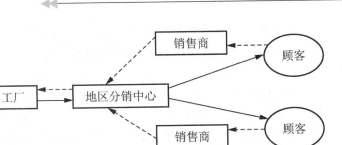

图 10.4　分销中心的销售模式

JMI 的基本思想是建立协调中心，更多地体现了供应链节点企业之间的协作关系，包括纵向和横向一体化两方面的协作：横向指处于同一级别的分销商、零售商之间的合作；纵向是指上游企业和下游企业间的合作。强调供应链节点企业同时参与、共同制订库存计划，从而使供应链管理过程中的每个库存管理者都能从相互协调的角度来考虑问题，保证供应链相邻两节点之间的库存管理实体对需求预测水平的高度一致，实行同步化运作，从而部分消除了由于供应链环节之间的不确定性和需求信息扭曲导致的供应链的库存波动与需求变异放大现象。

JMI 是一种风险共担的库存管理模式。这种模式在供应链中实施合理的风险、成本与效益平衡机制，建立合理的库存管理风险的预防和分担机制、合理的库存成本与运输成本分担机制和与风险成本相对应的利益分配机制，在进行有效激励的同时，避免供需双方的短视行为及供应链局部最优现象的出现。通过协调管理中心，供需双方共享需求信息，因而起到了提高供应链的运作稳定性作用。从相互之间的协调性考虑，充分利用供应链资源，在满足顾客需求的同时使供应链库存达到最低。

2. 供应链 JMI 的模式

JMI 是一种基于协调中心的库存管理思想，相邻节点需求的确定都是供需双方协调的结果，库存管理不再是独立运作过程。供应链联合库存管理有以下两种模式。

1）集中库存模式

各个供应商的零部件都直接存入核心企业的原材料库中，变各个供应商的分散库存为核心企业的集中库存。集中库存要求供应商的运作方式是按核心企业的订单要求，实行小批量、多频次的配送方式直接送到核心企业的仓库中补充库存。在这种模式下，库存管理的重点在于核心企业根据生产的需要，保持合理的库存量，既能满足需要，又要使库存总成本最小。

集中库存控制模式有以下几方面的优点。

（1）由于所有供应商的库存都转移到了核心企业的原材料仓库中，所以供应链系统的库存控制问题实际上就转化成了普通企业的库存量控制问题，而且通过对核心企业库存量的控制，能够对整个供应链的库存量进行控制。

（2）从供应链整体看，联合库存管理减少了库存点和相应的仓库设立费及仓储作业费，从而降低了供应链系统总的库存费用。

（3）在减少物流环节，降低物流成本的同时，提高了供应链的整体工作效率。

（4）供应商的库存直接存放在核心企业的仓库中，不但保障核心企业的零部件供应、取用方便，而且核心企业可以统一调度、统一使用管理、统一进行库存控制，为核心企业快速高效地生产运作提供了强有力的保障条件。

（5）核心企业通过对各个供应商的原材料库存量的控制，实际上也就控制了各个供应商的生产和配送运作，从而达到整个供应链优化运作的目的。

(6) 这种库存控制方式也为其他科学的供应链物流管理如连续补充货物（Continuous Replenishment Program，CRP）、快速响应（QR）、准时化供货（JIT）等创造了条件。

2）无库存模式

供应商和核心企业都不设立库存，核心企业实行无库存的生产方式。此时供应商直接向核心企业的生产线上进行连续小批量多频次的货物补充，并与之实行同步生产、同步供货，从而实现在需要的时候把所需要品种和数量的原材料送到需要的地点的操作模式。这种准时化供货模式，由于尽可能取消了库存，所以效率最高、成本最低。但是对供应商和核心企业的运作标准化、配合程度、协作精神要求也高，操作过程要求也比较严格。

3. JMI 的优势

1）信息优势

信息作为一项稀缺资源对企业发展非常重要，JMI 通过在上下游企业之间建立起一种战略性的合作伙伴关系，实现了企业间库存管理上的信息共享，这样既保证供应链上游企业可以通过下游企业及时准确地获得市场需求信息，又可以使各个企业的活动都围绕着顾客需求的变化而开展。

2）成本优势

JMI 实现了从分销商到制造商到供应商之间在库存管理方面的一体化，可以让三方都能够实现准时采购，准时采购不仅可以减少库存，还可以加快库存周转，缩短订货和交货提前期，从而降低企业的采购成本。

3）物流优势

JMI 打破了传统的各自为政的库存管理局面，体现了供应链的一体化管理思想，强调各方的同时参与，共同制订库存计划，共同分担风险，能够有效地消除库存过高以及"牛鞭效应"。

4）战略联盟的优势

JMI 的实施是以各方的充分信任与合作为基础展开的，企业之间利益共享、损失共担，JMI 的有效实施，既加强了企业之间的联系与合作，又保证了独特的由库存管理带来的企业之间的合作模式不会轻易地被竞争者模仿，为企业带来了竞争优势，强化了战略联盟的稳固性。

10.3.2 JMI 的实施策略

1. 建立供需协调管理机制

为了发挥联合库存管理的作用，供需双方应从合作的精神出发，建立供需协调管理的机制，明确各自的目标和责任，建立合作沟通的渠道，为供应链的 JMI 提供有效的机制。建立供需协调管理机制需要从以下几个方面着手。

（1）确立共同合作目标。要建立联合库存管理模式，首先供需双方必须本着互惠互利的原则，确立共同的合作目标。为此，要理解供需双方在市场中的共同之处和冲突点，通过协商形成共同的目标，如客户满意度、利润的共同增长和风险最小化等。

（2）确定联合库存的协调控制方法。JMI 中心担负着协调供需双方利益的角色，起协调控制器的作用，因此需要确定库存优化的方法。这些内容包括库存如何在多个需求商之间调节与分配，库存的最大量和最低库存水平、安全库存的确定，需求的预测等。

（3）建立信息沟通的渠道。系统信息共享是供应链管理的特色之一。为了提高整个供应链的需求信息的一致性和稳定性，减少由于多重预测导致的需求信息扭曲，应增加供应链各方对需求信息获得的及时性和透明性，为此应建立一种信息沟通的渠道或系统，以保证需求信息在供应链中的畅通和准确性。要将条码技术、扫描技术、POS系统和EDI集成起来，并且要充分利用互联网和大数据的优势，在供需双方之间建立一个畅通的信息沟通桥梁和联系纽带。

（4）形成利益的分配与激励机制。要有效运行基于协调中心的库存管理，必须建立一种公平的利益分配制度，并对参与协调库存管理中心的各个企业（供应商、制造商、分销商或批发商）进行有效的激励，防止机会主义行为，增加协作性和协调性。

2. 充分利用信息系统

为了发挥联合库存管理的作用，在供应链库存管理中应充分利用目前各合作方的信息系统，并加以集成从而实现信息的实时准确交互。但各方的信息系统可能不兼容，因此应采用一些新技术把各个系统有机地结合起来，如建立一个池（Pool）作为一个共同的信息交互平台，各方的数据可以在这里进行格式转换。

3. 建立快速反应系统

由实用案例1-1可知，快速反应系统最早应用于20世纪80年代末的美国服装行业，目的在于减少供应链中从原材料到客户过程的时间和库存，最大限度地提高供应链的运作效率。美国的Kurt Salmon协会调查分析认为，实施快速反应系统后，缺货大大减少，通过供应商与零售商的联合协作可保证24小时供货，库存周转速度提高1~2倍。

一方面，快速反应系统目前被认为是一种有效的管理策略，这套系统有相对成熟的发展模式，对JMI的实施能起直接的借鉴作用。另一方面，在电子商务时代，产品根据客户需求定制的比例增加，这就意味着多品种、小批量成为供应链的特点，因此快速反应系统更需要供需双方的密切合作，协调库存管理中心的建立则为快速反应系统发挥更大作用创造了有利的条件。

4. 充分发挥第三方物流的作用

第三方物流（Third Party Logistics，TPL/3PL）也叫作物流服务提供者（Logistics Service Provider，LSP），是供应链集成的一种技术手段，它为客户提供各种服务，如产品运输、订单选择、库存管理等。第三方物流的产生是由一些大的公共仓储公司通过提供更多的附加服务演变而来，另外一种产生形式是由一些制造企业的运输和分销部门演变而来的。

10.3.3 JMI绩效评价

要实现供应链环境下有效的联合库存管理并进行供应链库存管理优化，绩效评价是不可缺少的工作。

1. JMI绩效评价的作用

对联合库存控制绩效进行评价，可以产生以下作用。

（1）追踪JMI任务目标的达到程度，并对其执行情况做出不同层次的量度，以现有库存控制水平为基础，制定相应标准，从而能够事先对库存进行控制。

（2）根据库存控制绩效评价结果判断JMI计划和任务的可行性与准确性。

（3）根据绩效评价进一步对供应链库存控制水平进行改善，从而提出新的库存控制目标与控制方法。

（4）根据绩效评价判断现有库存管理对整体（或局部）供应链做出的贡献，衡量供应链本身的竞争能力，以制定今后的发展战略规划。

2. JMI 绩效评价的原则

（1）以价值为中心。采用能反映供应链管理模式下库存控制流程的绩效指标体系，在界定和衡量管理绩效时力求精确，以有价值的结果为中心来对绩效进行界定。

（2）总体性原则。拟定供应链库存控制系统的总体目标，重点对关键绩效指标进行分析。

（3）关联性原则。绩效评价指标要能反映整条供应链库存控制情况，而不仅仅是反映单个节点企业库存控制。将库存控制绩效指标的维度与满足供应链内部与外部的需要联系起来，采用供应商、制造商及客户之间关系以及供应链外部客户的满意程度相结合的指标，以反映整体供应链库存服务水平。

在绩效评价中，可根据实际动作情况，将一些超出库存控制要求的工作绩效也包括进来，这些工作价值超出了库存管理工作的必需，也可带来更大的价值增值。例如，控制在制品库存水平时，促进了生产作业物流流程的改善，或在优化仓库利用率时，改进产品包装以节约包装材料成本等。

3. JMI 绩效评价指标体系

根据联合库存控制的基本特征和目标，联合库存绩效评价指标应该能够恰当地反映供应链整体库存控制状况以及上下节点企业之间的运营关系，而不是单独地评价某一节点企业的库存运营情况。联合库存绩效评价结构模型如图 10.5 所示，一般来说，可以选取以下指标。

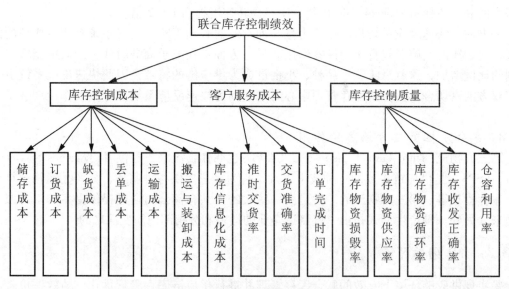

图 10.5　联合库存绩效评价结构模型

（1）库存控制成本。供应链作为一个系统，其库存控制成本是指由于库存控制活动而转移出供应链系统之外的相关库存费用之和，因此需要将整条供应链上的所有节点企业作为一个整体系统来考虑供应链库存控制成本。这个一级指标下控制的二级指标包括储存成本、订货成本、缺货成本、丢单成本、运输成本、搬运（或装卸）成本和库存信息传递成本。

（2）客户服务水平。客户服务是指系统供应外部订货和使客户满意而进行的有关各项库存管理活动的总和，它是一项综合性活动，是以成本效益方式在实物配送中提供有意义的"增加价值"的过程。因此客户服务水平是一个关键的库存绩效评价指标，供应链环境中库存控制绩效在客户服务水平指标下，采用可以量化评价因素指标，选取了准时交货率、订单完成时间、交货准确率、库存物资损毁率 4 个二级指标。

（3）库存控制质量。库存控制质量的主要指标包括库存物资供应率、库存物资循环率、物资收发正确率、仓容利用率。

10.3.4 JMI 的保障措施

1. 建立第三方物流合作与约束机制

信息化是联合库存正常运行的关键。建立第三方物流合作关系，通过第三方物流对供应链上信息与资源的有效掌控，及时发送各种信息给各个部门，有效地避免因各部门独立运作而带来的信息沟通不畅、各个环节脱节等问题。

第三方物流对信息整体协调和控制是战略层面的创新与改革，但在具体实施过程中，仍要以完善的信息技术作保证，比如各企业的 ERP 系统形成有机对接但有各自的权限，建立备份系统，以保证资源管理在任何情况下都能正常运行。

2. 建立供应商评价与考核机制

整条供应链最上游是供应商，建立完善的供应商管理体制对整个供应链的有效运作起到了重要作用。建立供应商的评价和考核机制，需要具体操作方案，例如，对供应商的产品质量、交货期、工作质量、价格、进货费等指标进行考核。考核需要量化的指标和数据，并对各个指标施以权重。最后得出各个供应商综合值。为保持严密性，尽量减少人员的参与，对信息采取不公开政策。与综合值高、信誉度好的企业建立长期合作关系，对综合值低、信誉度差的企业跟踪调研，甚至排除。定期对供应商进行评价和考核，能及时了解供应商的信誉度和原材料质量优劣，避免采购人员与供应商的私下合作。

3. 建立客户合作伙伴关系管理机制

建立客户关系的三级管理，第一级对客户进行研究与合作伙伴关系的战略定位。根据不同的客户采取不同的合作策略。第二级从潜在的合作伙伴中选择目前可以合作的企业，哪些企业有潜力在未来进入合作伙伴集合中，即确定合作伙伴基础数据库的构成。对长期合作的大客户进行跟进管理与合作。第三级根据不同类型的合作关系，建立正式的评估绩效的指标体系，并且根据不同类型的客户设计合作伙伴关系的优化策略。

4. 内部人员约束机制

人员的管理是所有管理得以实现的基础，所以必须对其员工进行严格的管理。建立约束机制以保障供应链的正常运行，不要因为人员内部原因影响供应链的运转。

建立员工审核机制，对员工的学历、能力、工作表现进行核查，录入档案管理。定期对其表现记录进行不断更新，建立相应的奖惩手段。建立内部人员的约束机制，尤其是关键部门，严格保证供应链流程的信息保密。实行相应规划保证流程信息不跨部门内部传递，交由第三方物流信息中心统一发布、管理信息。避免内部人员私下运作。

小思考 10-1

GF 是一家生产灯管的大型企业，有两个工厂，客户主要是家庭及个人消费者、工商企业和原始设备制造商。GF 用第一时间交货的比率来衡量其运营业绩，在照明行业，客户对供应商的要求之一就是第一时间交付比率要很高。家庭及个人消费者期望这一比率能达到 98% 或更高，而工商企业和原始设备制造商则希望 95% 的货物在第一时间交付，但这需要额外的库存和投入来实现。

长期以来，管理人员关心的是保证有足够的库存来满足高峰期的需求，以及工厂长达 3 周的夏季停产期内的需求，对库存成本没有认真监控。现在，管理层在全公司范围内推进降低库存的活动。

GF 以前的做法是将产成品存放在全国各地的 8 个分拨中心，各工厂则以经济批量进行生产。以整车方式向分拨中心大批量运送货物。GF 的预测系统会考虑过去 3 年的销售历史资料，当预知某种异常情况（如特别的促销活动）即将来临时，管理人员就会调整预测。

GF 准备针对全国的家庭及个人消费者建立一座大型订购中心（LOC）。其思路是将消费产品集中在一个中心仓库进行分拨，能使 GF 在该市场的客户服务水平达到 98% 以上，同时降低总库存。对于工商企业和原始设备制造商客户则使用联合管理库存战略，减少分拨中心的数量。使得每个保留下来的分拨中心库存量比现在要高，而总的系统库存量比现在要低，并进一步使运输成本得到控制。

问题：
（1）你认为影响 GF 库存控制决策的因素是什么？
（2）GF 对于工商企业和原始设备制造商客户的改进措施是使用联合管理库存战略，应如何实施联合库存管理并预测实施的效果？

（资料来源：作者根据相关资料整理。）

10.4 多级库存优化管理

10.4.1 多级库存管理概述

1. 多级库存及特点

库存管理优化从目标来看有总体优化和局部优化。VMI 和 JMI 偏重于对供应链的局部优化控制，是对供应链库存管理简单的、单级的优化控制，而要进行供应链的全局化管理与优化，就需要采用多级库存管理与优化方法。

多级库存优化与管理是在单级库存控制的基础上形成的，最早开始多级库存研究的学者是 Clark 和 Scarf（1960），他们提出了"级库存"的概念：

供应链的级库存 = 某一库存节点现有的库存 + 转移到或正在转移给后续节点的库存

其特点是下游有多个分销商，上游有多个供应商，原材料和产成品等物流量较一般企业更大，将这种企业作为核心企业实施多级库存管理与优化，较适合用于大规模组装生产型企业。这样检查库存状态时不仅要检查本库存节点的库存数据，而且要检查下游需求方的库存数据，因此可以避免信息扭曲现象。

2. 多级库存成本

多级库存的供应链库存成本包括库存维持成本、交易成本、缺货损失成本和运输成本，总库存成本为四者库存成本之和。多级库存控制的目标就是优化总库存成本，使其达到最小。

（1）库存维持成本。每个供应链节点都维持一定的库存，以保证生产、供应的连续性，提高客户服务水平。这些库存维持成本（Holding Cost）包括资金成本、仓库及设备折旧费、税收、保险等。库存维持成本与库存价值和库存量的大小有关，沿着供应链从上游到下游有一个累积的过程，如图 10.6 所示。

图 10.6 供应链库存维持成本的累积过程

上游供应链的维持库存成本是一个汇合的过程，而下游供应链的维持库存成本是一个分散的过程。

(2) 交易成本。供应链上企业之间的交易与合作要产生各种交易费用，包括谈判要价、准备订单、商品检验费用和佣金等。交易成本(Transaction Cost)随交易量的增加而减少，与供应链企业之间的合作关系有关。通过建立一种长期的互惠合作关系有利于降低交易成本，战略合作伙伴关系供应链的企业间交易成本是最低的。

(3) 缺货损失成本。缺货损失成本(Shortage Cost)是由于供不应求，造成的市场机会损失以及用户赔偿等。库存量的控制与缺货损失成本的控制既是相互联系又是相互矛盾的，要实现多级库存管理的最优化，必须有效地解决这一对矛盾。在供应链多级库存系统中，通过提高信息的共享程度、增加供需双方的协调与沟通等方式可以有效减少缺货损失。

(4) 运输成本。运输成本(Transportation Cost)即供应链上各节点企业之间以及供应链对外部客户的运输成本。

整个供应链的总库存成本为上述4项成本之和。多级库存管理与优化就是在使供应链总库存成本达到最小的基础上协调供应链上各节点的库存。

3. 多级库存系统

通过供需关系把各库存点连接起来，并将货物存放在某个中心仓库(例如，一个大型的零售商会集中采购货物)，再从该仓库供应其他的几个商店；或者一个生产商可能需要原材料，将它们制成各种部件，然后由部件装配成最终产品。在这种情况下，库存点和它们之间的相互关系形成一个网络。根据网络结构的不同，可以分为以下几种类型。

(1) 系列系统。系列系统是一种最简单的多级库存结构，节点代表连续的生产阶段的输出或供应链的存货点。也就是说，每个节点的库存作为输入用来产生下一个节点的库存，或者每个节点供应下一个节点。系列系统中，仅第一个节点接收系统外部的供应，仅最后一个节点满足外部的客户需求。

(2) 装配系统。装配系统代表了这样一类生产活动，它仅有一种最终产品，但有好几种原材料，而且都是外部供应。这些原材料加工或组合(装配)成部件，而部件进一步经过装配，形成最终的产品。如用网络图表示的话，可以用弧线表示运输，即将原材料、部件或最终产品从一个节点转移到另一个节点。

(3) 配送系统。从网络结构上来说，配送系统就像是一个倒过来的装配系统。从生产的角度看，有一种原材料、几种最终产品，当原材料通过生产阶段移动时被连续地加工。从运输的角度看，第一个节点代表1个中心仓库，终点代表零售点，中间节点代表中转存货点，如地方仓库。

(4) 树形系统。树形系统相对比较复杂，它结合了系列系统、装配系统和配送系统的特征，并可以将这些系统分别看成是树干、树根和树枝。反过来，系列系统、装配系统和配送系统又可看成是树形系统的一种特殊情况。

多级库存系统与单级库存系统既有联系又有区别，单级库存系统是构成多级库存系统的基础，许多对单级库存系统的分析方法也可用于多级系统。

10.4.2 多级库存管理策略

多级库存管理的策略有两种：一种是中心化(集中化)策略；另一种是非中心化(分散化)策略。

1. 中心化(集中化)库存管理策略

中心化库存管理是将控制中心放在核心企业上，由核心企业对供应链系统的多级库存进行控制，协调上下游企业的库存活动，在协调供应链上各库存点相互关系的基础上，较全面地把握整条供应链系统的运行。

它将管理中心放在供应链核心企业上，这样核心企业也就成了供应链系统的数据中心，担负着数据的集成和协调功能，如图10.7所示。

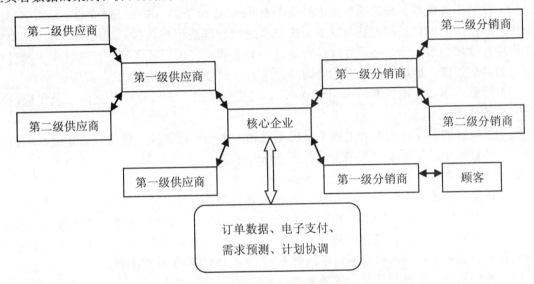

图10.7　中心化库存管理策略

从理论上讲，供应链的层次可以是无限的，从消费者到原材料供应商，整个供应链是一个由 n 个层次的供应链组成的网络模型，分为一级供应商，二级供应商，……，k 级供应商，再到核心企业(制造商)；分销商也可以是多层次的，分为一级分销商，二级分销商，三级分销商等，最后到用户。但是，现实中供应链的层次是越少越好。

采用中心化(集中化)策略的优势在于能够对整个供应链的运作有一个较全面的掌握，并协调各个节点企业的库存活动。但是，中心化方法在管理上的协调难度大，特别是供应链层次比较多时，协调问题更为突出。

2. 非中心化(分散化)管理策略

非中心化管理是指供应链上各节点企业库存点独立地采取各自的库存策略，其库存订货点的确定，基本按照单点企业库存的订货点策略进行，即每个库存点根据库存的变化，独立决定库存控制策略，也就是说各节点的库存决策是相对独立的，但彼此是协调的。

通常，它把供应链的库存管理分为3个成本控制中心协调统一管理，即制造商成本中心、分销商成本中心和零售商成本中心，根据各自的库存成本做出优化的管理策略，其相互关系如图10.8所示，其中 d 为需求量；D 为总需求；Q 为采购量。

非中心化的库存管理要取得整体供应链优化效果，需要企业之间进行较好的协调，并增加供应链的信息共享程度，使得供应链的各个部门能够共享统一的市场信息。非中心化的多级库存策略能够让企业根据自己的实际情况独立做出快速的决策，发挥企业自己的独立自主性和灵活机动性。

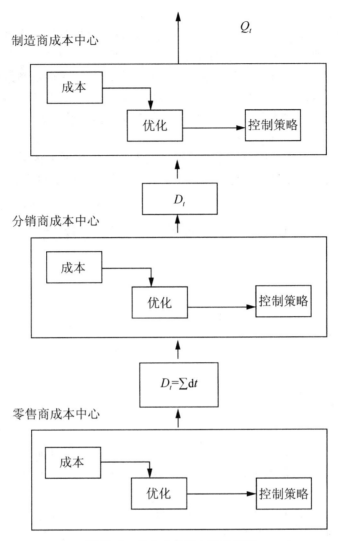

图 10.8　非中心化库存管理策略

10.4.3　供应链多级库存管理应注意的问题

1. 明确库存优化的目标

仅仅优化成本这一个参数显然是不够的，还要考虑"敏捷制造"、"基于时间"等目标，这应该是个多目标问题，因此确定库存优化目标的时候应该把时间（库存周转时间）等因素也考虑在内。

2. 明确库存优化的边界

供应链的结构有各种各样的形式，有全局的供应链，包括供应商、制造商、分销商和零售商各个部门；有局部的供应链，其中又分为上游供应链和下游供应链。在传统的多级库存优化模型中，绝大多数的库存优化模型是下游供应链，即关于制造商（产品供应商）—分销中心（批发商）—零售商的 3 级库存优化，很少有关于零部件供应商—制造商之间的库存优化模型，在上游供应链中，主要考虑的问题是关于供应商的选择问题。所以在多级库存优化时，应站在整条供应链的角度，明确所优化的库存范围。

3. 多级库存优化的效率问题

如果所有的相关信息都是可获得的,并且把所有的管理策略都考虑到目标函数中去,中心化的多级库存优化要比单级库存优化的策略好。但是当把组织与管理问题考虑进去时,许多决策常常是下放给各个供应链的部门独立进行的,因此多级库存控制策略的好处也许会被组织与管理的考虑所抵消,所以简单的多级库存优化并不能真正地产生优化的效果,需要对供应链的组织、管理进行优化。否则,多级库存优化策略效率仍是低下的。

4. 明确采用的库存控制策略

关于多级库存控制,应对库存控制的策略非常明确,不仅要考虑基于无限能力假设的单一产品的多级库存策略,而且要综合确定对于有限能力的多级产品的库存控制策略。

10.5 协同规划、预测和补给

供应链是错综复杂的,供应链的业务活动不仅要跨越供应链通道(供应商、制造商、分销商、零售商和其他合作伙伴)的范畴,而且要跨越功能、文化和人员的范畴,为了协调供应链各节点,优化供应链管理,企业开始重新构思、重新定义和重新组织供应链合作伙伴关系和模式。为了建立新型合作伙伴关系,一种面向供应链的策略——协同规划、预测与补给应运而生。

10.5.1 CPFR 概述

1. CPFR 的产生

【拓展案例】

CPFR 的形成始于沃尔玛所推动的 CFAR(Collaborative Forecast And Replenishment)。CFAR 是利用互联网通过零售企业与生产企业的合作,共同做出商品预测,并在此基础上实行连续补货的系统。

CPFR 是在 CFAR 共同预测和补货的基础上,进一步推动共同计划的制订,即不仅合作企业实行协同预测和补货,同时将原来属于各企业内部事务的计划工作(如生产计划、库存计划、配送计划、销售规划等)也由供应链各企业共同参与。

1995 年,沃尔玛与其供应商 Warner-Lambert、管理信息系统供应商 SAP、供应链软件商 Manugistics、美国咨询公司 Benchmarking Partners 这 5 家公司联合成立了工作小组,对 CPFR 进行研究和探索。1998 年美国召开零售系统大会时又加以倡导,参与的零售企业有沃尔玛、凯马特和威克曼斯,生产企业有 P&G、金佰利、HP 等 7 家企业,这是供应链管理在信息共享方面的最新发展。从 CPFR 实施后的绩效看,Warner-Lambert 公司零售商品满足率从 87% 提高到 98%,新增销售收入 800 万美元。在 CPFR 取得初步成功后,组成了由零售商、制造商和方案提供商等 30 多个实体参加的 CPFR 委员会,与 VICS(Voluntary Interindustry Commerce Standards)协会一起致力于 CPFR 的研究、标准制定、软件开发和推广应用工作。

2. CPFR 的含义

CPFR 模型即协同规划、预测和补给,是一种协同式的供应链库存管理技术,它能同时降低销售商的库存量,增加供应商的销售量。

CPFR 相当于供应链的成员之间在一个平台上共同按商量好的流程做事,比如预测、生产调度、物流运输等。对于正常范围内的事相互形成配合关系,对于非正常范围的事,大家按一定的机制共同商量，并体现了以下思想。

（1）合作伙伴的构成及其运行机制主要基于消费者的需求和整个价值链的增值。

（2）供应链上企业的生产计划基于同一个销售预测报告。销售商和生产商对市场有不同的认识。销售商直接和最终客户见面，他们可根据 POS 数据来推测消费者的需求，同时销售商也和若干制造商有联系，并可了解他们的市场销售计划。制造商和若干销售商联系，并了解他们的商业计划。根据这些信息，在没有泄露各自商业机密的前提下，销售商和制造商可交换信息和数据来改善他们的市场预测能力，使最终的预测报告更为准确。供应链上的各公司则根据这个预测报告来制订各自的生产计划，从而使供应链的管理得到集成。

（3）消除供应过程的约束限制，这个限制主要就是企业的生产缺乏柔性。一般来说，销售商的订单所规定的交货日期比制造商生产这些产品的时间要短。在这种情况下，制造商不得不保持一定的产品库存，但是如果能延长订单周期，使之与制造商的生产周期相一致，那么生产商就可真正做到按订单生产及零库存管理。这样制造商就可减少甚至去掉库存，大大提高了企业的经济效益。

CPFR 采取了一种双赢的原则，始终从全局的观点出发，制定统一的管理目标以及方案实施办法，以库存管理为核心，兼顾供应链上其他方面的管理。因此，CPFR 能实现伙伴之间更广泛深入的合作，代表了未来库存管理技术的发展方向。CPFR 运用一系列的处理和技术模型，提高覆盖整个供应链的合作，通过共同管理业务过程和共享信息来改善零售商和供应商的伙伴关系、提高预测的准确度，最终达到提高供应链效率、减少库存和提高消费者满意度的目的。CPFR 能及时准确地预测由各项促销措施或异常变化带来的销售高峰和波动，使需求方和供应方提前做好准备，并从中受益。

3．CPFR 的指导性原则

（1）以消费者为中心。合作伙伴框架结构和运作过程以消费者为中心，面向价值链。

（2）共同参与。合作伙伴共同负责开发单一、共享的消费者需求预测系统，这个系统驱动整个价值链计划。

（3）共担风险。合作伙伴均承诺共享预测，并在消除供应过程约束上共担风险。

4．CPFR 的特点

1）协同管理

从 CPFR 的基本思想看，供应链上下游企业只有设定共同的目标，才能使双方的绩效都得到提升，取得综合性的效益。CPFR 这种新型的合作关系要求双方长期承诺公开沟通、信息分享，从而确立其协同性的经营战略，尽管这种战略的实施必须建立在信任和承诺的基础上，但是这是买卖双方取得长远发展和良好绩效的途径。正因如此，协同合作首先要确定保密协议的签署、纠纷机制的建立、供应链计分卡的确立以及共同激励目标的形成。应当注意的是，在确立协同目标时，不仅要建立起双方的效益目标，更要确立协同的赢利驱动性目标，只有这样，才能使协同性体现在流程控制和价值创造的基础之上。

2）合作规划

1995 年沃尔玛与 Warner-Lambert 的 CFAR 为消费品行业推动建立双赢的供应链管理奠定了基础，此后当 VICS 定义项目公共标准时，认为需要在已有的结构上增加"P"，即合作规划（品类、品牌、分类、关键品种等）以及合作财务（销量、订单满足率、定价、库存、安全库存、毛利等）。此外，为了实现共同的目标，还需要双方协同制订促销计划、库存政策变化计划、产品导入和中止计划以及仓储分类计划。

3)共同预测

任何一个企业或买卖双方都能做出预测,但是 CPFR 强调买卖双方必须做出最终的协同预测,例如,季节因素和趋势管理信息等无论是对供应方还是销售方都是十分重要的,基于这类信息的共同预测能大大缓解整个价值链体系的低效率、积压库存,促进更好的产品销售、节约使用整个供应链的资源。与此同时,最终实现协同促销计划是实现预测精度提高的关键。

CPFR 所推动的协同预测不仅关注供应链双方共同做出最终预测,同时也强调双方都应参与预测反馈信息的处理和预测模型的制定和修正,特别是如何处理预测数据的波动等问题,只有把数据集成、预测和处理的所有方面都考虑清楚,才有可能真正实现共同的目标,使协同预测落到实处。

4)协同补货

销售预测必须转化为订单预测,并且要综合考虑供应方约束条件,如订单处理周期、前置时间、订单最小量、商品单元以及零售方长期形成的购买习惯等,这需要供应链双方加以协商解决。根据 VICS 的 CPFR 指导原则,协同运输计划被认为是补货的主要依据,此外,例外状况的出现也需要转化为存货的百分比、预测精度、安全库存水准、订单实现的比例、前置时间以及订单批准的比例,所有这些都需要在双方公认的计分卡基础上定期协同审核。

10.5.2 CPFR 的优势和不足

1. CPFR 的优势

1)对需求方

(1)强化供应链节点企业之间的关系。CPFR 始终从全局出发,制定统一的管理目标以及方案实施办法,以库存管理为核心,兼顾供应链上的其他方面的管理,目的是实现共赢。因此,CPFR 能实现伙伴之间更广泛深入的合作,加强了企业之间的合作关系。另外,节点企业之间会经常召开 CPFR 会议来发现和解决合作中存在的问题,使合作关系得到强化。

(2)提高销售额。实施 CPFR 后,供方和需方要能够紧密合作,来共同制订提高销售额的商业计划,这种战略上的合作优势也将最终转化为各种产品销售额的提高。

(3)分类管理,提高效率。在开始 CPFR 前,供需双方会检查货架位置和每一个商品单元的陈列,以保证足够的产品供应周期和合适的产品陈列来满足消费者的需要。详细检查的好处是可以通过合理的分类管理来提高货架的利用率。

(4)提高产品供应水平。在实施 CPFR 前,买卖双方会共同合作制定产品配置方法,包括每个产品单元价值评估和附加产品机会等,以提高产品供应水平。

2)对供应商

(1)提高订单预测准确性。共同制订计划、进行预测和补货的企业间需要共享信息,并且,这些共享的信息是实时信息,这极大地提高了企业的预测准确性。

(2)降低库存。CPFR 降低了预测的不确定性,提高了供应链的运作效率。采取 CPFR 后,企业可以按照订单生产而不是传统的基于库存的生产方式,这就减少了企业为应对预测失误或伙伴企业供货不及时而储备的库存。

(3)提高资金回报率。由于提高了整体的运作效率,在 CPFR 上的投资会得到良好的回报。尤其是在技术上的投资,由于技术投资提高了内部的集成,可以获取高质量的预测信息,使得企业能够通过准确、高质量的信息来优化内部流程。

（4）提高顾客满意度。通过准备的预测信息、良好的店铺服务降低了缺货水平，顾客满意度也就提高了。

2. CPFR 的不足

CPFR 是一种较好的供应链库存管理方法，但它也存在不足之处。

（1）未能完全落实以消费者为中心的理念。主要是因为缺乏最主要的当事人——消费者的积极参与和密切配合。由于合作过程是在消费者"缺席"的情况下展开的，缺乏与消费者的互动和交流。而 POS 系统只能提供关于"过去"的统计数据，不能真正反映消费者未来需求的真实情况。所以，在 POS 系统基础上的需求预测难免存在偏差，导致供应链效率低下。

（2）合作过程不太完善。CPFR 的工作重点是产品的生产领域和流通领域的良好对接，但归根结底，这种合作性仍集中于流通领域，需要增加更加接近实际的群体性的消费预测，并以此驱动生产过程。

10.5.3 CPFR 的流程模型

1. CPFR 流程的步骤

CPFR 的流程模型中其业务活动可划分为计划、预测和补给 3 个阶段，包括 9 个主要流程活动。第 1 个阶段为规划，包括第 1、2 步；第 2 个阶段为预测，包括第 3～8 步；第 3 个阶段为补给，包括第 9 步，如图 10.9 所示。

Step1：制定框架协议。框架协议的内容主要包括协同合作的范围、各方的期望值以及为保证成功所需的行动和资源、合作的目的、保密协议、资源使用的授权、例外状况判定的法则等，它是所有业务的总纲领。

Step2：协商方案。根据共同的发展战略，由合作方基于共享业务信息制订共同的商务发展计划。合作方首先要建立战略合作关系，确定好部门责任、目标以及策略。项目管理方面则包括每份订单的最少产品数及倍率、交货提前时间等。此方案是进行以后各种预测的基石，方便了供应链上各部门间的交流与合作。

Step3：销售预测。销售商或生产商根据实时销售数据、预计的事务等信息来制定销售预测报告，然后将此报告同另一方进行协商，双方也可各自提出一份报告进行协商。

Step4：鉴别预测异常。根据框架协议中规定的异常标准，对预测报告中的每一项目进行审核，最后得到异常项目表。

Step5：协商解决异常。通过查询共享信息、电子邮件、电话交谈记录、会议记录等来解决异常项目，并对预测报告做相应变更。这种解决办法不但使预测报告更加准确，减少了风险，而且还加强了合作伙伴间的交流。

Step6：订单预测。综合实时和历史销售数据(POS)、库存信息及其他信息来生成具体的订单预测报告。订单实际数量要随时间而变，并反映库存情况。报告的短期部分用来发布生产指令，长期部分则用来规划。

Step7：鉴别预测异常。确定哪些项目的预测超出了框架协议中规定的预测极限。

Step8：协商解决异常。解决办法和第 5 步类似。

Step9：生产计划生成。将预测的订单转化为具体的生产指令，对库存进行补给。指令的发布可由制造商完成，也可由分销商完成，这取决于他们的能力、资源等情况。

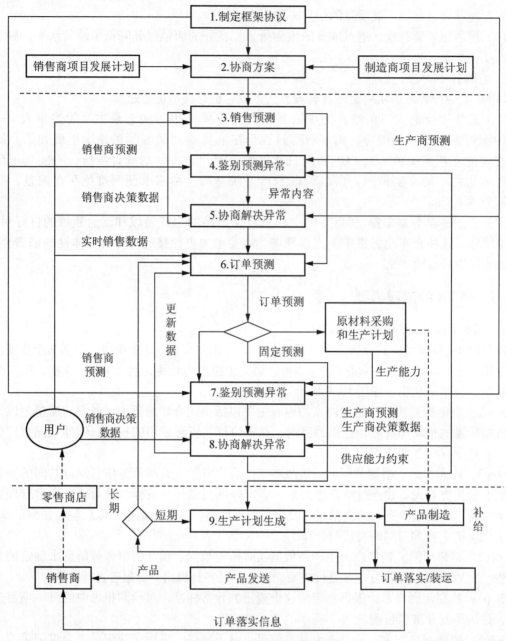

图 10.9 CPFR 的实施步骤

第 9 步运作模式的产生,在很大程度上为企业成功实行 CPFR 模式指明了方向。供应链上的企业可以依据自身情况,结合在供应链中的位置,依据流程图的指示,逐步地进行 CPFR 流程改造。由于运作模式分为 9 步,且步骤之间联系紧密,互相影响牵制,企业在实施过程中会遇到很多的困难。因而,是否可以改进 CPFR 的业务流程,简化运作模式的复杂性,成为正在实践 CPFR 的企业界最关心的焦点问题。

2. CPFR 模型应用中存在的问题

在实际应用中,CPFR 模型在解决供应链失调问题上有着不错的效果,但仍然存在部分问题需要改进。

(1) CPFR 的关键就是信息共享，虽然市场数据的共享机制已经建立，但还需要进一步完善，明确共享的内容、彼此交换信息的时间，CPFR 模型在加强信息流控制的同时，缺乏对相关信息技术的系统管理。

(2) CPFR 的本质之一就在于协同，但目前对于协同的研究和实践还主要局限于供应链各成员企业的具体工作上，而忽视了在企业文化层面的协同。事实已经证明，缺少文化的协同，企业之间很难建立起真正的协同关系。

(3) 现行 CPFR 系统始于需求预测，终于订单产生，没有涉及订单的具体执行过程，合作过程不是十分完善。同时，对于如何更好地规范和指导企业进行生产和经营涉及较少，距离协同营销/生产还有较大差距，无法最大化地发挥协同供应链管理的价值。

(4) 现有的 CPFR 管理仅仅是在制造企业和零售企业两极之间开展的，在供应链其他的成员之间，如制造企业和原材料供应企业、制造企业和分销企业、分销企业和零售企业之间都没有做出相应的规定。同时，现有模型中，零售企业和制造企业的地位是对等的，与现在供应链中流通企业作为核心的情况不完全吻合，缺少了流通企业对 CPFR 的推动性研究。

3. CPFR 成功实施的保障

1) 合作的意识和价值观

供应链合作的目的是提高各节点企业的赢利能力，增强各自的竞争力。面向 CPFR 的合作的价值观要素有以下几个。

(1) 以共赢的态度看待合作伙伴和价值链相互作用。

(2) 为价值链成功运作提供持续保证和共同承担责任。无论在哪个层次，合作伙伴坚持其保证和责任将是决定 CPFR 实施过程是否成功的关键。每个合作伙伴对价值链成功运作的保证、权限和能力有差别，在实施 CPFR 时，合作伙伴应能够调整其业务活动以适应这些差别。

(3) 承诺抵制转向的机会。转向会较大地抑制合作伙伴协调需求和供应计划的能力。抵制转向机会的一个关键是要明确其短期效益和长期效益之间的差别，这也是对 CPFR 必要的信心和承诺的检验。

(4) 承诺实现跨企业、面向团队的价值链。

(5) 承诺制定和维护行业标准。公司价值系统的另一个重要组成部分是对行业标准的支持。每个公司都有一个单独开发的过程，各自为政会影响公司与合作伙伴的联合。制定行业标准既便于实行的一致性，又允许公司间有差别，这样才能被有效应用。

2) 组织之间的信任

供应链合作伙伴间是否存在信任关系主要体现在能否共享完整的信息。CPFR 要求企业间能够共享一些敏感的操作信息，这可以使企业在每个节点上都能获益。

3) 内部预测协作

需求信息的预测可以通过多种途径获取，如供应商、分销商、仓储部门或产品设计部门。如果企业内部的职能部门如营销部门、运营部门和财务部门独自掌握着需求预测信息和财务数据等，企业内部的预测结果就会经常出现冲突。那么，基于这些预测结果所安排的各种经营计划在企业内部就会出现不同步，进而导致企业与外部企业合作时，无法获得理想的效果。因此，CPFR 要求企业内部不同部门之间合作预测市场需求。

4）技术设备的配置及其成本

先进技术设备的使用能够保证企业间可以快速沟通、共享并利用信息。因此，技术设备的可得性、设备成本以及企业现有技术的能力对于 CPFR 的成功实施至关重要。

5）预测信息的集成

供应链企业之间需要共享很多信息，如果不能正确应用，这些信息将成为实施 CPFR 的障碍。例如，条形码扫描技术使得零售商能够根据 POS 数据进行预测，而供应商则会通过仓库的进出货情况来预测订单。POS 数据非常具体，其反映的是日常每个货架上的实际需求水平。而出货数据则代表的是一个仓库所面临的所有商店的数据，其时间间隔相对较长，如一周左右。由于这种差别，供应商和零售商所反映出的需求预测水平就会出现很大差异，导致出现预测数据的波动或不统一。而 CPFR 中的例外管理又要求必须对此做出报告，这样导致的结果是供应链上的各节点都会经常收到类似的例外报告，带来许多问题。为了解决上述问题，就需要能够分析集成来自各方的预测信息。

总之，CPFR 是近来出现的供应链管理的一个新模式，也是未来中国零售业工业化运营的关键价值提案，需认真研究和推广 CPFR 的管理思想、管理方法和信息技术实现。

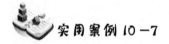
实用案例 10-7

沃尔玛与供应商合作

沃尔玛（Walmart）和萨拉利（Sara Lee Branded Apparel）公司的案例是沃尔玛与供应商共同成功的主要案例之一，与供货商进行信息交换使双方获益。

1. 建立 CPFR 流程

两家公司应用 CPFR 主要有以下 3 个步骤。

（1）制定销售预测。

（2）识别有关销售预测的例外情况。

（3）销售预测例外情况的协作解决。

两家公司按照行业模型所表示的商务流程和技术格式，确认了全部步骤的有效性。两家公司通过共同商务计划的讨论，确认了主要的输入数据和技术格式的要求，按照模型的要求反映主要需求。

2. 对象范围（实施阶段）

为了实验，选定了 23 款女性内衣品牌商品。其中 5 款是新产品，在小规模类型的门店配货；剩下的款式在全部 2 400 家连锁店和小规模门店以外的门店配货。

协作架构从 1998 年 7 月开始，其目标的重点是制定销售预测、识别例外情况和解决问题。为此，更新并继续完善销售预测方法。讨论了有关成员的职位，以前的职位设置有"门店补货的主管""销售部长""销售分析师""预测主管""销售系统的物流主管"，各职位的职责常常有重复，讨论的结果是调整了两家公司组织内部的人员配置。

3. 应用技术

两家公司协作的部分设置在沃尔玛原有的互联网平台的供应商通信系统内。两家公司确认行业模型格式的有效性，为案例的应用提供了宝贵经验。

VICS-EDI830 处理单元（ANSI X.12 标准的子集）是企业之间为了传送销售预测数据所使用的技术手段。该技术使用原来的标准规格，能够迅速地确定协作体制，不需要花费太多的系统开发时间，能够管理大部分的数据交换结构。

4. 评价标准

两家公司在案例中采用了以下评价标准。

(1)库存满足率。
(2)门店的库存天数。
(3)预测的精度。
(4)销售的机会损失。

实施24周之后,两家公司目标对象项目的销售额提高了32%,门店库存周转率提高17%,门店的库存满足率提高了2%,门店的库存减少了14%。

5. 投入的经营资源

两家公司各个部门的成员都参加了案例,其中包含两家公司的"信息系统"部门、"销售/商品补充"部门的上级管理人员。最初的案例中需要的工作人员是"信息系统(多个应用开发团队)""预测/商品补充""物流""市场""供应链""销售"的各部门成员。需要指出的是,没有为了上该项目而增加人员。

为了扩大协作范围,应用了沃尔玛公司的零售链决策支持系统(Retail Link Decision Support System)进行详细分析。

6. 案例效果总结

事实证明,案例达到了当初的目标双方获益。经过24周,成功地改善了以下指标。
(1)库存量:改善2%的店内库存。
(2)每周持有库存水准:改善14%店内库存水准。
(3)更准确的预测:反映在库存与销售的改善上。
(4)降低缺货率:提升32%的销售量,增加17%的商品周转率。

(资料来源:作者根据相关资料整理。)

本 章 小 结

库存控制应从供应链的角度出发,使供应链的整体库存最小,效率最高。本章分析了供应链库存形成的原因,在此基础上详细介绍了供应库存控制的几种常见策略,如供应商管理库存;联合库存管理;多级库存优化管理;协同规划、预测和补给。对于每种策略,分别用一节阐述其概念、方法、应用、实施步骤、优势和不足,对于理论分析有一定指导作用,并给出了实践应用的案例。

供应链库存管理 Supply Chain Inventory Management
多级库存管理 Multi-echelon Inventory Management
供应商管理库存 Vendor Managed Inventory,VMI
联合库存管理 Jointly Managed Inventory,JMI
协同规划、预测与补给 Collaborative Planning,Forecasting and Replenishment,CPFR

阅读材料:

[英]肯尼斯·莱桑斯,布莱恩·法林顿. 采购与供应链管理[M]. 8版. 莫佳忆,等译. 北京:电子工业出版社,2014.

程晓华. 程晓华先生谈制造业库存问题[M]. 电子版. 2006.

王槐林. 采购管理与库存控制[M]. 4版. 北京:中国物资出版社,2013.

高峻峻. 需求链中的库存管理[M]. 上海：上海大学出版社，2007.
计国君. 闭环供应链下的配送和库存理论及应用[M]. 北京：中国物资出版社，2007.

网站资料：
中国物流联盟网 http：//www.chinawuliu.com.cn
浙江物流网 http：//www.zj56.com.cn
江苏物流网 http：//www.js56.com
中国物流频道 http：//www.chinaebo.com
物流天下 http：//www.56885.net

习　题

一、选择题

1. 需求放大效应是需求（　　）扭曲的结果。
　　A. 数量　　　　　　B. 信息　　　　　　C. 技术　　　　　　D. 反映
2. 在传统的多级库存优化方法中，主要考虑的供应链模式是（　　）。
　　A. 生产—分销模式　　　　　　B. 供应—分销模式
　　C. 分销—生产模式　　　　　　D. 分销—供应模式
3. （　　）是建立在经销商一体化基础之上的一种风险分担的库存管理模式。
　　A. 供应商管理库存　　　　　　B. 联合库存管理
　　C. 第三方管理库存　　　　　　D. 分销商管理库存
4. 为了应付不确定性，供应链上各个节点企业都设有一定的（　　），这是企业采取的一种应急措施。
　　A. 在库库存　　　B. 在途库存　　　C. 已分配库存　　　D. 安全库存
5. 传统的库存控制解决主要是从（　　）企业的角度来考虑。
　　A. 单个　　　　　B. 两个　　　　　C. 三个　　　　　D. 多个

二、简答题

1. 供应链环境下的库存问题有哪些？
2. 供应商管理库存实施前的准备有哪些？
3. 联合库存管理的实施策略有哪些？
4. 多级库存管理策略有哪些？
5. CPFR的实施步骤有哪些？

三、思考题

1. 作为公司物流部门的经理，如何在供应链环境下进行库存管理？
2. 你认为在供应链环境下库存管理的最大难度是什么？

第 10 章 供应链库存管理

案例分析

根据以下案例所提供的资料，试分析：
(1) 联想的 VMI 是如何运作的？
(2) 制造型企业实施 VMI 应注意些什么问题？

供应商管理库存——联想吃螃蟹

从北京海关得到的消息称，根据联想集团 VMI (供应商管理库存物流模式) 物流改革需求，北京海关目前已完成对其监管方案的制定，按计划该项目将于 3 月中旬正式启动。

1. VMI 联想重组供应链

目前联想集团年销量达 300 多万台，名列全世界计算机生产厂商第八位，其业务规模已完全达到了 VMI 模式的要求，并已经引起了供应商的重视。在国内 IT 企业中，联想第一个采用 VMI 模式，其在北京、上海、惠阳三地的 PC 生产厂的原材料供应均在项目之中，涉及的国外供应商的数目也相当大。联想集团最终选择了伯灵顿全球货运物流有限公司作为第三方物流企业，这家 1994 年就进入中国的美国物流公司目前在上海、厦门为戴尔、惠普等知名 IT 企业做第三方物流服务。

联想以往的运作模式是国际上供应链管理通常使用的看板式管理，即由中国香港联想公司对外定购货物，库存都放在香港联想仓库，当国内生产需要时由香港公司销售给国内公司，再根据生产计划调拨到各工厂，这样可以最大限度地减少国内材料库存。但是此模式经过 11 个物流环节，涉及多达 18 个内外部单位，运作流程复杂，不可控因素增大。同时，由于订单都是从香港联想发给供应商，所以大部分供应商在香港交货，而联想的生产信息系统只在大陆的公司使用，所以生产工厂统计的到货准时率不能真实反映供应商的供货水平，导致不能及时调整对供应商的考核。

按照联想 VMI 项目要求，联想将在北京、上海、惠阳三地工厂附近设立供应商管理库存，联想根据生产要求定期向库存管理者即作为第三方物流的伯灵顿全球货运物流有限公司发送发货指令，由第三方物流公司完成对生产线的配送。从其收到通知、进行确认、分拣、海关申报及配送到生产线时间时效要求为 2~5 小时。该项目将实现供应商、第三方物流、联想之间货物信息的共享与及时传递，保证生产所需物料的及时配送。实行 VMI 模式后，将使联想的供应链大大缩短，成本降低，灵活性增强。

2. 助力联想，海关身体力行

VMI 项目涉及联想的国际采购物料，为了满足即时生产的需要，供应商库存物料在进口通关上面临很多新要求，如时效、频次等，因此海关监管方式对于 VMI 模式能否真正带来物流效率的提高至关重要。

为了支持 IT 企业的发展，海关应探索对第三方物流的监管方式，适应企业物流发展要求，实施海关与企业的信息化联网监管，降低企业运营成本，提高海关监管的有效性。针对联想所提出的 VMI 物流改革方案，北京海关与联想集团多次探讨，具体参与并指导联想集团对供应商管理库存模式的管理。双方的沟通交流直接促进了 VMI 项目的启动。北京海关改革了传统的监管作业模式，在保税仓库管理、货物进出口、货物入出保税仓库、异地加工贸易成品转关等方面采取相应监管措施。

在物流方面，货物到港后，北京海关为其提供预约通关、担保验放等便捷通关措施，保证货物通关快速畅通。同时与其他海关配合协调，实现供应商在境内加工成品的快速转关、避免所需货物"香港一日游"。北京海关与深圳海关加强协调，双方起草了"VMI 货物监管草案"。

在信息系统方面，海关通关作业系统、保税仓库管理系统与联想、第三方物流企业之间的电子商务平台建立连接，实现物流信息的共享，既方便作业又强化海关的监管。联想根据生产要求向第三方物流企业发出货物进口、出库、退运等各种指令后，由第三方物流公司向海关提出相应申请。海关接到审批查验后，由第三方物流企业完成货物出库及物流配送，以及出口报关、装运等工作。

VMI 项目启动后，将为联想的生产与发展带来可观的效益：一是联想内部业务流程将得到精简；二是使库存更接近生产地，增强供应弹性，更好地响应市场需求变动；三是改善库存周转，进而保持库存量的

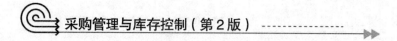

最佳化,因库存量降低,减少了企业占压资金;四是通过可视化库存管理,能够在线上监察供应商的交货能力。

作为近年来在理论与实践上逐步成熟的管理思想,VMI 得到众多国际大型企业的推崇。大型零售商如沃尔玛、家乐福是实施 VMI 的先驱,通信 IT 行业的朗科、惠普、戴尔、诺基亚等都是成功实施 VMI 的典型。这一项目对于物流商、企业、海关都提出了比传统的库存管理更高的要求,这对任何一方无疑都是一个巨大的挑战和机遇。

(资料来源:作者根据相关资料整理。)

参考文献

[1]陈荣秋,马世华.生产运作管理[M].2版.北京:机械工业出版社,2006.
[2][美]F.罗伯特·雅各布斯,理查德·B.蔡斯.运营管理[M].13版.任建标,译.北京:机械工业出版社,2011.
[3]王之泰.新编现代物流学[M].北京:首都经济贸易大学出版社,2004.
[4]叶怀珍.现代物流学[M].北京:高等教育出版社,2006.
[5]顾慧珊,叶怀珍.电子商务与现代物流管理[M].北京:机械工业出版社,2007.
[6]茅宁.现代物流管理概论[M].南京:南京大学出版社,2004.
[7][美]唐纳德·J.鲍尔索克斯,戴维·J.克劳斯,比克斯比·库珀.供应链物流管理[M].3版.马士华,译.北京:机械工业出版社,2010.
[8]杨平安.现代物流国际通用管理与成功案例典范[M].北京:新华出版社,2002.
[9][美]Ronald H. Ballou.企业物流管理:供应链的规划、组织和控制[M].王晓东,等译.北京:机械工业出版社,2006.
[10]真虹,张婕姝.物流企业仓储管理与实务[M].北京:中国物资出版社,2003.
[11]王成.现代物流管理实务与案例[M].北京:企业管理出版社,2001.
[12][美]卡丁.全球物流管理:新千年的竞争优势[M].綦建红,等译.北京:人民邮电出版社,2003.
[13]何景伟.仓储管理与库存控制[M].北京:中国纺织出版社,2004.
[14]柳键.基于时变需求的供应链库存决策研究[M].北京:中国科学技术大学出版社,2005.
[15]王东迪.ERP原理应用与实践:Eastlight ERP[M].2版.北京:人民邮电出版社,2002.
[16]王为人.采购案例精选[M].北京:电子工业出版社,2007.
[17]梁军.采购管理[M]3版.北京:电子工业出版社,2015.
[18]徐杰,鞠颂东.采购管理[M].3版.北京:机械工业出版社,2014.
[19]刘斌.采购与供应管理[M].北京:高等教育出版社,2005.
[20]郭晖.物流实务[M].北京:中国物资出版社,2006.
[21]贝利.采购原理与管理[M].8版.王增东,等译.北京:电子工业出版社,2003.
[22]梭伦.库存管理胜经[M].北京:中国纺织出版社,2001.
[23][英]肯尼斯·莱桑斯,布莱恩·法林顿.采购与供应链管理[M].8版.莫佳忆,等译.北京:电子工业出版社,2014.
[24]程晓华.程晓华先生谈制造业库存问题[M].电子版.2006.
[25]王槐林.采购管理与库存控制[M].4版.北京:中国物资出版社,2013.
[26]甘华鸣.采购[M].2版.北京:中国国际广播出版社,2003.
[27]蒋长兵.现代物流理论与供应链管理实践[M].杭州:浙江大学出版社,2006.
[28]钱智.物流管理经典案例剖析[M].北京:中国经济出版社,2007.
[29][日]加藤治彦.新生产管理模式[M].郑新超,译.北京:东方出版社,2006.
[30]计国君.闭环供应链下的配送和库存理论及应用[M].北京:中国物资出版社,2007.
[31]孙明贵.采购物流实务[M].北京:机械工业出版社,2004.
[32]李军湘.谈判语言艺术新论[M].武汉:武汉大学出版社,2007.
[33]陈文汉.商务谈判实务[M].2版.北京:电子工业出版社,2011.
[34]杨晶.商务谈判[M].2版.北京:清华大学出版社,2016.
[35]孙绍年.商务谈判理论与实务[M].北京:清华大学出版社,2007.
[36]李昆益.商务谈判技巧[M].北京:对外经济贸易大学出版社,2007.

[37] 朱水兴. 工业企业采购与采购管理[M]. 北京：中国经济出版社，2001.
[38] 郝渊晓. 现代物流采购管理[M]. 广州：中山大学出版社，2003.
[39] 北京大学联泰供应链研究与发展中心. 中国供应链现状：理论与实践[M]. 北京：北京大学出版社，2006.
[40] 刘宝红. 采购与供应链管理：一个实践者的角度[M]. 2版. 北京：机械工业出版社，2015.
[41] 马佳. 采购管理实务[M]. 北京：清华大学出版社，2015.
[42] 傅莉萍. 采购管理[M]. 北京：北京大学出版社，2015.
[43] 张旭凤. 供应商管理[M]. 北京：中国财富出版社，2014.
[44] [美]迪帕克·马哈拉. 哈佛商学院谈判课[M]. 长沙：湖南文艺出版社，2017.
[45] [美]鲁克德. 谈判的艺术[M]. 南昌：江西美术出版社，2017.
[46] JAC. JAC外贸谈判手记：JAC和他的外贸故事[M]. 北京：中国海关出版社，2016.
[47] 北京中交协物流人力资源培训中心. 采购与供应中的谈判与合同[M]. 北京：机械工业出版社，2014.
[48] 水藏玺. 互联网：电商采购、库存、物流管理实务[M]. 北京：中国纺织出版社，2017.
[49] 周容. 采购、供应：法务与合同管理[M]. 北京：经济科学出版社，2011.
[50] 肖书和. 采购管理业务规范化操作全案[M]. 北京：机械工业出版社，2015.
[51] 乌云娜. 项目采购与合同管理[M]. 2版. 北京：电子工业出版社，2010.
[52] [日]小林俊一. 精益制造009：库存管理[M]. 北京：东方出版社，2012.
[53] [美]Paul H. Zipkin. 库存管理基础[M]. 北京：中国财政经济出版社，2013.
[54] [日]伊桥宪彦. 库存削减术[M]. 广州：广东经济出版社，南方出版传媒，2017.
[55] 刘宝红. 供应链管理——高成本、高库存、重资产的解决方案[M]. 北京：机械工业出版社，2016.
[56] 薛文彦. 采购精细化管理与库存控制[M]. 北京：化学工业出版社，2015.
[57] 程晓华. 制造业库存控制技巧[M]. 3版. 北京：中国财富出版社，2013.
[58] 肖利华. 打造"0"库存：案例解析以品牌为核心的快速供应链[M]. 北京：中国经济出版社，2014.
[59] [美]Ronald H. Ballou. 企业物流管理——供应链的规划、组织和控制[M]. 北京：机械工业出版社，2014.
[60] 张浩. 资源共享型汽车备件管理模式[J]. 物流技术，2008(9)：58-59.
[61] [美]詹姆斯·P. 沃麦克，[英]丹尼尔·T. 琼斯，[美]丹尼尔·鲁斯. 改变世界的机器[M]. 余锋，等译. 北京：机械工业出版社，2015.
[62] 江礼坤. 实战移动互联网营销[M]. 北京：机械工业出版社，2015.
[63] 储雪俭. 物流配送中心与仓储管理[M]. 2版. 北京：电子工业出版社，2010.
[64] 程晓华. 决战库存[M]. 北京：中国财富出版社，2017.
[65] 程晓华. 制造业库存控制技巧[M]. 4版. 北京：中国财富出版社，2016.
[66] 周命禧. 中小型汽车零部件企业库存控制策略研究[J]. 中国机械工程，2007(11).
[67] 林金中. 定量订货库存管理模型分析及应用[J]. 商场现代化，2007(3).
[68] [日]若井吉树. 一看就懂！库存削减术[M]. 奚望，监译. 北京：海洋出版社，2014.
[69] [美]Robert A. Davis. 需求驱动的库存优化与补货：创建更高效的供应链[M]. 北京：人民邮电出版社，2015.

北大版·物流专业规划教材

精美课件
在线答题
图文案例

教学视频
课程平台
三维模型

本科物流

物流信息管理　物流项目管理　物流运作管理　物流运筹学　供应链管理　交通运输工程学

第三方物流　国际物流管理　采购管理与库存控制　物流配送中心规划与设计　航空物流管理　现代物流信息技术

高职物流

物流信息技术与应用　采购管理实务　物流案例与实训　采购与仓储管理实务　采购与仓储管理实务　企业物流管理

电子书架

扫码进入电子书架查看更多专业教材，如需申请样书、获取配套教学资源或在使用过程中遇到任何问题，请添加客服咨询。